わが国古代寺院にみられる軍事的要素の研究

甲斐弓子

雄山閣

わが国古代寺院にみられる軍事的要素の研究

目次

序章　古代寺院における特異性

わが国の長い歴史、そして育まれた文化の根底には仏教が存在する。それほど仏教のもつ意味には大きなものがある。

わが国への仏教伝来の年代については、二説ある。一つは、『日本書紀』（以下『書紀』）、欽明天皇十三年十月の条に「百済の聖明王、更の名は聖王。西部姫氏達率怒唎斯到契等を遣して、釈迦仏の金銅像一躯・幡蓋若干・経論若干巻を献る。別に表して、流通し禮拝む功徳を讃めて云さく、『是の法は諸の法の中に、最も殊勝れています。解り難く入り難し。（後略）』とまうす。是の日に天皇、聞し已りて、歓喜び踊躍りたまひて、使者に詔して云わく、（後略）」[1]と記されていることに基づく説である。この年は西暦に直すと五五二年にあたる。

しかし『書紀』の記述は、その事項によっては若干信憑性を欠く箇所もある。編纂の時の事情から、その事項より後の事柄が含まれたり、実在しなかった事柄が含まれる場合もある。仏教伝来の記事に関して言えば、百済からの使者の姓、「姫氏」は百済人の姓としては『書紀』にも『三国史記』にも見えず、文献上判然とせず後世の造作が加えられた可能性が強いとされている。また、百済の聖明王が天皇に宛てた書の文面は、当時まだ漢訳されていない経典、つまり長安三年（七〇三）に僧義浄が漢訳した『金光明最勝王経』の文言が引用されていることから、後世の造作と考えられている。

仏教伝来に関する他の説は、五三八年説である。これは『元興寺伽藍縁起并流記資財帳』（以下『元興寺資財帳』）に斯帰嶋天皇すなわち欽明天皇の「（前略）治天下七年歳次戊午十二月度来、百済国聖明王時、（後略）[2]」とあり、『上宮聖徳法王帝説』（以下『法王帝説』）に、「志癸嶋天皇御世戌午年十月十二日、百済国主明王、始奉度佛像経教并僧等、勅授蘇我稲目宿禰大臣、令興隆也[3]」とある記事による。

この仏教伝来に関する二説に関しては、古くから論議されており、林屋辰三郎氏の論考[4]によって、ほぼ五三八年説に落ち着いている。すなわち五三一年、継体天皇の崩御後直ちに欽明天皇が皇位を継いだとすればその翌年が欽明天皇元年で、『元興寺資財帳』にある「治天下七年歳時戊午」の年が五三八年になる。『法王帝説』には欽明天皇の七年とはなっていないが、「戊午年」とある。『日本書紀』では、継体天皇の後は安閑天皇・宣化天皇、そして欽明天皇と続くのであるが、継体天皇と安閑天皇の間に二年の空位がある。しかし、欽明天皇が継体天皇に続いたとすれば、空位はなく、欽明天皇の七年が西暦五三八年にあたり、矛盾がなくなる。皇位をめぐっての争乱があり、欽明朝成立の後に安閑・宣化朝が出現したのであろう。『書紀』編纂の段階では両朝並立を避けなければならないと考えられたのであろう。そして百済の聖明王在世中の五五二年に仏教伝来の年をもってきたのである。この年は、末法の年に当たることもあって、記念すべき年としてこの年に当てられたと考えられている。

しかし『書紀』をはじめとする仏教伝来の記事は、あくまでも公伝であって、それ以前にも、それ以後にも仏教をわが国に伝えるために高句麗や新羅、あるいは中国大陸からも僧侶が海を渡ってきているのである。

わが国への仏教公伝は五三八年であるが、中国大陸や朝鮮半島にはわが国よりも早く仏教、あるいは仏教思想が伝わっているのであり、その時間的隔たりのある分早くそして広く中国大陸や朝鮮半島の人々に仏教が浸透していたのである。

わが国の正史には、仏教は百済から伝えられたと記されているが、仏教のみならず、すべての文化の流入ルートは決して一様ではない。複数のルートがあったと考えねばならない。このことは、それらの地域の仏教観も決して単一ではないことを示している。実際に百済、高句麗、新羅の仏教観はそれぞれ異なっている。それらの地域、中国大陸や朝鮮半島で育まれた仏教は、それぞれ独自性を有しているのである。

『扶桑略記』欽明天皇十三年の条には、『坂田寺縁起』から出た記録として次のような記事がある。「天国押排開広庭天皇治十三年壬申十月十三日。従百済国。阿弥陀三尊浮浪来。着日本国摂津国難波津。（中略）第二十七代継体天皇即位十六年壬申。大唐漢人案部村主司馬達止。此年春二月入朝。即結草堂於大和国高市郡。坂田原。安置本尊（後略）」[5]と、すでに継体天皇十六年（五二二）に司馬達等が渡来し、坂田原に草堂を営み阿弥陀三尊を礼拝したことが記されている。しかし、司馬達等の女、嶋が出家したのが敏達天皇十三年（五八四）のことであることから、この時には嶋は十一歳にすぎない。このことから司馬達等の渡来は坂田寺の創立を干支一巡遡らせたものと考えられている。そのような事情があったにせよ、仏教がわが国に伝えられたルートが一筋ではなかったことを示しているのである。

わが国初期における仏教は、単に仏を礼拝し、仏の道を究めるものと考えられがちであるが、仏教を通じて、仏の力で国家を護るという思想もその根底にあった。そして少しずつ変化していき、国家仏教に傾斜していく。その中で大きく変化する時期が天武・持統朝である。それは壬申の乱を勝ち抜いたことによって鎮護国家思想に傾くのであり、天武・持統朝を通じてその思想は高まっていくのである。こうした思想を背景にして、実際の軍事面をも強化する方向に進む。天武天皇十三年（六八五）閏四月五日の詔には「凡そ政の要は軍事なり。是を以って、文武官の諸人も、務めて兵を用い、馬に乗ることを習え」とあり、文武百官から諸人に至るまで軍事訓練を行い、乗馬術を学び、軍事のための装備や武器を備えることからはじまり、事細かに指示を出している。

壬申の乱においては天武天皇の下に妃の鸕野讃良皇女を第一として、草壁皇子・高市皇子・大津皇子などの皇子たちが力を合わせ共に戦い勝利した。そして乱後において再び同じような戦いを起こしたくない、起こさないようにしなければならないと考えたことであろう。壬申の乱においては中央貴族ではなく、天武天皇の名代、子代のような位置付けの美濃の豪族たちが中心となって乱に勝利した。その後の論功行賞において、それまで地位の低かった地方豪族が高い地位を得るということもあった。

国が治まったあと、新たな自分の立場に不満を持ち、野望に駆られた者が出る可能性がある。仮にそのような者が現われ、旗揚げをするとすれば、その時期は治世の変わり目であり、その時期が最も危険と考えられる。その危険な時期は、当時としては天武天皇崩御時であろう。不満をもって兵を挙げるとすれば、壬申の乱において著しい働きを見せた美濃国の豪族たちとは立場を異にする人々、つまりそれ以前よりも地位が落ちたような地方豪族たちが、最も危険を孕んでいるとも考えられる。

甲斐・天狗沢瓦窯から出土した、七世紀第Ⅲ四半期と考えられる古新羅系の軒丸瓦を天狗沢系軒丸瓦と名づけ、同系統の瓦当文様をもつ軒丸瓦の分布地を他の地に求めた。その結果、近江・衣川廃寺、飛騨・寿楽寺廃寺、信濃・明科廃寺に求めることができた（図1）。これら四ヶ所は地理的にもかなり離れており、一見何の共通点もないと考えられる。しかし、共通した文様構成をもつ軒丸瓦が存在するからには何らかのつながりが存在するに違いない。

一般に七世紀中頃までの軒丸瓦の同笵品・同系品の分布には一定の規則のようなものがある。しかし、天狗沢系軒丸瓦の分布はその定義に直ちにはあてはまらないのである。当時の同笵品・同系品の存在の要因には、決して経済的な面での関係ではないものがある。たとえば、官の寺同士でそうした軒丸瓦が使われていたとか、何らかの利害を伴った豪族間で特定の種類の軒丸瓦を共有し合うとか、または寺院所在地の水系が同じであったり、あるいは同じ街道沿いに存在するというような場合である。その場合は、ある地域から他の地域に瓦当笵が移動した痕跡を残すかのように、点々と同笵品や同系品が存在するのである。いわば、その背後に政治の動きが見えるのである。

天狗沢系軒丸瓦の生産年代は壬申の乱終息以降の時期であり、律令国家として政治体制の確立を目指していた時期のものである。壬申の乱は天武・持統両天皇にとって、自らの命を懸け、新たな時代を築く契機となった戦いであった。天武・持統両天皇は、国家の建設の主軸となる律令を確立させるべく、鎮護国家の思想を抱いて進んでいった。壬申の乱の経験から、わが国よりも鎮護国家思想による体制の確立を一歩早く進めた新羅文武王の政策は天武・持統両天皇にとって、大きな手本となった。

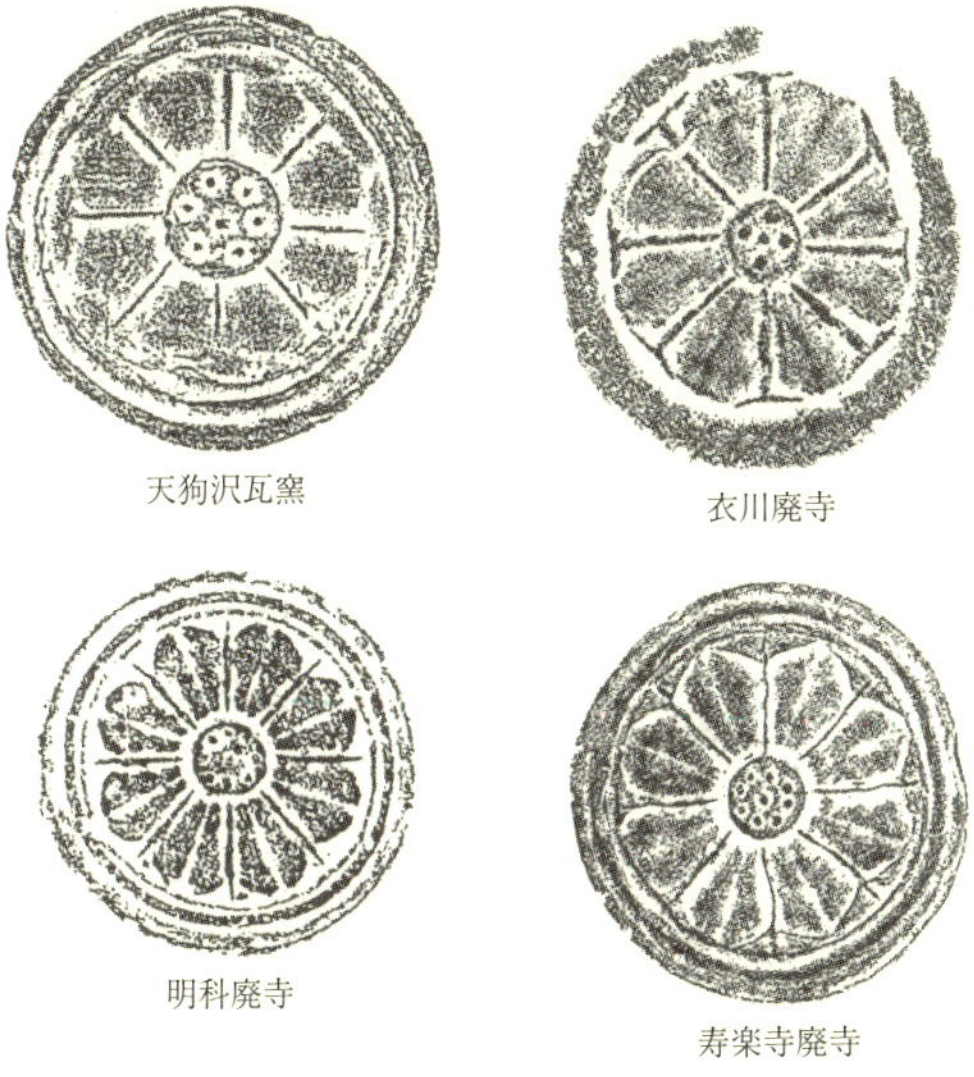

図1　天狗沢系軒丸瓦　4種

わが国を取り巻く東アジア情勢のなかで、国家の要となる軍備の重要性を無視できなかったことは、さきに述べた「凡そ政の要は軍事なり」以下の『書紀』の記事に認めることができよう。

このような状況下で、不測の事態が起きないように対応するとすればどのようにするのが効果的と考えられたであろうか。最も反乱の危険性が高いと考えられるのは、壬申の乱で大きく立場を変えた元国造氏たちや元の有力豪族たちである。それまで小豪族であった美濃の土豪たちには、壬申の乱を契機にして大いに活躍し、貴族にまで昇った者がいるのである。元国造氏たちの地位も立場も勢力も威厳も、すべて逆転してしまった者がいるのである。万が一、元国造や大豪族たちが自らの地位奪回に立ち上がった時に守りを固めるためか美濃を取り囲むように、近江、飛騨、信濃から同系の瓦が出土している。正にこれらの地域には何らかの防御が必要であったのである。また、もし信濃より以北や日本海を介して東山道を都に向かって攻められるときには、美濃から軍を発動させることも必要である。

当時の最新の軍事知識、すなわち兵の配備、武器、兵法等は、中国大陸からもたらされたものが多かろう。また朝鮮半島においても同様に、中国大陸から導入されたものと考えられるのであり、とりわけ新羅は唐と親密であった。この事によって文武大王は朝鮮半島の統一をなし遂げた。その後の状況の変化によって統一新羅は、天武・持統両朝との交流が『書紀』に示されるようにかなり頻繁になった。壬申の乱においてもそれ以後も、すでに帰化した人々、渡来系の人々のなかでも新羅からの人々が最新技術の紹介に大きく関わったことであろう。天武天皇の政の要は軍事なりという詔だけではなく、天武天皇四年（六七五）十月二十日にも詔して、「諸王以上のものは、めいめいに武器を備えよ」としている。軍事面に力を入れていることがわかる。朝廷によって、または官の采配によって、それぞれ人々が大きく移動、配置させられるに合わせ、不思議な分布を示す天狗沢系軒丸瓦の分布が軍事配備を必要とされる地域と合致する。こうした状況は正しく天狗沢系軒丸瓦出土の古代寺院と軍事配備が必要な地域とが同一であることを示しているといえるのである。そして天狗沢系軒丸瓦は古新羅系の瓦なのである。

このように、天狗沢系軒丸瓦の分布が、壬申の乱後の不測の事態に備えた軍事配備が必要な場所に見られるのである。特に不測の事態においては美濃を鎮定しやすいように、美濃を取り囲むように配置されていると考えられるのである。そして寺院には防御施設としての機能も伴っていることから、そこに葺かれた瓦の分布がすなわち防御施設の分布であったという結論を導き出すことができる。

しかしその一方で、天狗沢系軒丸瓦の分布は一つの現われであり、もっと広い範囲で考察を加えるべきとも考えるのである。七世紀中葉から後半にかけて営まれた寺院の機能の中には、城としての機能、すなわち寺院そのものに防御施設の一面があり、そうした機能を備えた寺院が広い範囲に認められるのである。当時の東アジア情勢が刻一刻と変化し、国を治める政策がそれまでとは常識を違えて考えねばならない状況であったことも視野に入れなければならないであろう。一つは国交が途絶えている中にも入ってくる外国の情報や新しい技術である。もう一つは国内における遠国の掌握が、斉明朝まで行われていたような従属儀礼のようなものではなく、彼等を臣下として扱わねばならなくなってきていたことであろう。時代は確実に変わってきていたのである。よって朝廷の政策は畿内から大きく変化を遂げて広がっていったのである。

古代寺院に城としての機能があった事でよく知られているのは、蘇我入鹿を倒した際の中大兄皇子の行動であり、そのとき防御に用いたのが飛鳥寺である。

皇極天皇四年（六四五）六月十二日条に「中大兄、子麻呂等の、入鹿が威に畏りて、便旋ひて進まざるを見て曰く、『咄嗟』とのたまふ。即ち子麻呂等と共に、出其不意く、剣を以て入鹿が頭肩を傷り割ふ。入鹿驚きて起つ。子麻呂、手を運し剣を揮きて、其の一つの脚を傷りつ。（中略）中大兄、即ち法興寺に入りて、城として備ふ。」とあり、入鹿を倒した中大兄皇子は直ちに飛鳥寺に入り、ここを砦として備えを固めたのである。このような城、つまり砦の機能を古代寺院は併せ備えていたのである。飛鳥寺の発掘調査では、寺の外郭が造営当初には掘立柱の柵で囲まれていたことが明らかにされている。

そのことは、当時の仏教観の現われに違いなく、そうした仏教観に基づく寺院造営のあり方を究めることが本書の主旨である。

古代寺院の中には、南門の両妻から発する築地が、異常に幅広く設けられたものがある。築地に替わって掘立柱柵が設けられた場合においても太い柱が用いられたものや、さらには幅広い溝を伴った事例を見ることができる。こうした状況からは、寺が一種の防御施設として設けられたことが推定される。

古代において寺院が防御施設としての機能をもっていたという見解は、先学によってすでに示されている(6)。すなわち、さきにあげた乙巳の変以外に舒明天皇即位前紀に見える田村皇子と山背大兄王との皇位をめぐる争いの際、山背大兄王を推した境部摩理勢臣の息子の一人は危険を感じて「尼寺の瓦舎に逃げ匿る」とある。皇極天皇二年（六四三）十一月、蘇我臣入鹿が軍勢を山背大兄王のいる斑鳩に差し向けたとき、一旦生駒の山に身を隠した山背大兄王は「山より還りて、斑鳩寺に入ります。軍将等、即ち兵を以て寺を圍む。」と『書紀』に見える記事などがあげられている。

このように、古代寺院には防御施設としての機能があったこと、すなわち軍事施設としての一面をもっていたことが記されている。

伽藍配置を述べる場合、とかく寺院の中枢部に重きをおかれることが多い。たとえば四天王寺式であれば「南門、中門、塔、金堂、講堂が南北一直線に配置される」というように記される。ここでは、南門に伴う施設を重視し、政治背景を考え、そして寺院の立地を中心とした伽藍配置について述べよう。

寺院造営のあり方、伽藍配置は当時の思想をよく表わすものである。壬申の乱後、十二年程しか天武天皇は生存せず、国家形成の骨組みを作ることで終わった。その意思を受け、持統天皇自身の意思も加わり、持統朝においてその形成はかなり前進をみた。その原動力となったものは何であったのか。持統天皇でしかもち得なかったであろう原動力にも注目したい。

持統天皇、すなわち鸕野讃良皇女の祖父、蘇我倉山田石川麻呂は、父である天智天皇によって滅ぼされた。皇女の五歳のときである。天智天皇は、持統天皇にとって天皇として尊敬できる手腕を持った父であると同時に、祖父蘇我倉山田石川麻呂の仇である。石川麻呂の邸宅は渡来系の人々が集まる環境にあり、当然皇女の身の回りにも当時の外国文化が豊富であったと考えられる。皇女の名前の由来については、従来の皇族の名前の付け方から考えて河内国更荒郡鸕野邑と関わりがあろうことは知られており、その地は渡来系の人々が多く住む地でもあった。身の回りの世話も、皇女が信を置く身近な人々もこの地から多く来たであろう。古来皇族の幼少期は母方の地で過ごすことが多いが、このような複雑な幼少期を過ごした皇女にとって、生涯の指針もこのときに育まれたと考えられよう。

皇女は蘇我氏の血を引く最後の皇女であり、皇女の身近に仕えたと考えられる人物に、秦河勝がいる。秦河勝は、皇女の近い先祖に当たる聖徳太子に仕えた人物としてもよく知られた人である。秦河勝の没年は定かではないが、東国で常世神への信仰が流行した際に、これを秦河勝が鎮めたと記されるのが皇極天皇三年（六四四）であることからすれば、その皇子の山背大兄王の最期を知る人物でもある。皇女の身近に仕える人が、幼い皇女に人々の尊敬と信頼を得ていた聖徳太子の事を語らないとは考えられず、皇女が常に聖徳太子の徳を慕っていたことは、将来の鎮護国家形成のあり方を見ても、その時に育まれたものと考えられよう。これらのことは持統朝の政策と無関係ではない。

さて、飛騨のような山深いところに、なぜ古代において寺院が十五ヶ寺も営まれたのかという点については、当時の最新技術をもった渡来系の人々や技術者が鉱物資源の豊富な地の近くに住し、寺院に必要な荘厳具を作り出す金属工芸の技術をもち、韓半島とのつながりも中央の介在なく、何らかの方法で直接結ぶものがあったと考えられるのである。

大津皇子事件に連座した人の中の一人、新羅沙門行心についても特別の地であるからこそ行心のような地位を持つ、新羅の沙門が飛騨に必要であったのではなかろうか。そのように見ていくと、大津皇子事件に連座した人々のその後の使命、律令国家建設のための彼等の役割は、これから述べていこうとする古代寺院のあり方と決して無関係ではないのである。

後に詳しく触れる事になるが、壬申の乱で大海人皇子側についた人々は、高い地位や財を与えられただけではなく、寺院造営が許されなおかつ官の寺である川原寺と同系の瓦を使用する事が許されたのである。[7] 当時の寺院の造営およびこれに伴う瓦生産は官が把握する技術者、特に渡来人もしくは渡来系の人々が中心であった。造営の技術や瓦の文様などは、現在いうデザインだけではなく、当時の最新の思想が形や姿になったものである。それを壬申の乱の忠臣たちは使うことを許されたという事である。壬申の乱後の美濃における瓦の分布は、彼等の活躍の足跡であると言えよう。寺造りは仏教信奉のためだけの場合もあるが、国を守るための思想と手段がそこに存在していたと考えるべきであろう。寺院造営はただ、各豪族の威勢や権勢を示すためのものではなく、精神面において心を一つにできる鎮護国家思想のもとに、特別の目的をもって造営が進められたと考えられるのである。そこに使用される瓦当文様は、当然心を同じくする同系の人々にのみ使用を許されたのである。

寺院造営事業は、きわめて大きな事業であり、使用する瓦には大きな意味があった。

『続日本紀』天平十三年（七四一）三月の条、聖武天皇国分寺造営の詔を見れば、寺院造営事業がいかに天皇といえども簡単ではなかったことがうかがえる。

官の寺の寺院造営には官の瓦窯で瓦が焼かれ、それが巷に流出する事はあり得ない。官の寺の瓦が他で使われていたとすれば、よほど天皇のためか、国のために働いた豪族がその功績によって瓦の使用を許可された時であろう。また天皇家との血縁関係があることによって瓦を使用する時には、少し瓦のデザインを変えて使用する事もあったようである。

壬申の乱という大きなクーデターで、大海人皇子に従った美濃の豪族たちが寺造りを許され、あまつさえ官の寺である川原寺系の瓦の使用を許されたことは、破格の扱いと言わなければならない。美濃の豪族たちには壬申の乱の大功績により、この破格の許可があっただけではない。論功行賞は当然のことながら、それ以後の天武・持統両天皇が確立していく律令国家体制を支え、いわゆる直臣としての存在であったと見るべきであろう。

出土した瓦から、豪族の動き、中央から見たその豪族の位置、他の豪族とその豪族との関係、寺院の規模とその位置付け、そして当時の政治、文化、人々の生活などを読み取る事ができる。当時、その地に居た豪族たちの生涯が瓦に反映していると言えよう。

以上のようなことを踏まえて本書は、七世紀後半における寺院造営のあり方、鎮護国家思想のゆくえ、そして古代寺院の軍事面について述べるものである。

註

（1）『日本書紀』日本古典文学大系　岩波書店　一九八〇年
（2）竹内理三編『寧楽遺文』下巻　東京堂　一九六二年
（3）竹内理三編『寧楽遺文』中巻　東京堂　一九六二年
（4）林屋辰三郎「継体・欽明朝内乱の史的分析」「ふたたび継体・欽明朝の内乱について」（『古代国家の解体』東京大学出版　一九五五年）
（5）『扶桑略記』国史大系第十二巻　吉川弘文館　一九三二年
（6）森　郁夫「初期寺院の様相」（『日本古代寺院の研究』法政大学出版局　一九九八年）
（7）八賀　晋「地方寺院の成立と歴史的背景」（『考古学研究』二十一―一　一九七三年）

第Ⅰ部　鎮護国家思想の広がり

第一章　鎮護国家思想

はじめに

序章に記した如く、わが国への仏教の伝来に関しては、公伝として欽明朝の五三八年が正しいと考えられている。正にそれは百済王から天皇への公伝であり、百済仏教が伝えられたのである。

しかし、『日本書紀』（以下『書紀』）をはじめとする史料には百済僧以外の名も散見される。たとえば敏達天皇十三年（五八四）の条に「蘇我馬子宿禰、其の佛像二躯を請せて、鞍部村主司馬達等・池辺直氷田を遣わして、四方に使して、修行者を訪ひ覓めしむ。是に、唯播磨國にして、僧還俗の者を得。名は高麗の恵便といふ。」などはその一例となろう。恵便はいつの頃にかわが国に渡来した高句麗僧であったが、日本での布教、初心を生かすことが出来ず還俗したものであろう。

仏教伝来当時の渡来の状況を『書紀』に求めてみると、欽明天皇元年（五四〇）二月の条に「百済人己知部、投下けり。倭國の添上郡の山村に置む。今の山村の己知部の先なり。」とある。『新撰姓氏録』には、大和諸蕃に己智およびその同族の三林公・長岡忌寸・山村忌寸・桜田連の名が見えるので、百済から渡来して後、その一族の広がりがあったことがうかがえる。

同年八月の条に「高麗・百済・新羅・任那、並に使を遣して献り、並に貢職脩る。秦人・漢人等、諸蕃の投下ける者を召し集へて、國郡に安置めて、戸籍に編貫く。秦人の戸の数、総べて七千五十三戸。大蔵掾を以て、秦伴造としたまふ。」これにより百済以外の国々からも人々が渡来していることがうかがえ、秦人の数の多さには驚くものがある。彼等を統括している秦氏は、新羅人であることからして、秦人も新羅人であり、当時における数多くの新羅人の存在をも知ることができるのである。

欽明天皇二六年五月の条に「高麗人頭霧唎耶陛等、筑紫に投下て、山背國に置り。今の畝原・奈羅・山村も高麗人の先祖なり。」

欽明天皇三一年四月の条には、「高麗の使人、風浪に辛苦みて、迷ひて浦津を失へり。水のままに漂流ひて、忽ちに岸に到り着く。（後略）」と、初期における高句麗との交流の記事があり、高句麗からの使いが渡航時の海上で危うい思いをしながらも到着し、それを山背国相楽郡で休ませたことが出ている。また、「乗輿、泊瀬柴籬宮より至ります。東漢氏直糠兒・葛城直難波を遣して、高麗の使人を迎え召ばしむ。」とある。五月、七月には高麗人をどのように各地でもてなしたかが『書紀』に詳しい。

彼等だけではなく、複数の国の人々がわが国にきているが、彼等のもつ技術も多種なものであったろうことは想像に難くない。このような状況下で、多くの僧侶たちもいたろうが、記録に留められたのはごく一部の者だったのである。そうした僧侶たちの仏教思想は決して一定ではなかった。仏教を学んだ国によって、また師事した師の思想によっても大きな違いがあったことであろう。

朝鮮半島の高句麗・百済・新羅それぞれの仏教観とはどういうものであったろうか。

朝鮮仏教の複雑さは多くの人が述べるところであるが、高句麗・百済・新羅それぞれが独自性をもっている。そもそも仏教はインド文化圏からの発祥で、中央アジアを経て中国に伝来した。古くから独自の文化が根づく中国に入った外来の仏教は、中国のその固有思想と融合し、中国仏教を形成していったのである。
中国仏教は朝鮮半島・日本に伝播し、またそれぞれの独自の国の文化を融合しつつ、仏教文化圏を広げていった。

第一節　朝鮮半島三国の仏教観

朝鮮半島の中では高句麗に仏教がいち早く入るが、朝鮮半島での仏教は、中国仏教とは違う朝鮮半島の文化・思想と融合した独自の仏教を確立させたのである。朝鮮仏教のなかには、中国仏教のみでなく他の影響も認められるのであり、例えば百済や駕洛国（伽耶）の仏教には、インド仏教や南海経由の仏教の影響があったのではないかと推則されるのである。

朝鮮半島で、最も早い時期に仏教が伝来した高句麗に関して『三国史記』高句麗第十七代の小獣林王二年（三七二）六月に以下の内容の記事がある。(1)前秦王の符堅が使者および僧順道を高句麗に遣わし、仏像と経典を伝えたので、王は使臣をやって方物を貢いだ。そして大学を建て、子弟を教育した。高句麗に仏教を伝えた前秦は、仏教が盛んであった。符堅の帰依を得た道安は経典の研究に力を注ぎ、仏典注釈の祖とされる。同四年（三七四）には僧阿道が高句麗に到り、小獣林王は翌年に初めて肖門寺を建てて順道を置き、また伊仏蘭寺を建てて阿道を置いた。これが海東、すなわち朝鮮半島における「仏法之始」と記している。小獣林王のあとを継いだ故国壌王は、同九年（三九二）三月に、仏教を崇信して福を求めよと命を下した。このように高句麗では、伝来した仏教の弘布に、反対派などによる妨害や抵抗が少なく、順調に都市部の貴族層に浸透した様子をうかがうことができる。

田村圓澄氏が高句麗の立場と、高句麗への仏教伝来当時の政治情勢というべき、それぞれの状況を「仏教の伝来」[2]で的確にまとめているのでそれを引用する。

「都の長安では、西域から渡来した僧による梵天経典の漢訳が盛んに行われた。中国本土から西域に赴く門戸にあたる敦煌は、前秦の境域内にあった。

前燕は河北・山東・山西・河南・遼寧を支配していたが、三七〇年（建元六年）に前秦王の符堅は前燕を攻めた。前燕は滅んだが、王の一族の慕容評は高句麗に逃れた。高句麗の故国原王は慕容評の身柄を符堅のもとに送った。

前燕の滅亡により、前秦の境域は拡大し、高句麗と境を接することとなったが、ともあれ前燕滅亡の二年後に、前秦王の符堅から高句麗の小獣林王に仏教が伝えられたのは、前燕の滅亡に協力した高句麗王に対する褒賞の意味があったと思われる。

紀元前一世紀以降、漢族が領有支配してきた楽浪郡（大同江流域）や、三世紀にその南部に分割新設された帯方郡（漢江流域）の故地に立国した高句麗には、道教・儒教を共存とする漢文化が根付いていた。」

高句麗仏教は、百済や新羅とは大きな隔たりがある。中でも道教・儒教が共存すると言う特徴をもっており、当時の高句麗の思想をうかがい知ることができる。それを証明するものの一つとして古墳がある。

平安南道南浦市江西区域に所在する徳興里古墳は、生活風俗図を中心とした壁画古墳である。[3]徳興里古墳は南浦市の東北二キロにそびえる舞鶴山の西に連なる玉女峰（三〇一メートル）から南にのびる支脈南端の丘の上にある。墳丘は方台形を呈し、石室は前室と奥室がある二室構造になっている。壁画は、壁と天井全体に白い漆喰を塗った上に描かれている。その壁画には風俗人物図が描かれ、柱と天井には星宿や空想上の神仙や神獣、北斗七星などの星宿が描かれている。また、火炎文、怪雲文、蓮華文などが一定の順序で描かれている。正に仏教と道教が共存しているのである。注目すべきは北側天井部には狩猟図がなく、墓誌が墨書され、その墨書銘によって永楽十八年（四〇八）に埋葬された鎮という人物の墳墓である事がわかった。この古墳は、被葬者と年代が特定できるだけではなく、被葬者の鎮氏が仏教信仰者であると共に、道教の存在をうかがわせるという貴重なもので、正に高句麗の当時の宗教観がこの古墳に現われているといえよう。

高句麗は百済とは違い、儒・仏・仙を重んじていたが、この古墳に見える装飾はその思想を物語り、儒・仏・仙によって見守られているというべきであろう。人物絵や生活風俗図では儒を表わし、蓮華文では仏を表わし、星宿や仙人では仙を表わしていると見られる。

『三国遺事』[4]の『高（句）麗本記』には、高句麗末の武徳・貞観年間（六一八〜六四九年）に人々は、五斗米教（道教）を争って信奉したと記している。唐の高祖はこのことを知って、道教の道士を遣わして天尊像を送った。高句麗王は道士に道徳経を講義させ、王も一般の人も共に聴講した。時は即ち第二七代の栄留王即位七年、武徳七年（六二四）であった。翌年、王は使者を唐に遣わして仏教と道教を求めさせ、唐の皇帝高祖がそれを許した。

次に宝蔵王が貞観十六年壬寅（六四二年）に即位する。宝蔵王は三教（儒・仏・仙）を併せて興そうとすると、寵臣の蓋蘇文が王に儒・釈はともに盛んであるが、黄冠（道士の冠）は盛んではないので、特別に唐に使節を遣わして道教を求めてはいかがであろうかと説いた。

このとき高句麗僧の晋徳和尚が盤竜寺に住んでいたが、左道（道教）が正道（仏教）と対抗すると国運が危うくなる事を心配して、たびたび王を諌めたが聞き入れてもらえなかった。そこで彼は神力を使い僧の居室である方丈を飛ばして、南方の完山州（現在の全州）の弧大山に移した。六五〇年六月の事であり（本伝には六六七年三月としている）、間もなく国は滅びてしまった。いま、景福寺にある飛来方丈はこれであるとしている。

この記事は冊封体制下での厳しい状況を表わすものである。それは宗主国から臣従国に仏教が伝えられた場合、臣従国はこれを拒む事が出来ないことを示している。すなわち宗主国の皇帝から下賜された仏教を、臣従国の王が拒否することは許されず、それを受容する事が唯一の道であったのである。そしてその場合仏教を国内に広める責務を、臣従国の王は負わされていたのである。

仏教伝来後の高句麗において、仏教に対する貴族・豪族間の反発がなかったのみならず、寺院の建立などに見られるように、仏教の興隆が急速に進んだのは確かで、高句麗の仏教伝来が宗主国と臣従国の間の仏教の「下賜」と「受領」であった事実を示しているのである。高句麗仏教は「北朝仏教」であった。三七〇年の前燕の滅亡を契機に、前秦と高句麗との間には仏教伝来のルートが開かれ、仏教とその文化が直接、高句麗に流入することになり、やがて朝鮮半島の百済や新羅も高句麗仏教の影響を直接、また間接に受ける事になった。

次に百済仏教について見てみる。百済への仏教は、中国大陸から直接入ってきたようではなく、中国の史書には南朝の梁まで仏教伝来に関する記事は見られない。それらの史書をみてみよう。

咸安二年（三七二）六月に東晋の簡文帝は、百済の近肖古王を鎮東将軍楽浪太守に任じた。百済は東晋の冊封体制下にみずからを置いていたが、中国側の史料で見るかぎり、中国の皇帝から百済王に仏教が伝えられた事実はない。また南北朝に至って南朝の宋（四二〇～四七九年）・斉（四七九～五〇二年）の時代も百済王は遣使朝貢しているが、仏教の授受に関する記事は見られない。

百済の仏教関係の記事があらわれるのは次の『梁書』である。すなわち大同七年（五四一）に百済王が遣使朝貢し、かつ『涅槃』などの経義（『南史』には「教疏」とある）、毛詩博士、工匠、画師などを請い、武帝はこれを給した。このときの百済王は聖王（聖明王）であった。斉の皇帝・武帝とその一族は仏教に帰依し、僧を招いて仏典の講説を聴き、また斎会を設けた。西域より来た僧による訳経も行われている。百済が南朝においても冊封体制に組み込まれていることからすれば、斉の時代に仏教が伝えられた可能性もあろう。梁の時代には確実に仏教を受容している。

梁は「南朝仏教」が頂点に達した時代である。道教を棄てた武帝は、しばしば道俗を集めて仏典の講義をし、また仏教に関する著述を残している。都の建康（江蘇州南京）は仏法興隆の中心であり、「都邑の大寺七百余所、僧尼講衆常に万人あり」(5)といわれた。梁の三大法師と称された光宅寺の法雲、開善寺の智蔵、荘厳寺の僧旻をはじめ、仏教関係の論文を集めた『弘明集』などの撰者の僧祐、現存最古の僧伝である『高僧伝』の撰者の慧皎などがあり、また西天竺から梁に来た真諦は、『摂大乗論』『大乗起信論』、あるいは『今光明経』など四十九部、百二十巻の経典を訳出した。ともあれ百済は「南朝仏教」を受けている。

高句麗に遅れること十二年後の枕流王即位の年、三八四年に胡僧の摩羅難陀によって伝えられた仏教は百済の王室に迎えられた。翌年三八五年、仏寺を新しい都の漢山州に建てて、僧侶十人をそこに置いた。これが百済の仏教の始りである。

『三国遺事』には阿莘王（阿華王）が即位した太元十七年（三九二）二月に、「仏法を崇信して福を求めよ」と教令を出した。百済では仏教は大いに信奉され、王興寺が、武王三五年（六三四）二月に完成した。江水（錦江の支流）に臨んだ壮麗な伽藍であり、新羅の皇龍寺とならぶ百済の国立大寺院である。王はつねに舟に乗って寺に入り行幸したといわれ、寺跡は扶余郡窺岩面新九里にある。

百済も滅亡に近づき、義慈王（六四一～六六〇年）の代になると不思議な事件が起こる。国王の十五年（六五五）五月には赤馬が北岳の烏含寺に入り、いなきながら回って数日後に死んだ。同二十年五月には暴風雨が吹き荒れ、天王寺と道譲寺の塔および白石寺の講堂に落雷した。翌六月には王興寺の僧たちが、船の帆のようなものが大水に乗って寺の門に入って来るのを見た。国家を鎮護し、除災の目的で建てられた仏寺にも異変が起こり、百済滅亡の前兆であるとされている。

公州宋山里の武寧王（在位五〇一―五二三年）および同妃の陵墓の羨道と玄室の壁面は、六弁または八弁の蓮華文塼によって飾られており、さながら仏国土の趣きがある。また金製冠飾、王妃の木枕などの副葬品には、忍冬唐草文や蓮華文が用いられており、武寧王の宮殿に仏教が入っていた事を推測させる。倭に仏教を伝えた聖王（在位五二三―五五三年）は、武寧王の子であった。

おそくとも武寧王の時代には、百済では貴族を中心とする知識階層が形成されていた。高句麗の場合と同様、伝来した仏教を受容したのは、百済の知識階層であったと考えられる。

最後に新羅の仏教について述べてみたい。

新羅における「仏法興隆」、すなわち国王の主導による仏教発展の時代を迎えるまでに、新羅は二つの段階を経過しなければならなかった。

第一は訥祇王（在位四一七―四五七年）の時代である。高句麗から新羅に来た僧墨胡子が、一善郡（慶尚北道善山）の毛礼の家に留まり、経典の講義や仏事を営んだ。すなわち新羅における仏教の伝来であるが、都の慶州から遠くはなれた一地方で、限られた少数者に仏教が受容されたことに注意される。

第二は比処王（炤智王、在位四七九―四九九年）の時代である。墨胡子がいなくなった毛礼の家に、高句麗の僧の阿道が三人の侍者とともにとどまったという。阿道の死後は、侍者が経律の講読などを行い、やがて仏教の信奉者が各地に現われる。法興王（在位五一四―五三九年）もその一人であった。

法興王が仏教の興隆を意図したところ、群臣の反対にあった。僧の風姿が異様であり、議論も奇詭で常軌ではない、というのが反対の理由であった。仏教に帰依した近臣の異次頓が法興王の立場を察し、自分を刑に処することにより、衆議を一変せしめたい旨を法興王に進言した。異次頓を斬ったところ、湧き出る血は乳のように白色であり、この異事に驚いた群臣は、仏教反対の強硬な態度を変え、仏教を非難しなくなったという。このことは『三国史記』に詳述されていることであり、新羅における「仏法興隆」が、法興王の時代になって始まったことを強調したものといえよう。

要するに、新羅においては仏教が伝えられてから、それが宮廷に入るまでに約一世紀を経過しているのである。新羅への仏教の伝わり方は百済のそれとよく似ているのであり、高句麗僧による民衆レベルの仏教が先行したのである。新羅も冊封体制に組み込まれているのであるから中国皇帝から新羅王に仏教が伝えられたならば、それは「下賜」となり、新羅王自らが仏教を受容しなければならず、さらに群臣に仏教を受容させるという形をとったものと考えられる。しかし、実態はそうではなく、幾多の困難を経て新羅宮廷は仏教を受容した。そして法興王の時代になって仏教政策を強力に推し進めていくようになり、さらに仏教思想によって国を護るという「鎮護国家」の思想に基づく政策に転じていったのである。

新羅における鎮護国家の思想の高まりは、すでに真平王代に見られるのであり、同王の三三年（五五一）に行われた法会に百高座講会と八関斎会がある。百高座講会は鎮護国家の経典である「仁王護国般若波羅密多経」を誦ずることによって内乱・外患などを防ぎ、王室と国家の安全を祈願するものであった。八関斎会は、八戒を護持して戦いで死んだ兵の霊を供養するためのものであった。

新羅仏教の特徴はここに見るように、護国仏教の精神なのである。こうした理念が最も強く表われているのは円光の「世俗の五戒」である。五戒は次の五項目である。

第一条　君に事うるに忠をもってす。
第二条　親に仕うるに孝をもってす。
第三条　友に交わるに信あり。
第四条　戦いに臨みて退くことなかれ。
第五条　殺生に択ぶあり。

このうち第四条の「臨戦無退」の戒律が高句麗や百済と戦う大きな力となり、文武王代に高句麗・百済を滅ぼして朝鮮半島を統一することとなった。

以上朝鮮半島における三国、高句麗・百済・新羅に仏教が入ってきた時期・経路・盛衰等それぞれの特徴に触れてみた。仏教の受容経路が違えば当然その教義・教学も違うが、「氏族仏教」と「国家仏教」では大きな違いがあることは否めない。(6)

そのような朝鮮半島の仏教のうち、最初にわが国に伝来したのは百済仏教であり、ついで恵慈の渡来に見られるように高句麗仏教も流入し、さらに推古朝の末期から新羅との関係が次第に密接になって新羅仏教が入ってきた。その一例は推古天皇三一年（六二三）七月条に「新羅、大使奈末智洗爾を遣し、任那、達率奈末智を遣して、並に来朝り。仍りて仏像一具及び金塔併て舎利を貢る。且大きなる観頂幡一具・小幡十二條たてまつる。即ち仏像をば葛野の秦寺に居まさしむ。余の舎利・金塔・観頂幡等を以て、皆四天王寺に納る。（後略）」の記事に見られるように、仏像・舎利等がもたらされた。さらに遣隋・遣唐の学問僧の帰朝とともに大陸仏教が流入したのである。

第二節　わが国古代における仏教観

わが国への仏教伝来の年は、再三ふれているように欽明朝の五三八年のことである。偶像を伴わない固有の宗教をもっていたわが国に、金銅仏がもたらされたことは、大きな驚きであったろう。立場の異なる豪族たちは、その宗教を受容するか否かで対立したと史料に見える。開明的な蘇我氏と保守的な物部・中臣両氏との対立である。

仏教が、わが国にとって単なる宗教ではないということの理解、そして東アジア世界に対する認識の深さの相違であった。蘇我氏は仏教が東アジア世界共通の宗教であり、中国の文化そのものであるということをも理解していたのである。したがって、百済がわが国に仏教を伝えたその背後には先進文化が存在していたことを理解していたのである。そして朝鮮半島三国すべてが受け入れていた仏教に無関心ではいられなかったのである。物部・中臣両氏は、「今来の神」「蕃神」と呼ばれていたように、それまでの「カミ」としての理解しかできなかったのであった。

そして、寺院造営事業がはじまり、寺々が建立されていくとそれぞれの寺院は先進文化の入れ物となっていくのである。混乱をきたしていた朝鮮半島からは、先進文化と共に戦乱の状況が伝わってくる。寺院はそういうすべての情報の受け皿である。寺の構造は戦乱を防ぐための技術や思想も導入され、防御施設を兼ねることにもなっていくのである。とは言え、七世紀前半代に広い地域で寺院造営の事業が進められていくわけではない。寺は先進文化の入れ物であると同時に、その寺を建立する技術もまた先進技術なのである。したがって、特定の、蘇我氏と緊密な関係にあった豪族が寺院造営を行うことができたのである。

七世紀半ば近くになって、百済大寺建立というような朝廷自らが寺院造営に臨む頃になると、仏教に対する考え方や思想に少しずつ変化が見られる。そこには、前節で箇条書きでいくつかあげた新羅の仏教観の影響があったものと考えられるのである。すなわち仏教の力を借りて国家を安穏に導くというものである。その考え方が発展して鎮護国家思想となっていくのである。

わが国における鎮護国家思想が、具体的にいつ頃から芽生え始めたのかそれは定かではない。しかし、大化の改新、白村江での敗戦、壬申の乱などを経るにしたがって次第に高まってきたものと考えられる。それが具体的な形で明確に現われるのは、やはり鎮護国家を説いた経典である金光明経や仁王経がしばしば読み上げられるようになる天武朝であろう。『書紀』の天武天皇五年（六七六）十一月の記事には「使いを四方の国に遣わして、金光明経・仁王経を説かしむ」とある。また同天皇九年五月の記事には「始めて金光明経を宮中及び諸寺に説かしむ」とある。金光明経と仁王経は、法華経とともに鎮護国家三部経と称せられている。天武天皇九年に、鎮護国家を説いた経典が宮中で読み上げられたことは注目すべきことである。すでに鎮護国家思想が高まってきたことを示している。宮中での金光明経の読経は朱鳥元年（六八六）七月にも行われている。宮中で仏教行事が行われた記事は他にも見え、同天皇十二年七月と十四年四月に、僧尼を宮中に集めて安居を行わせている。

このようにして鎮護国家思想の高まりがあって、この思想を具体的に現わした薬師寺の建立が行われる。このことに関しては章を改めて述べよう。

第三節　仏教受容と尼僧

朝鮮半島三国に伝えられた仏教は、わが国にも公伝・私伝として伝わってくる。当時のわが国は、東アジアの国々と密接な関係にあった。特に任那四県の扱いについては各国の立場とその政状とともに次第に複雑化していったことも視野に入れなければならない。

百済はわが国に仏教を伝えた後に、寺院造営技術、瓦製作技術など仏教存続のための基礎となるべき技術を伝えてきた。『書紀』にもあるように、一般的には百済はわが国にとって新しい思想や文化、そして技術をもたらす国としての立場が知られているが、その存在にも増して、任那回復の交渉国であったことを重視すべきではなかろうか。

百済には仏教が定着し、高句麗にはそれ以前に定着していた儒教・道教を基調とする漢文化に加えて仏教を受け入れていくのである。

そのような情勢を背景にして寺院造営事業が進められる。僧寺・尼寺の建立に関しては国分寺造営の詔が明快である。しかしながら、国分寺造営時とそれ以前では、政治背景も異なるが、仏教思想や仏教観も異なる。特筆すべきは、わが国で最も早く僧籍を得たのは尼僧なのである。初期の仏教観には尼僧に対する関心があったのであろうか。初期寺院の中に文献史料を含め尼寺と確認できるのは中宮寺・坂田寺・豊浦寺・法起寺・橘寺の五ヶ寺である。

「尼」とは梵語の amba の音写であり「母の意」とされている。尼は別名、比丘尼と称され、出家して仏門に入った女性を言う。故に尼寺とは比丘尼の居住する寺院である。

わが国に尼僧が渡来したのは、『書紀』によれば敏達天皇六年（五七七）のことであり、その年の十一月一日の条に「百済国の王、還る使い大別王等に付けて経論若干巻、并せて律師・禅師・比丘尼・呪禁師・造仏工・造寺工六人を献る。遂に難波の大別王の寺に安置らしむ」とあり、ここには男性の僧のことが見えない。実態はわからないのであるが、『書紀』にこのような記事が見えること、造仏工や造寺工を派遣してきたことは、仏教がある程度広まってきたことを示すのではなかろうか。

また、大別王という人物が寺を構えていたことをうかがわせるのであるが、この寺が存在していたとすれば、おそらく自邸を浄めて幡を立てて寺を成すという「捨宅寺院」の可能性が認められよう。ただ、『書紀』の記事には六人とあるが、彼等に付き従ってきた人々もあったことであろう。そのことに思いをいたすと、大別王の寺はかなりの広さをもっていたことと考えられる。そして難波という地にあったことにも注意をしなければならない。先進文化の入ってくる地であること、すなわち対外的に重要な地であることからすれば、その寺も防御施設を合わせ備えていたと考えられよう。

さて、この記事で比丘尼が渡来した意味については『書紀』にもその記述はない。しかし比丘尼が特別な技能なり意味をもっていたからこそ、当時の人々は当然のこととして、そのことを受け止めていたのではなかろうか。比丘尼について、敢えて記す必要がなかったものと考えられよう。

当時の僧尼に対する考え方を示すと思われる記事は、『書紀』敏達天皇十三年（五八四）のものである。それには「是歳、蘇我馬子宿禰、其の仏像二躯を請せて、鞍部村主氏司馬達等・池辺直氷田を遣わして、四方に使いして、修行者を訪い覓めしむ。是に、唯播磨国にして、僧還俗の者を得。名は高麗の恵便という。大臣、乃ち以って師にす。司馬達等の女嶋を度せしむ。善信尼と曰う。年十一歳。又、善信尼の弟子二人を度せしむ。其の一は、漢人夜菩が女豊女、名を禅蔵尼と曰う。其の二は、錦織壺が女石女、名を恵善尼と曰う。（後略）」と蘇我馬子は還俗僧恵便を仏教の師として迎え、三人の女性を得度させている。これに加えて『元興寺伽藍縁起幷流記資財帳』（以下『元興寺資財帳』）によれば、馬子は恵便と同時に老比丘尼の法明を得たとし、この法明に得度した三人の尼がついたとしている。

蘇我馬子が仏教の師として還俗僧恵便を得ておきながら、なぜ正式な僧侶を得なかったのであろう。得度させたのがなぜ尼僧三人だけなのであろうか。『元興寺資財帳』に尼僧法明のことが見えることに関わるのであろうか。恵便も法明もともに高句麗人である。当時、交代制でわが国に渡来した僧侶は百済人であり、彼等は政権が存在する近辺に居住していたに違いなかろう。政権中枢部にいた蘇我馬子が、高句麗から渡来して還俗した僧を求めた理由はどこにあったのであろうか。高句麗の仏教に惹かれるところがあったのであろうか。

その一方で、崇峻天皇元年（五八八）に寺工をはじめとする技術者を伴って、百済から派遣されてきた恩率首信が本国に帰国する際には、善信尼等を託しているのである。これは百済で仏教を学ばせる意図なのである。馬子は広く、各地の先進文化を求めていたのであろう。そのことが飛鳥寺に見られる多様性と考えられる。たとえば、伽藍配置は高句麗の要素、瓦生産は百済の技術、しかしその中には赤焼きのものが数多く含まれており、高句麗の造瓦技術も使われた可能性がある。また軒丸瓦の中には、明らかに古新羅の要素をもったものも見られるのである。

本節の課題である尼僧の意義については、シャーマンとの関係を説く見解も少なくない。たとえば勝浦令子氏は「仏教と経典」(7)で、「最初の出家者が女性であることを当時の倭では仏を異国の神である他国神・蕃神・仏神として理解したため、尼も神意を託宣によって媒介する巫女（シャーマン）、特に家の巫女（ファミリーシャーマン）と解する説がある」と紹介し、シャーマニズムとの関係もあるとしながらも、「病や祟りに対する仏教の呪術的現世利益への期待は、尼だけではなく僧にも求められており、女性だけをシャーマンと結びつけて短絡的に強調することは問題である」としている。

わが国は、シャーマニズムと女性を一体として考える素地をもっていることは確かである。だからといって、勝浦令子氏が言うように短絡的に結びつけるのは危険でもある。しかし病に冒された人や、心を病んでいる人が静かに仏の加護を背景に女性の優しさの中に包まれて、仏への慈悲を感じることもあるのである。たまたまその仲介者が女性であるからといって、シャーマンとは言えなかろう。しかし、尼僧である。

さきに述べた善信尼等は、崇峻天皇三年（五九〇）に正式に受戒して百済から帰国した。彼女等は桜井寺、のちの豊浦寺に居住して多くの尼を指導した。ここに正式に尼僧が誕生したのである。『元興寺資財帳』によると、その頃渡来した百済からの使者は「（略）然るに此の国は、但尼寺有り。法師寺及び僧無し（略）」と述べている。少なくとも五九〇年までは僧の存在も僧寺もわが国にはなかったことになる。実際には飛鳥寺という僧寺の造営工事は始まっていた。しかし、尼僧や尼寺のイメージが強かったことを感じさせるのである。

推古天皇三十年（六二二）に聖徳太子が薨ずると、妃の橘大朗女は、聖徳太子が往生した天寿国の様子を刺繍で表わした「天寿国繡帳」を宮中の采女らに制作させたことが『上宮聖徳法王帝説』に記されている。刺繡と女性とは関係が深く、繡仏の制作には女性が関わっていることが多い。推古天皇は、同十三年（六〇五）に、皇極天皇は白雉元年（六五〇）に、それぞれ繡仏の制作を発願している。朱鳥元年（六八六）には、天武天皇の病気平癒を祈り、皇后によって繡仏の制作が発願された。実際に制作に携わったのは宮廷の女性たちであったはずで、そこには仏の像の制作に直接関わる法悦があったことだろう。(8) 鎌倉時代以降の繡仏には髪の毛が使用されている遺品が少なくなく、女性の一念が尼僧の一念に相通ずるところと考えられようし、また、この髪の毛は女性の髪に特定されている。

確かに近世においても女性の一念を頼りとした遺物がある。大坂城に保管されている天守閣から下まで伝わって降りられるだけの長さをもつ太いロープがあるが、これも女性の髪で編まれたロープである。また静岡県引佐郡所在の広元寺にもやはり女性の髪で編まれた太いロープがある。そしてニューヨークの美術館メトロポリタンには、自らの身を削って念を入れた、中世尼門跡の遺品が収納されている。

それぞれの尼僧が思いを込めた遺品があるが、自らの身を傷つけ、自らの思いを念じて作った遺品が多い。これらの念を入れて、念を織り込んで祈る女性に何らかの力があると考えられていたのであろうか。

推古天皇三二年（六二四）九月に寺および僧尼に関する詳細なことを調査させている。そして寺の数が四六、僧侶八一六人、尼僧五六九人とある。尼僧が約四割というきわめて高い比率であることに興味を惹かれるのである。

註

（1）『三国史記』巻第十八「高句麗本紀　第六」六興出版　一九八〇年
（2）田村圓澄「仏教の伝来」（『飛鳥・白鳳仏教史』吉川弘文館　一九九四年）
（3）『高句麗壁画古墳』共同通信社　二〇〇五年
（4）『三国遺事』巻第三「興法第三」六興出版　一九八〇年
（5）法琳『破邪論』巻下、『大正蔵経』第五二巻
（6）前掲註2に同じ
朝鮮半島に大きな影響を与えた中国の仏教に関して、田村圓澄氏が簡潔に述べている。以下に記す。

「百済は「南朝仏教」を受容し、新羅は高句麗を介して「北朝仏教」を導入したが、仏教と国家、または皇帝との対応について、胡族の国家である北朝と漢族の南朝には、差異があった。五胡十六国の王朝が目まぐるしく交代する北朝は、専制君主体制であった。北周の任道林が武帝に奉った仏教復興の書において、「帝王は即ち是れ如来なり。……王公は即ち是れ菩薩なり」（『集古今仏道論衡』巻乙、『大正蔵経』第五十二巻）といったが、北朝では、隔絶した地歩にある皇帝に対し、仏教側から礼敬の態度をとり、したがって王法は調和の傾向にあった。

一方、易姓革命をくりかえす漢族の南朝において、皇帝と貴族の関係は、相対的であることを免れなかった。東晋の慧遠（三三四―四一六年）の「沙門不敬王者論」（僧祐『弘明集』巻五、『大正蔵経』第五十二巻）などに見られるように、つねに王者に対する敬・不敬の問題が提起され、仏教教団を国法の外に置くべしとする主張もなされた。南朝の漢族の社会において、仏法と王法は融合せず、対立の形であった。したがって南朝では、貴族層を受容者とする「氏族仏教」が根底にあり、これに対して北朝では、国土と国民に

君臨する皇帝を軸とする「国家仏教」が基調をなしていた、と見ることができよう。「南朝仏教」の系譜を引く百済が、「氏族仏教」の段階にあり、「北朝仏教」につながる新羅が、「国家仏教」の段階にあったことが注意される。新羅では血統の尊卑をあらわす骨品制度が、社会構成の基礎となっていた。

（7）勝浦令子「仏教と経典」（『信仰と世界観　列島の古代史ひと・もの・こと』七　岩波書店　二〇〇六年）

（8）薗田香融氏は「織仏」と「繍仏」について「仏の作業に参加したものは、その一針一針に仏事作善の思いをこめて製作の針を運ばせたにちがいない。このような製作過程における宮廷女性たちの直接参加の法悦がその出来上がりのもつ暖かくて軟らかい感触と相まって、当時の造仏の主流をなした金銅仏―冷たい威圧感に満ちる―とはまた違った深い感動を当時の宮廷人たちに与えたことであろう。（中略）もっとも、同じ軟らかい繊維を素材とする工芸品といえ、「織」と「繍」とをたやすく混同すべきでない。織仏は素材の織成段階において仏像を造形するものであるから、それだけ高度の技術を要したことであろう。大化三年および五年の冠位制でも「織冠」を第一位におき、次に「繍冠」を位置させている。」（「わが国における内道場の起源」『仏教の歴史と文化』同朋社　一九八〇年）と述べている織りと刺繍の位置づけの考察も興味深い。

第二章　鎮護国家思想への傾斜

はじめに

寺院造営の技術が正式にわが国にもたらされたのは、崇峻天皇元年（五八八）である。しかし、記録に残らないまでも、それ以前にも造瓦技術を含む、寺院造営に関する各種の技術が入っていたことが考えられ、そのことの一部が発掘調査によって明らかになっている。その一つは飛鳥寺の伽藍配置である。史料には、百済から寺院造営の技術がもたらされたと記されているにもかかわらず、発掘調査で明らかにされた伽藍配置は百済には全く見られないものであった。その伽藍配置は当時、百済とは相容れない高句麗の清岩里廃寺の伽藍配置に酷似したものであった。当時の百済と高句麗は決して親しいとは言えない関係にあったことに注目すべきであろう。しかし実際にわが国においては、その両国の技術を取り入れているのである。

そもそも伽藍配置というものは、当時の仏教思想が形に表われたものである。『日本書紀』（以下『書記』）の記述より、崇峻天皇元年（五八八）に造営技術がわが国に伝えられる五十年前、百済国から仏教公伝があったとされている。

これも公伝としての年代であり、それ以前に多くの人々によって、様々な地域から伝えられていたのである。その中にはそれぞれ異なった仏教観も伝えられていたことであろう。

仏教が公のものとなっていった過程で、新たな仏教観も生じてくる。そうした中に仏教により国家を鎮護する考え方、鎮護国家思想が芽生えてくるのであった。

第一節　寺院造営過程での仏教観

寺院造営の技術が伝えられた崇峻天皇元年から、持統天皇に至る各天皇の、仏教に関する事柄を中心に列記してみよう。

崇峻天皇の時代はまさしく仏教の黎明期であり、蘇我・物部の戦いを期に聖徳太子による四天王寺造営の発願、蘇我馬子による飛鳥寺の建立誓願があげられる。『書紀』には四天王寺と飛鳥寺を対比させて述べられているが、四天王寺造営は法隆寺に先行することはなく、四天王寺建立の縁起にすぎない。しかし、この寺が国を護る願いによって建立されたとあるところに注目すべきであろう。そして仏師鞍作鳥という仏教興隆に必要な仏師の存在、また仏を奉ずる尼僧の誕生などが『書紀』の記事にも見え、仏教の基盤が整えられていく。

推古天皇の時代には仏教興隆の詔を出し、また誓願を発し、銅および繍の丈六の仏像を作り始める。天皇は皇太子を招き、「勝鬘経」を講じさせた。また皇太子は「法華経」を岡本宮で講じている。推古天皇三二年（六二四）九月には寺と僧尼とを調査し、寺は四六ヶ寺、僧は八一六人、尼は五六九人、合わせて一三八五人を数えている。

舒明天皇の時代は、朝廷にとって大きな変化があった。舒明天皇十一年（六三九）に朝廷として初めての寺、百済大寺が建立されたのである。すでに仏教が伝えられて百年が経過している。また、その翌年には大掛かりな斎会を設け、

「無量寿経」を恵隠僧に講じさせている。どこでこの講説が行われたか記されていないが、文脈からすれば宮中と考えられる。無量寿経は阿弥陀如来を説いた経典である。仏教が多様化してきたと見るべきであろう。

皇極天皇の時代は、天災が多く不安に満ちていた。国外において朝鮮半島では戦乱は激しさを増し、高句麗ではクーデターにより王がその地位を奪われている。新羅・百済の文化を入れる一方、わが国では経典を読み、仏に祈願することが次第に定着しつつあった。蘇我大臣は雨乞いのために、寺々で「大乗経典」の転読を提言している。また大寺（百済大寺）の南の広場に仏像と四天王像とを安置し、多くの僧を招いて「大雲経」を読ませ祈雨させている。

この頃蘇我大臣蝦夷は権力を誇り、祖先の廟を葛城の高宮に建て、天皇家の特権として舞わせる八佾の舞を行わせるなどその横暴が目立ってくる。その最たるものは、蘇我入鹿が兵を差し向け上宮王家を滅亡させたことであろう。そして皇極天皇四年（六四五）六月に中大兄皇子と中臣鎌子は、ついに蘇我氏を滅ぼすこととなる。その際入鹿を切った中大兄皇子が「法興寺に入りて、城として備う」と『書紀』にある記事は、本章にとって重要な意味をもっている。

孝徳天皇の時代は大化元年（六四五）に始まる。天皇は僧尼を呼び集め、仏教興隆を促し、新たな十師に僧を導くように詔する。乙巳のクーデターのわずか二ヶ月後の八月、天皇は寺院造営を奨励しているのである。朝廷は権力者蘇我氏を倒したことで大きな自信を得たのであろう。寺院造営が困難な者には朝廷自らがこれを助けるとまで言っている。大化四年（六四八）二月には三韓に学問僧を遣わした。そして安倍大臣は四衆を四天王寺に招き、仏像四体を迎えて塔内に安置し、鼓を重ねて霊鷲山の像を造っている。

天皇は元年に志を立てた通り、仏教を中心として古くて使い難い悪習を善習に変え、国の確立を図りたいと考え、古い冠位制を廃止したり、薄葬令を出したりしている。しかし仏教興隆を共に築いてきた安倍大臣が薨じ、蘇我臣日向の讒言で蘇我倉山田石川麻呂一族が滅ぼされる。天皇にすれば仏に念じて国家安泰を願っているにかかわらず、その自分の思いと裏腹な出来事が起こる事に苦慮したであろう。そしてそれを何とか軌道修正したかったに違いない。

白雉元年（六五〇）十月には、丈六・侠侍・八部など三六尊の繍像を造り始めている。また漢山口直大口が詔によって千仏像を彫っている。白雉の年号は自己の治世を吉きものにしたいとの表われであろう。仏教興隆に力尽くしていることの表われが、三六尊の繍仏作製につながったものであろう

白雉二年（六五一）十二月三十日、味経宮に二千一百余りの僧尼を招き「一切経」を読ませている。またこの日の夕方には二千七百余りの灯りを朝廷の庭に灯し、「安宅経」「土側経」などの経を読ませている。翌三年（六五二）四月十五日には沙門恵隠を内裏に招いて「無量寿経」を講じさせた。十二月三十日には全国の僧尼を内裏に招いて斎会を設け、大赦と燃灯を行った。そして同四年（六五三）六月には画工に命じて、多くの仏像や菩薩像を造らせ、川原寺に安置している。『書紀』には「造らせた」とあるが、画工に命じたことからすれば、「描かせた」の意であろう。

孝徳天皇の時代には薄葬令のように、旧式と考えられる習俗を新しいものに改めており、旧習俗を新しくする難しさがわかる。これもその後、人々の心の中に新旧の思いが複雑に存在していたことを示している。

斉明天皇は飛鳥板葺宮で即位している。その時期を仏教興隆の面から見ると、斉明天皇三年（六五七）七月十五日に盂蘭盆会を行っている一方で、この月の三日にトカラの人を京に召して、須弥山の像を飛鳥寺の西に作っている。つまり昔ながらの服属儀礼を行っているのである。

同四年（六五八）七月には、沙門智通と智達は新羅船で大唐国に行き、印度の学僧無性の衆生の義を玄奘法師に学んでいる。『三国仏法伝通縁起』(1)によると、「法相宗」の条に、「（前略）孝徳天皇御宇白雉四年癸丑。道昭和尚海往唐。遇玄奘三蔵学法相宗。即当唐朝第三主高宗皇帝永微四年癸丑。玄奘三蔵年五十一。慈恩大師齢二十二。道昭興三蔵宿在同房興慈恩同学。（中略）道昭入唐之後経於六年至第三十八代女帝斉明天皇御宇四年戊午。智通。智達両般法師。乗新羅船往大唐国。遇玄奘三蔵学法相宗。（後略）」とある。

同五年三月には甘樫丘の東の川上に須弥山を造り、陸奥と越との蝦夷を饗応している。七月十五日には京内の諸寺

に「盂蘭盆経」を講じさせ、七世の父母の恩に報わせている。

同六年五月には官司が勅命によって、一百の高座、一百の納袈裟を送って仁王般若会を設けた。鎮護国家に関わる経典名としては初出と考えられる。ここに鎮護国家思想の芽生えを見ることができよう。この月に石上池のほとりに須弥山を作らせ、粛慎四七人を饗応している。

天智天皇は大化改新を成し遂げた人物であり、また武人である。百済応援のために軍を出すが、白村江で大敗する。その結果、天智天皇六年（六六七）に大津遷都を行う。そして敗戦を大いなる教訓として東アジア状勢を把握し、防御施設として各地に城《き》を築いている。また、同四年二月に薨じた妹、孝徳天皇の皇后であった間人大后のために、翌月三百三十人を出家させて供養している。

崇峻天皇以来、持統天皇に至るまで皇位継承については様々な葛藤があったが、人々を巻き込むような大きな戦いはなかった。しかし結果的には皇位継承のための戦乱となったのが壬申の乱である。

第二節　鎮護国家思想への歩み

壬申の乱に勝利を納め（六七二年）、天武天皇は翌年二月二七日、飛鳥浄御原宮で即位する。翌月の三月に書生を集めて、川原寺で「一切経」の書写を始めさせているのを皮切りに、神祀り、仏教行事を多く行っている事がわかる。天武天皇四年（六七五）四月には、僧尼二千四百人余りを招き、盛大な斎会を催している。また小紫美濃王と小錦下佐伯連広足とを遣わして、風の神を竜田の立野に祭らせ、小錦中間人連大蓋と大山中曽禰連韓大とを遣わして、大忌神を広瀬の河曲に祭らせた。この後毎年のように行われることになる竜田の風の神と、広瀬の大忌神の祭りの最初である。

天武天皇五年（六七六）には、旱がひどいため、使いを四方に遣わして幣帛を捧げてあらゆる神々に祈らせると同時に、多くの僧尼を招いて仏に祈らせている。天武朝は頻繁に竜田の風の神と広瀬の大忌神を祭っている。同年八月には詔して、四方に大解除を行っており、それに用いる物は国ごとの国造が差し出すように勅している。また同日に、諸国に放生を詔している。そして、十一月には京近くの国々に詔して放生を行わせている。そして十一月二十日には使いを四方に遣わして、「金光明経」と「仁王経」を説かせている。

同六年八月に飛鳥寺に大きな斎会を設け、「一切経」を読ませた。このときに親王・諸臣および群卿に詔して、各々について一人ずつの者を出家させ、僧となることを許している。同八年、九年は広瀬の大忌神、竜田の風神を祭る行事に併せ雨乞いの行事が目立つ。同九年四月に官寺の制を設け、五月一日に鎮護国家の経典である「金光明経」と「仁王経」が、初めて宮中で説かれた。鎮護国家思想の高まりを感じさせる。十一月には皇后が病にかかり、皇后の病気平癒のために薬師寺建立を誓願した。

同十年（六八一）正月には畿内および諸国に詔して、すべての神社の社殿を修理させている。神への祈祷、仏への祈願・供養の多さから天武天皇の神仏への信奉の篤さもうかがい知る事もできるが、旱を含めての天災の深刻さが伝わる。七月には全国に命じてことごとく大解除させている。この時国造たちは祓いの柱として、各々奴婢一人を差し出し解除を行っている。閏七月十五日、皇后は仏に誓願して盛大な斎会を催し、経を京内の諸寺で説かせた。

同十二年七月に、仏道を修行するもの三十人を選んで出家させている。この頃毎年のように旱が続いていたことが、詔からうかがえるのである。

同十四年三月には詔して「国々で、家ごとに仏舎を造り、仏像と経とを置いて礼拝供養せよ」と寺院造営を奨励している。四月二五日に僧尼を招いて宮中で安居を行った。五月五日、天皇は飛鳥寺で珍宝を仏に捧げて礼拝した。

八月十二日は盆供養の真っ只中である。天皇は浄土寺、つまり山田寺に行幸した。『書紀』には何もその理由は記されてはいないが、山田寺は蘇我倉山田石川麻呂が建立した寺であるが、蘇我日向の讒言で一族が滅ぼされた。その後、天智朝に一時工事が再開されたが、天武天皇によって改めて工事が再開されたのである。皇后である鸕野讃良皇女は石川麻呂の孫である。この行幸は皇后のために石川麻呂やその一族の供養を行ったとは考えられないだろうか。石川麻呂が没してちょうど三七回忌を数える夏なのである。翌日の十三日には川原寺に行幸し、稲を僧たちに贈られた。

九月二四日、天皇の健康がすぐれないので三日間大官大寺、川原寺、飛鳥寺で誦経させ、稲を三つの寺にそれぞれ納めた。十月十七日には宮中で「金剛般若経」を説かせた。十二月十六日、絁・綿・布を大官大寺の僧たちに贈った。

朱鳥元年（六八六）正月九日、三綱、律師および大官大寺の知事、佐官、合わせて九人の僧を招き俗人の食べ物で供養し、ほかにそれぞれ絁・綿・布を贈った。五月に天皇の病が篤くなり、川原寺で「薬師経（薬師如来本願経）」を説かせ、宮中で安居させた。六月に伊勢王と官人たちとを飛鳥寺に遣わし、僧たちに勅して「近頃、朕が身不和む。願ふ。三宝の威に頼って、身体、安和なることを得んとす」として仏に珍宝を奉った。同日に、律師、四ヶ寺の和上、知事、それに師位を有する僧たちに御衣など一式を賜った。六月十九日に勅して、百官の人々を川原寺に遣わして燃灯供養を行い、盛大な斎会を設けて悔過を行った。この後は天皇の病気平癒と延命祈願のために仏にすがる諸供養がなされている。七月八日には一百の僧を招き「金光明経」を宮中で読ませている。また王臣たちは天皇のために観世音像を造り、「観世音経」を大官大寺で説かせた。この一連の記事により天皇ばかりではなく、王臣たちも仏の威徳にすがるべく観世音像を造るほど、仏教が人々の心の奥底に根づいていっていることが認められよう。八月二日には僧尼合わせて百人を得度させ、百の観世音菩薩を宮中に安置し、「観世音経」二百巻を読ませている。また同日に天皇の病気平癒を神々にも祈っている。九月四日に親王以下諸臣に至るまで川原寺に集い、天皇の病気平癒のために祈ったが、九月九日に崩じた。

第三節　鎮護国家思想の高まり

持統朝は、称制の年も含め持統天皇三年（六八九）までは将来への布陣を敷いた時といえよう。将来への布陣とは鎮護国家思想を基に、律令国家としての基礎固めである。神を尊び仏を信奉する天武天皇の姿勢を引き継ぎ、神仏への帰依も篤く、鎮護国家思想を根底に軍事にも力を入れている。壬申の乱を天武天皇とともに戦い抜き、戦乱というものがどれほど多くの人々や事柄を犠牲にして不幸なものであるかを、持統天皇は身をもって体験しているのである。

仏法によって国家の鎮定を図るためにも「金光明経」という経典を尊び、そして実際に体験した動乱の経験から、再び乱が起こらないように、軍事の必要性は不可欠と考えたに違いない。天武天皇十三年（六八四）閏四月五日の詔、「凡そ政の要は軍事なり」の考えを、持統天皇は忠実に引き継いだといえよう。特に持統天皇三年までに、天武天皇の意思を尊重した将来への布陣が認められるのである。

その例として、持統天皇元年八月五日に天武天皇の殯宮で食物を供え、二八日に直大肆藤原朝臣大嶋等を遣わして三百の高僧を飛鳥寺に招き、天武天皇の衣を使って作った袈裟を一領ずつ与えている。前年の十二月に行われた天武天皇のための五つの寺、大官大寺、飛鳥寺、川原寺、豊浦寺、坂田寺で行われた無遮大会と同じく追善供養のための行事である。しかし、天皇の勅で差し遣わされた人は兵部省の兵政官であり、武人である。

持統天皇は軍事に力を入れながらも仏教興隆に熱心に取り組んでいる。持統天皇三年（六八九）の一月に陸奥国の蝦夷脂利古の息子、麻呂が願い出通り沙門になることが許されている。また越の蝦夷沙門道信に仏像一躯をはじめ、過分と思えるほどの品々を賜っている。しかしその理由は記されていない。

道信への賜り物の中で特に気になるのは、鍬と鞍である。鍬は当時の財の値打ちとも考えられるが、鞍はやはり馬具であろう。もう一つあえて挙げるならば、灌頂幡である。このような一連の賜り物を有する寺院は、規模としては決して小さくないはずである。越のどの寺に沙門道信が住していたかは記されていないので、推察するしかないが、やはり持統天皇三年現在で鎮護国家形成に努力する朝廷のために働いたか、またはこれからも役立っていかねばならない立場、あるいはそのような地に存在する寺院であろう。それも国を左右しかねない物事に対しての護りの役であろう。当時都から遠く、目の届きにくい越の要衝の地であろう。越の地は日本海沿いであり、古くから大陸からの船が公式、非公式に着く所である。

四月十三日には皇太子草壁皇子が薨じた。『書紀』には草壁皇子薨去に関する記事が極端に少ない。不自然なほどにそのことには触れていないのである。持統天皇にとって、皇子の死に触れられる事すら堪え難かったと考えられよう。皇子が薨じて一週間後に学問僧の明聡と観智が新羅の送使に送られて帰国した。新羅は金銅の阿弥陀像・金銅の観世音菩薩像・大勢至菩薩像、各一躯と他の品々を奉った。

七月一日に陸奥国の沙門自得の願い出により、薬師如来像・金銅の観世音菩薩像各一躯をはじめ多くの仏具を賜っている。草壁皇子が薨じて初めての盆の月に、陸奥国の沙門が願い出たからと言って、このような厚遇を許すだろうか。たとえこの沙門がこの年の正月に沙門に願い出て、許された人物であったにせよである。陸奥国の沙門は天皇から賜った仏像と仏具をもって陸奥国に赴くであろう。陸奥国の蝦夷にこのような厚遇を与えたのには、持統天皇が親として草壁皇子を鎮魂する意思があったのではないだろうか。そしてこれからなお一層蝦夷たちと密に関わらねばならない時である。陸奥国の蝦夷自得が賜った仏像は、まさしく天武天皇の不予に際して説かれた「観音経」「薬師経」に同じ、薬師如来像と観世音菩薩像であった。

さて、持統朝を軍事の観点で見てみると、閏八月十日に諸国の国司に対して戸籍を作ること、そして兵術を習わせるよう命じている。これなどは軍隊の編成を意図したものと考えられよう。河内王には筑紫大宰師として武器が授けられ、石上朝臣麻呂・石川朝臣虫名らを筑紫に遣わして、城を視察させている。また天皇自らが高安城に出向いている。また十一月八日には高田首石成が弓・太刀・槍の三種類の武器に熟達しているとのことで物を賜っている。これなどは正に武勇の奨励であろう。

持統天皇四年（六九〇）一月、天皇はここに初めて即位した。この即位の年から目立って行っていることがある。天皇の三年四月にも新羅の人を下毛野国に住まわせているが、即位以降は頻繁に渡来の人々の移動が目立つ。二月二五日に新羅の韓奈未許満ら十二人を武蔵国に住まわせている。八月十一日にはさらに新羅の人々を下毛野国に住まわせた記事が出てくる。その間にも頻繁に広瀬の大忌神と竜田の風の神を祭り、幣帛を神々に頒かっている。五月十五日に内裏で安居の講読が始められた。七月十四日には七ヶ寺の安居の沙門三三六三人に様々な品を施し、これとは別に草壁皇子のために三ヶ寺の安居の沙門三二九人にそれぞれの品を施している。草壁皇子が薨じた翌年の夏のことである。

九月二三日に大唐の学問僧智宗、義徳、浄願、および軍丁大伴部博麻が新羅の送使に従って筑紫に帰り着いたのを讃えた。武人が讃えられる時代背景ではあるが、殊に博麻については現在で言う愛国心を大いに讃えたものであろう。

持統天皇五年（六九一）二月、天皇は詔して「卿等、於天皇世、作佛殿経蔵、行月六齋。天皇時々遣大舎人問訊。朕世亦に如之。故當勤心、奉佛法也」と、天武天皇の仏法信奉を引き継ぐことを宣言する。

同天皇六年（六九二）五月二三日、藤原宮の地鎮祭が催される。ともに壬申の乱を勝ち抜き、鎮護国家思想を元に律令国家の確立を目指した天武天皇の崩御から六年で、この年は天武天皇の七回忌である。

天武天皇も思い描いた新しい京の鎮めを七回忌に行うのも大きな供養と考えたものであろう。この時期に地鎮祭を行うことは、共に新しい地を切り開くという思いもあったろう。地鎮祭が行われたのは五月二三日であるが、古来宮中では五月は特別相撲などの諸行事である祓い清めの行事を行うことが多い。とりわけ天武天皇崩御の年の五月二四日に、病が篤かった天武天皇のために川原寺で「薬師経」を説かせ、宮中で安居させている。それからちょうど七年後にあたる。

さて地鎮祭も終わった同年、閏五月三日に京師および四畿内に「金光明経」を購読させるべく詔が出ている。そして十五日に、沙門を大隅と阿多とに遣わし、仏教を伝えるようにとの詔が出ている。それればかりではない。天智天皇十年（六七一）に大唐からの大使、郭務悰が天智天皇のために造った、阿弥陀像を奉るように指示している。この年、持統天皇六年は天武天皇七回忌にもあたるが、天智天皇が崩じてから二一年目である。父、天智天皇については心に葛藤を抱きながらも、やはり父、天皇への供養心と、武勇の天皇であった父に、南の国の抑えを願ってのことだとは考えられないだろうか。供養心と生前の功績を思って、そこに何らかの礎を置くという仏教信奉のあり方は、すでに古代からあったことがわかる。

持統朝においても竜田・広瀬の神を始め多くの神々の坐す神社に捧げものを奉っているが、沙門への賜り物もまた目立つ。持統天皇七年（六九三）には五月十五日と九月十日に無遮大会が内裏で行われている。天武天皇の崩御は九月九日であり、当年は天武天皇の七回忌ではなく、崩御から七年目に当たる。こういう年に天武天皇のために内裏で二回も無遮大会を催しているのは、当時の考えとして七回忌と七年目は異なる供養観があったかもしれない。先述した、天智天皇のために沙門を大隅と阿多とに遣わして仏教を伝えさせ、郭務悰が造った阿弥陀像を奉っている。これも天智天皇崩後二一年目のことである。

十月二三日から初めて「仁王経」を国々で講説させている。十一月十四日の記事に興味深いものがある。二人の沙門、法員、善往、真義らを遣わして、近江国益須郡の醴泉を試みに飲ませたという記事である。翌持統天皇八年（六九四）三月十六日に詔が出ている。七年の醴泉が近江国益須郡の都賀山に湧き出、様々の病気の人が益須寺に泊まり治癒している。故に施入するというものであり、初めて醴泉であることを発見した葛野羽衝・百済土羅々女に物を賜っている。古代の僧はただの僧侶であるというよりも、何らかの技術を有するものが多い。この記述から見れば、七年に近江国に使わされた三人の僧侶は鉱山師の可能性が高い。古代の技術で鉱物、温泉等の役に立つ産業資源を見つけ出す技能をこの三人の僧たちが持っていた可能性があるのである。

同八年の五月十一日には「金光明経」一百部を諸国に送って安置し、必ず毎年上玄に講読させ、そのための布施は、その国の官物をあてることにしている。同天皇十年（六九六）の十二月一日に、「金光明経」を毎年十二月三十日に読み、行いの清らかな者十人を得度させる事にしている。同十一年（六九七）三月八日に無遮大会を春宮で催している。六月六日には詔して、藤原宮と四畿内の諸寺で読経させている。六月十六日には五位（直位）以上を遣わして、京の寺を掃除させた記事がある。天皇は病の床につき、深刻な状態になったのであろうか、二六日には公卿・百寮が天皇の病のために誓願し、仏像を作り始めた。そして七月二九日に公卿・百寮は、仏の開眼の法会を薬師寺で催したとある。そして八月一日に天皇は軽皇子に皇位を譲った。

第四節　律令国家への道

わが国に仏教が公伝し、寺院造営の技術も崇峻天皇元年に公式に百済から伝えられた。崇峻天皇元年は五八八年であり、その年から持統天皇が軽皇子に皇位を譲られるまでの百九年の間にあげられた経典とその種類、またはそれに前後する事柄を大まかに抜粋してみたが、ここで取り上げた項目のように各天皇は全く神道を排除して仏教だけを信奉してきたわけではない。東アジア体勢がまだまだ落ち着いていない時期にかかわらず、わが国内もまた落ち着いていなかった。壬申の乱が終わり天武天皇が皇位に即き、一応の落ち着きは見たものの、すべての問題が解消されたわけではない。新しい京である藤原京を見ることもなく天武天皇は崩じ、壬申の乱で活躍した人々も次々と亡くなっていった。そのような不安定な情勢の中でひたすら律令国家の確立を目指していった持統天皇は、二度と乱を起こしてならないと強く考えていたのである。すでに根づきかけている仏教であるが、なお一層経典に示された力を信じたかったに違いない。経典によれば天皇が「金光明経」を信じ、仏道に励めば、たとえ不測の事態が起こったとしても、仏の力で天皇を助けてくれるのである。この信念を基に国の体制を固めていくならば、当然の事として備えのある寺院を築く事になる。そしてその寺院は、律令国家体制を崩しかねない敵から護らねばならない。守るためにはそれなりの防御を備えなければならない。不測の事態に防御の戦いを強いるならば、それは即ち軍隊として戦わねばならないのである。敵が攻め入るのも、敵から守りを固めるのも交通の要衝となる、道であり、川であり、海である。そして寺域には掘立柱柵がめぐらされるのである。鎮護国家思想を根底にして律令国家を創り上げていく課程のなかで、天武・持統朝には多くの経典が頻繁に読み上げられ、場を設けて経典を説く機会も多く目立つ。また、鎮護国家思想は国家形成のためのものであるが、同時に供養のためのものであるとしての位置付けも確立していくのである。

旧都飛鳥の地を中心に古代寺院が点在し、これらの寺院で仏教行事が時折々に催されている事を『書紀』に見ることができる。これらの寺院の中で同じ仏教行事が為されていても、行う目的や行われる寺院によって、その役割がいささか異なるように見える。しかしながら発掘調査でその違いを立証することは難しい。催される仏教行事の史料の記載からわずかながら推察してみよう。たとえば飛鳥寺と川原寺における微妙な違いを読み取ってみると、朱鳥元年（六八六）六月十六日、伊勢王および官人等を飛鳥寺に遣わして、衆僧に勅することは、近頃自分の体が病に冒されている。それで三宝の威力によって元気を取り戻したい。願いたいのは僧正・僧都・衆僧にそのことを仏に誓願してもらいたいということである。天皇は珍宝を三宝に奉っている。またこの日に三綱の律師、および四つの寺の和尚・知事・現師位にある僧たちに御衣・御被各一具を贈っている。これは天皇のわが身を元気にしてもらいたいと言う望みでの祈祷であり、祈願であると考える。そして、十九日に勅して百官の人等を川原寺に遣わして、燃灯供養を行っている。これは供養である。また大きな斎を設けて悔過を行っている。悔過は己の罪を悔いて、罪報を逃れることを求めて薬師・阿弥陀などに一定の作法をもって行う儀式である。これも斎を行うことは、法要に列する人々に食事を出して、供養する事であり、悔過もまた供養である。そして二八日には法忍僧・義照僧に老いを養うために、各三十戸の封を施している。これもまた供養である。つまり、飛鳥寺の儀式と川原寺での儀式は、同じく天皇の病気平癒のものであっても、飛鳥寺は祈祷・祈願の寺であり、川原寺は供養のための寺であるというような認識が当時はあった可能性もあるのではないだろうか。これについては今後熟慮を要する。

鎮護国家思想を元に興隆する仏教には様々な立場の寺院があるが、いずれも国を守るという大きな営みの中の立場をそれぞれが保持していたと考えられるのである。

註

（1）「三国佛法傳通縁起巻中」東大寺沙門　凝然述『大日本仏教全書』名著普及会　一九七九年

第三章　初期寺院造営の背景

第一節　寺院造営の事情

わが国の初期寺院としてまず名があがるのは飛鳥寺である。飛鳥寺造営以前、整った形でなくとも、すでに何らかの仏教施設が存在した可能性はある。しかしそれはあくまでも可能性である。『日本書紀』（以下『書紀』）に記されているように、崇峻天皇元年（五八八）に百済が寺院造営のための技術者八人をわが国に遣わした記事がある。このことにより本格的な寺院造営が始まる。「飛鳥衣縫造祖樹葉の家を壊ちて、始めて法興寺を作る。」とあるように、ここに法興寺、つまり飛鳥寺が建立されるのである。飛鳥寺は奈良県高市郡明日香村飛鳥に所在する。

寺院造営の技術者八人の内四人は、『書紀』には瓦博士と記されており、高い技術を持つ瓦工であることがわかる。昭和三一・三二年（一九五六・五七）の両年に三次にわたって、飛鳥寺の発掘調査が行われた。発掘調査によって伽藍配置をはじめとして多くの発見があった。しかしまた反面、謎が増えた観もある。

発掘調査に先だって予備調査が行われた。その調査で、安居院に安置されている本尊の花崗岩製台座が、創建当初

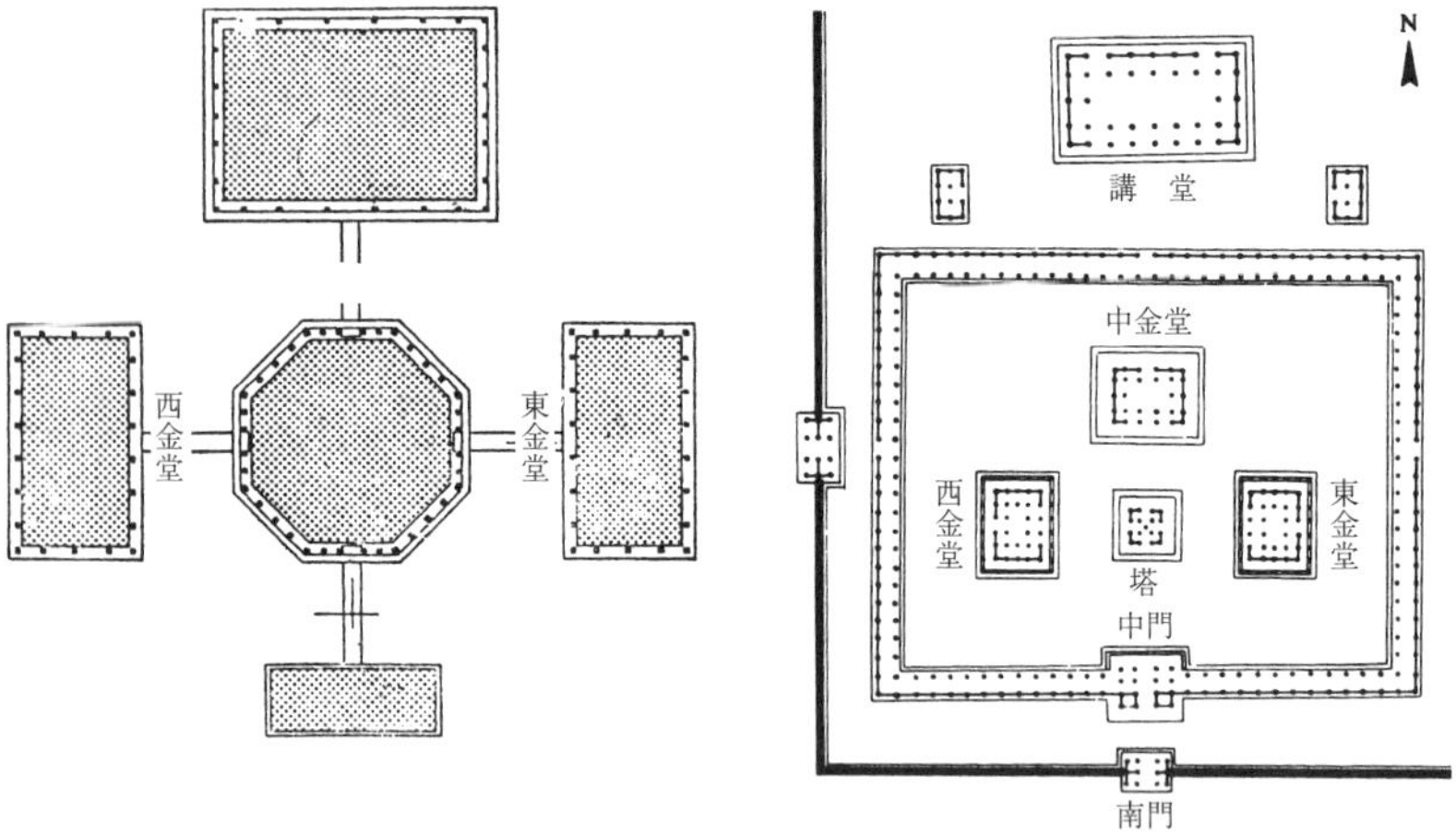

図２　飛鳥寺（右）と清岩里廃寺（左）　伽藍配置図

の位置を動いていないことが確認された。そして安居院本堂が金堂跡に建っていることが確実になったことから、ここを基準に発掘調査が進められた。金堂や講堂という中心的な建物の配置、つまり伽藍配置は時代によって変わり、また、もたらされる思想やその思想が入ってきた経路によっても変化するものである。しかし飛鳥寺の調査が行われるまでの考え方では、初期の伽藍配置は四天王寺式であり、次に法隆寺式に変化するとされていた。発掘調査の過程で、金堂と塔の位置が明らかとなったとき、この時点で飛鳥寺は四天王寺式伽藍配置であると考えられたのである。

しかし、発掘調査が進む内に全く誰も想像していなかった伽藍配置が出現した。それが一塔三金堂という伽藍配置である。塔を中心として南を除いた三方に三つの金堂を置き、これらを中門から発した回廊が取り囲み、講堂が回廊外の北に建つという配置である。この伽藍配置は高句麗の清岩里廃寺に見ることができ、清岩里廃寺は八角円堂を中心にして、その東西と北に三堂が配置されている。しかし、それら三つの基壇の様子が飛鳥寺の東西金堂のものに良く似ているのである（図2）。特に東西金堂が二重基壇で、しかも下成基壇にも礎石が置かれているというところなど、日本の古代寺院ではかつて見られなかったのである[1]。先述のように寺院造営技術の公的な伝播は、百済国が工人八人をわが国に遣わしたことに始まり、百済の技術によって造営された飛鳥寺は百済形式となるというのが本来の姿である。しかし飛鳥寺の発掘調査によって判明したのは、当時としては百済から最も遠い高句麗の寺院と酷似した伽藍配置だったのである。

公式に百済からわが国に伝えられた当時の最高技術による寺院造営は、朝廷によって為されるべきものである。しかし、実際には蘇我氏によって造営された。この伽藍配置は、寺院造営の意味を感じさせられる。百済からもたらされた造営の最高技術のみならず、高句麗という他国の高い技術をも併せ造営する事ができた壇越の実力と、天皇に対して怯む事なくそれを実行できた壇越の権力を示したものといえよう。

本来、百済王朝が派遣してきた寺院造営の技術者は朝廷が受けるべきところである。しかし朝廷ではなく大臣蘇我氏が代行した。この時点で、なお仏教受容について複雑な事情があったのだろう。

百済から技術者が遣わされる四年前の敏達天皇十三年（五八四）九月の事、百済から来た鹿深臣、『元興寺資財帳』には近江国甲賀郡の豪族としている人物が、弥勒の石像一躯を所持し、佐伯連が仏像一躯を所持しており、それらの仏像を蘇我馬子が得たことから、馬子は人を四方に遣わして修行者を探させている。そして見出したのが還俗した高句麗僧、恵便だったのである。還俗した僧がいるということは、当然仏教思想を心得た人々がわが国に複数居たという事である。そして馬子は仏殿を建てるのであるが、その実態は判然としない。

蘇我氏が朝廷に代わって飛鳥寺の造営を進めた事情には以下のようなことが考えられる。

継体天皇六年（五一二）十二月に百済は使いを遣わして調を貢っている。別して上表文を奉っている。それは任那国の上哆唎、下哆唎、娑陀、牟婁の四郡を百済国に賜る事を乞いにきて、それら四郡を授けた。そこは朝鮮半島の南西端で全羅南道のほぼ全域にあたる。当時百済は南下政策を進めていて、倭国が領していた任那四県の割譲のために交渉してきたのである。敏達天皇十四年三月にその任那復興を願いながら天皇は崩御した。わが国にとって百済との交流は任那復興のために重要であり、また高句麗・新羅とも交流を持たねばならない状勢にあった。しかし百済の立場としては如何なものだったか。百済は朝廷に対し高句麗や新羅をわが国から遠ざけ、百済とだけ親密に交流されることを願っていたのであろう。飛鳥寺の寺院造営の技術がすべて百済からのものであって欲しいと願ったはずである。しかし出来上がった飛鳥寺は、すべてが百済の技術というわけではなかった。天皇もこの状況を承知しながらも、外交上公認できない立場にある。となると先述のごとく壇越である蘇我氏は天皇に対して怯む事なく、百済とそれ以外の国の技術をも駆使して飛鳥寺を造営したということに一考を要する。つまり先に記したように、本来朝廷が受けるべき百済王からの技術者を朝廷が受け、他国の技術や技術者をも併せ寺院造営をすることになれば、外交上に大きな問題を投げかけることになる。そこで造営の壇越たる任を蘇我氏に委ねる結果となったと考えられないだろうか。

当時仏教や仏教思想を取り入れるということは、当時の新技術等を獲得するに等しい。中世においてキリスト教の宣教師を庇護、あるいは保護したのはキリスト教をわが国に根付かせたかったのではなく、新しい印刷技術や陶器・織りなどという南蛮の技術を得たかったからである。その事情と同じくする所があるのではなかろうか。

また、百済が公式に寺院造営技術を伝えた時点で、あるいはすでに高句麗や新羅の技術がその壇越の手元にあったと考えるべきではないだろうか。そうでなければ造営技術の公伝後、高句麗や新羅の技術を併せ持って、直ちに飛鳥寺の造営を始めることはできないのである。いずれにしろ技術の入ってくる経路は決して単一ではないのである。

さてこのような技術の導入を可能にできた壇越は、同族あるいは同系、あるいは緊密な関係にある各地の豪族たちにその技術をもたらせている。それは褒賞であったり、将来に向けての絆であったりするのである。飛鳥寺の壇越は蘇我氏である。以上のことを踏まえて初期寺院の背景をそれぞれの寺院から出土する瓦を中心として検討する。

第二節　飛鳥寺創建時軒丸瓦との同笵・同系品

飛鳥寺創建時に使用された主要な軒丸瓦の一種は、単弁十弁蓮華文軒丸瓦である（図3の1　以下瓦の番号のみを記す）。蓮弁の先端に切り込みがあり、扶余時代百済瓦当に酷似したすっきりとした切れの良い蓮華文である。この軒丸瓦との同笵瓦が使われている初期寺院に、山背の高麗寺がある。高麗寺は地図に示したように大和から、のちに呼ばれる歌姫越えや奈良坂越えなどを通って、山背に入る交通の要衝に位置する（図4）。交通の要衝はいつの時代も護りを固めなければならない軍事的要衝でもある。大和から山背に入る地は、現在の木津川市山城町付近であり、そこに流れる木津川が自然の要害となっている。木津川が高麗寺の周りを取り囲むような地形をなしていて、自然の濠の役目を果たしているのである。

高麗寺は山背の南端の郡、相楽郡に位置しているが、山背の北端近くにはこの瓦の同系品が検出された葛野郡の北野廃寺が位置している。山背国内で六世紀末から七世紀初頭に属する軒丸瓦が発見されるのは、飛鳥寺と同笵瓦をもつこの高麗寺と同系品をもつ北野廃寺の二ヶ寺である。

高麗寺が営まれた地は狛氏の本貫地である。欽明天皇三一年（五七〇）四月条には高麗の使人が越国に漂着する記事があり、七月には巨勢臣猿と吉士赤鳩が難波津より遣わされて、飾り船を装って近江の北山に備える。高麗の使人を山背の相楽郡の館にいれて、東漢坂上値子麻呂・錦部首大石などを遣わし彼等を守護させ、高麗の使人を饗応したと『書紀』に記す。このように、高麗寺が造営された地域は高句麗との外交上にも重要視されていたのである。

古来朝廷と密接な関係のある狛氏の本貫地である相楽郡に、高麗使人のための館を作ったということは（欽明天皇三一年四月条）、高麗の使人が大和へ入る前に一時滞留する所であったと考えられている。このように高麗寺や相楽館の

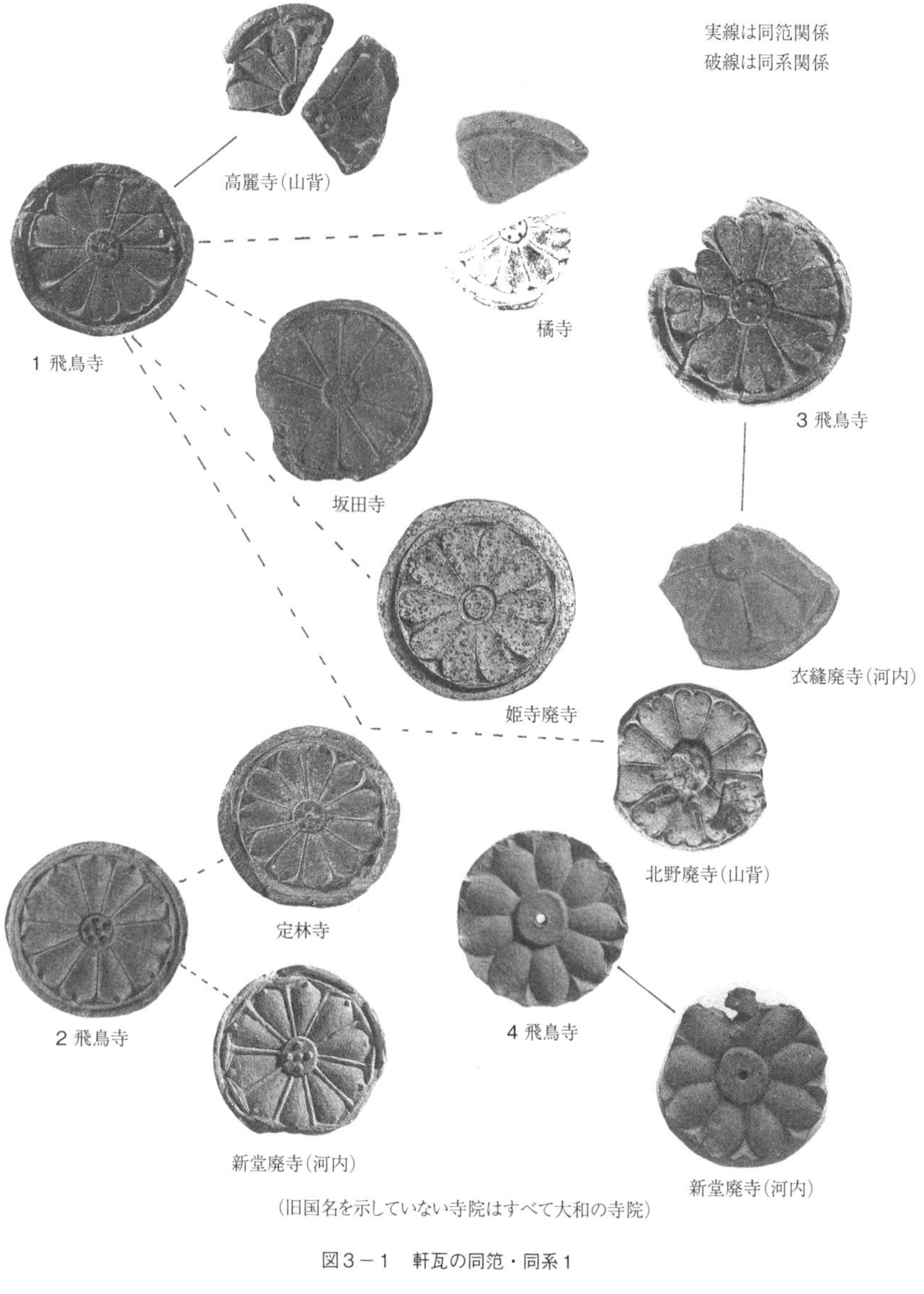

（旧国名を示していない寺院はすべて大和の寺院）

図３－１　軒瓦の同笵・同系１

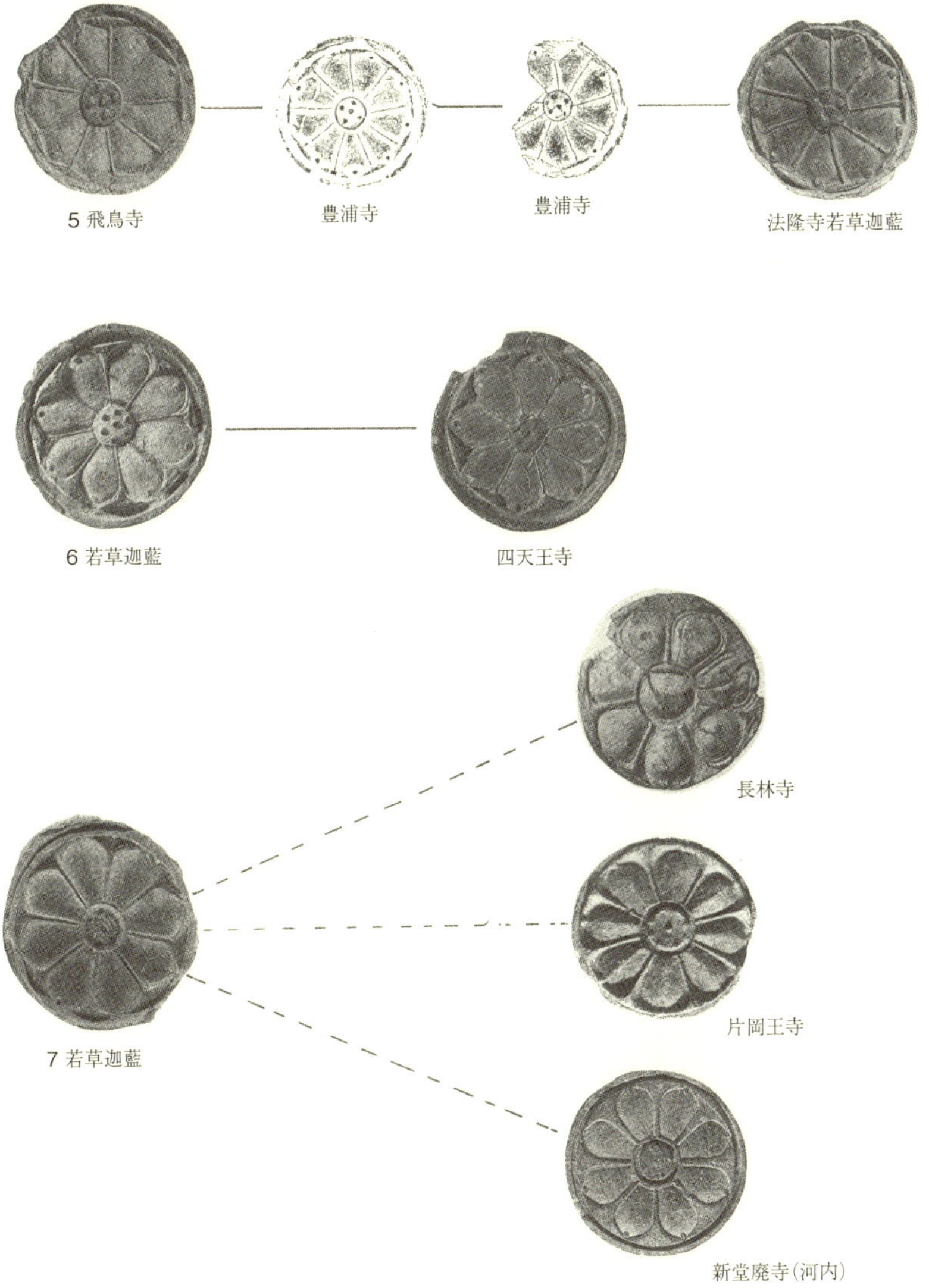

図3－2　軒瓦の同笵・同系2

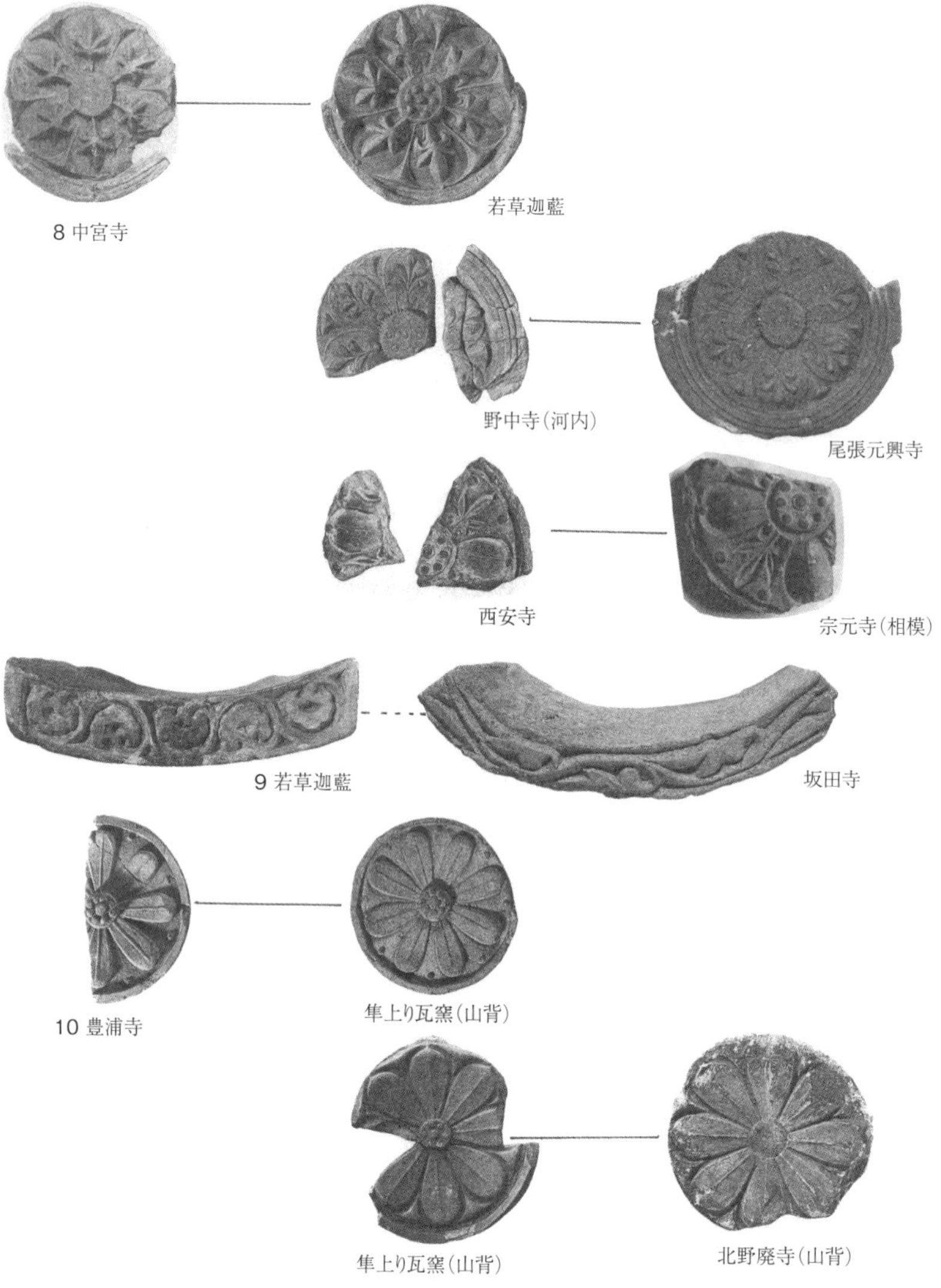

図3－3　軒瓦の同笵・同系3

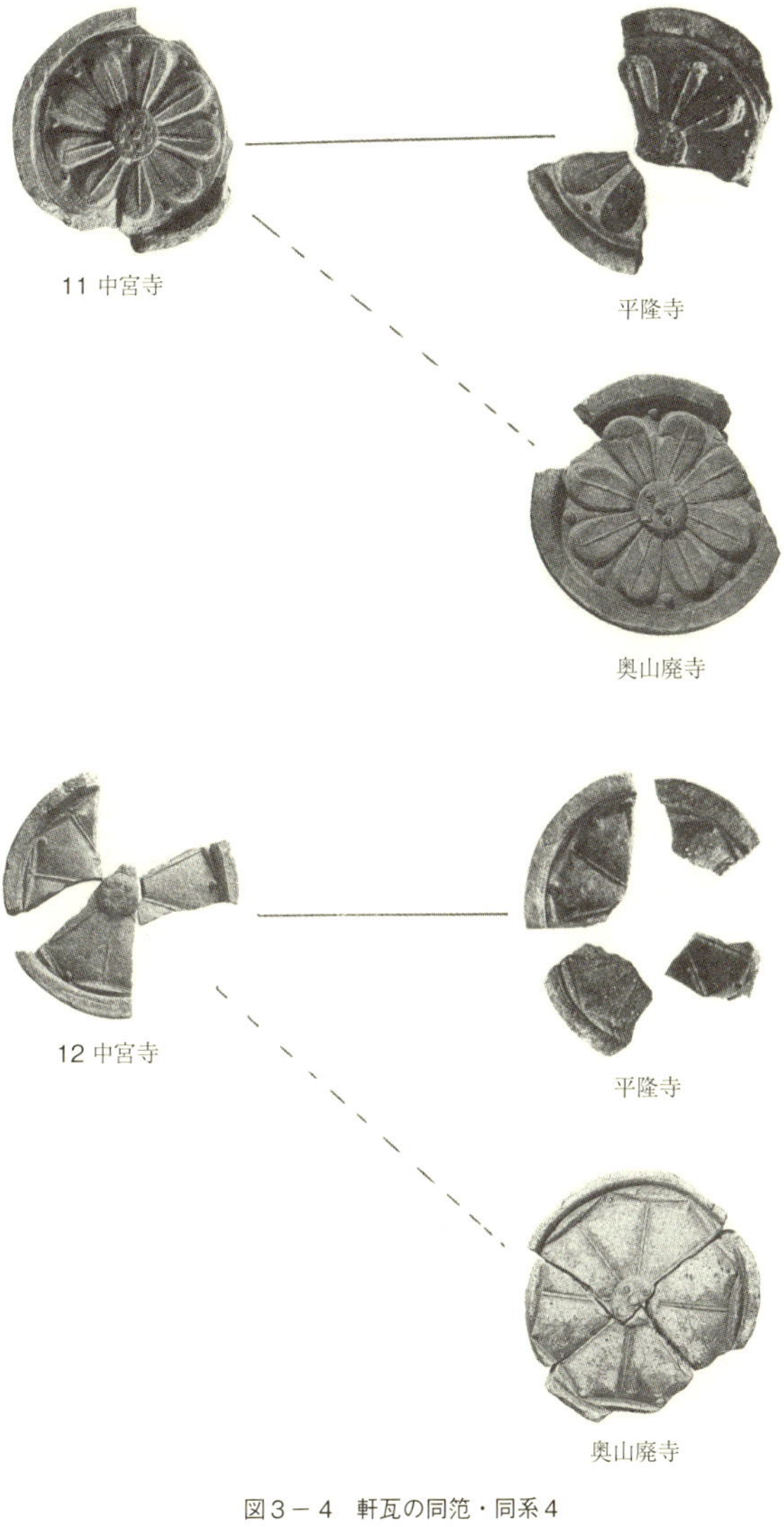

図3－4　軒瓦の同笵・同系4

図４　大和・山背の交通要衝

ある地は大和と山背との出入り口となる境界を護る軍事的にも重要な位置である。また、この地は近江からの材木を運び出す津である木津を擁し、経済的、軍事的に官としては掌握しておかねばならない水路と陸路の合流点といえよう。高麗寺の創建期に飛鳥寺創建時の瓦と同笵品が使われるということは、飛鳥寺の壇越である蘇我氏との強いつながりがあったからに他ならない。(2)

次に山背の北の砦というべき地、葛野に北野廃寺があり、その地から同系の瓦が出土した。(3) 北野廃寺についてはあまりにもよく知られた『書紀』の記載があるが、この瓦は史実を裏付ける出土遺物といえよう。推古天皇十一年（六〇三）十一月の条に皇太子（聖徳太子）が諸の大夫に「我、尊き仏像有てり。誰か是の像を得て恭拝らむ」と言われると、秦造河勝が「臣、拝みまつらむ」と進み出る。この仏像を受けて蜂岡寺を作ることがみえる。この寺が広隆寺である。北野廃寺と広隆寺が同一であるかどうかの論があるが、藤澤一夫先生が「山城北野廃寺」でこれについても地理的にも詳しく述べておられ、史料にある秦氏の寺院である事を論じておられるので割愛する。ここでは藤澤一夫先生の論を支持し、北野廃寺と広隆寺を移転等あるが同一視して考える。加えて先生は「移転年代を考えるに当っては、当北野廃寺と広隆寺とに発見された共通の白鳳時代古瓦が重要の資料として役立ち相に思はれる。」と述べておられる。(4) 秦氏は強大な力によって、山背の北に寺を設け皇太子より受けた仏像を拝する。正しくこの地を護っているといえよう。しかし飛鳥寺の初期瓦との同系瓦、また豊浦寺との同笵瓦をこの寺院に使えたということは、当時は独自で寺院造営にあたる事が難しいことから考えて、蘇我氏との関係があったればこそできたものと考えられる。

同じく大和の坂田寺・橘寺・海龍王寺前身寺院からも飛鳥寺の単弁十弁蓮華文瓦の同系瓦が出土する。坂田寺と橘寺はともに尼寺であり、奈良時代以前の寺として確認されている中宮寺・豊浦寺・法起寺・橘寺・坂田寺など尼僧の五寺院の中の二寺院である。

まず坂田寺から見てみることにする。坂田寺跡は奈良県高市村大字坂田に所在する。大字祝戸を経て稲淵へ通ずる新道と坂田へ行く小径との岐路の付近である。坂田寺は鞍作氏の寺院である事は知られており、坂田寺造営までに鞍作氏親子が寺院造営に関わった事が『書紀』によって知る事が出来る。用明天皇二年（五八七）司馬達等の子、鞍作多須奈が、用明天皇のために出家して修道を励み、仏像および寺を造ることを奏上する。この時が坂田寺造営の発願時と考えられている。多須奈は崇峻天皇三年（五九〇）に出家して徳斉法師となる。

次にその子の鞍作鳥は世に聴こえた仏師である。推古天皇十四年（六〇六）四月に飛鳥寺の仏像が出来上がり、金堂に収めようとした。しかし完成した仏像が金堂の扉より高くて、仏像を収める事が出来ない。工人たちは困り果て遂には戸を壊して中に収めようと考えた。そのような時に鳥は金堂を壊す事無く無事に仏像を中に納める事が出来た。推古天皇は、鞍作鳥の祖父である司馬達等から連なる者たちの業績を一つ一つあげて褒め称え、鞍作鳥に大仁の冠位を与えた。その時に鳥が賜ったのが近江国坂田郡の水田二十町である。鳥はこの田をもって天皇のために金剛寺を造った。それが高市郡の坂田寺であると記されている。鳥は飛鳥寺の仏師であり、金堂を壊す事無く仏像を納めた功労者でもある。父の多須奈は用明天皇のために出家した、寺院造営の発願者である。その姉妹は嶋といい、この国に僧がいないときに出家した司馬達等の娘、善信尼である。司馬達等は舎利を感得して献上した。親子三代に亘って四人までが直接的に天皇に仕え、蘇我氏と緊密な関係にあった。飛鳥寺の同系品を使うことを許されるのも当然といえよう。

同じく1の軒丸瓦と同系品が出土する橘寺について見てみる。橘寺は高市郡明日香村橘に所在する。『法隆寺伽藍縁起并流記資財帳』（以下『法隆寺資財帳』）に他の尼寺とともに、聖徳太子建立七ヶ寺の一寺として登場するが寺院縁起も定かではない。橘寺の創立を知る手掛かりは瓦に頼るしかなかろう。瓦以外で橘寺について特筆すべきは伽藍配置と塔心礎である。飛鳥寺と同系の初期瓦の出土は少なく、寺域内からの出土瓦は七世紀後半のものが主流である。そうすると創建は七世紀後半かとなるとそうではない。その理由は橘寺の伽藍配置はわが国で初期の形とされる、門・塔・金堂・講堂が一直線に並ぶ四天王寺式藍伽配置なのである。一般的に堂塔がこのように配置される寺院は、七世紀半ば以前に建立された寺に多く見る事ができる。一方塔心礎は基壇上面から一・二メートルの深さに据えられている地下式心礎であり、この方式も古い要素である。わが国の初期寺院といわれる飛鳥寺・中宮寺・定林寺・四天王寺などいずれも塔心礎は地下式心礎である。このように地下式心礎という古い形態を擁し、少数ながら初期瓦の出土があり、それも飛鳥寺と同系瓦であるということは、創建期において蘇我氏との関係が深かったことを意味するのである。いずれも蘇我氏と関わりの深い寺々の集まる飛鳥の地域に隣接して位置している。

次に海龍王寺前身寺院の出土品の背景を見てみることにしよう。海龍王寺前身寺院と改めて記すのは、海龍王寺と海龍王寺前身寺院はそれぞれの造営氏族が違うからである。現在の海龍王寺および隣接する法華寺は元、藤原不比等の邸宅があったところで、その邸宅が不比等の娘である光明皇后の皇后宮となった。その後皇后宮が宮寺となり法華寺となる。法華寺がまだ不比等の邸宅であった頃、海龍王寺は隅寺と呼ばれていた。隅寺は不比等の邸宅の東北の隅に位置していたので隅寺と呼ばれ、藤原氏の寺として存在していたのである。その隅寺がいつ海龍王寺になったかは定かではないが、海龍王寺の名前が見えるのは中世になってからである。

そもそも藤原氏は神祇を掌って朝廷に仕えてきた家柄である。神祇の家系に寺院が無くとも不思議はない。しかし朝廷の寺院造立の意向により、その対応には職掌よりも寺院を造営しているか否かに重点が置かれていたろう。平城宮に接して不比等邸が築かれる頃すでに海龍王寺前身寺院は存在していたのである。ましてその寺院は平城京の東二坊大路予定地にあったのにもかかわらず、大路の区画を動かしてまで不比等邸に隣接させ、あたかも古来藤原氏の寺院であったかのようにして取り込んだのである。条坊設定時、海龍王寺前身寺院造営者にそれを強いたことは間違いない。藤原不比等が無理をしてでもその寺を欲しかった現われであろう。これは藤原氏にも古くから寺院があったということを知らしめたい意思があったものと考えられる。

発掘調査によって海龍王寺から七世紀前半代の瓦が出土した。このことによりこの地に平城遷都以前に寺院が存在していたことが確認された。そしてその海龍王寺前身寺院の軒瓦との同笵品が、平城京左京八条三坊十五坪の地から出土しているのである。その地は昭和五十年（一九七五）に発掘調査が行われて寺跡が発見され、姫寺廃寺と名づけられた。そして姫寺廃寺から、「土寺」（はじでら）と書かれた墨書土器が出土した。(5)このことにより姫寺廃寺は土師氏の寺であることが判明した。そして姫寺廃寺と海龍王寺前身寺院に同笵品が出土することにより海龍王寺前身寺院は、土師氏の寺であったことが明らかとなったのである。そしてまた、海龍王寺前身寺院から飛鳥寺の同系品が出土した。それはとりもなおさず、土師氏と蘇我氏の関係が緊密であったことを物語るもので、その足跡を『書紀』にも見ることが出来る。土師氏は蘇我氏とのつながりだけではなく、朝廷とも古くより強いつながりを持つ氏族である。土師氏の何人かを取り上げて見てみることにする。

壬申の乱勃発時、まだ大海人皇子が勝利を得るか否か不明時、皇子に従う従者は二十人程しかいなかった。その時にすでに土師連馬手は皇子に従っていた。大海人皇子の命に従い稚桜部臣五百瀬と共に馬手は東山道を発している。そして大海人皇子が勝利し天武天皇として立ち、その崩御後の文武天皇二年（六九八）に新羅からの貢物を大内山陵に奉る任を受けている。この時馬手は直廣肆である。大宝二年（七〇二）十二月二二日には持統天皇の崩御があり、翌年の大宝三年十月九日条に直広参土師宿禰馬手は太上天皇の葬送の造御竈副官を務めている。この時馬手は正五位下となっている。

また慶雲四年（七〇七）十月三日条に、文武天皇の葬送の儀において四人のうちの一人として造山陵司となり、山科山陵を造る任を受け、同じく直広参土師宿禰根麻呂が判官の一人として越智山陵を造る任を受けている。この時馬手は正五位上である。根麻呂は持統天皇三年（六八九）二月に判事となった人物である。その年天武天皇崩御に関わる弔問にやって来た新羅の使人に、根麻呂は持統天皇の国威を掛けた言葉を受けて申し渡しに行くという重任を与えられたことが記されている。

土師宿禰甥は天武天皇十三年（六八四）十二月六日に大唐学問生として新羅を経て、新羅の使人に送られて帰朝している。その後彼は藤原不比等たちと共に判事に任ぜられている。また大宝律令選定の任にあった国の基礎固めをしたとし、その功労者として禄を賜っている。(6)

土師氏の名前は用明天皇二年（五八七）から天平九年（七三七）の間に、『書紀』に十五人以上の名を見る事が出来る。このことからも土師氏は古来朝廷と深くかかわってきた事を知る事が出来る。初期寺院造営期において、そして七世紀末まで蘇我氏は朝廷の中枢に位置していた。土師氏が朝廷に仕えた足跡を見る限り、飛鳥寺と同系品の使用を許された事が頷ける。それはとりもなおさず蘇我氏との関わりに他ならない。

飛鳥寺の1の単弁十弁蓮華文軒丸瓦と同笵、同系瓦の分布のあり方を大和と山背に求めてきた。しかしこの分布は大和と山背だけに留まらず、他地域において同じように同笵、同系品を求めることが出来る。その地が河内であり、二ヶ所判明している。その内一ヶ所は船橋廃寺であり、藤井寺市と柏原市にわたる。元禄十六年（一七〇三）十月から宝永元年（一七〇四）十月までの二年を費やして行われた大和川の付け替え工事によって、船橋廃寺は現在は川の底になっている。西琳寺は古市駅から四〇〇メートルほど東に行ったところに現在も法灯を伝えている。寺域内には塔の心礎が保存されており、長さ三・二メートル、高さ一・八メートルという巨大なものである。この大きな礎石を持つ塔の寺院の規模は、一五〇メートル四方と考えられており西文氏を壇越とするといわれている。船橋廃寺も西琳寺も共に大和川と石川に近接した位置に所在する。

2は単弁十一弁の軒丸瓦である。蓮弁の先端が角張り珠点を置くもので、「角端点珠」の名称がある。この瓦の同系品は定林寺と河内・新堂廃寺から出土する。定林寺は同じく単弁十一弁である。定林寺は飛鳥の橘寺や坂田寺に近く、蘇我氏と関わりの深い寺院が集まる地域の中に位置している。飛鳥寺の瓦と、同系品が出土していることはごく自然といえよう。しかし、定林寺の概要はよくわかっていない。ただ心礎が地表から二メートルの深さにあり、初期古代寺院の様相を呈している。

新堂廃寺は富田林市に所在しており、塔跡の心礎が地下式あるいは半地下式でやはり古い時代の様式である。寺院の北西方向に、この寺院の瓦を焼いたヲガンヂ池瓦窯跡がある。そしてこの寺院の壇越の古墳と考えられるお亀石古墳が存在している。新堂廃寺は加賀田川が北に真っ直ぐ竹内街道に向かって延び、その途中に佐備川と合流するところに所在している。新堂廃寺が所在する寺跡付近はヲカンヂの通称を有しており、池もヲカンヂ池と呼ばれている。この寺院の古称を伝えているものと考え、藤澤一夫先生は『三国史記』百済本記義慈王十五年（六五五）の条にみえる「鳥含寺」に着目された。それは正にヲカンヂと音読されるからである。日本に於いても「鳥」字が「ヲ」と読まれていたことを、『書紀』皇極天皇三年（六四四）の歌謡に求めることが出来る。さらに先生は百済国都の扶蘇山に存在したと推定される鳥含寺の名称を伝襲していた事が肯定されるのなら、新堂廃寺と百済との深縁を裏付けるであろうと述べている。(7)

5は単弁九弁の蓮華文をもつ軒丸瓦であり、その同笵瓦をもつのが豊浦寺である。豊浦寺では中房の蓮子が二つ彫り加えられたものが新しく作られ、その瓦と同笵品が法隆寺若草伽藍の創建瓦である。

3は単弁八弁をもつ蓮華文軒丸瓦であり、その同笵品が出土するのは河内衣縫廃寺である。衣縫廃寺は藤井寺に所在し、東西に走る長尾街道と南北に走る東高野街道が交わる所に位置する。古代においては街道の分岐点は重要な意味を持ち、経済的にも軍事的にも要衝の地といえる。

4は垂木先瓦である。これは河内新堂廃寺から同笵品が出土している。

第三節　斑鳩地域所用軒瓦との同笵・同系品

飛鳥寺造営工房から造瓦技術がもたらされた若草伽藍には、飛鳥寺以外からの技術があったことが認められる。若草伽藍を含めて、斑鳩地域および周辺の寺々の状況を概観しよう。

6は若草伽藍初期の瓦である。この瓦との同笵品は四天王寺から出土する。四天王寺出土品は、瓦当笵が傷んだ段階のものであり、これは若草伽藍より製作が遅れたことを示すものである。

7も若草伽藍の瓦であり、中房の周囲に溝を巡らすという特徴をもっている。地理的に近い長林寺と片岡王寺から同系の瓦が出土している。大和川を挟んでこの二つの寺院は法隆寺の対岸に位置している。また同系の瓦が、河内新堂廃寺からも出土している。

8は中宮寺の瓦で若草伽藍と同笵であるというのはごく自然と言わねばならない。瓦当文様にパルメットを使うところに特徴がある。この同系品は河内野中寺と西安寺から出土する。野中寺の南側は竹内街道に接していて、古代の官道に沿っている。野中寺は基壇外装が美しい塔跡を残しており、「庚戌」を示す、ヘラ書きの平瓦が出土しており、西暦六五〇年に比定されている。野中寺と同笵品を持つのが尾張元興寺である。壬申の乱においても伊勢・尾張は重要地点である事が証明されているが、野中寺から遠く離れた尾張の地で同笵品が出土しているのである。

また、西安寺は大和川を挟んで法隆寺の対岸、つまり片岡王寺と同じ側に位置している。その西安寺の瓦と同笵品が約三〇〇キロ離れた相模宗元寺から出土しているのである。「宗元寺」は現在「曹源寺」の名をもつ寺が法灯を伝えている。

相模国、武蔵国は関東の中でも注目すべき所である。天智天皇五年（六六六）四月の条に諸王・諸臣に西国の食封の戸をやめ、東国に変えよ、という詔が出ている。また持統天皇四年（六九〇）に、新羅の僧尼と、百姓二二人が武蔵国に田を与えられている。幾たびかこのような移動の記事があり、ある時は住民をそっくり他所に移動させ、その地に渡来人を招き入れたということもあったようである。これは新しい技術開発をその地で試みたとも考えられる。時代は降るが相模国の国府は奈良の都から見て、東日本の内で国の東に偏っている唯一の例である。(8) 現在のような交通手段・情報手段が無いに等しい古代において、中央から隅々を監督・掌握することは難しく、そのための何らかの手段を講じていたと考えられる。たとえば関東で不測の事態が起きたときには、中央からわざわざ軍団を派遣するのは時間も費用も掛かりすぎる。また物資の運搬一つとっても難しい。様々な対処が必要となった時の拠点となる組織が相模国にあったとも考えられるのである。そのような可能性を秘めた相模国に、相模宗元寺は所在している。その立地は、正に高台にあり、寺院地から四方を遠望できる。また現在曹源寺へ行くまでの道は坂道を上がり続けなければならず、途中に五メートル以上の段差があるという地形も大変特殊なものである。

9は若草伽藍の軒平瓦で、瓦当面に文様を直接彫刻しており、文様をもつ軒平瓦としては東アジア最古のものである。坂田寺にも忍冬文軒平瓦がある。若草伽藍では全パルメット、坂田寺では半パルメットという違いがある。

10は豊浦寺の瓦であり、この瓦は豊浦寺の主要瓦である。従来高句麗系と称されていたが、明らかに古新羅系である。豊浦寺の位置は地図上では飛鳥寺と重なるほど近い。豊浦寺には山背の隼上り瓦窯から製品を供給されているだけではなく、岡山の末ノ奥瓦窯（岡山県都窪郡山手村）から鬼瓦が供給されている。この瓦とは別に隼上り瓦窯から10の瓦より少々肉厚で丸みを帯びた瓦も出土するが、この瓦当笵が幡枝元稲荷瓦窯に運ばれ焼かれた同笵品が、山背北野廃寺で出土している。ここにも蘇我氏と秦氏との関係の深さを読み取る事ができる。

11の中宮寺の瓦は同笵品が平群の平隆寺に、そして同系瓦が奥山廃寺から出土している。奥山廃寺は飛鳥に所在し、その地は、蘇我氏と関係深い寺院の集まる一角に位置している。また見方を変えれば、奥山廃寺の瓦が中宮寺の瓦とも同系であることから上宮王家とのつながりの深さも知る事ができるといえよう。

12の中宮寺との同笵品が平隆寺から出土しており、11と同様である。同じく同系品が奥山廃寺から出土している。

以上飛鳥寺・若草伽藍・中宮寺・豊浦寺の同笵品および同系品の分布を見てきた。この基点となる飛鳥寺・若草伽藍・中宮寺そして豊浦寺の四つの寺院は、いずれも蘇我氏の寺、また蘇我氏に関連の深い寺と言っても過言ではない。また、この他にも蘇我氏と関わりの深い地にある寺々、または蘇我氏と関わりの強い壇越の寺院にそれぞれ同笵・同系品が存在しているのである。

序章で述べたように、初期寺院造営当時の瓦の移動は決して経済基盤に基づくものではなく、権力基盤あるいは勢力基盤を介在してなされたものである。その中心に位置していたのは蘇我氏であり、蘇我氏の介在なくしてこれらの寺院に使用された瓦当笵や同系品が他に移動する事はないのである。そしてその移動の目的は地図上のそれぞれの寺院の分布に見られるように、砦を築いたように川に沿って建立されていたり、街道の分岐点に近く、交通の要衝と考えられる所に帯状に配置されている。蘇我氏は朝廷の中枢を掌握している。その同笵・同系軒丸瓦の分布は蘇我氏の力を指し示すものであり、その力によって朝廷を補佐していたと言えよう。蘇我氏は渡来人を多く保護し、同時に常に新しい技術や文化を吸収していた。

国を掌握するためには、服属儀礼だけでは国は治まらないと言うことを痛切に感じたのは蘇我氏ではなかったろうか。渡来人の情報の多くは朝鮮半島の戦況であったと考えられる。その戦いの犠牲者となった人々も知識や技術、情報をもって蘇我氏の下に集まったであろう。彼等の情報や経験から蘇我氏は経済・政治・軍事は決して別個のものではなく、一連のものであると考えたはずであり、すべての流通手段が運搬に必要な川であり、道であるとすれば、防御も侵攻も同じ場所である。その要衝と言うべき要の地点に道が出来、土地を広げて寺院を営んだ地が地図にあらわれた分布と考えられよう。

柵で囲まれ、軍事的要素を備えた寺院の先駆的存在が、蘇我氏が掌握する地域や蘇我氏に関わりの深い人々の地域と重なっているのは、後に防衛の布石を敷いた朝廷およびその中枢氏族が、蘇我氏の布石を見習ったものと考えられよう。

第四節　尼寺の造営

七世紀第I四半期の段階で五六九人もの尼僧がいたことが『書紀』の推古天皇三二年（六二四）の記事に見える。その段階で寺が四六ヶ寺とあるが、僧寺と尼寺との別は記されていない。しかし、いくつかの寺が尼寺であったことは史料から知られる。七世紀前半では飛鳥地域の豊浦寺・坂田寺、斑鳩地域の中宮寺・法起寺などがそれである。これらの尼寺について、それぞれを見てみよう。

豊浦寺

豊浦寺は蘇我氏によって建立された寺である。朱鳥元年（六八六）十二月十九日に天武天皇のための無遮大会が行われた五ヶ寺、大官大寺・飛鳥寺・川原寺・坂田寺・小墾田豊浦寺の中に含まれており、官寺と同等の扱いであったことが知られる。

寺は現在の向原寺を中心とした所に存在した。向原寺の南約一〇〇メートルに「推古天皇豊浦宮址」と記された石柱があり、それに接して巨大な塔心礎が置かれている。一辺一・五メートルほどあり、直径一・一メートルの柱座が作り出されている。そして中央に直径二〇センチ、深さ十二センチの舎利孔がある。向原寺境内とその周辺での発掘調査が数回行われ、金堂、塔、講堂、推定西回廊、尼房などが確認されている。金堂は東西一八メートル・南北一四メートル前後、講堂は東西三〇メートル以上、南北一四メートル以上の規模と考えられている。ただ、いずれも限られた範囲での調査であり、伽藍配置などは明確ではない。下層では推古天皇の豊浦宮と推定される建物遺構と石敷きの一部が見つけられている(9)。

豊浦寺の瓦で最も特徴的なことは、その主流をなす軒丸瓦の文様が古新羅系であることであろう。蘇我氏が建立した飛鳥寺の軒丸瓦は明らかに百済系である。同じ蘇我氏が造営工事を進めながら全く異なった系統の技術によって生産された瓦が用いられているのである。その文様の特徴は、蓮弁の中央に縦に一本の線が入っていることや、蓮弁と蓮弁の間に珠点や楔状の間弁がおかれる事である。蓮弁中央の縦の線は高句麗の軒丸瓦の文様に特徴的な蓮蕾文の鎬が強調されたものと考えられている。そして、高句麗から新羅を経てわが国にもたらされたと解されており古新羅系と称されているのである。

この豊浦寺の創建時の瓦は、京都府宇治市の隼上り瓦窯で生産されたことが、発掘調査によって確認されている。この調査では三基の窯跡が発見された。その窯跡の付近から掘立柱建物が検出され、工房の跡であることも明らかにされた。出土した五種類の軒丸瓦のうち四種類が豊浦寺の軒丸瓦との同笵品であった。また、岡山県に所在する末ノ奥瓦窯で豊浦寺の鬼瓦が生産されたことも判明している。

坂田寺

坂田寺は法名を金剛寺と言い、豊浦寺と同様、朱鳥元年（六八六）十二月十九日に天武天皇のための無遮大会がこの寺でも行われた。そしてそれよりも以前、『書紀』には用明天皇二年（五八七）四月二日に、鞍部多須奈が病弱な天皇のために出家して丈六の仏像と寺を造ることを申し出たという記述がある。この時が坂田寺の発願時と考えられている。そして、この時の仏像が坂田寺の木造丈六像と脇侍であるという所伝を載せている。

また推古天皇十四年（六〇六）四月に飛鳥寺の仏像が出来上がり、金堂に納めようとしたが像が金堂の扉より高かったために、諸々の工人たちが堂の扉を壊して入れようとした。しかし鞍作鳥が堂を壊す事なく仏像を納めることができ、その日のうちに法会を行うことができたと『書紀』に記されている。そのことにより近江坂田郷の水田二十町を賜り、その田を以って「天皇の為に金剛寺を作る。是今、南淵の坂田尼寺という」とある。

坂田寺の発掘調査は数回行われているが、飛鳥時代に遡る遺構は発見されておらず、奈良時代の仏堂とそれに伴う回廊、そして回廊の外に建物が検出されている。仏堂遺構の須弥壇から地鎮具一式が発見され、その中に神功開宝が含まれていた。そのことによって、奈良時代後半に建てられた堂の遺構であることが明らかになった。しかし、周辺地域から飛鳥時代初期に遡る瓦（図3―3）が多量に出土しており、飛鳥時代創建の寺であることは確実である。[(10)]

坂田寺からは、飛鳥寺創建期の軒丸瓦との同系品が七種類出土している。その中の一種類は同笵品である。鞍作氏が蘇我氏と緊密な関係にあったことからすれば、飛鳥寺創建時の軒丸瓦との同系・同笵品が用いられたことは不思議なことではなかろう。また、三葉のパルメットを飾った軒平瓦がある。おそらく文様を切り抜いた型板によって直接文様を描き、それにしたがって彫刻したものであろう。全パルメットを飾ったものが法隆寺若草伽藍にあり、若草伽藍の軒平瓦の検討から、若草伽藍造営工房で考案されて、半パルメットの型板が坂田寺造営工房にもたらされたものと考えられている。鞍部氏と上宮王家との関係からすればあり得る事である。法隆寺釈迦三尊像は鞍作鳥の造立である。

橘寺

橘寺は『法隆寺資財帳』に、他の尼寺とともに聖徳太子建立の七ヶ寺の一寺として見える。しかし、創建年代を明らかにする確実な記録はない。法号を菩提寺という。

『書紀』天武天皇九年（六八〇）四月十一日に「橘寺の尼房に失火して、十房を焚く」とあり、この頃に橘寺は尼房が十房以上あった大寺であったことがわかる。過去に行われた発掘調査によって、伽藍は東向きで、中門・塔・金堂・講堂が一直線に配置された形、東向きの四天王寺式であることが明らかになっている。塔の心礎には柱座が穿たれており、三方に副柱座を伴っている。

橘寺の軒丸瓦には少量ながら飛鳥寺創建時の軒丸瓦との同笵品がある。大量に出土しているのは川原寺式の複弁八弁蓮華文軒丸瓦と四重弧文軒平瓦である。飛鳥寺との同笵の瓦が見られることは、創建の年代を七世紀初頭と見ることができるが、本格的な造営は大量に出土する複弁蓮華文軒丸瓦の時期から見て、七世紀第Ⅲ四半期と考えられる。

中宮寺

本来の中宮寺は、法隆寺東院の東に接している現在の寺より約五〇〇メートル東方の斑鳩町幸前小字旧殿にあり、「中宮寺池」と呼ぶ灌漑用溜池の北側に接したところに土壇が残されている。『上宮聖徳太子伝補闕記』によると、推古天皇二九年（六二一）十二月、太子の馬が斃れ、これを中宮寺南の長大な墓に葬ったことを記しており、江戸時代の『大和名所図会』によれば、法隆寺の東数町の所に「駒塚」というものがあったとされている。これは旧殿に接する幸前という村落の南に道路を隔てて現存する古墳を指すものと推定されるので、その北に中宮寺の跡があったことになる。事実、昭和三八年（一九六三）に行われた発掘調査によって塔跡と金堂跡が確認された。(1)

遺跡には南北約三六メートル、東西約二〇メートルの土壇が残っていた。土壇は中央部が低くなっており、南と北で建物基壇が検出された。その基壇の状況から南のものが塔の基壇、北のものが金堂の基壇と判断され、四天王寺式伽藍配置であることが確認された。両基壇の間隔は約五メートルで、まさに軒を接する形であったろう。金堂は基壇周辺に凝灰岩の粉が見られたことから、壇上積み基壇であったと推定されている。塔は二重基壇であることが確認された。外装に関しては明らかでない。基壇上に残る礎石はなく、心礎が地中深くに残っていただけである。心礎の上面から金の延べ板や水晶角柱、金環などの舎利荘厳具が発見された。その後昭和四七年（一九七二）にも発掘調査が行われ、寺域の西面築地の基壇部分が確認された。築地の基底部の幅は約二メートルであった。

遺構の状況はこのようなものであり、創建時の状況は四天王寺式伽藍配置であったという程度である。しかし、延久元年（一〇六九）秦致真によって描かれた『聖徳太子絵殿屏風』によって創建時の状況がある程度知られる。この絵はもと法隆寺絵殿の障子絵であったもので、現在は法隆寺献納宝物として東京国立博物館所蔵となっている。この絵によると、金堂は桁行五間、梁間四間の重層入母屋造りであり、金堂の前面に三重の塔が描かれている。塔の初層には裳階が設けられている。金堂の奥には基壇があり、講堂を表わしたものと考えられている。塔の南には単層の門があり、築地がめぐらされているように描かれている。そして金堂の西側に鐘楼と思われる堂が見えるので、中門・回廊は設けられなかったようにうかがえる。

中宮寺創建時の軒丸瓦は二種類あり、百済系のものと古新羅系の両者が同時に使われている。そして、その二種の軒丸瓦の同笵品が法隆寺の西方に位置する平隆寺でも使われている。いずれが先行したのか定かではないが、平隆寺北方の丘陵にあった今池瓦窯の製品であることが確認されている。軒丸瓦の年代は七世紀第Ⅰ四半期である。

註

(1) 奈良国立文化財研究所「飛鳥寺発掘調査報告」(『同研究所学報』五　一九五八年)
(2) 森　郁夫　増補改訂版『日本の古代瓦』二〇〇五年
(3) 昭和十一年(一九三六)八月九日、藤澤一夫先生が一片の瓦と出会われる。北野の区画整理工事に伴い古瓦が出土し、その中に白鳳時代に遡るものがあると聞き、所蔵者伊吹蘇石氏の瓦を見せて頂きに行かれた。古瓦発見の事を梅原末治先生に報じられ、京都府史蹟調査会により現状調査が試みられた。出土したのは一弁足らずの小片であるが、弁端に切り込みがある肉薄素弁のものである。これを藤澤一夫先生が復原された結果十弁であり、大和飛鳥寺のものに非常に近く、年代は飛鳥時代に遡るものであることは間違いないとの結果となった(藤澤一夫先生「山城北野廃寺」(『考古学』九　東京考古学会　一九三八年)。その後の発掘で、十弁蓮華文軒丸瓦の完形に近いものが出土している。
(4) 前掲註3に同じ
(5) 奈良国立文化財研究所『平城京左京八条三坊発掘調査概報』東市周辺東北地域の調査　一九七七年
(6) 甲斐弓子「海龍王寺前身寺院と姫寺廃寺」(『帝塚山大学考古学研究報告』X　帝塚山大学考古学研究所　二〇〇八年)
(7) 藤澤一夫「遺物」(『河内新堂・鳥含寺跡の調査』大阪府教育委員会　一九六一年)
(8) 『神奈川県の歴史』山川出版　一九八八年
(9) 奈良国立文化財研究所「豊浦寺の調査」(『飛鳥・藤原宮発掘調査概報』十一　一九八一年)
(10) 黒崎　直「明日香村坂田寺金堂跡の調査」(『仏教芸術』一三三　一九八〇年)

奈良国立文化財研究所「坂田寺第３次の調査」（『飛鳥・藤原宮発掘調査概報』十一　一九八一年）

（11）稲垣晋也「旧中宮寺跡の発掘と現状」（『日本歴史』二九九　一九七三年）

第四章　天武・持統朝における鎮護国家思想の高まり

はじめに

壬申の乱を経て政権を確立させた天武朝、そして持統朝ではにわかに鎮護国家思想が高まってきた。すでに斉明朝の六年（六六〇）に仁王般若会が百の高座を設けて行われていることではあるが、天武・持統朝には、それまでとは比較にならないほど、その思想、考えが高まったように感じられる。そのことは『日本書紀』（以下『書紀』）のこの両朝の記事を追っていくことによって知られることでもあり、全国に営まれたこの時期の寺院の数からも知られるところである。持統天皇六年（六九二）に見える『扶桑略記』の記事には、実に五四五ヶ寺が存在したと記されている。このことは、いかに仏教政策が強力に推し進められたかを感じさせるものである。

第一節　天武・持統朝の鎮護国家思想

壬申の乱に勝利を収めた天武天皇は、即位した六七三年三月に川原寺で一切経を書写させ、十二月には百済大寺を十市郡から高市郡に移させている。[1] 天武天皇五年（六七六）十一月には四方の国に金光明経と仁王経を説かせている。両経とも鎮護国家を説いた経典であり、天武朝において急速に鎮護国家思想が高まってきたことを感じさせる。それを示すかのように、同九年五月には宮中と諸寺で金光明経を説かせている。おそらく数百人の僧侶を宮中に請じ、あわせて大和の寺々に誦経させたものであろう。天武天皇五年の記事にある「四方の国」に関しては、通常「諸国」と表現されるところを「四方」としているところから、「畿内の国々」との見解が示されており、[2] したがって、「宮中と諸寺」についでは「宮中と大和の寺々」と考えられるのである。天皇としてはまず足元、畿内を固める必要性を痛切に感じていたに違いない。

天武天皇九年、皇后の病平癒のために薬師寺（本薬師寺）の建立を発願しているが、皇后の病と言うことがあったにせよ、天皇自らが新たに寺を建立することによって国家平安、ひいては政情安定を願ったものなのである。本薬師寺の堂塔の規模、位置は平城京の薬師寺と全く同一であり、その平城京薬師寺に関しては新羅感恩寺のデータに基づいたものとの見解が示されている。[3] そして感恩寺は新羅文武王が自らの国を仏教の力によって守護せんことを願って建立されたものなのである。そのことからすれば、薬師寺は鎮護国家を標榜して建立された官寺ということができよう。平城京薬師寺が本薬師寺と全く同じ規模・同じ伽藍配置で建立されたということは、平城遷都の当時、朝廷として国家鎮護にふさわしい伽藍配置と考えられていたのである。

このように仏教に傾倒していく一方、この年四月に官寺の制度を設けている。朝廷による鎮護国家思想の高まりを良いことに、造寺活動が野放図になることを戒めてのことであろう。同十二年三月に僧正・僧都・律師を任じ、僧尼を統率させていることは、僧界の統制をも合わせて行うようになったことを示している。

同十三年五月に百済から渡来した僧尼等を武蔵国に送っている。その目的は記されていないが、仏教を国の隅々にまで広めることではなかったろうか。その翌年、諸国の家毎に仏舎を作り、仏像及び経典を置き礼拝供養をさせるという記事が『書紀』に見える。まさに、鎮護国家の思想を広める動きを示すものなのである。

天武天皇が崩じた際、南庭で殯を行い古墳に葬る準備が進められた。その一方で、大官大寺・飛鳥寺・川原寺・小墾田豊浦寺・坂田寺で無遮大会が行われた。仏教を厚く信奉していた天武天皇のためでもあり、持統天皇もまた鎮護国家思想をもっていたからに他ならない。

持統朝にも諸国で仁王経を説かせたり、金光明経を諸国に送って誦経させており、鎮護国家思想が引き継がれていることがわかる。持統天皇六年（六九二）には天下の諸寺を数えさせ、五四五ヶ寺あったということが『扶桑略記』に記されている。

以上のように、天武・持統朝には鎮護国家思想の高まりのあったことが、顕著に認められるのである。また、天武・持統朝には、大和川を挟んだ斑鳩地域と河合地域で神祭りも行っている。すなわち大和川右岸の龍田の神と、左岸の広瀬の神に朝廷が幣帛を捧げるようになったのである。仏教のみならず、神祇の面でもそのようなことが行われたということは、広く宗教面全体の助けによって国家を安穏に導こうとしたものと考えられる。

第二節　鎮護国家思想に基づく具体的政策

天武天皇五年（六七六）と九年に、金光明経や仁王経を説かせていることについては前節でふれたところであるが、おそらく『書紀』に記されていない時にも、鎮護国家祈願のための経典誦教が再三行われたのではなかろうか。たとえば、同二年に百済大寺を高市郡に移し、高市大寺と名を改めていることは、新たに営まれた飛鳥浄御原宮という宮室の置かれた高市郡鎮護の寺と考えられたに違いなく、そうした際には当然のことながら鎮護国家を説いた経典が読み上げられたことであろう。そして、その寺の名は後に大官大寺と改められる。まさに都を鎮護する寺としての性格が鮮明になってくるのである。

このように、高市郡内を整備する一方で大和川の両岸に鎮座している大忌神と龍田神を朝廷自らが祭るようになったことは、大和川という河川が水運上きわめて重要であるという認識があったからであろう。そして天智天皇九年（六七〇）に焼亡した法隆寺の再建事業が始められたことも、この事に関連するものである。すなわち、斑鳩地域が交通の要所として重要であることを改めて認識したからなのである。斑鳩地域の寺々は上宮王家に関わる寺であった。しかし、皇極天皇三年（六四二）に蘇我入鹿の意思で遣わされた軍勢によって上宮王家が滅亡したことによって、それらの寺々は朝廷が掌握するところとなり、また、造営工事が進められていた寺ではその工事が中止されるという状況であった。

そのような状況があった後、天武朝の鎮護国家思想に則ってまず法隆寺の再建工事が始められたのである。そして、法起寺の造営、法輪寺の造営などの工事が相次いで進められた。また、すでに完成していた中宮寺では少なくとも屋根瓦の葺き替え工事が行われた。これらの工事がすべて政府の手によって行われたことが瓦当文様から明らかである。これらの寺々で用いられた軒瓦の文様がすべて法隆寺式に統一されているのである。しかも、それらの瓦当文様では再建法隆寺のものが先行する。このことは、法隆寺再建を契機としてそのような事業が進められていったことを示している。また、斑鳩の西方にあった平隆寺でも法隆寺式軒瓦が使われている。さらに大和川の対岸にあった長林寺と額安寺でも法隆寺式軒瓦が使われている。この地域一帯が中央政府、天武朝廷によって抑えられたことを示している。この地域は、飛鳥に次いで重要拠点であったのである。

天武天皇九年には官寺の制を定めている。具体的に寺の名は挙げられていないが、後に朝廷による法会が行われた際に大寺として出てくる寺は大官大寺、川原寺、薬師寺である。そして飛鳥寺がその中に含まれるのであるが、飛鳥寺に関しては、天武天皇九年のそれが定められた時の詔に「飛鳥寺は司の治めに関るべからじ。然も元より大寺として、司恒に治めき。復嘗て有功れたり。是を以て、猶し官治むる例に入れよ」とある。わが国最古の寺であると同時に、たとえば、大化の改新の契機が飛鳥寺を舞台として行われたこと、蘇我氏を倒した際にこの寺が「城」としての機能を果たしたことなどがその理由だったのではなかろうか。

薬師寺に関しては、その発願の事由が皇后の病気平癒であるが、実際には新たに鎮護国家のための寺を建立することであった。その伽藍配置が新羅からのデータに基づいていたことを前節でふれているが、確かに新羅における感恩寺との堂塔配置の比率にはわずかな誤差しかない。その感恩寺は朝鮮半島を統一した文武王の発願によって鎮護国家の寺として建立されたものである。伽藍配置は新羅に多く見られる双塔式伽藍配置である。わが国の官寺としては初めて双塔式として建立された。塔は一基というのが従来の常識であった。そして、はじめて建立された双塔式伽藍配置の寺の堂塔配置の比率が、感恩寺のそれと同じなのである。そのデータが新羅からもたらされたと考える他ないのである。このことに関しては疑問点がないわけではなく、新羅が鎮護国家の寺として建立したその寺は、倭から新羅を護る目的で建立されたのである。したがって、そのデータがわが国にもたらされたという事に矛盾が感じられるのである。

確かにそれは大きな矛盾点である。白村江の戦いがあったことによって、新羅は感恩寺を建立した。その寺の造営関係のデータが倭にもたらされたということは、極端に言えばおかしいのである。しかし、天智天皇七年（六六八）には新羅使が渡来し、その関係は修復されているのである。また、天武天皇二年には新羅から賀騰極使が派遣されてきた。そして天智天皇の弔問使も派遣されてきた。このことを見ても、完全に両国の関係が修復されたことが明らかである。このような状況のもとで、鎮護国家思想に傾倒していた天武朝廷に感恩寺のデータがもたらされたのである。このことは、当時の東アジアの緊迫した政局の中で、新羅の置かれた立場からすればごく自然であると言えよう。

天武天皇十二年（六八三）には諸国に命じて「陣法」を習わせている。「陣法を習わしむ」としか見えないが、中国の兵法を習得させたものと考えられる。翌十三年には「凡そ政の要は軍事なり」との詔を出し、文武百官に装備を整えさせ、乗馬の訓練を命じている。宗教思想の面だけでなく、実際の防衛面にも力を入れていることが明らかである。

第三節　持統朝の政策

持統朝においても基本的には鎮護国家政策が続けられている。持統天皇二年（六八八）十二月には、飛鳥寺の西の槻の下で蝦夷の男女二一三人を集めて饗宴を行っている。このことは、翌年正月の記事に見える蝦夷脂利古の息子、麻呂と鉄折が出家を赦された記事と関連するものと考えられ、東北地域での仏教による鎮定を目指したものと考えられる。

寺院造営ということでは、七世紀第Ⅳ四半期に盛んに行われており、このことは各地の寺院遺跡から出土する軒瓦からも明らかなことである。天武朝のある時期に、全国に向けて寺院造営の指示が出されたのであろう。各地に分布している軒瓦の文様構成をみると山田寺系、川原寺系、法隆寺系のものをかなり多く見ることができる。これらの系統の軒瓦は官寺、もしくは官の掌握する寺々のものである。また、小山廃寺での主要軒瓦である雷文縁軒丸瓦の系統のものも多くの地域に認められる。小山廃寺に関しては従来紀氏の寺とされていたが、雷文縁軒瓦の分布状況から、紀氏という特定の氏族の寺ではなく、官に関わる寺と考えられるようになった。その文様構成から、小山廃寺は七世紀第Ⅲ四半期末から第Ⅳ四半期にかけての頃の造営であることが明らかであり、その頃の寺としては高市大寺以外にはない。したがって、雷文縁軒丸瓦を含めて四系統の軒丸瓦は官の系統に関わるものであることが明らかである。

軒丸瓦に官との関わりが見られるということは、七世紀第Ⅳ四半期に各地で進められた寺院造営事業は、官の技術援助があって進められたものであることがわかるのである。天武天皇十四年（六八五）三月に「諸国に、家毎に、仏舎を作りて、乃ち仏像及び経を置きて、礼拝供養せよ」という詔が出される。この時に寺々の造営を勧めたのか、一種の督促なのか定かではないが、天武朝に寺院建立を勧めたことは明らかである。

そして、持統天皇六年に諸国の寺を数えさせて五四五ヶ寺あったということが『扶桑略記』に記されている。ここに何か意味がありそうである。積極的に寺院造営事業を進めていった両朝である。おそらくその期限を定めていたに違いない。その期限がさきの天武天皇十四年であったのかもしれない。しかし、寺院造営事業は簡単なことではなかったろう。各地の豪族にとっては、かなりの重荷であったのではなかろうか。各地の寺院遺跡の状況を見ても、造営の時期は一定ではない。その進捗状況には大きな差があったことであろう。持統天皇六年は天武天皇が崩じて七年目、すなわち節目の年である。持統天皇としては、この年までには指示通りの完成を望んでいたのではなかろうか。この年には特にそのための法会は行われていない。金光明経を京内と四畿内で読み上げさせている記事が見えるだけである。その翌年五月に、宮中で無遮大会が執り行われる。この時の法会が天武天皇のためと特に記されているわけではないが、九月に内裏で行われた無遮大会は天武天皇のためであり、盛大なものであったにちがいない。

註

（1）百済大寺を高市郡に移して高市大寺と称し、後に大官大寺と名を改めている。その寺に関しては、小山廃寺がそれであるとの見解もある。

（2）森　郁夫「伽藍配置変化の要因」（『日本古代寺院造営の研究』法政大学出版局　一九九八年）

（3）岡田英男「薬師寺と感恩寺」（「薬師寺発掘調査報告」『奈良国立文化財研究所学報』四五　一九八七年）

第五章　鎮護国家を標榜した寺

はじめに

自らの力で壬申の乱に勝利を収めた天武朝廷は、強力な統治を進め、軍事力の整備にも努めていた。『日本書紀』（以下『書紀』）天武天皇八年（六七九）には龍田山と大坂山に関を築き、難波に羅城を築いたとある。羅城が具体的にどのようなものか定かではないが、軍備に関わるものであることは確かなことと考えられる。同十二年には諸国に詔して陣法を習わしている。この年には、複都制を実施、陪都として難波宮を修営させている。また、翌十三年には「凡そ政の要は軍事なり」と述べ、文武百官に軍事訓練を行うよう命じている。

その一方で、仏教は国家仏教の方向に向かっており、金光明経や仁王経が読み上げられるようになり、同九年には宮中で金光明経が読み上げられた。こうした鎮護国家思想を背景として寺々の建立を奨励したのではなかろうか。国分寺造営の、そもそもの考えではなかろうかとも言われている、同十四年の「家毎に仏舎を作り、仏像・経を置き供養させる」という指示もこうした鎮護国家思想の現われなのである。

第一節　大官大寺

天武天皇二年（六七三）十一月、百済大寺が大和国十市郡から高市郡に移された。このことに関しては、『扶桑略記』（以下『略記』）や『三代実録』の記事からうかがうことができる。百済大寺は舒明天皇が、天皇の十一年（六三九）に朝廷として最初に建立した寺である。その翌年五月には恵隠法師に無量寿経を説かせている。この記事にはその場所に関して記されていないが、文脈からは宮中と考えて差し支えなかろう。

無量寿経は阿弥陀如来を説いた経典であり、その経典を説かしめた意図は定かではない。従来はおおむね釈迦如来を対象とした仏教信仰であったものが、阿弥陀如来という新たな信仰に変わったと見るべきものなのであろうか。ここでは、仏教信仰に広がりが見られるようになったという に留めたい。

百済大寺を高市郡に移したのは、朝廷が初めて建立した寺は天武天皇が政権の地と定めた高市郡に置くべきと考えたからであろう。したがって、その名も高市大寺と改めた。そして四年後に大官大寺（おおきつかさのおおでら）と名を改めたのは、この寺を仏教政策の中心とする考えをもってのことと思われる。現在の大官大寺跡（奈良県高市郡明日香村小山）は文武朝に新たに造営された寺であることが確認されている。規模雄大な寺であり、まさに大官大寺というにふさわしい（図5）。

この寺跡が文武朝に造営されたものであるということは、発掘調査によって金堂基壇の積土中に、藤原宮時代の須恵器が含まれていたことによる(1)。

天武朝に大官大寺が存在しながら、文武朝に新たに同じ名をもつ寺が建立されたのはなぜであろうか。『書紀』には「大官大寺」の名が天武朝・持統朝・文武朝に見えるが、そこには天武朝大官大寺・持統朝大官大寺・文武朝大官大寺

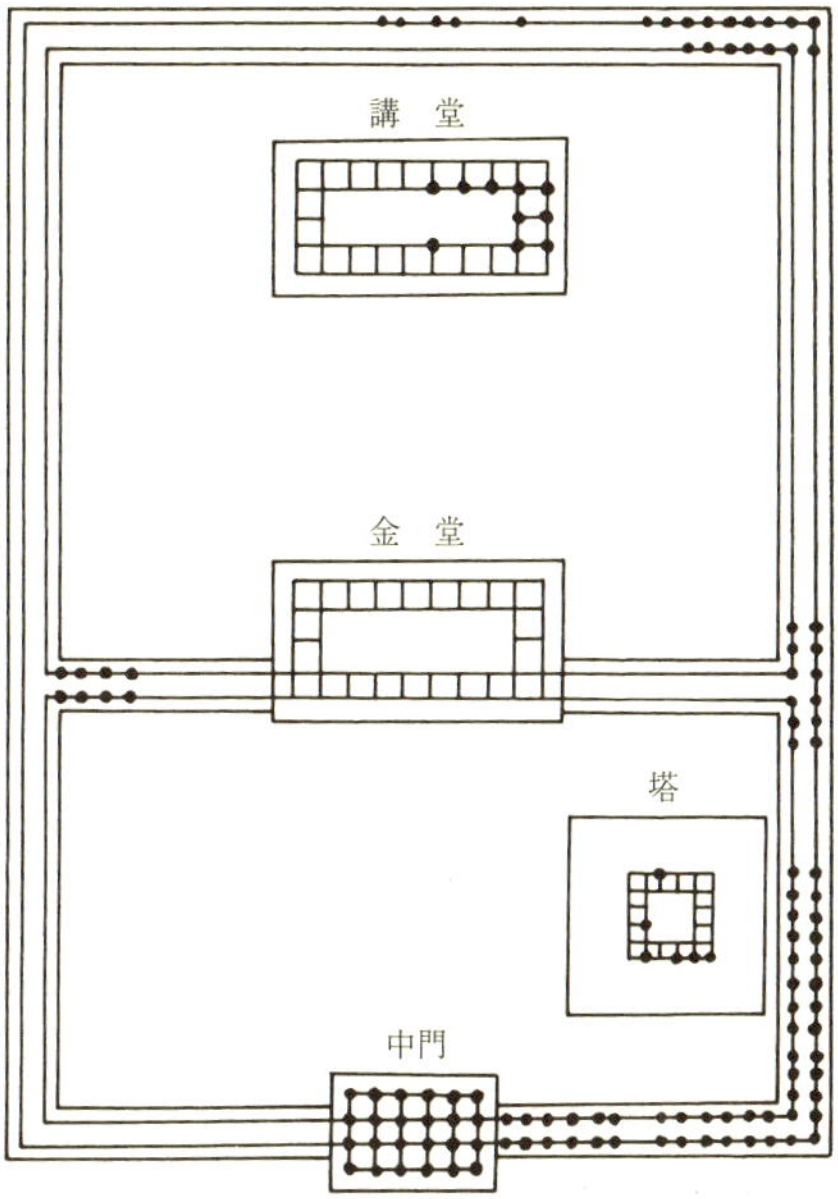

図5　大宮大寺　伽藍配置図

の別は示されていない。「大官大寺」は一ヶ寺なのである。文武朝に大官大寺が建立されて、その寺名が天武朝大官大寺から移されたと考えられる。では、なぜ新たに建立されねばならなかったのであろうか。そのことに関しては天武朝大官大寺が、文武朝に至って「おおきつかさのおおでら」というにふさわしくないと考えられたからであろうとの見解が示されている。そして、天武朝大官大寺、すなわち高市大寺を小山廃寺に当てられている(2)。小山廃寺から出土する雷文縁軒丸瓦の分布が、山背地域において特定の郡に見られることから、小山廃寺を七世紀後半における官の寺であるとの見解が示され、必然的に小山廃寺が高市大寺に比定できるとの見解である。

たしかに、文武朝大官大寺の規模は雄大であり、まさに四方を圧するものがあったであろう。巨大な寺院を建立することによって仏の加護を願う意図があったものと考えられる。しかし、この寺は完成前に火災にあって焼失した。『略記』和銅四年（七一一）の条にこのことが見えるのであり、発掘調査によってもそのことが確認されているのであるが(3)、『略記』には藤原宮とともに焼けたとある。藤原宮と同時に焼亡したことが事実であれば、平城遷都に伴う忌まわしい動きがあったものとも考えられる。いずれにせよ、和銅四年に大官大寺が造営中であったことは、平城京に遷都した後にも、旧都を鎮護する必要があったのであろう。大官大寺の寺籍は平城京に建立された大安寺に引き継がれる。大安寺は、平城遷都に伴って建立された他の薬師寺・元興寺・興福寺の中の筆頭寺院であり、平城京鎮護の寺であった。

第二節　薬師寺

天武天皇九年（六八〇）十一月、皇后の病平癒を祈願して薬師寺建立が発願された。薬師寺の造営工事がいつ始められたのか『書紀』には記されていないが、発願後直ちには始められなかったようである。『七大寺年表』や『僧綱補任抄出』などには、天武天皇十一年（六八二）に着工されたことをうかがわせるような記述がある。天武天皇が崩じた朱鳥元年（六八六）に無遮大会が行われた五ヶ寺の中には薬師寺の名が見えないが、持統天皇二年（六八八）正月には薬師寺で無遮大会が行われているので、この頃には法会を執行できる程になっていたのであろう。

その薬師寺は回廊内、金堂の前面に東西二塔を置く伽藍配置で建立された。そして平城遷都に伴って平城京に移されたため、天武朝発願の薬師寺は本薬師寺と呼ばれることになった。本薬師寺跡には金堂と東西両塔の基壇と礎石が残っている。東塔心礎には舎利孔が穿たれているが、西塔心礎にはそれがない。塔は本来、仏舎利を奉安する施設であり、心礎舎利孔に納められる場合が多い。それにもかかわらず、西塔心礎に舎利孔が見られないのはなぜであろうか。それには二つの場合が考えられる。一つは心礎以外の場所、たとえば心柱に孔を穿ったり、相輪部に納める場合である。一つは法身舎利としてその寺にふさわしい経典を塔内に安置する場合である。塔に経典を納めた事例として、八世紀代であるが、東大寺東塔にその例がある。『東大寺要録』によれば、東大寺東塔が完成に近づいた頃、露盤を上げるべしとの僧正の命があった。しかし、あまりの高さに工匠たちが尻込みした。そこで権僧正実忠がそれを成し遂げ、その際に瓢形に金光明最勝王経と舎利十粒を納めたというのである。瓢形は宝珠と龍車のことである。この場合は、心礎以外に真身舎利と法身舎利の両者を納めた事例である。(4) 心礎以外に舎利を納めたことを記した史料としては、大野丘北塔の場合がある。『書紀』敏達天皇十四年（六八五）二月の記事に、大野丘北塔の柱頭に舎利を納めたとある。柱頭に云々というのは、おそらく塔の心柱の先端に孔を穿って、という意味であろう。そうした実例としては、当麻寺西塔がある。解体修理工事の際に、西塔心柱頂部に穿たれた孔から舎利が発見されている。[5]
七世紀代の塔心礎に舎利孔がなく、その上面から舎利荘厳具が発見された事例が、中宮寺[6]や尼寺廃寺[7]に見られる。これらは心柱のどこかに孔を穿って納めたか、相輪部に納めたものと考えられる。
さて、舎利の納入法について述べてきたが、舎利を納めた塔を二基回廊内に置くという伽藍配置は、統一新羅時代の寺院によく見られる。新羅仏教は、鎮護国家を標榜した仏教である。そのような思想に基づいて建立された多くの寺々の中で、感恩寺はその発願の事情が明らかな寺である。『三国遺事』によれば、自国を敵から護るために建立されたのだということが記されており、文武王代に発願、工事が始められたが王が崩じ、神文王代に完成した。文武王は崩ずる際に、自から龍となって国を護ると言い、海岸に程近い海中に陵を築かせた。今、海中王陵と呼ばれており、その陵から感恩寺金堂基壇下まで龍穴が続いていると伝えられている。[8]まさに鎮護国家の寺である。この感恩寺の堂塔配置の比率が、平城京薬師寺の堂塔配置の比率に酷似しているという指摘がある。[9]平城京薬師寺の堂塔配置が、本薬師寺のそれと全く一致していることも確認されている。本薬師寺にはさきにもふれたように、金堂と東西両塔の遺構が残るだけであるが、それらは平城京薬師寺の金堂・東西両塔の規模・位置が一致している。また近年発掘調査が行われた本薬師寺中門の遺構も平城京薬師寺中門の位置・規模が一致する。このことは感恩寺のデータが天武朝にもたらされたことを示している（図6）。
感恩寺建立の事情に関して問題点がないわけではないが、すでに述べたように新羅との関係は修復されているのである。むしろ当時の東アジアにおける新羅の立場としては、唐との関わりの中で不安定であり、わが国との親交に活路を見出さなければならない状況にあった。したがって、感恩寺のデータがもたらされた事に疑問を差し挟む理由はないものと考える。

第三節　川原寺

朝廷発願の寺として二番目に建立されたのが川原寺である。法号は弘福寺である。この寺は天智天皇の発願により、斉明天皇の追善のために建立された。しかし、その創建の年代は定かでない。古く中世頃から多くの史書によって川原寺の創建年代に関して、敏達天皇十三年（五八四）、斉明天皇元年（六五五）、同天皇七年（六六一）天武天皇代、そして、

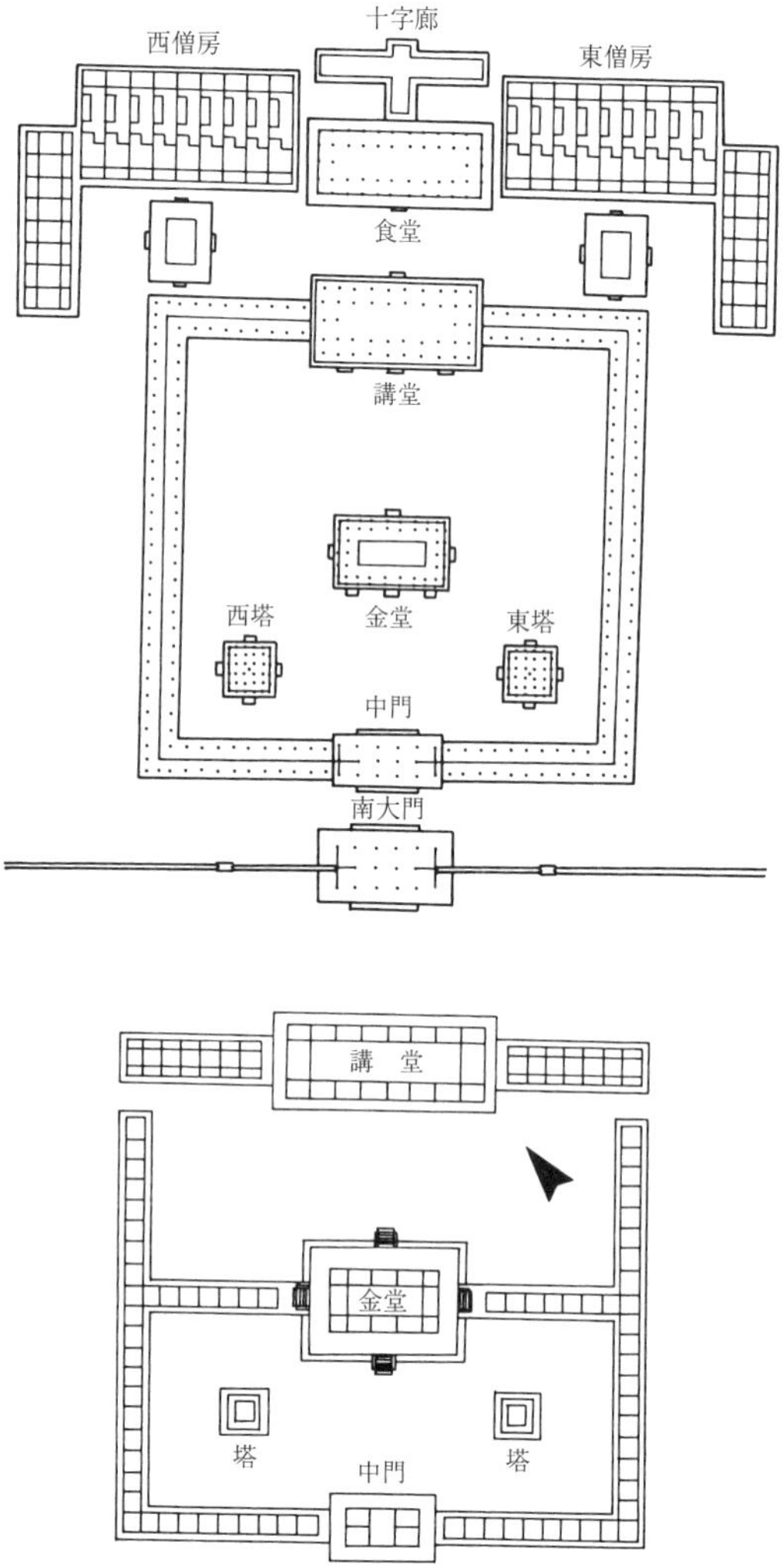

図６　薬師寺（上）と新羅感恩寺（下）伽藍配置図

宝亀五年（七七四）の五説が唱えられていた。明治以降もこの寺は注目されており、多くの研究者によって創建の年代が検討されてきた。注目される見解は『書紀』孝徳天皇白雉四年（六五三）六月紀に、旻法師のために造らせた仏像を川原寺に安置したとある記事による見解である。したがって、川原寺は七世紀半ばには存在したという見解である。これに対して『書紀』のこの記事には註があって「或本に山田寺に在りと云う」とあるので、必ずしもこの記事が川原寺を示すものではないとの見解もある。斉明天皇は一時川原宮におられた。そして岡本宮に移られてから、宮をのちに寺に変えたという史料から、寺が営まれた時を天智朝とする見解などもあり、創建の年代に関しては決めかねる面が多い。

昭和三二・三三年（一九五六・五七）に、三次にわたって行われた発掘調査によって寺院造営以前の遺構が検出された。[10]そして、寺地造成のために埋め立てられた土層から七世紀前半を遡り得ない須恵器が出土している。これによって、さきにふれた孝徳天皇代に川原寺があったという記事は他の寺のことであることがわかった。下層遺構は池であり、池の埋め立ては寺域のほぼ全面に及んでいる。そのように広大な池を造ることができた前身の遺跡としては宮殿、すなわち川原宮の可能性が高いと考えられた。

川原宮については『略記』斉明天皇元年（六五五）十月紀に、天皇が川原宮に移ったことが簡単に記され、それに続けて川原寺を造ったことが記されている。宮の跡へ寺を建立したと直接記されてはいないが、この記述を川原宮の跡に寺を建てたと解釈すれば、川原寺の創建年代は斉明天皇が川原宮から岡本宮に遷った斉明天皇二年以後の造営ということになる。斉明天皇七年（六六一）七月、新羅征討の陣頭指揮を執るために赴いていた筑紫朝倉の地で天皇は崩御する。そして殯が「飛鳥の川原」で行われた。寺で殯が行われた先例は見られないので、まだ川原寺は建立されていないことになる。以上のような状況から、川原寺の造営は天智朝であり、都を近江国の大津に遷す前と考えられている。[11]天武朝以降、この寺は三大寺あるいは四大寺の一つとして呼ばれるようになる。

発掘調査では、伽藍中軸線上に南から南門・中門・中金堂・講堂が一列に並び、回廊内の東に塔、西に塔に対面する形で南北棟の西金堂を置く伽藍配置である。金堂を二棟配置すると言う稀有な伽藍配置である。この伽藍配置は筑紫観世音寺や多賀城廃寺の伽藍配置の規範となったようである（図7）。

川原寺式伽藍配置をとる寺には、近江南滋賀廃寺がある（図8）。この寺跡は昭和三年（一九二八）に発掘調査が行われ、回廊内に二基の塔をもつ寺と考えられた。西塔に関しては礎石が遺存せず、基壇の規模がきちんとした正方形にならなかったため、小金堂あるいは西金堂の可能性を考えながらも西塔とされている。その後、昭和十三年にも再調査が行われたが、結論は前回の見解と同じであった。しかし、昭和三二年に史跡に指定された後、現状変更に関わる調査が何度か行われ、西塔は基壇が正方形でないこと、心礎据付の痕跡がないことなどから、これを小金堂とし川原寺式伽藍配置に落ち着いた。ただ、小金堂は東西に長い基壇であり、厳密な意味では川原寺式伽藍配置とは言えない[12]。

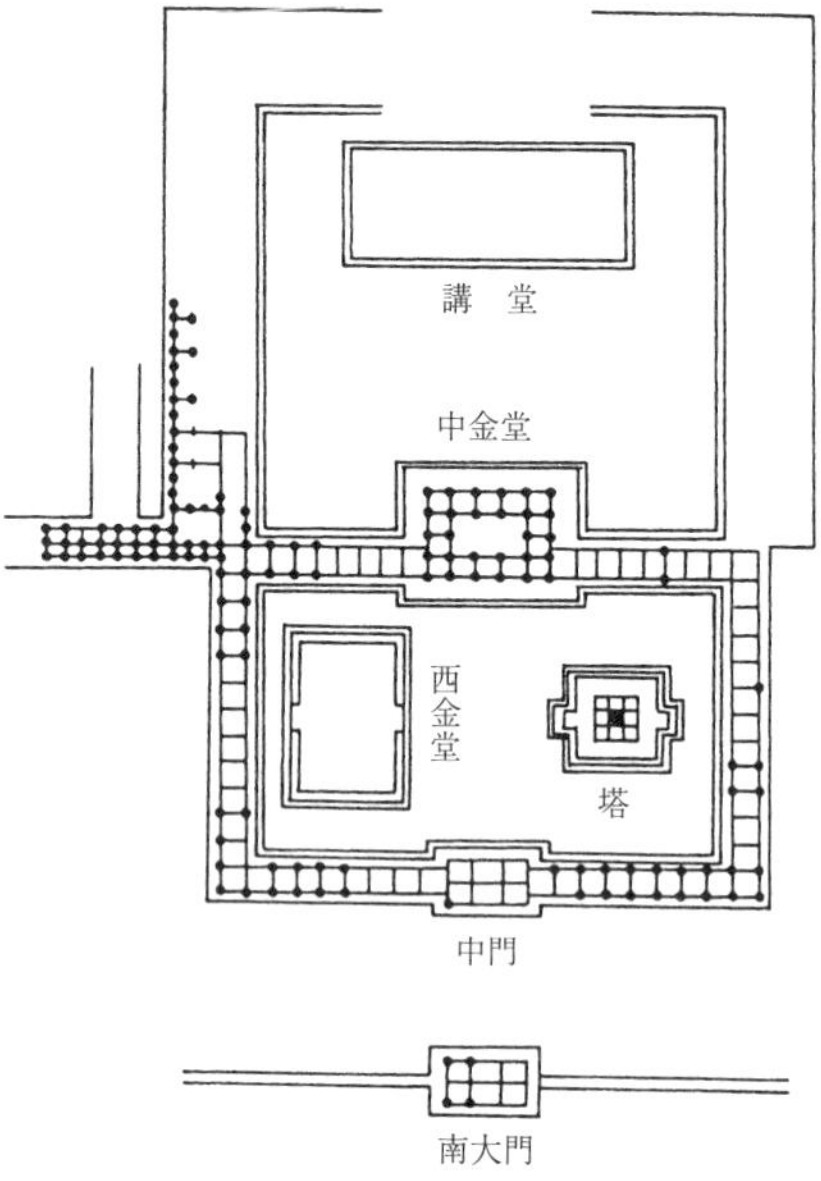

図7　川原寺　伽藍配置図

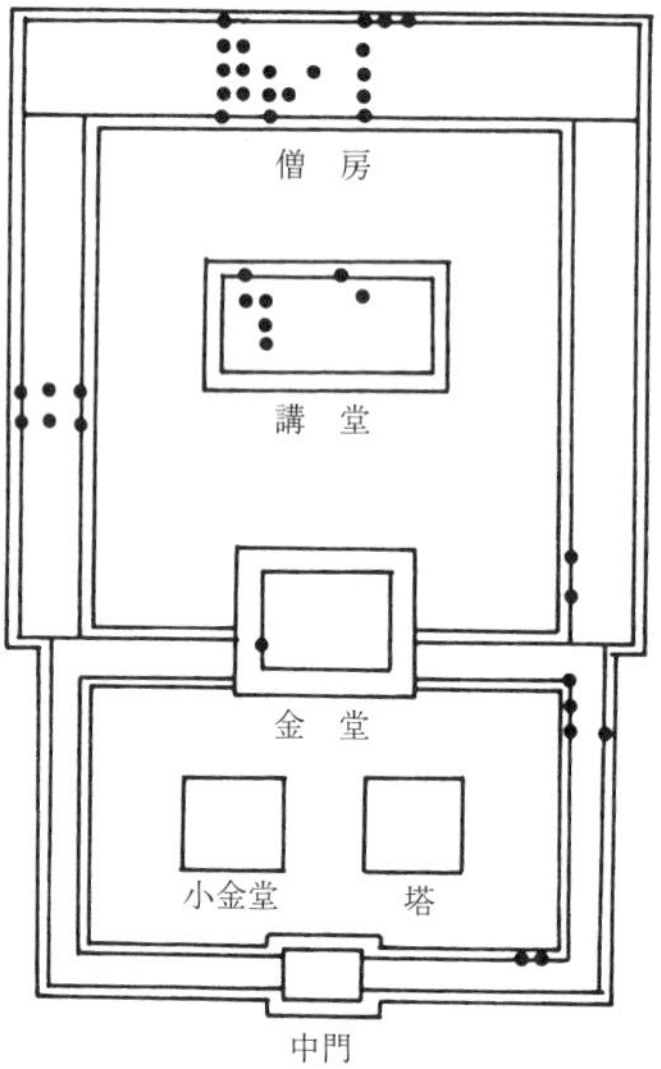

図8　南滋賀廃寺　伽藍配置図

南滋賀廃寺は大津京遷都に伴って三井寺・崇福寺・穴太廃寺とともに建立された大津京鎮護の寺である。

川原寺の軒瓦は川原寺式と呼ばれる複弁蓮華文軒丸瓦と重弧文軒平瓦とが組み合わされるものである。軒丸瓦の蓮弁は照り返りが強く仏像の蓮華座のようにあらわされる。大きく作られた中房には写実的な蓮子がおかれる。外縁には面違鋸歯文がめぐらされる。軒平瓦は三重の弧を表わしている。この川原寺系の軒瓦は全国に広く見受けられ、特に東国、とりわけ美濃地域に濃く分布している。そのことについては、壬申の乱で大海人皇子側の協力した美濃の豪族に寺院造営に際して、技術援助が行われたことを示すものであるとの見解が示されている(13)。

第四節　観世音寺式伽藍配置をとる寺

回廊内で、塔に対面して南北棟の建物が配置される寺跡は何ヶ所かで確認されている。それらには中金堂が伴っていないことから、筑紫観世音寺を代表させて観世音寺式伽藍配置と呼ばれている。しかし、このような伽藍配置は川原寺の伽藍配置によって成立した事は当然のことと考えられる。そして、この形式の伽藍配置が多賀城廃寺にも見られるのである（図9）。観世音寺は福岡県太宰府市観世音寺に所在し、府の大寺と呼ばれるように、太宰府鎮護の寺である。多賀城廃寺は、これも当然のことながら多賀城鎮護の寺である。当時における日本の南の端と北の端を鎮護する寺であった。

観世音寺は斉明天皇追善のために天智天皇が発願したことが『続日本紀』（以下『続紀』）和銅二年（七〇九）に見える。創建の年は明らかではないが、この和銅二年の記事は造営工事の督促であり、早くから始められながら停滞していたことがわかる。また、寺域内から川原寺所用軒丸瓦との同笵品が出土しており、天智天皇による発願であることが明らかである。昭和五一年度（一九七六）から何度か行われた発掘調査によって、金堂の基壇、僧房（大房）、回廊の一部

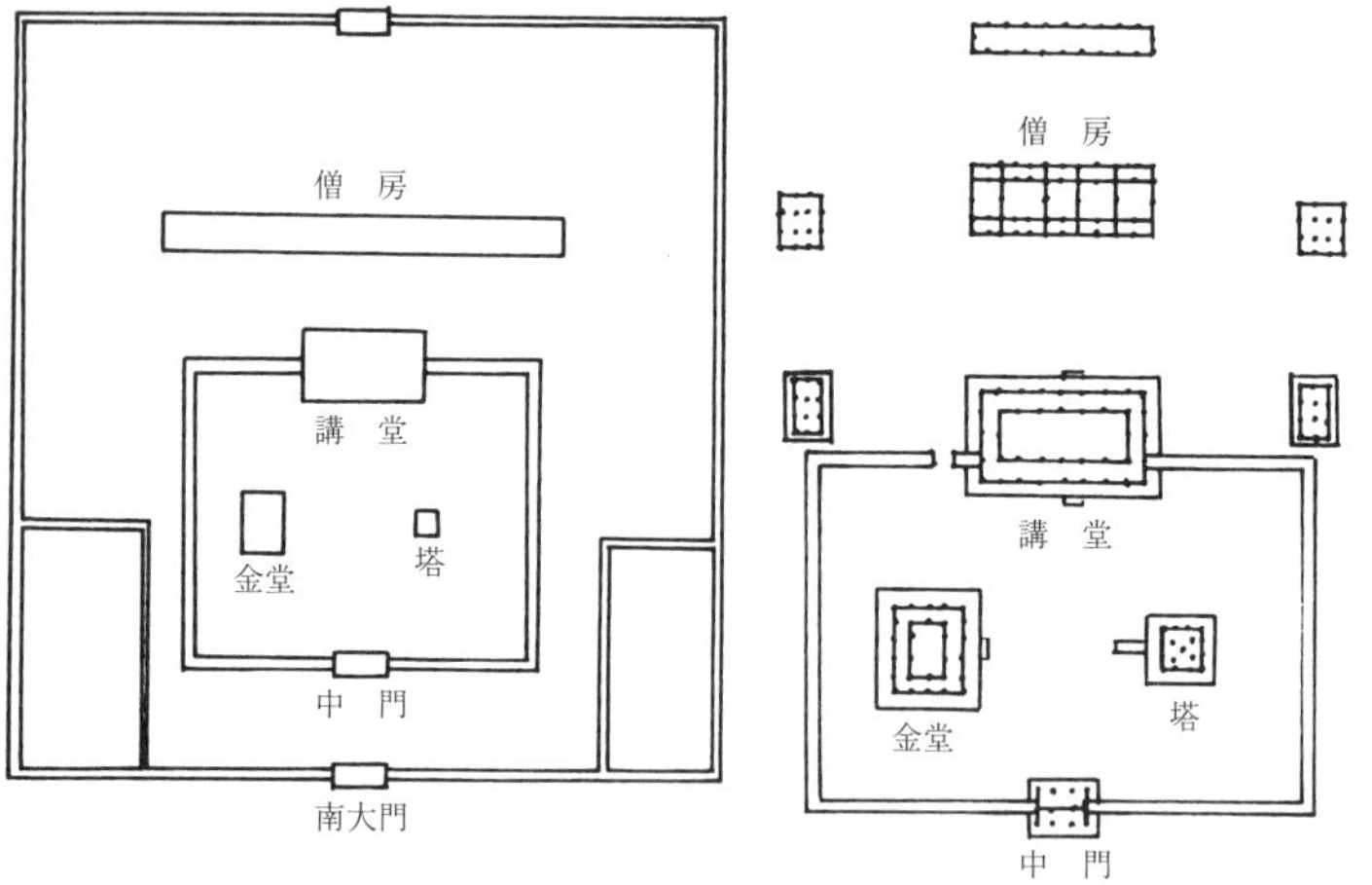

図９　観世音寺（左）と多賀城廃寺（右）　伽藍配置図

などが明らかにされた[14]。和銅二年の督促があっても工事がはかばかしくなかったのか、養老七年（七二三）には僧満誓（笠朝臣麻呂）が派遣されている。造営のためとは見えないが、彼が俗界にあった時は技術官人であったので、おそらくその技術をかわれたのであろう。そして天平十八年（七四六）に落慶供養している。

多賀城廃寺は宮城県多賀城市高崎に所在する。かつては所在地の名をとって高崎廃寺と呼ばれていた。しかし、多賀城と密接な関係があることが明らかになり、多賀城廃寺と名づけられた。

観世音寺式伽藍配置をとる寺として、他に肥後陣内廃寺がある。この寺は熊本県下益城郡城南町にあり、昭和三一・三二年（一九五六・五七）に三次にわたって発掘調査が行われた。遺跡には塔心礎が原位置を保って存在するが、基壇の削平が著しく、心礎以外の礎石は残っていない。塔基壇の規模は一辺一三メートルに復元されている。金堂は塔の西側にあるが、基壇は残っていない。しかし、調査の結果観世音寺式伽藍配置をとると考えられた。所用瓦のうち、老司式軒丸瓦は一本作り技法によるものであることが明らかにされた。この瓦は寺跡の東南約五〇〇メートルの丘陵斜面に築かれた窖窯で生産されたことが確認されている。

観世音寺所用の老司式軒丸瓦は、瓦当裏面の下半部周辺が堤状に高く作られている。一般に軒丸瓦の瓦当裏面に堤状の高まりが見られるのは、一本作り技法によって作られた場合であり、これは製作上必然的に残るものなのである。ところが観世音寺所用軒丸瓦は一本作り技法によって作られてはおらず、ごく普通の包み込み技法によっている。したがって、瓦当裏面下半部には堤状の高まりは残らないはずなのである。それにも関わらず観世音寺所用軒丸瓦の瓦当裏面にそれが見られるのは、肥後においてそのような作り方をしていた工人が観世音寺造営工房に移動した結果と考えられているのである。(15) 技術が必ずしも中央から地方へのみ伝えられるのではなく、その逆もあるということが、九州の造瓦技術に見られるのである。

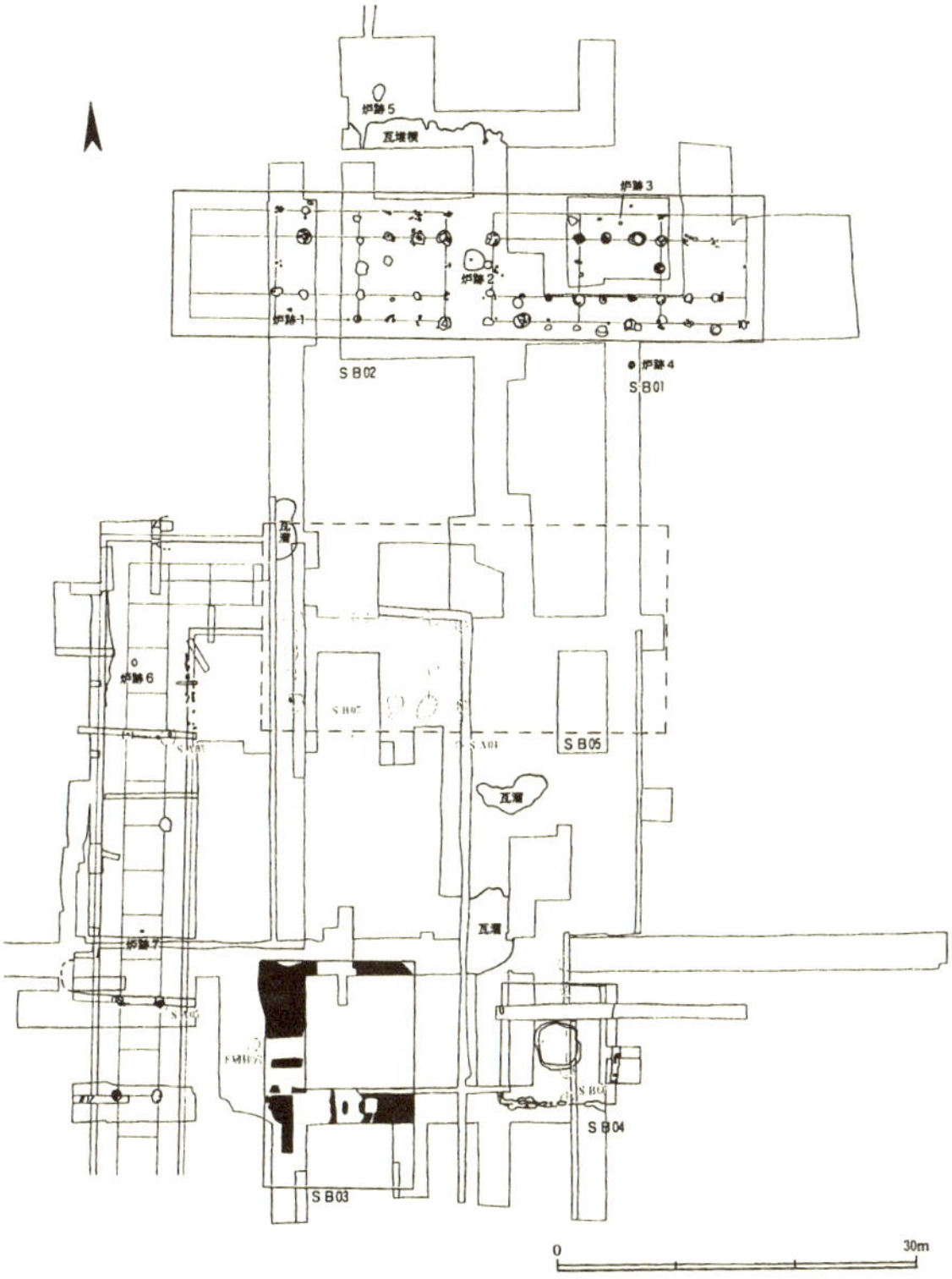

図10　大御堂廃寺　伽藍配置図

伯耆大御堂廃寺は鳥取県倉吉市駄経寺に所在する（図10）。この寺もまた観世音寺式伽藍配置をとっている。大御堂廃寺の発掘調査は昭和四八年から平成十二年まで断続的に進められており、寺の全容がほぼ明らかにされた。(16) 回廊内の西に南北棟の金堂を、東に塔を置き、北回廊は講堂の両妻に取り付く形である。その北に東西棟の僧房が置かれている。昭和五八年（一九八三）の調査で「久米寺」と記された墨書土器が出土した。大御堂廃寺の所在地は伯耆国久米郡勝部郷にあたることから、郡名を冠する寺院であったことが判明した。このことは、久米郡を代表する寺であり、「久米大寺」と呼ばれていた可能性もあろう。

第五節　七世紀後半造営の寺々

各節で述べてきたように、鎮護国家を標榜した寺々をいくつか挙げることができた。朝廷発願の寺には当然のことながらそうした意図をもって建立されたのであり、それに準ずる観世音寺や多賀城廃寺もまた、その寺の性格からそのように考えられる。そして川原寺式伽藍配置を踏襲している両寺と同様な伽藍配置をもつ寺々もそうした思想を反映した寺と考えられるのである。本書では、天武・持統朝に寺院造営事業が活発になることに再三ふれているのであるが、それはこの時代に高まってきた鎮護国家思想を反映したものにちがいない。持統天皇六年（六九二）に全国の寺の数を数えさせたところにも、そうした思想の反映を見ることができよう。畿内においても、七世紀後半に寺々が集中して造営されたことが瓦の面から顕著にうかがうことができる。それは斑鳩と山背の地である

斑鳩地域において注目しなければならないことは、天智天皇九年（六七〇）に火災で焼けた法隆寺が再興されていることである（図11）。法隆寺はもともと上宮王家の寺である。そして上宮王家は皇極天皇二年（六四三）に滅亡した。したがって、法隆寺の檀越はこの時不在であった。寺はおそらく官が掌握したものであろう。しかもその寺が火災で焼けてしまったのである。しかし、その寺は再興された。再建事業がいつ始められたのかはわからないが、法隆寺が火災にあったこの時、都は大津にあった。そしてその翌年に天智天皇は崩御し、壬申の乱に至る。このような状況であったから、直ちに再興工事が行われたとは考えられない。天武政権が安定した時期にその工事が始められたものと考えられる。斑鳩の地が重要であるという認識があったことは当然であろうが、天武天皇の皇后、のちの持統天皇が聖徳太子に

連なる血筋であったこと、そして聖徳太子を敬愛していたことにもよるのであろう。いずれにしても、法隆寺が再興されることになったのであるが、注目したいのは七世紀第Ⅲ四半期から第Ⅳ四半期にかけて、斑鳩およびその周辺の寺々の軒瓦が一斉に法隆寺式に統一されることである。中宮寺、法起寺、法輪寺の三ヶ寺、そして西方の平隆寺、大和川左岸側の長林寺、額安寺の寺々の軒瓦が法隆寺式軒瓦所用の寺となるのである。斑鳩が交通の要所であることからこの地域が天武朝に再認識されたものと考えられる。

大和の北側、山背における七世紀後半の寺院造営に関しても特異な状況を見ることができる。山背では、すでに述べたように、七世紀初頭に寺院造営に動きがあるのだが、七世紀後半の状況には注目に値する寺院造営の動きがあるとの指摘がある[17]。

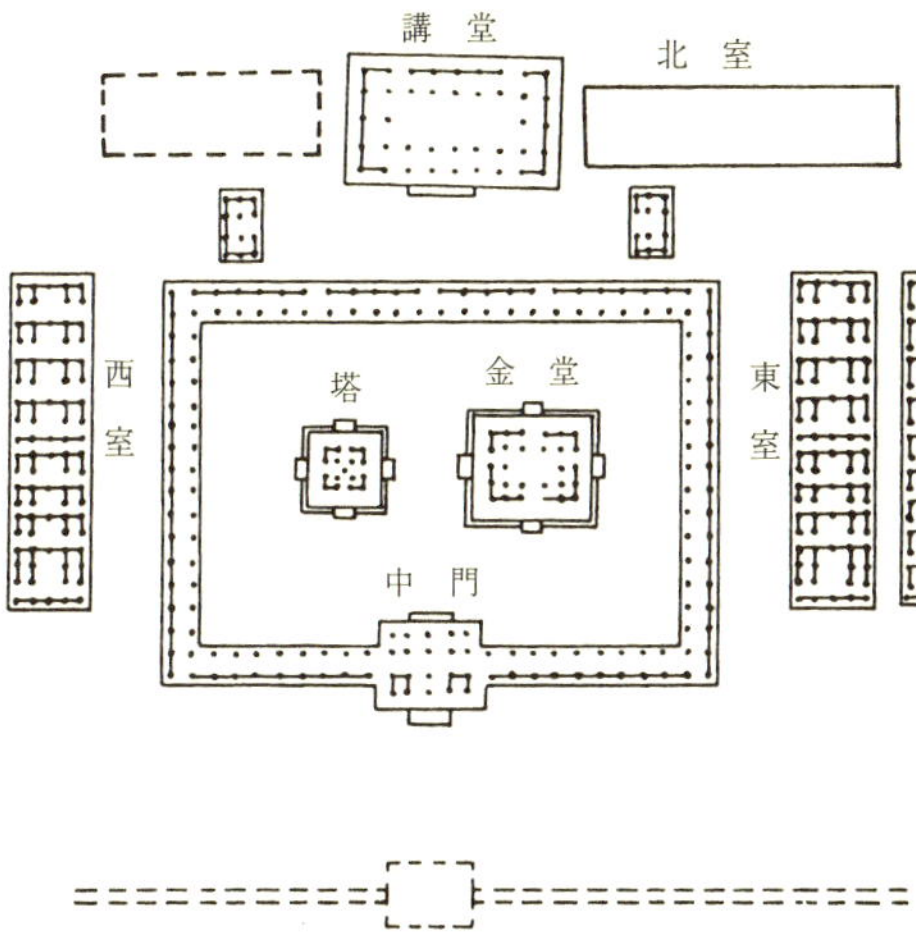

図11　法隆寺　伽藍配置図

この時代、山背では木津川沿い、桂川沿い、のちに奈良街道と呼ぶようになった古道沿い、また、宇治から近江に通ずる道沿いに寺々が営まれるのであるが、奈良街道沿いと宇治から近江に通ずる道沿いの寺々から出土する軒瓦に特徴的な面が見られる。すなわちこれらの道路沿いに建立された寺々の軒瓦が、川原寺系の軒丸瓦を所用瓦とした寺と、小山廃寺系の軒丸瓦を所用瓦とした寺とがあり、それら所用瓦が南の郡と北の郡とで明確に異なるのである。この地域で用いられている川原寺系の軒丸瓦は相楽郡と久世郡に集中し、相楽郡に営まれているすべての寺々にその軒丸瓦が見られるのである。また久世郡でも郡内のすべての寺々に川原寺系の軒丸瓦が見られる。その他の郡では宇治郡と紀伊郡でそれぞれ一か寺で見られるだけである。

小山廃寺の軒丸瓦は外縁に雷文をめぐらすものであり、雷文縁軒丸瓦と呼んでいる。その軒丸瓦は宇治郡・紀伊郡・愛宕郡の三郡に集中する。わずかに相楽郡で蟹満寺にだけ見られる。

特定の文様をもつ軒丸瓦が特定の郡にのみ見られるという、このような状況は、やはり当時の仏教政策を反映しているものと言えよう。相楽郡と久世郡に隣接している綴喜郡では、川原寺系の軒丸瓦も小山廃寺系の軒丸瓦も見られない。おそらく、大和から北へ向かう道筋である奈良街道が幹線道路として重視されていたことを示すものであろう。木津川の左岸側の道路が、その当時重視されていなかったのである。この道筋が中央政府によって重視されるのは、平城遷都後であり、『続紀』和銅四年（七一一）の記事にはこの道筋にいくつかの駅が置かれたことが見える。

このように、官との関わりが深い七世紀後半代に工事が進められた寺々は、中央政府から何らかの技術援助を受けていたに違いなく、朝廷の仏教観を反映した寺として工事が進められていったのである。

註

（1）「大官大寺跡の調査」（奈良国立文化財研究所『飛鳥・藤原宮発掘調査概報』五　一九七五年）
（2）森　郁夫「東京国立博物館所蔵紀寺跡（小山廃寺）出土軒瓦」（東京国立博物館『ミュージアム』五九四　二〇〇五年）
（3）「大官大寺第二次の調査」（奈良国立文化財研究所『飛鳥・藤原宮発掘調査概報』六　一九七六年）
（4）「東大寺権別当実忠二十九介条事」（筒井英俊『東大寺要録』巻七　一九四四年）
（5）岡田英男「西塔」（『大和古寺大観　二　当麻寺』一九七八年）
（6）稲垣晋也「旧中宮寺跡の発掘と現状」（『日本歴史』二九九　一九七三年）
（7）香芝市教育委員会「尼寺廃寺Ⅰ　北廃寺の調査」（『香芝市文化財調査報告書』四　二〇〇三年）
（8）『三国遺事』巻二　万波息笛　国書刊行会　一九七一年
（9）岡田英男「第Ⅳ章考察Ｄ　薬師寺と感恩寺」（「薬師寺発掘調査報告」『奈良国立文化財研究所学報』四五　一九六二年）
（10）奈良国立文化財研究所『川原寺発掘調査概報』九　一九六〇年

(11) 前掲註10に同じ
(12) 林　博通「南滋賀廃寺」(『近江の古代寺院』一九八九年)
(13) 八賀　晋「地方寺院の成立と歴史的背景」(『考古学研究』二十—一　一九七三年)
(14) 九州歴史資料館『観世音寺　考察編』二〇〇七年
(15) 森　郁夫「老司式軒瓦」(増補改訂版『日本の古代瓦』二〇〇五年)
(16) 「史跡大御堂廃寺跡発掘調査報告書」(『倉吉市文化財調査報告書』一〇七　二〇〇一年)
(17) 森　郁夫「古代山背の寺院造営」(増補改訂版『日本の古代瓦』二〇〇五年)

第六章　鎮護国家を表わす舎利容器の色

はじめに

『日本書紀』（以下『書紀』）によると欽明天皇十三年（五五二）十月、百済の聖明王が西部姫氏達率怒唎斯致契等を遣わして、仏像・幡蓋・経論などを献ると同時に仏教を公式に伝えたという。わが国に仏教が公伝される際には当然のことながら釈迦入滅の話も伝えられたであろう。仏教は釈迦の教えであり、塔に納められ信奉される舎利は本来釈迦の骨である。仏教が伝えられるということは、釈迦入滅の話も伝えられたであろう。そうでなければ塔に納められる舎利の存在はない。釈迦の入滅は定説ではないが、紀元前四八三年頃（南伝では同三八三年頃）とされている。いずれにしろ紀元前の話であり、仏教の公伝が五三八年にしろ、五五二年であるにしろ、すでに入滅後八百年は過ぎているのである。入滅後八百年以上過ぎ、仏教が公伝されて久しく経っても、仏教の大きな特徴の一つと言える火葬が、未だわが国には定着していなかった。舎利は、実際には釈迦を火葬に付した遺骨であり、崇められる対象となったものである。

わが国で最初の火葬者として知られるのは文武天皇四年（七〇〇）に火葬に付された道昭であり、大宝二年（七〇二）

には天皇として初めて持統天皇が火葬に付されている。仏教公伝からは百五十年が過ぎており、舎利を拝しながらもなぜ火葬の作法を受け入れなかったのかが大いなる疑問であった。

仏舎利信仰は仏舎利を奉安・供養することにある。舎利を塔に納める信仰や、仏塔建立の起源は釈迦入滅との関わりから生まれるのである。そのような観念で伝えられた仏教であることから、当然のことながらわが国に塔の礼拝・供養は根付いていくのである。

仏教の教え、そしてその法会はインドから始まる。インドの古刹において、仏塔内では、信奉するために被覆・保護された特別の容器が設えられた。中に納められるのは仏舎利、すなわち釈迦の遺骨である。したがって、その容器は骨蔵器である。しかし信仰の対象となる性格のものであることから、荘厳でしかも豪華なものが作られた。

ここにいくつかのの疑問がある。

一、わが国に仏教が伝わり、舎利も伝わっているにもかかわらず、なぜ火葬が直ちに定着しなかったのか。

二、わが国への仏教公伝は百済国からであるが、同時に中国・高句麗・新羅の仏教も非公式ながら伝わっていたものと考えられる。複数の国の僧侶の名が『書紀』にも認められるのはその表われであろう。仏教を主軸とする舎利荘厳の作法・伽藍配置の実際・仏教思想それぞれは主にどの国からわが国に伝わったものであろうか。

三、舎利内容器はガラスである場合が多い。そのガラスには決まった限られた色が施されているが、その色はどのような意味を持っているのか。

様々な疑問があり、一つ一つは比較的素朴な疑問であるが、幾つかが重なると複雑化し、その本質が見えにくくなるものである。特に舎利内容器のガラスの色は大いなる疑問である。なぜ内容器が一定の決まった色しか存在しないのであろうか。この章では疑問の三点をそれぞれに検討したい。

第一節　仏事・火葬の伝播

わが国への仏教公伝後、文武天皇四年（七〇〇）に僧道昭が火葬されるまでなぜ火葬は定着していなかったのかが疑問だった。現在韓国の葬法を見ても土葬が多い。中国にしても然りである。仏教はインドから中国を経て朝鮮半島に入り、わが国に公式に伝わってくるのであるが、中国大陸・朝鮮半島の葬送儀礼を考える時、伝える中国にも火葬は浸透しておらず、葬送儀礼以外の仏教思想だけしか伝わらなかった可能性もある。もしそうであるならば、中国から仏教が伝えられた朝鮮半島でも同じようなことが言えるのではなかろうか。

人の生涯における通過儀礼の中で、葬送儀礼は最も保守的である。わが国でも本来は土葬を常としていた。火葬についてはわが国に馴染まなかった可能性がある。火葬を排除したということではなく、馴染まなかった可能性は否定できない。人々にとって最も保守的な葬送儀礼が存在している所に、新しい火葬という葬法が伝わっても、すぐに実行されるとは限らないことから、わが国へ仏教が伝えられてから百五十年以上が過ぎてようやく火葬という葬送儀礼が行われるようになったものと考えられる。

孝徳天皇の二年（六四六）に薄葬令が出される。それまで大きな規模で築造した天皇陵や各豪族の大小様々な古墳に対してのものである。(1) しかし、薄葬令が出たからと言ってすぐさま変わるものではない。天武天皇陵を例に取れば、石室の長さ七・五メートル、幅三メートルであり、この寸法は薄葬令に定められた寸法の二倍にあたる。古墳が火葬墓に替わるのは、持統天皇が火葬された後に徐々に替わっていったのであろう。しかし、薄葬令では火葬に関することは述べられていないし、一般庶民に対しては「庶民亡なむ時には、地に収め埋めよ」とある。文武天皇は、文武天皇陵として治定されている陵はあるが、実際には中尾山古墳がそれと考えられている。中尾山古墳は墳丘が八角形で、遺体を収めることができるような大きな石室ではない(2)。石室は花崗岩製で十枚の石で構成されていた。石室内一辺九〇センチの正方形で、高さは八八・五センチで、床面の中央に六〇センチ角で一センチほど窪ませた所があり、そこに骨蔵器を安置したと考えられている。持統天皇の葬送は大宝二年（七〇二）、文武天皇は慶雲四年（七〇七）である。このように、八世紀に入ってようやく火葬が定着してきたのであった。

舎利に対する観念は、釈迦の遺骨ということではなく、これに対する信仰ではなかったかと考えられる。舎利を対象とする信仰とは、眩く光り輝く宝石や貴重な輝石を舎利と見立てて荘厳することであったのではなかろうか。

第二節　仏教思想の波

仏舎利は大変貴重なものであり、信仰の対象である。仏塔に収められる仏舎利は、容器に納められ、それを多くの場合三重、四重の外容器に入れ子にして納められる。仏舎利を直接納める舎利内容器は、瑠璃や水晶や黄金製であり、これを金・銀・銅・鉄・石などの外容器で順次納められるという荘厳な様式である。これはインドの古式の様式であり、釈迦が荼毘に付される前の釈迦の棺が、金・銀・銅・鉄で成る四重棺であったとする経典の所説にも相応していることで注目される。

仏教経典にあるような珍宝と呼ばれたであろう品々が、それぞれどのような意味を成すものであるかは未知の世界である。しかしそれらの品々は仏を荘厳し、仏の御心に適うものであることだけは確かである。『観音経』つまり『妙法蓮華経観世音菩薩普門品第二十五』の中にも「若有百千萬億衆生。為求金。銀。瑠璃。硨磲・瑪瑙。珊瑚。琥珀。真珠等寶入於大海。」の一節を見ることができる。

インドにおける仏舎利荘厳の様式は、西域を経て中国に渡り、朝鮮半島へ伝わりわが国にもたらされた。仏教がインドからわが国に伝えられたその間、幾多の地域を経て伝えられた分、種々の要素を交えるようになる。しかし仏舎利荘厳の様式は経典に基づいたものであったためか、大きく変わることなく伝わったといえよう。

『書紀』敏達天皇十四年（五八五）二月の条に、「蘇我大臣馬子宿禰、塔を大野丘の北に起てて、大会の設斎をす。即ち達等が前に獲たる舎利を以て、塔の柱頭に蔵む。」とある。この舎利については、その前年に蘇我馬子が得た二体の仏像を祭るために司馬達等たちに命じて僧侶を探させた。そして邸宅の東方に仏殿を建ててしばらくして、司馬達等が舎利を感得し、それを蘇我馬子に献じたものである。蘇我馬子は舎利を得たために仏殿を建て、さらにその舎利を祀るために大野丘の北に塔を建てたと記しているのである。

仏教伝来の際、『書紀』にも『元興寺資財帳』にも、仏像・経典が伝えられた記述はあるが、舎利について記されていないことが不思議なことである。

初めて舎利に関して見えるものとして、先に挙げた舎利感得の記事には、蘇我馬子が司馬達等から献じられた舎利を、鉄質に入れて鉄鎚で打ち砕こうとしたが、質と鎚は砕けたが舎利は安泰だったという。仏教の尊厳さと仏教を信奉する結構さ、仏教の力の強さを示す奇瑞の逸話を載せている。大野丘の所在地については現在のところ定かではない。その記事では、大野丘北塔に舎利を納める際に、塔の柱頭に納めたということであるが、具体的な位置は明らかではない。東大寺東塔の場合、実忠が瓢形に舎利を納めた、すなわち相輪部の宝珠と龍車に金光明最勝王経とともに納めたという。(3) 但し、同じ内容の事柄が『聖徳太子伝暦』にもあるが、それには塔を建立する際に仏舎利を安置しなければ塔ではないというところから、その三七日後に舎利を感得し、その舎利を「塔心柱下」に安んじたと見える。(4) 心礎に舎利孔が見られない場合には、そのような事例もあったことであろう。また、心柱のどこかに納めたという場合もあったことであろう。当麻寺西塔では、解体修理の際に心柱の尖端に孔を穿って舎利が納められていたものを発見している。(5) しかし、実際に確認されているものでは、ほとんどの場合心礎舎利孔からの発見である。その舎利孔に関してもそれぞれの事例では一定ではない。

一般に多く見られるのは心礎柱座の中央に舎利奉安の孔を穿ったものである。平面円形で、底面の縁に丸みをもたせた様式である。そして、その穿たれた孔に石蓋を置くための加工のあるものと、それを伴わないものとがある。代表的なものは本薬師寺東塔や平城京薬師寺西塔の心礎であろう。平城京薬師寺では石蓋も現存している。一般に心礎の中央に舎利孔をもつものが多いのであり、『上宮聖徳法王帝説』に記される山田寺でも「其の柱の礎中に円き穴を作りて」とある。

舎利孔が方形のものもある。摂津太田廃寺の塔は古く明治四十年（一九〇七）に発掘されたものであり、後で述べるように石櫃の舎利外容器が納められていた。舎利孔は方形である。伯耆上淀廃寺では塔を三基南北に配置するように計画された寺である。発掘調査の結果、北の塔では心礎が据えられた段階で工事は進められなかったとの見解である。中央の塔心礎には方形の舎利孔があるが、南と北の心礎には舎利孔が見られない。したがって、上淀廃寺では中央の塔には真身舎利が納められ、南の塔には法身舎利、すなわち上淀廃寺にふさわしい経典が収められ、北の塔にもそれを納めようとしたのであろう。和泉禅寂寺跡の塔心礎では円形柱座の中央に方形の舎利孔が穿たれている。

特殊な形のものとしては、心礎の側面に舎利孔を穿った事例がある。山背高麗寺と近江崇福寺にそのようなものがある。崇福寺では、発掘調査によって発見された。舎利孔には蓋石があり、後述するように舎利容器と荘厳具が納められていた。飛鳥寺ではほぼ正方形の舎利孔の側面に仏龕のような孔が穿たれていた。仏龕のような舎利孔の例は、河内野中寺や西琳寺にあり、これらは円形に穿たれた柱座の側面に舎利孔を穿っている。このように、心礎に伴う舎利孔には各種のものがある。

また、舎利と共に多くの荘厳具が伴う場合がある。それらは金・銀・真珠・水晶など、いわゆる七宝である。そのようなものを納めるのは、舎利納置の場合だけでなく、建物建立の際に行われる地鎮供養でもそのようなものが埋納さ

れる。そのことに関しては『仏説陀羅尼集経』に見られるところである。(6)

第三節　舎利埋納の事例

舎利が納められた塔の存在が、発掘調査によって徐々に明らかになってきている。次にそれぞれの事例を見てみよう。

飛鳥寺

発掘調査によって発見された最古の舎利は、大和飛鳥寺跡出土のものである。昭和三二年（一九五七）に行われた塔跡の発掘調査で、舎利容器とこれに伴う多くの荘厳具が発見された。(7)飛鳥寺の塔は建久七年（一一九六）に雷火で焼亡した。その後寺僧によって舎利が取り出され、塔跡に戻されたが再埋納の位置は本来の塔心礎舎利孔ではなく、舎利を取り出す際に掘られ、埋め戻された穴の途中に二個の花崗岩を組み合わせた石櫃を据え、その中に木櫃に納めて心礎上方に埋納されていた。建久年間に舎利を取り出した際にも荘厳具はかなり取り出されたようである。それらは新たに金銅製の舎利容器を納めた木櫃の底に玉や瓔珞が敷かれていたことから明らかである。

発掘調査では検出された塔心礎上面から金環、金銀延板、玉類、挂甲、馬鈴などが発見された。舎利と共に大量の荘厳具が納められていたことは間違いない。心礎柱座は一・五メートル×一・六メートルほどの方形で、中心に三〇センチ四方、深さ二〇センチの舎利孔を穿ち、さらにその東壁下部に幅・高さ・奥行きともに一二センチほどの龕状の孔を穿っている。ここに舎利容器を納めたと考えられているおよそ三千点に及ぶ副納品が出土したが、当時における舎利内容器がガラスであることを考えると、ガラスの内容器が見つからなかったことは建久八年の時に入れ替えられたと考えられるのではなかろうか。

法隆寺

法隆寺では大正十五（一九二六）年二月、法隆寺五重塔の心柱の下に空洞のあることが明らかにされた。その前月の一月三一日の塔の心礎の調査で、奈良県の技師である岸熊吉氏が初めてそのことに注意した。二月四日に同寺を訪れた池田谷久吉氏が空洞の発見を伝え聞き、空洞に入って軒平瓦を発見し、心礎の舎利孔があり、舎利容器が安置されていることが知られたのである(8)（図12―1）。

舎利一具はもともと五重塔の本尊として信仰の対象であるということから調査、保存方法の具体化は進まなかった。戦後になって昭和二四年（一九四九）十月に塔の解体修理工事が基底部におよび、最後の段階に達した時になって舎利一具の調査が行われることになった。『法隆寺五重塔秘宝の調査』を参考に心舎利一具を見てみる。この調査の対象が舎利であったがために、学界の立場と、信仰の立場を重視する寺院側との見解の相違があり、なかなか難しかったようである。しかし保存の問題を先送りすることは出来ず、要望書・協議事項・様々な取り決めを完了した上で、慎重に行われた。

塔心礎は空洞下に深く位置していた。舎利孔は上面が平滑に作られた心礎の上面に穿たれていたのである。孔は深くて底部はやや尖り、円錐形に近いが決して整った均整なものではなかったという。底部に若干の突起したところや凹んだところがある。

心礎舎利孔から舎利一具を取り出す作業にも大きな誤算が伴った。大正十五年には穴内に浸透していた水をすべて汲み取ってから、蓋をかぶせ、さらに後年上辺にコンクリートを施して水気の浸透に備えたのである。しかし三十年に満たない間に多量の水が舎利孔内に浸透して、わずかに金銅合子の鈕の上部だけが上面部に出ているに過ぎないという状態であった。

調査の状況から、この納置の舎利一具は穴底に正しく安置されておらず、穴の中ほどにあって、下辺にかなりの空

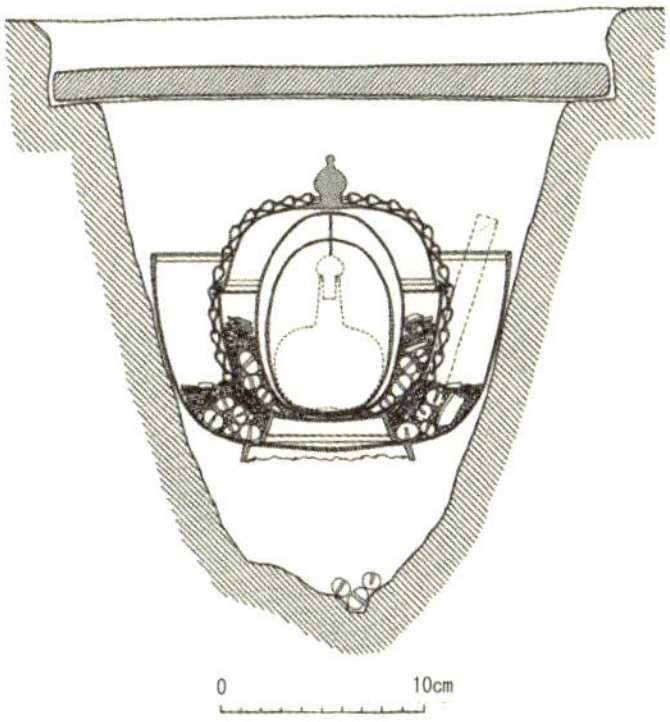

1　納置状況

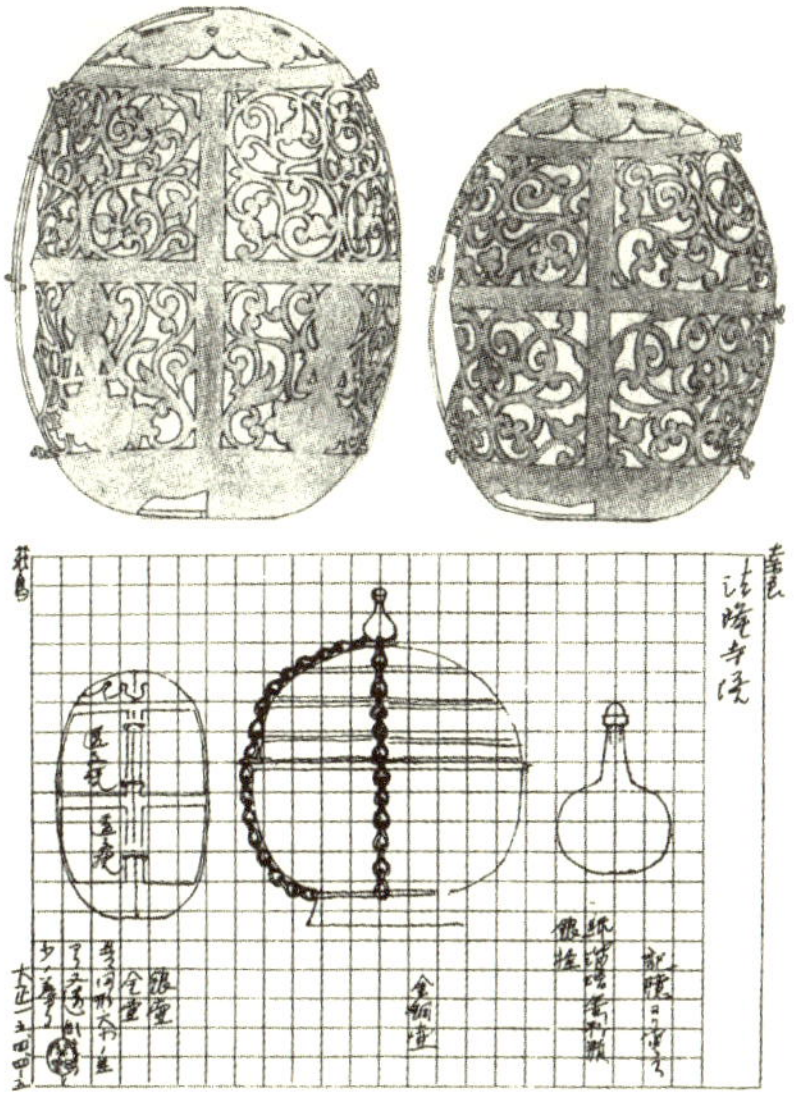

2　図および写生図

図12　法隆寺五重塔舎利容器

隙を残していたことが明らかとなった。次にこの舎利一具は、大鋺の中に置かれた金銅合子の四方に十字状にかけられた銀鎖がほぼ納置された当時の姿をとどめており、大椀内の南側の縁に一面の鏡が置かれていたのである。大鋺内にはこの他に下部に、多数の玉類と香木が納められていた。香木の中には大正十五年四月の再納置の際に新たに加えられた白檀も存在している。銀の兵庫鎖で蓋と器とを厳重に閉ざした金銅合子内の舎利容器の納置の様子は、舎利を納めた玻璃瓶を金銀二つの器に重ね入れて、合子内の中央に納めたものである。中心の舎利容器は緑色の玻璃で作られた頸部の長い瓶の形をしていて、口部は銀栓で塞いだものである。この器を卵形透彫の金製容器に納め、さらにそれをもう一回り大きい銀製透彫の容器に入れて、それぞれの合わせ口を針金で結わえた上で金銅合子の中央に安んじてある。この銀容器と合子の間隔に玉類と香木を納置しているのである（図12―2）。

梅原末治氏は調査報告書の中で、(9) 金銅合子・舎利一具等は本来一具として作られたものであり、それに相応ずるものである。ところが法隆寺の舎利納置のあり方は違っている。舎利一具を納めるため礎石に穿たれた穴は、大きさも形も当舎利一具にふさわしくなく、大鋺が穴底に安置されることなく、穴の中程にやや不安定な位置を占めていた。また下辺にかなりの空隙を残している。このことは一つの明らかな事実として、当然指摘さるべきであろうとしている。梅原末治氏は、金銅合子以下玻璃瓶に至る諸器が相互に離れ得ない一連の完具であることが当然であるが、大椀はその完具の一部とは考えられないとした上で、納置穴自体が深いことから、更にその上に覆い被せるための器があってしかるべきであるとし、大椀を逆にして被せると、それにふさわしい格好のものであることが認められるとする。これはもっともな考えであるといえよう。梅原氏は、納置した舎利を被せるために使用しようとした大椀が、この場合穿たれた穴の大きさに妨げられて、その高臺が上に施す予定の蓋の下面よりもはみ出す事になった。そこで臨機の処置を様々に尽くしたがうまくいかず、被せるのではなく、舎利一具並に荘厳の具を大椀に盛って穴内に納めたと指摘している。

法輪寺

法隆寺の北東に位置する法輪寺では、江戸時代の元文四年（一七三九）に行われた三重塔の修理に際して塔心礎から発見された。[10] 現在外容器の銅製の壺が寺に保存されている。当時の法輪寺別当宝祐が、寛保元年（一七四一）に舎利出現の事情を記した『仏舎利縁起』によれば、塔の心柱の下一丈ばかりから舎利容器が出現し、金蓋・金壺・名香・白銀箱・瑠璃玉・美舎利二粒（大小）・数珠・土器・朱土四天王像が発見されたが、三重塔復興に際して元の如く心柱の下に納めたという。しかし、その後の処置は不明である。ここには琉璃の舎利容器の記載はない。

檜隈寺

飛鳥の檜前の地にある檜隈寺からも舎利容器が発見されている。[11] 寺は七世紀後半に建立されたが、明治の末頃からは「於美阿志《おみあし》神社」の境内地となり、塔跡に平安時代後期に建てられた十三重の石塔がある。その基礎の台石が、檜隈寺の塔の心礎であり、そこから舎利容器が見つかった。この石塔の修理調査によって本来の塔心礎から舎利容器が発見された。外容器は十一世紀に作られたものであるが、内容器のガラス容器は元の塔の埋納品、すなわち檜隈寺創建当初の可能性が考えられている。このガラス容器は三センチ足らずの高さをもつ、青色をした透明の器である。

本薬師寺

『中右記』や『七大寺巡礼私記』によると、本薬師寺の塔跡から舎利容器が発見されたことが記されている。それは、石製「唐櫃」に金銅の容器が納められていたという。『中右記』では金壺と記され、『七大寺巡礼私記』では金銅壺となっている。その容器には仏舎利を三粒納めた白瑠璃壺が収められていたと記されている。

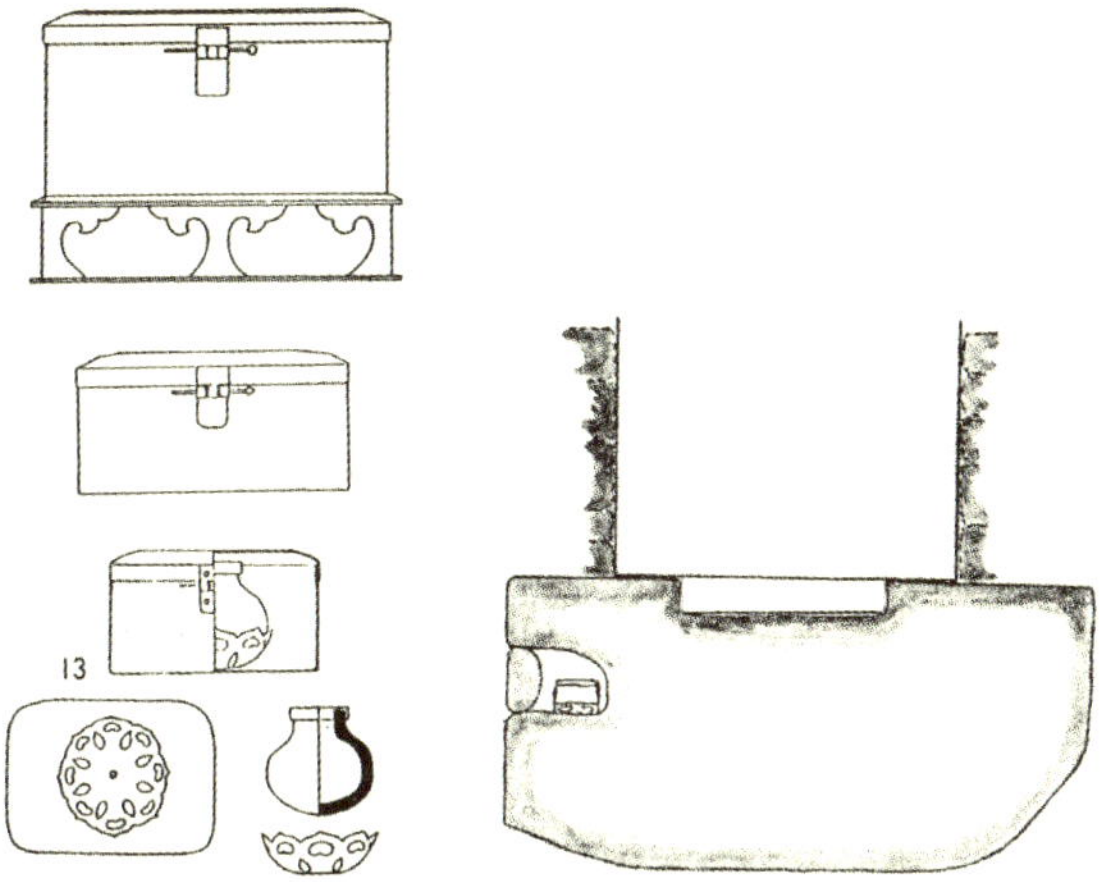

図13　崇福寺舎利容器および納置状況

太田廃寺

太田廃寺は大阪府茨木市太田に所在する。偶然の機会に発見されたものであり、その出土状況は明らかではない。舎利孔は方形である。舎利は金製の箱に納め銀製、銅製の箱に入れ子にし、さらに大理石の小櫃に納められていた。

崇福寺

崇福寺は、大津市滋賀里の西方山中に大津京鎮護の寺として営まれた。発掘調査が昭和三年（一九二八）と十三年に行われ、昭和十三年の調査で心礎舎利孔から舎利一具が発見された[12]。心礎は一辺一・五メートルから一・八メートルの不整形な自然石の表面を平らにし、その中央に直径五〇センチ、深さ一〇センチの柱座を穿っている。心礎の南側面は平滑になされており、その中央に小孔が穿たれ、蓋石で塞がれていた。その中に舎利容器と荘厳具が納められていたのである（図13）。

舎利容器は金銅製外箱、銀製中箱、金製内箱、金製蓋付きの瑠璃壺から成っており、それらは入れ子になって納められていた。金製外容器には内底にこれも金製の花形座を設けてあり、舎利三粒を納めた緑の瑠璃壺を安置していた。これらの舎利容器に副えて玉類、水晶、香木、鉄地金銅背の鏡一面、小銅鈴二個、銀銭一二枚等の荘厳具が伴っていた。

縄生廃寺

縄生廃寺は三重県三重郡朝日町縄生に所在する。昭和六一年度（一九八六）に発掘調査が行われ、塔の基壇が検出された。(13) 基壇は約一〇メートル四方である。基壇外装は瓦積みであり、一部に軒平瓦を含むが、おおむね平瓦を積んでいる。基壇上に残る礎石はなかったが、西半部で側柱と四天柱の据え付けの掘方が認められた。心礎は地下式心礎であり、基壇上面から約一・五メートルの深さに据えられていた。心礎上面は平坦に加工されているが、柱座は設けられていない。心礎据付には心礎を中心として、南北四・九メートル、東西五・三メートルの掘方を設け、心礎を据えつけた後に版築を行っている。

心礎上面の中央には直径一三・五センチから一四・五センチ、深さ一三・五センチの舎利孔が穿たれており、卵形の鉛ガラス製の舎利内容器を納めた滑石製有蓋壺が安置されていた。この外容器には唐三彩の椀が伏せて置かれていた。ガラス製の内容器の色調は淡い黄緑色で不透明である。これは表面が風化しているためであり、本来は鮮やかな緑色透明であったと考えられている。なお、内容器に舎利は存在していなかったと報告されている（図14）。

山田寺

山田寺は奈良県桜井市山田に所在する。実際に現物は残っていないが、山田寺の事例は重要な資料である。『上宮聖徳法王帝説』「裏書」(14) には山田寺造営の様子が記されており、その中に舎利奉安の様子が具体的に記されている。以下にその状況を記そう。蘇我倉山田石川麻呂一族が滅亡した後、天智天皇二年（六六三）に塔の造営工事が始められる。

壬申の乱終息の後、天武天皇元年（六七三）に塔心礎を置くことができた。その心礎に丸い孔を穿って舎利容器を納めている。舎利容器は青色の瑠璃瓶で、これを金製、銀製金銅製の外容器に入れ子にして納めたと記されている。それぞれの外容器には数々の珠玉が入れられた。それらは荘厳具である。そしてこれらの外容器に大鋺をかぶせて蓋としているのである。きわめて丁寧な納め方である。

以上のように飛鳥寺から出土した二千個以上のガラス小玉から始まり、古代寺院の舎利容器のなかに納められている品々を見てみると、ガラス容器・ガラス玉・ガラス飾り等が納められている。内容器については紛失しており、文献史料でしか残されていないものもある。

史料に書き留められている内容器、そして現存している内容器を見る時に、気付かされるのは、その内容器のもつ「色」である。青・緑・透明（白濁しているものも含む）・瑠璃色などである。「瑠璃」とは、梵語の音写であり、その意味するところは七宝の一つ、または青色の宝石である。またガラスの古名でもある。そして瑠璃色の釉をかけた瑠璃瓦、つまり緑釉瓦が平城宮や平城京の大きな寺々の軒先を飾っていた事でも知られている。

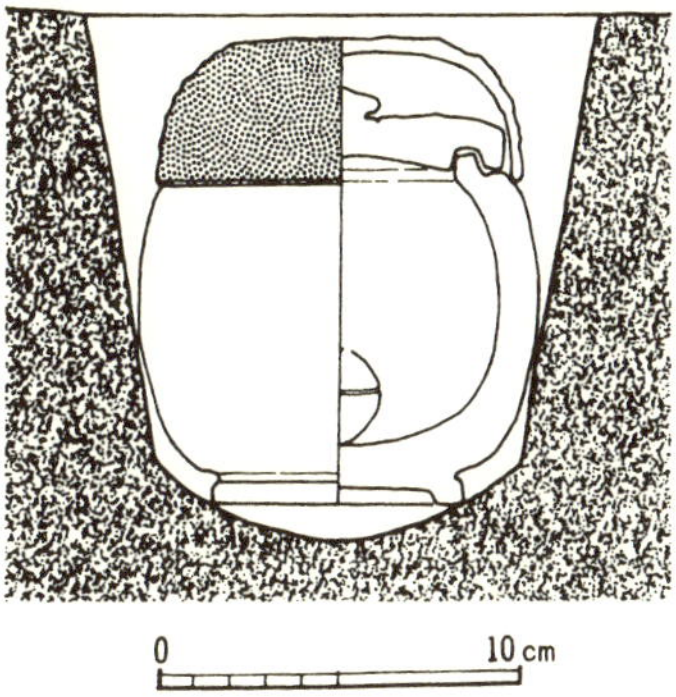

図14　縄生廃寺舎利容器納置

古代寺院の舎利容器等で「瑠璃」という言葉が出てくると、一般に「ガラス」という言葉に置き換えられていることが多い。しかしこれについては以前から疑問に思っていたことである。ガラスに違いなくてもただ簡単に「ガラス」という言葉に置き換えてしまって良いのだろうかという疑問である。「瑠璃」という言葉は元々日本語ではなく、仏教思想とともに入ってきたものなのである。新しい仏教思想と一体化した言葉としてともに入ってきたのである。つまり「瑠璃」という言葉には仏への尊厳を伝え、荘厳を表わす意味が含まれているのである。

第四節　舎利内容器の色

わが国の初期寺院の舎利容器に納められた品々の中にガラス製品が多いことは縷々述べた通りであるが、その中でも舎利内容器には青や緑の色が多い。舎利を納める儀法がわが国に伝えられた時、「瑠璃」という言葉はただの「ガラス」の意ではなく、青や緑のガラス容器という意味が込められていたのではないかと考えるのである。「瑠璃」は目に見えない崇高な想いを馳せる時に当てはまる言葉として、今日に伝えられているとは考えられないだろうか。

「瑠璃光世界」は薬師如来の世界であり、この言葉を耳にすれば人々はまばゆく光かがやく中で、仏の御手に抱かれる心地がするのではないだろうか。鎮護国家思想を根底に、律令国家の中心としての平城宮や平城京内に瑠璃瓦が葺き上げられていたのも、当時都に生きた人々が、「瑠璃」の意味を知っていたからではないだろうか。字は読めなくとも都で宮殿や大寺院を見上げれば、自分の眼で仏の存在を確かめる事ができる思いがあったのではないだろうか。発掘調査によって発見された舎利内容器、出土した瑠璃瓦の存在を見詰め直し、改めてこの「瑠璃」の発祥、出発を考えてみたい。

瑠璃という言葉に近いものに、「玻璃」がある。「玻璃」も梵語であり、仏教で七宝の一つで、水晶のことである。そしてまたこの言葉もガラスの別称を持つ。「玻璃」は加工的に作られるガラスの意ではなく、火山岩中に含まれるガラス状物質である。これは透明なものである。

古代寺院の舎利内容器の「瑠璃」つまり青や緑のガラス製容器は、わが国の製品ではない。「瑠璃」という言葉は梵語であり、この言葉が音写であるならば仏教の発祥の地であるインドからの思想といえよう。また『観音経』のような経典の中にも「瑠璃」という言葉は、仏を尊厳し仏に供え奉る珍宝として記されている。初期寺院に納められた舎利内容器の色が青・緑・透明（白）と限られた色であるとすると、なぜその色が選ばれているかという疑問が生ずる。

わが国から中国大陸や朝鮮半島に学問僧が出かけ、仏教を学び経典を持ち帰る。朝鮮半島やわが国に仏教を伝えた中国にはアジア以外との接触があり、そこから新しい文物が入ってきていたのである。最も顕著な例をあげれば『大唐三蔵取経詩話』、一般書物として親しまれている『西遊記』にみる唐代の僧・玄奘三蔵であろう。玄奘三蔵は東アジアと地中海世界を結ぶ古代陸上交通である、シルクロードを通ってインドへの旅に出かけ帰郷した。いわゆるシルクロードは、広い砂漠の中にポツリポツリと人々が集まる町が栄え、またその町を基点にして貿易の道となって栄えていくのである。

シルクロードの基点はシリアのアンテイオケイアで、道程はそこから洛陽または長安までと考えられており、最もシルクロードが盛んだったのはパルテイアやサーサーン朝時代だった。ペルシャで考案された工芸品や文化、思想が西はローマへ伝えられ、東は中国へと伝えられていった。

現在もその根拠は織物であるタペストリーや絨毯の図柄に見ることができる。たとえばシルクロードでの交易にはこの名称の通り、絹が介在する。そして地中海諸国から運ばれた品はタペストリーや絨毯という織物だった。このシルクロード沿いの国々のタペストリーには共通の図柄名がある。国によって図案に多少の違いはあるが、すべて「ツリーオブライフ」（「生命の樹」）と称されている。一本の大きな樹を中心に、鳥・小動物達がそれぞれ花や草の中に見え隠れしながら樹の周りに佇んでいるというような図案である。この「生命の樹」が中国にもトルコにもイランにも存在する。

いま我々が通常使う言葉にも地中海諸国の文化が残る。「胡人」と言えば中国では北方または西域の異民族、または広く外国人を意味する。現在日本語と考えられがちな「胡桃」「胡椒」「胡瓜」「胡座」などは中国にしても外来文化なのである。その源はシルクロードを越えた地中海諸国から入ってきたものなのである。これらの例のように様々な文化や文物が地中海諸国からシルクロードを渡って中国に入り、そしてわが国に伝えられているものが多いという証拠であろう。

最も栄えたサーサーン朝ペルシャは七世紀中頃にサラセン帝国に滅ぼされると、国を失った人々は難民となって中国・唐に亡命した。難民の中には様々な工人もいたであろうし、唐に留まった工人もいたろう。また地中海の国から来た工人たちから技術を学んだ唐人もいたはずである。それは三韓の戦いのたびに、わが国に渡来した人々があったことにも共通する。

わが国の初期寺院のガラス製舎利内容器は外国からのものであり、地中海諸国で作られたものか、中国で作られたものであると考えられている。正倉院には完形のガラス器が六点ありその内、唯一点、緑瑠璃十二曲長杯だけは鉛ガラス製で、確証に至っていないが唐で作られたという。他の五点はいずれもアルカリ石灰ガラス製で、サーサーン朝ペルシャにおいて作られたものといわれる。いずれにしても当時は外国でしか作る事が出来なかった、最新技術で作られたガラス容器がわが国に入り、それらのうちのあるものが、寺院建立の際に舎利内容器として埋納されたのである。

舎利内容器使用以前にもわが国にガラス器が存在していた事例が幾つかある。一つは大阪府羽曳野市古市に所在する安閑天皇陵と伝えられている古墳から出土した「玉碗」である。それは大阪府羽曳野市古市に所在する、飛鳥時代建立の西琳寺の寺宝として伝世されていた。ところが明治時代初期の「廃仏毀釈」で行方不明となってしまっていたのである。しかし昭和二五年（一九五〇）八月にその玉碗、「白瑠璃碗」は見つけ出された。それが見つかって人々を驚かせたことは、その「白瑠璃碗」は東大寺正倉院宝物の「白瑠璃碗」と瓜二つであったことである。

他の一つは伝安閑天皇陵出土白瑠璃碗以前の事例である。出土地は大阪府堺市に所在する大仙古墳、つまり仁徳天皇陵とされている陵である。明治五年（一八七二）九月七日の台風に伴う大雨で古墳が崩れ、その石室と石棺が露出した。その修復に当たった担当者が陵のなかに、甲冑・ガラス杯・太刀金具等が納められていたことを記し、ガラス杯については「瑠璃。壺のようで蓋の無いもの一つ。白瑠璃。皿のような物一つ。」と報告されている。(15) このガラス製の壺と皿は、一九六〇年代半ばに橿原考古学研究所によって調査された、新澤千塚古墳群（奈良市橿原市）の内の一二六号墳副葬品のガラス碗と皿と比較されるようになった。その他、京都上賀茂神社や福岡沖ノ島で「切子碗」が発見され、ガラス器がサーサーン朝ペルシャからの伝来品であり、その年代は六世紀前後と推察されるに至った。このようにガラス容器は舎利内容器以前の早い時期にすでにわが国に地中海諸国の文化が伝えられ、古墳に副葬されていたことが知られる。

もう一つシルクロードを越えた地中海諸国の文化が伝えられていたことが知られる事例がある。それはわが国で未だ四点しか出土していない羊の頭を装飾とした硯である。現在のところ出土事例は日本で次の四ヶ所だけである。平城京左京四条四坊、三河国府跡（愛知県豊川市）、尾崎遺跡（岐阜県美濃加茂市）、斎宮跡（三重県明和町）である。ペルシャでは羊の頭装飾のついたリュトン、つまり酒杯が多いようである。その酒杯は勿論王の酒杯である。日本では酒杯ではなく硯であり、役所や官に関わる所で検出されている。勿論文字を書くという所にしか硯は必要でないので、それも当然であろう。羊の頭装飾の硯は、間接的ながら地中海諸国からの影響を受けているのであろう。紀元前期からサーサーン朝ペルシャに至るまでこの羊の頭装飾のリュトンは、土器であったり銀製であったり、また奇石で作られた王の使用品という位置付けにある。そしてこれは儀式の時の酒杯などにも使用されるが、常に水に関わるものに使われていたようである。遠く砂漠を経てアジアにその文化が入ってくる時に、少しずつ伝えられ方の変化があるにせよ、「貴重なものである」とか「縁起が良いものである」というような思想をもつ物品や事がらがわが国にも伝わり、いつしか羊装飾の硯に姿を変えたものであろう。硯の水を湛える部位を「海」と称するが、古代の丸い硯もやはり「海」と呼ばれ羊装飾がなされ、執務の場に置かれたのであろうか。

本章で求めたかった舎利内容器の青・緑・透明などという決まった色も直接、仏教や仏教思想、造営技術等をわが国に伝えた中国や朝鮮半島から伝わったのではなく、遠くペルシャからの影響があったのではないかと考える。

日本で未だガラス容器が作られないときに、わが国で使われていたガラス容器はすべて外国製である。先述の正倉院に納められている六点の完形のガラス器の内の一点は中国製であり、あと五点はペルシャ製である。当時の最新技術と先進思想をもつ国で、特別な用途の製品であれば、神に捧げる品、仏に捧げる品にふさわしい型、ふさわしい色を選んだと考えられないだろうか。

現在イスラムの国々に建てられているイスラム教の礼拝堂であるモスクは、青・緑のモザイクで組まれた実に美しい姿である。「ブルー・モスク」という名称で呼ばれているモスクもあるくらいである。モスクは後世であるにせよ、イスラムの国々では紀元前からの多くの遺産の中に青や緑には貴重な色と同時に、神に近づく色、神が護ってくれる色という認識があったと考えられる。実際、トルコそしてポルトガルなどでは、白い家の窓や玄関の入り口のドア枠に青いペンキを塗る習慣がある。これは一言でいえば魔よけであり、家の外と中を共有する窓のような入り口には悪魔が入らないように、青い色を塗るのである。人々が大切にしている田畑などの上にも、青い目の魔よけの護符が吊られている。

シルクロードを通りインドから中国に仏教の経典を持ち帰ると同時に、それらを訳したことでよく知られている僧クマラジュが暫くとどまったといわれる、西チベットの遺跡内部も青のラピスラズリの壁で覆われていたという。ラピスラズリは、青い空と水を象徴するものといわれている。青い空と水は自然そのものであり、自然、つまり神の色であると信じられているのである。サーサーン朝ペルシャの「万国の門」の装飾に使われていたのも、鮮やかな青のラピスラズリである。神への捧げものの色であり、自らの護符の色と考えられた青や緑の色のもつ力を、貴重なものとしてわが国で受け止めたとは考えられないだろうか。舎利内容器の色は決してその色しか作り出す技術が無かったのではなく、あえて青や緑の色を選んで舎利内容器に使ったと考えられる。仏教が広まり、シルクロードを越えて先進諸国の知識がともに運ばれたと考えられよう。

註

(1) 横山浩一「大化薄葬制についての一考察」(奈良国立文化財研究所第二二回講演会で発表　一九六五年五月二二日)
(2) 明日香村教育委員会『史跡中尾山古墳環境整備事業報告書』一九七五年
(3) 「東大寺権別当実忠二十九介条事」(『東大寺要録』巻七　一九四四年)
(4) 「聖徳太子伝暦」上巻(『聖徳太子伝叢書　大日本仏教全書』一一二　一九一二年)
(5) 岡田英男「西塔」(『大和古寺大観　二　当麻寺』一九七八年)
(6) 「仏説陀羅尼集経　巻第四　観世音巻上」(大唐天竺三蔵阿地瞿多編『大正新修大蔵経』十八　密教部一)

「(前略)次第四日用牛糞香泥。泥其地竟。次将縄子。四方八肘一匝挽之。四角下点。更以縄子。従東北角至西南角。従東南角至西北角。交叉挽之。其縄叉中下点。掘地深一磔許。埋著五宝并及五穀。其五宝者。一金二銀三真珠四珊瑚五琥珀。言五穀者。一大麦二小麦三稲穀四小豆五胡麻。以一片絹共裹宝穀。以五色線繋絹埋之。其五色。一頭出地長五指許。此宝物等永不得出。次作大結界。其結界法。(後略)」とある。

同じく『大蔵経』仏説陀羅尼経巻第十二にも次のように説かれている。

「(前略)於道場所四方挽之。下以白粉点之為記。阿闍梨先従東北角至西南角。挽縄定之。離柱四指下点為記。正当中央縄相交処。又下点竟。各当点処穿一小孔。深一磔許。其中凝埋七宝五穀。其七宝者。一金二銀三真珠四珊瑚五琥珀六水精七瑠璃是名七宝。其五穀者一大麦二小麦三稲穀四小豆五胡麻是名五穀。其宝等碎五穀相和。以絹片裹。用五色線繋頭。将埋五孔之中。(後略)」とあり、舎利荘厳も、地鎮・鎮壇供養も経典にある珍宝を仏に奉り、祈願したことが、発掘調査で検出された珍宝で確認することができる。

(7) 奈良国立文化財研究所「飛鳥寺発掘調査報告」(『同研究所学報』五　一九五八年)
(8) 法隆寺『法隆寺五重塔秘法の調査』一九五四年
(9) 前掲註8に同じ
(10) 三輪嘉六・山本信吉「塔心礎納置銅壺」(『大和古寺大観　一　法輪寺』一九七七年)
(11) 奈良県教育委員会『於美阿志神社石塔婆修理工事報告書』一九七〇年
(12) 滋賀県「大津京阯(下)　崇福寺阯」(『滋賀県史跡調査報告』十　一九四一年)

（13）「縄生廃寺発掘調査報告」（『朝日町文化財調査報告』一　一九八八年）
（14）竹内理三編『寧楽遺文』下巻　東京堂　一九六二年
（15）「荘厳」（『大坂府立近つ飛鳥博物館図録』二四　二〇〇一年）

第七章　天武・持統朝と越前の抑え

はじめに

天武天皇元年（六七二）、天武天皇は、壬申の乱に勝利して鎮護国家思想の下、伊勢神宮をはじめ龍田神社、広瀬神社などの神祀りを重視しつつ国を治めていった。その治世は、海外との交流の記述も多く『日本書紀』（以下『書紀』）に見られる。当然のことながら『書紀』には、統治に関わる記事に国内の地名（国名）が多く散見される。日本海から琵琶湖に通じる道は防御のためにも大変重要である。琵琶湖から日本海に通じる重要な地の一つと考えられる所に越前国が位置する。しかし、越前国の抑えについての記述が少な過ぎる観がする。

『書紀』、天武天皇四年（六七五）二月九日の条に、大倭・河内・摂津・山背・播磨・淡路・丹波・但馬・近江・若狭・伊勢・美濃・尾張等の国々に詔を出し、歌の上手な人を選び出して奉ることを命じている。雅楽のためだとされ、これらの国々は催馬楽《さいばら》の歌詞に含まれる国名とほぼ一致するという。催馬楽とは、雅楽の歌謡の部である。これらの国々の共通点は、海・大きな河川を介し、京である大和に通じる交通の要衝の地であるといえる。前出の十二ヶ所の中に入っている大倭は、大和南部の地域と考えられ、吉野川で繋がる紀伊国に通じる地であろうか。

天武天皇の国の治め方は、従来の天皇の方法とは一線を画する所がある。それ以前の天皇より律令の確立に向かうべく、修正に修正を重ねて天武朝に進んでいった観はあるが、政策の中に律令だけではない人の心をも上手に治めるといった、天武朝の特徴といったものがある。壬申の乱という大きな乱を終息させた経験から人の心を治める重要性に視点を置いていたか、または仏教思想による信仰からくるものであるのかはわからない。人心の治め方も、鎮護国家思想の特異性と言えるのかもしれない。これらの国々に名指しで詔しているところに何らかの意味が含まれていよう。これら十三ヶ国が天武天皇にとって特別の地であることも考えられようが、海・川を抑える交通の要衝の地と考える時、乱後の天皇の政の要であるとも考えられる。

天智天皇・天武天皇の時代もそれ以前も、東アジアの政情不安は東アジアに住むすべての人々にとって、生死を分けるものであった。そのような中に渡来する船は、漂着船も含めて日本各地に着く。九州に着いた船は京まで瀬戸内海を通って入ってくる。しかし、日本海に思うところあって着く船や漂着を装って着く船はどうだろうか。日本海から攻め入ることは考えないまでも、沿岸の人々と好を通じ、朝廷に刃向うべく画策をし、内乱を起こし得る事も可能である。日本海から琵琶湖を通って京内に至る海上交通や、琵琶湖畔を通る街道が京内への道となる。十三ヶ国の中に、近江があり、若狭がある。しかし越前がない。越前は日本海に接し、琵琶湖に通じるところにあり、重要な地であるはずである。越前に注意を払わないはずはないのであり、何らかの特別な抑えがそこにあったと考えられないだろうか。

改めて、天武天皇の人となりを見てみる。『書紀』、天武天皇即位前紀の条に、「能天文・遁甲。」とあり、天武天皇は占星術や天文に関心があり、また、その術をよくしたことが知られる。その例を幾つか挙げてみると、天武天皇元年(六七二)六月、壬申の乱が勃発して、大海人皇子一行が横河まで来ると十余丈もある広い黒雲が立ち込めていた。そこで大海人皇子は陰陽道の術で占い、天下は二つに分かれようが自らが天下を治めることになろうと占ったという記述が出てくる。また、道中で雷・雨が激しい中で大海人皇子は、「天神地祇扶朕者、雷雨息矣。言訖即雷雨止之。」と、天に祈り、吉凶を占い、吉を得ている。そして天武天皇四年正月五日には、占星台を造っている。占星台は、天文を観察し吉凶を占うための施設である。のちにこれは、陰陽寮の天文博士の役目となるものである。このように天武天皇は、天文の術に長けていたことが記録に残る。しかし、勿論こればかりではない。天皇は神祇を重んじ、仏教を信奉し、鎮護国家思想に基づき政策を推し進めていったのである。

第一節　越前の地理的条件と環境

この章では、越前に注目したい。古代の越前は、その範囲がかなり広い。越前の最先端がのちの能登である。日本海の真中に突き出ている能登半島は、八世紀以前までは特に、当時の優れた大陸文化が入ってくる玄関口でもあった。能登と、海路越前・敦賀を通って琵琶湖を経て大和への連絡は、かなり密であったという。能登が越前から分かれて独立国「能登」となるのは、養老二年（七一八）のことである。能登半島突端の禄剛崎《ろくごうさき》まで続く官道が出来たのもこの頃である。そこに現在も「狼煙《のろし》」という集落がある。当時において、狼煙が設けられていたのは、大和周辺と北九州周辺に限られていたといわれる。狼煙は国家としての見張所である。その遺跡が能登に残っている。加賀にも官道はあったが、これは越前から越中の国府に通じるための道である。能登の官道は、能登のためだけに作られたものであった(1)。

下出積與氏は、なぜ、これほどまでに能登が重視されていたかについて、七・八世紀の政治政策があると指摘する。当時、東北地方は蝦夷の国と呼ばれ、未だ中央政府の勢力下ではなかった。ここを開拓することを国策としており、能登はそのための前進拠点であり、軍事上の大基地であったという。斉明天皇六年（六六〇）、阿倍臣の粛慎討伐に活躍した人で、能登臣馬身竜の名が『書紀』に見える。当地で活躍した人物であろう。能登は一時、天平十三年（七四一）～天平宝字元年（七五七）の間、越中に併合されており、その時の越中守が大伴家持であった。

能登半島は大陸文化の玄関口であるが、特に高句麗や渤海国の使節が頻繁に訪れたのが能登であった。能登半島は多くの入江が自然の良港を為し、外交使節の発着には絶好の条件を備えていた。また、能登は造船業も盛んであり、舟の離発着時のメンテナンス上も便利な地と言える。当時の造船業が盛んであった地に能登が数えられているのも自然なことであろう。

古代において、外国と通交するということは、使節の往間だけではない。儀式・および儀礼的な事が済めば、外交官を中心に貿易、つまり通商が行われていたようであり、近世とあまり変わらない交流のようである。下出氏は、このような状況を踏まえ、奈良から平安にかけて渤海使節の大半は、能登を発着の地としており、当時、能登は日本の一大貿易拠点であったとしている。如何に頻繁に能登を拠点に発着されていたかがうかがえる。この外国船が出入りし、最新技術や最新武器情報等もいち早く入る立場に能登はあり、その能登と越前・敦賀は海路で航行されていた。勿論、長い半島の途中、途中に港もあり、陸路を経由したであろうことも考えられる。しかし、京に早く着くには海路が便利で、荷を運ぶにも容易であったろう。

では、このように栄えた能登と、敦賀や若狭のように京に琵琶湖を通じて行ける地域の中間に位置する、加賀（のちの加賀の国）の状況はどのようなものであったろうか。また、のちに「加賀」と国を独立させる意図はどういうところにあったのであろうか。天武朝、加賀は、越前に属するが、加賀（のちの加賀の国）を見る時、名称が煩雑になるので、天武朝の加賀を称して「加賀地域」と記すことにして、論を進めたい。

さきに挙げた、天武天皇の詔の中の十三ヶ国の一国、数えられている国に若狭に接する地、加賀地域の防御について考えてみる。越前・若狭などの諸国を含む北陸地方は、古くは「越」と呼ばれていた。『書紀』に、「国郡をもって造長を立て、県邑に稲置を置く」とあり、越地方にも幾つかの国造制諸国があったと思われる。「国造本紀」に、若狭・

高志・三国・角鹿《つぬが》・加我・加宜・江沼・能等・羽咋《はくい》・伊弥頭《いずみ》・久比岐・高志深江・佐渡の諸国造がみえる。のちの若狭・越前にあてはまる地域には、若狭・高志・三国・角鹿の四国造の存在があったようである。

「越」（地方）が、越国になったのは、これまでの国県制から国郡制にかわった大化の改新の際で、越国からさらに越前・越中・越後の三ヶ国に分割されたのは持統朝とされている。若狭国は三国分割以前に成立していたようであり、越前の名の初見は『書紀』、持統天皇六年の条の、越前国司が朝廷に白蛾を献上した時のことである。『和名類聚抄』によると、越前は「古之乃三知乃久知」（こしのみちのくち）と読んでおり、「越の道の口」つまり、越国への入口と解されていたようである。この事からすると、日本海に面した若狭は独立国であり、同じく日本海に面した越前は、持統朝に分かれたとされる越前・越中・越後三国であるが、すでに分割認識があったのではないだろうか。この章で取り上げている「こしのみちのくち」と呼ばれていた所は、現在の福井県北部地域から新潟に至るまでの広範囲に及ぶ地域の入口と考えられていた地のことであろう。つまり、加賀地域である。天武朝期でいえば、朝廷の置かれている飛鳥から見て越の入口が、そののちの加賀を含む越前と考えられていたのであろう。越前の中でも、加賀地域は別扱いであったと考えられる。すでに述べたように、若狭国の名前はあがるが、すぐとなりの加賀地域の名は出てこない。しかし、重要な地であることには間違いなく、何らかの事情によって、他とは違う形で防御策が取られていたのではなかろうか。

第二節　白山信仰と泰澄

天武天皇は、鎮護国家思想に基づく国家平安を切に願ったことは間違いない。加賀地域の防御を、天武天皇がどのように進めたかを検証してみる。この地は地形的に特殊なものがある。若狭国と同じく日本海に面してはいるが、峻険な山と大きな川がそこに住む人々の生活圏を掌握していると言っても過言ではない。

「越中おわら節」に、「越中で立山、加賀では白山、駿河の富士山三国一だよ」とうたわれているように、白山は日本における名山の一つである。白山は海抜二七〇二メートルで、のちの地名となる加賀・越前・美濃の国境にそびえている。この三ヶ国は、白山を水源とする手取川（加賀側）・九頭竜川（越前側）・長良川（美濃側）の流域にできた国である。白山山嶺にふりそそぐ雪と雨は、古来そこに住まいする人々にとっては大きな恵みであり、また時には猛威となった。

三川流域の人々が、四時雪をいただく白山を、神々の坐として信仰の対象としたことは今も変わらない。平安時代にできた「白山之記」の伝えによると、天長九年（八三二）に白山への登拝拠点が開かれたという。それ以前は、自然発生的な形状をしていたと考えられる。いわゆる「三馬場」がそれである。古代における登山は信仰を目的としたものであり、頂上の御前峰へ登ることを「禅定《ぜんじょう》」といい、登山道を「禅定道」と称した。(2) 白山でいう馬場とは、白山登拝の時に、この馬場までは馬で登られるとされた所である。白山に上るための下馬の所、つまり馬繋ぎの場である。白山信仰の人々が多く集い、修行道場もそこに置かれていたろうといわれている。

加賀馬場の中心は白山本宮で、式内社白山比咩神社（石川県鶴来町）であった。越前馬場の中心は、白山中宮で平泉寺（福井県勝山市）、美濃馬場の中心は白山中宮で長滝寺（岐阜県白鳥町）であった。これら三馬場は、もともと別々に発生し、独自に発展してきた。しかし、この三馬場が独自に発展、繁栄したにもかかわらず、共通点をもっているのである。それは、「越の大徳」と称される泰澄によって始められたという伝承をいずれもの三馬場が持っているということである。

『福井県の歴史』(3) によると、泰澄に関する社寺の縁起や民間の伝承は多い。鎌倉時代末期の禅僧、虎関師錬によって著された『元亨釈書』が第一に信憑性が高いとされている。ここに記された事は、天徳二年（九五八）に、三善清行の子の浄蔵貴所が公述したものを、門人で大谷寺住持の神輿が注記したと伝えられる「泰澄和尚伝記」を資料としたという。その伝記に基づいて泰澄の生涯を見てみる。

「泰澄は白鳳十一年六月十一日、越前国足羽郡麻生津に生まれ、父は三神安角、母は伊野氏であった。十一歳の時に道昭に会う。道昭は子供の頃の泰澄を見て、神童なりと驚嘆したという。十四歳の時、霊夢を見て丹生郡越知山へ登り修行した。ついにその名は朝廷に聞こえ、大宝二年（七〇二）、勅使伴安麻呂が下向し、泰澄をもって鎮護国家之法師とした。ついで養老元年（七一七）泰澄三六歳のとき、白山に登ろうとして大野の隈・筥川の東、伊野原にいたりて祈念した。元正天皇不予のさい、泰澄の加持によって全快した。その功により神融禅師の号を賜る。神亀二年（七二五）に行基が白山に参詣し泰澄と会見し、さらに天平八年（七三六）に玄昉を尋ねて唐より将来した経論を披閲し、特に十一面経を与えられた。同九年、全国に痘瘡が流行した時、泰澄は勅命によって十一面経を修し、ついに悪疫を終息させたという。天皇御帰依のあまり、大和尚位を授け、名を「泰證」と賜ったが、泰澄は父を慕ってこれを「泰澄」と改めることを請い許された。天平宝字二年（七五八）に再び越知山に入り、のち神護景雲三年（七六九）、八六歳でその地に入寂したと伝えられる」。以上が泰澄の伝記である。

伝記そのものが多分に伝説化されているが、信仰に基づくものには、こういう伝承も致し方がない。しかし、決してすべてが虚構ではない。伝承・伝記というものは信憑性を欠く所があるにせよ、その事実をどこかに伝えているものである。泰澄の伝承についてもすべてが作り話であれば、信仰とともに永々と続くはずはない。当時の越前を知る史料が他に少ないのが残念であるが、この伝記を検証しながら当時の加賀地域を見てみることにする。

第三節　泰澄と鎮護国家

「白鳳十一年」という年代をいつに考えるかだが、孝徳朝の「白雉」の異称という考え方と、天武・持統朝の総称という考え方がある。ここでは、僧道昭が登場することから白鳳十一年は、天武天皇十一年（六八二）と考えることとする。伝承からすると、天武天皇十一年に、十一歳の泰澄が道昭に会ったのである。

法相第一伝と伝えられる道昭の出自は、河内国丹比郡の船氏で、父は恵尺（釈）といわれる。船氏は王辰爾の子孫といわれ、六世紀後半に分かれた同族には津氏・白猪の二氏がある。船氏の名が資料に見られるのは、『書紀』欽明天皇十四年（五五三）七月であるが、常に中央と関わり深い氏族である。道昭は舒明天皇元年（六二九）に誕生している。大化元年（六四五）は道昭十七歳である。道昭の出家の場所は、船氏の氏寺と考えられている野中寺か飛鳥寺と考えられているが未だ不明である。道昭の師も不明である。しかし、大化元年までには出家していたと考えられている。白雉四年（六五三）五月の条によれば、遣唐使派遣の記事がみえる。

この派遣は大化改新後最初のものである。道昭がこの遣唐使船の第一団に参加し、唐にわたり、玄奘三蔵に師事したことはよく知られている。伝承として、道昭が帰国に際し、玄奘より譲られた不思議な力を有する鍋が、帰路の船上で病人を治し、荒海を鎮めたという霊験をあらわす話がある。佐久間竜氏[4]によると、このような話がいつ頃から語られるようになったかは不明であるが、玄奘と道昭という師弟の間の温かい愛情が感じられるとしている。そして「同行の留学僧の中で、道昭だけがとくに玄奘に師事することになったのには、種々の原因が考えられようが、結局は、入唐前に最も関心をもっていたであろう摂論宗の立場から、一番親しみやすく、かつ玄奘の名声へのあこがれもあって、研究には最適と判断したからであろう。[5]」としている。

道昭がいつ帰国したかについては、堀池春峰氏の説に従いたい。堀池氏は「入唐留学僧と西明寺[6]」のなかで、「道昭の帰国は普通に斉明四年の智通・智達が入唐した遣唐還却船で、登州より朝鮮半島の南方海上を東進して帰ったと推定され、（後略）」と記している。

道昭が舒明天皇元年（六二九）の生まれであることから、斉明天皇四年（六五八）の帰国時は二九歳であったことになる。唐から帰国後、道昭は禅院寺で宗教活動を始める。そして十有余年の周遊のあと、勅命によって禅院に還住するに至る。佐久間竜氏は、道昭の十有余年の民間周遊は、天武天皇八年（六七九）十月条「常住寺内、以護三宝」まではないか、と推察している。同月の「勅制僧尼等威儀及法服之色」云々とあるものとともに、「僧尼を官僧としてとらえ、それを規定して、鎮護国家政策を推進させようとしたものと考えられる（後略）」としている。

天武・持統朝は、鎮護国家政策を大きく前に打ち出し、内政外交に鎮護国家思想を重視している。佐久間竜氏の論に従い道昭が勅命により、天武天皇八年に禅院に帰り住したと考えると、天皇にとって天武天皇八年というのは何がしか、けじめの年となったとも考えられ、それに従い僧尼に関わる規律も定めたと考えられよう。一方、泰澄の伝承との関わりから、それを認識して『書紀』を見てみると推察できることが出てくる。天武天皇八年、道昭は五十歳である。この時は未だ道昭は泰澄に出会う三年前ということになるが、すでに加賀地域のこと、白山信仰のことは天皇の耳に入っていたのではなかろうか。

天武天皇は先述の如く、験を尊び、神山の神霊にも詳しい。『書紀』天武天皇八年三月の条に、前後に何の記載もなく「天皇於越智」との記事がある。越智に行かれたという記事であるが、この「越智」は、現在の奈良県高市郡高取町である。越前の泰澄が霊夢によって登り修業をした山は、「越知山」であり、同じ音名の山に霊威を求めて大和の越智に行ったとは考えられないだろうか。そして、同年四月五日の条には寺の食封に触れ、飛鳥寺を官の寺として認める宣言をしている。この時から飛鳥寺は、唐風に元興寺と称されることになる。道昭は法興寺に禅院を建て住している。天皇は思想面だけではなく、実際鎮護国家のために不測の事態の備えをもしていることが処々に見られる。この年の十一月には、初めて関を竜田山と大坂山とに置いて、難波に羅城を築いている。この備えもその一環であろう。

翌、天武天皇九年二月二六日の条に、「有人云、得鹿角於葛城山」とあり、ある人が鹿の角を葛城山で見つけるが、その角は本で二枝に分かれ、肉片が付き毛が生えていて不思議なので献上したというのである。麒麟と考えたのか、鹿でも霊力をもつ鹿のものと考えたのであろう。天皇が特にそういう縁起を良としたことがうかがえる記事である。そして五月一日には、諸寺に絁などを送り、『金光明経』を宮中と諸寺とで説かせている。『金光明経』は鎮護国家の経典であり、それを宮中と諸寺で説かせるということは、全国に鎮護国家思想を徹底させることを目的としたに他ならない。

そして、泰澄の伝承にある天武天皇十一年（六八二）、道昭は五三歳となり十一歳の泰澄に出会うこととなる。十四歳になった泰澄は、霊夢を見て丹生郡越知山に登り修行をし、ついにその名は朝廷に聞こえるところとなるとある。泰澄が十四歳の時というのは、天武天皇十四年である。

後年であるが、泰澄は元正天皇不予のさい、加持を行い天皇の病気を全快させ、その功により「神融禅師」の号を賜るとある。元正天皇は天武天皇の皇子、草壁皇子の第一皇女である。泰澄のあらわす験は、そののちも疱瘡を終息させたとあり、朝廷は彼の霊力をかなり評価したことがうかがえる。大宝二年（七〇二）の勅使伴安麻呂が下向し、泰澄をもって鎮護国家之法師としたと記す。泰澄が霊夢によって越知山で修行し、ついにその名は朝廷の知るところとなりと記されているが、その年、天武天皇十四年は、天皇不予の年であり、天武天皇のための加持が泰澄によって行われたという意を秘めている可能性もある。

改めて『書紀』によれば、この年の三月二七日の条に、家毎に仏舎を造り、仏像と経とを置いて、礼拝供養をするようにとの詔が出ている。そして九月二四日の条には、天皇の健康がすぐれないので、三日間大官大寺、川原寺、飛鳥寺で誦経させ、そのために稲を三つの寺にそれぞれ納めたと記している。天皇の容態はかなり深刻であったようである。そして、十月八日の条には、百済の僧法蔵と優婆塞、益田直金鐘とを美濃に遣わして、白朮を煎じさせ、よって絁・綿・布を賜ったとある。この煎じたものを十一月二十四日に奉っている。白山信仰の中心は加賀であるが、あと二ヶ所の内の一ヶ所は、美濃であることも気になるところである。そしてこの日に天皇のために招魂が行われたと記されている。天平二年（七三〇）六月に泰澄は根本説一切有部毘奈耶雑事二十一を書写し、学僧としての一面も残されている。

伝記は少々の誇張があるにせよ、泰澄は天皇にも知られ、中央で力を持つ僧たちとも交わりがあったことがうかがえる。そして、彼は加持・祈祷の霊力をもつ山岳修験者であり、密教僧であったといえよう。この天武天皇十四年に泰澄は、「越知山に登り修行し、ついにその名は朝廷に聞こえ」という一文があるが、これは順序が逆とも考えられるのではなかろうか。その翌年の朱鳥元年に、天武天皇は崩御となる。元々身体の丈夫でない天武天皇が、崩御の前年である天皇十四年の病床にある時に、健康快復の験を切に願って加持を願ったとしても不思議ではない。特に「能天文・遁甲。」と記される天武天皇であれば、なおさらのことである。

一方、泰澄は大宝二年（七〇二）、勅使伴安麻呂が下向し、泰澄をもって鎮護国家之法師としたという記述は、それまでに何らかの形で、泰澄が天武・持統朝廷の命により、課せられていた任があったと考えられ、その任を全うしたということではなかろうか。この大宝二年は、持統天皇崩御の年であり、泰澄の労を賞して「鎮護国家之法師」の号を賜ったと考えられないだろうか。持統天皇は、天武天皇亡きあと、天武天皇の意思を継ぎ、軍事に力を入れながらも仏教興隆に熱心に取り組んでいる。正に、天武・持統朝は鎮護国家の礎を盤石なものにすることを第一とした政策であった。

持統天皇三年（六八九）一月の条に、陸奥国の蝦夷凥脂利古の息子、麻呂が願い出通り沙門になることが許されている。また、越の蝦夷・沙門道信に仏像一躯をはじめ、過分と思える品々を賜っている記述がある（第Ⅰ部第二章を参照されたい）。このような過分な仏教的援助を越に与えられるには、それまでに朝廷への忠実と、寺院が存在したと考えられる。越のどの寺院であるかなどは記されていない。しかし、これだけのものを天皇から贈られる寺院があったことは確かであろう。

先述の如く、日本海から琵琶湖に通じる海の玄関口ともいうべき地域は防御の面で特に重要である。若狭や敦賀と並んでその立場にある加賀地域の防御策をどのように講じたのであろうか。能登半島の北の能登地区はさきに述べたように古代においては海の玄関、外交拠点として華やかな時期もあるが、南の宝達山脈で加賀と隔てられる。わずかに加賀平野に通じるところがあるが、それもわずかで後世においても能登地区と加賀は大きく文化圏を異にする。時代が下るにつれて、次第に海よりも陸路の方が主要な交通手段となっていく。そうなると能登地区は政治的にも経済的にも中央との接触が少なくなり、分断化の傾向になっていった。そのような加賀地域は、白山の恩恵にあずかり、また時としてその猛威に悩まされた。白山を仰ぐ加賀・越前・美濃の三地域にそれぞれ白山信仰が生まれ、それぞれ独自の発展を遂げていく。この三地域はいずれも山深い地にあり、そこで強い信仰と、団結が生まれていったのである。三地域の白山信仰はそれぞれ独自のものであり、独自に発展を遂げていくが、共通に語られる人物、越の大徳の存在がある。泰澄である。三地域の人々は独自の発展でありながら、白山という霊峰を仰ぎ、良くも悪くもその恩恵に預かる人々として信仰を軸に共有認識が強まっていくことになる。

このような外界に面し、山深い地の、それも団結の強い地域の人々は一方では危険であるが、また、一方では中央から遠く掌握のむつかしい要衝の地に信頼が置ける人々がいるという点は強い味方と成り得るのである。その束ねが泰澄、その人と言えるのではなかろうか。

天皇の加持を行い、中央と強い絆で結ばれているその泰澄に、白山信仰を主軸に天武天皇は京から遠い地の掌握を託したとは考えられないだろうか。それがのちに、持統天皇三年の越の蝦夷への過分な仏具などの下賜につながり、大宝二年の泰澄に与えられた鎮護国家之法師の号ではなかったろうか。そして伝承にある元正天皇不予における泰澄の加持もその一環につながることではなかろうか。

天武天皇が泰澄を鎮護国家のために重要としたことは、即、白山信仰に繋がるとは考えないが、かの地に影響力をもつ泰澄の力を大いに役立てたことは間違いなかろう。天武天皇十四年三月の詔のように、天皇は「諸国毎家、作佛舎、乃置仏像及経、以礼拝供養。」とあるように、寺院造営を諸国に奨励していることがわかる。天武朝に加賀地域の要と目されて造営された寺院とはどこだろうか。

第四節　越前・加賀の古代寺院

古代において寺院造営の瓦および瓦技術は、官もしくは、官に近い大豪族の掌握するところであり、自由経済の中で流通するものではなかった。天皇が関与し、もしくは援助して寺院の造営が行われたとすれば飛鳥寺系、山田寺系、川原寺系、法隆寺系、薬師寺系と呼ばれる瓦が一般的に使用される。加賀地域の中で白鳳時代寺院は八ヶ所あり、そのうち加賀市保賀町の保賀廃寺、加賀市弓波町の弓波廃寺の二ヶ所は珍しい雷文縁軒丸瓦所用の寺院である。これらの寺院は越前（福井）と加賀の国境近くの加賀側に位置している。両寺院はともに近くに位置するが、保賀廃寺近くに黒瀬瓦窯跡があり、ここからも雷文縁複弁蓮華文軒丸瓦が出土している（図15）。

越前（福井）には、加賀で出土している同笵品、同系品と考えられる瓦出土寺院が一ヶ所あり、小浜市太興寺の若狭国分寺跡近くの太興寺廃寺がそれである。白山信仰の三ヶ所である加賀、越前にこの雷文縁複弁蓮華文軒丸瓦が出土している。三ヶ所のうちの一ヶ所、美濃はどうであろうか。美濃には吉城郡国府町に所在する釜洞瓦窯があり、ここから雷文縁の瓦が出土するが、軒丸瓦の内区に雷文があるという全く違う雷文縁複弁蓮華文軒丸瓦である。

加賀・保賀廃寺から軒丸瓦は五点採取されており、ともに外区内斜面に雷文を巡らす複弁八葉蓮華文を施す。様式は紀寺（のち「小山廃寺」）様式であるが、小山廃寺式のやや退化した様式であるが、現存する資料によれば、保賀廃寺のものの面径がやや大きく、周縁の幅が広いなどの相違点がある。小山廃寺とは同笵関係ではないと考えられている。この遺跡の瓦については、西北約一・二キロにある黒瀬瓦窯跡が供給先と考えられている。

加賀・弓波廃寺の塔心礎石は、西約三〇〇メートルの式内社忌波神社境内に手水鉢として移転されている。弓波廃寺跡の発掘調査で掘立柱建物跡、柱穴列跡などが確認されている。特に寺域東限を示すと見られる間隔二・一メート

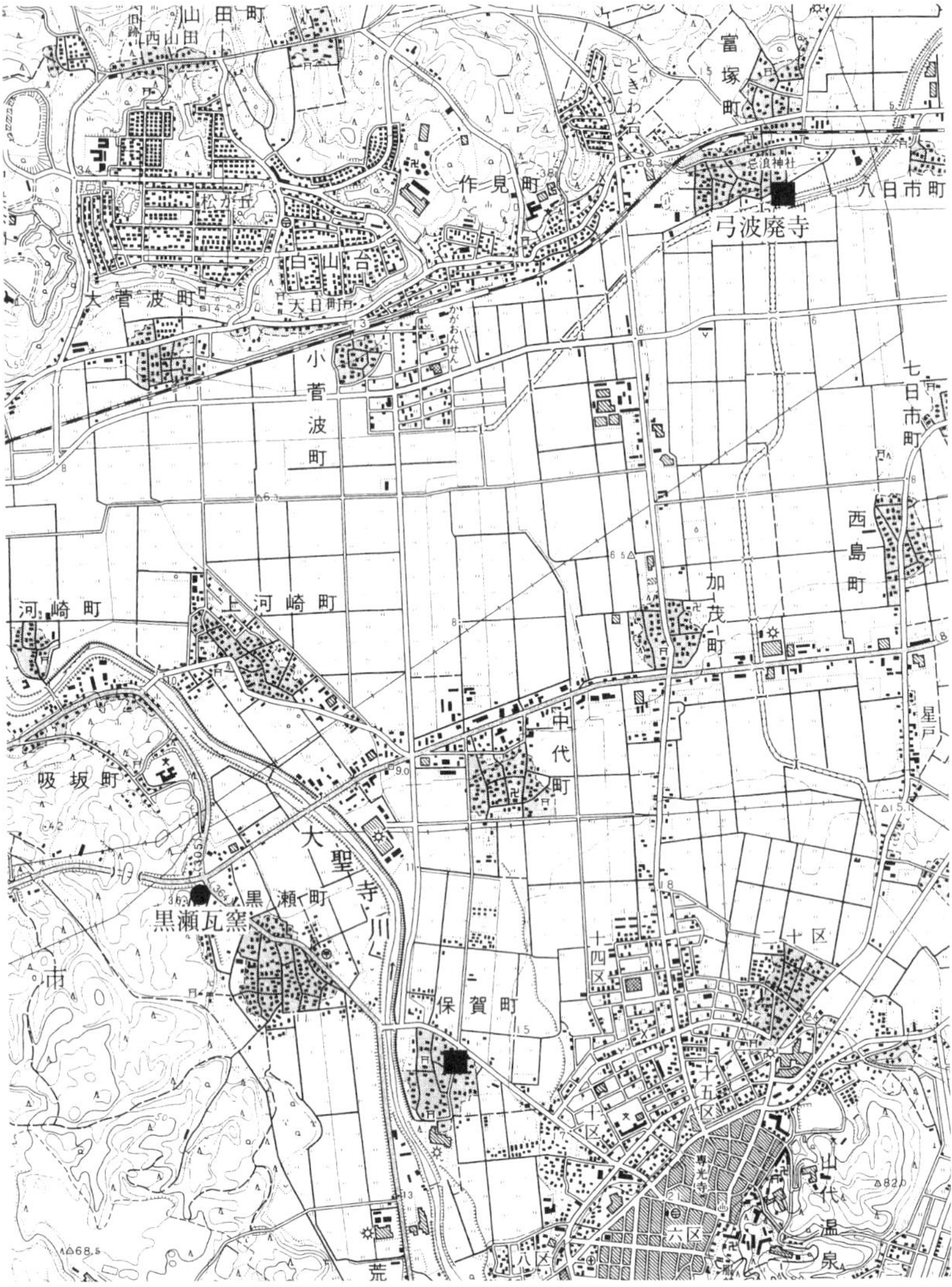

図15　雷文縁軒丸瓦出土地

ル～二・五メートルで、総数二十ヶ所、延長四五メートル分の一列の柵、土塁状のものと、掘り方が八〇～一〇〇センチに、一二〇センチ前後の大きい柱穴列が寺院に関連すると考えられている。軒丸瓦の瓦当文様は三種類で六点確認されている。小山廃寺式瓦と伴出したと見られる末松式系瓦は、明らかに末松廃寺創建瓦の退化型式である。

若狭・太興廃寺は、若狭国分寺の東南東約一キロのところに位置している。太興寺所在の日枝神社の境内には、太興廃寺の塔心礎と考えられる長径二メートル、短径約一・七メートル、高さ約〇・八五メートルの巨石が手水鉢として据えられている。上面に穿たれた円形の穴が変形されている。瓦は軒丸瓦が二点出土している。

北陸地方の瓦生産もなかなか複雑なようである。吉岡康暢氏は北陸の瓦について、造瓦技術を通して系譜の関係を見てみると、各種の中央系と在地系の軒瓦が共存し、中央系は高句麗（古新羅）・山田寺・川原寺・紀寺の各型式とも初現的に模刻されていて、造営に際して瓦工が派遣されたことを印象づけるとしている。(7)

南加賀の弓波廃寺では、瓦溜と見られる所から小山廃寺式と在地系の末松式系軒丸瓦が共存しているという。少なくとも弓波廃寺建立については、複数種の瓦の供給ないし瓦工が参画していたということであろう。この末松式系瓦は、末松廃寺創建時瓦の退化型式であることや、瓦当と丸瓦の接着技法から見て、造作を終えた瓦工が南加賀に移動して、小山廃寺系瓦工に合流もしくは関係を持ったと吉岡氏は指摘する。重ねて氏は、「七世紀後半代に江沼地域と能美地域の首長集団の関係に変更があり、能美地域が北加賀地域と結びつく政治経済的条件が生じたとも考えられる。」としている。吉岡氏のこの指摘には大いに共感するところであり、正に天武朝時期の変革と考えられよう。それを証明するのが、大和・小山廃寺であり、小山廃寺と同系の瓦をもつ弓波廃寺である。

小山廃寺については、森郁夫氏が指摘するように、(8)小山廃寺に高市大寺、天武朝大官大寺の可能性が強い。小山廃寺が高市大寺、つまり天武朝大官大寺であるかどうかの議論はあるが、小山廃寺が官の寺にふさわしい規模ではないという指摘に対しては、だからこそ新たに、官の寺にふさわしいだけの規模をもつ寺の造営にかかったと考えられている。

　小山廃寺の創建については、高市大寺を十市郡から高市郡に移したとする年、天武天皇二年（六七三）を創建と考えるのが妥当であろう。その小山廃寺の瓦と同系の瓦、特に特徴的な雷文縁軒丸瓦を弓波廃寺は有している。故に、弓波廃寺の創建は七世紀後半代でも、六七三年以降ということになろう。つまり、官からの朝廷からの何らかの梃入れがあったと考えられる。

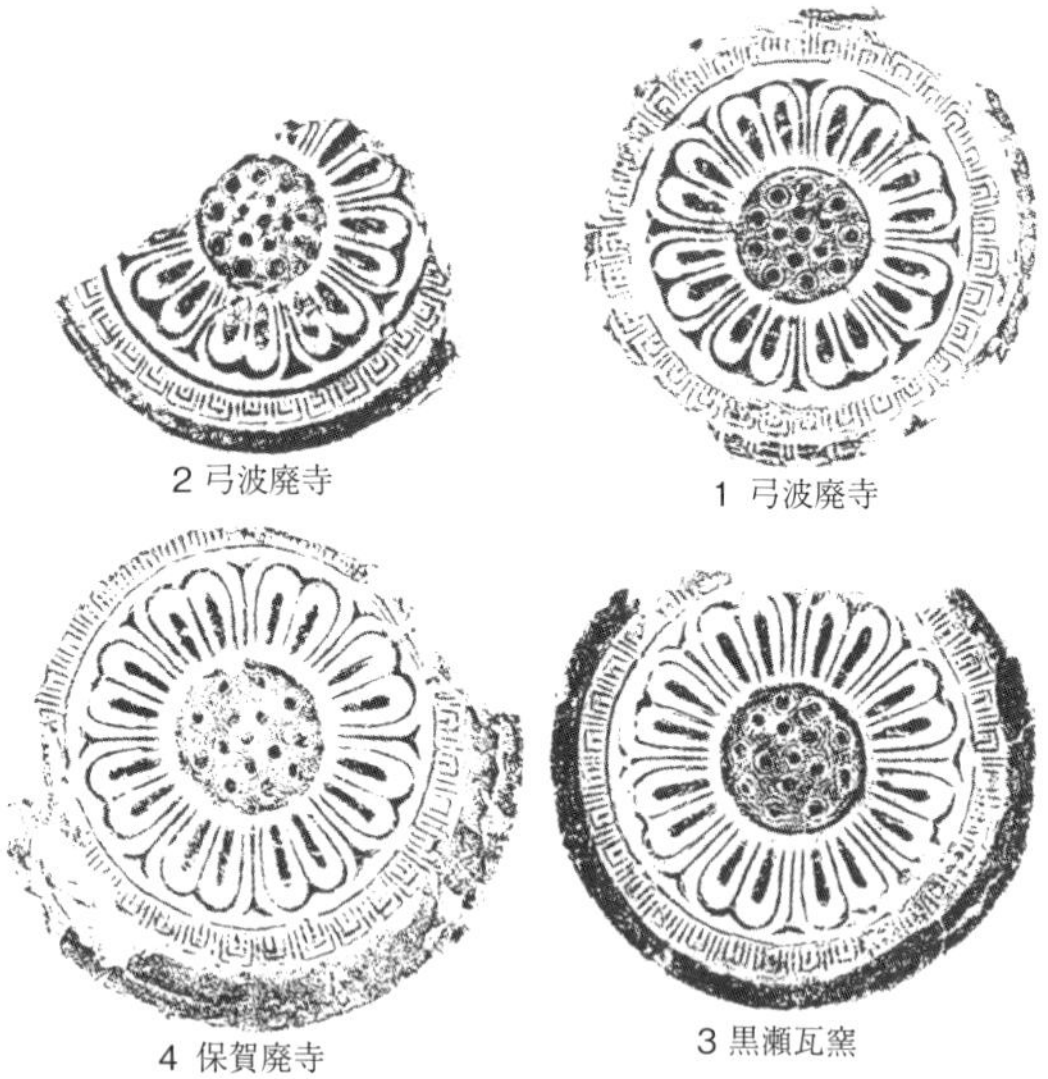
1 弓波廃寺　2 弓波廃寺　3 黒瀬瓦窯　4 保賀廃寺

図16　北陸地域の雷文縁軒丸瓦

　吉岡康暢氏はさきに挙げた弓波廃寺から、小山廃寺系瓦と伴出した末松廃寺系の瓦について、造立主体を道君一族と考えられている[9]。道君一族は大宝律令編纂の段階で首名のような法制官僚を出し、一族が在京の中央官僚として活躍している。道君氏が中央政権と強い結びつきを得たのは、天智天皇七年（六六八）正月の条にある、道君伊羅都賣が宮人として宮中に入ったことにあろう。彼女は施基皇子の母である。この事から吉岡氏は、「一族の伊羅都賣を官人として貢進したという記事に象徴される天智朝と考えるのが妥当です。そうすると、瓦の系譜も畿内中枢部だけでなく大津京跡や周辺寺院との関係で洗いなおしてみる必要があるのではないか。私が目を通した範囲では、末松式のモデルになりそうなものは見当たらないようでしたが…。（後略）」と記している。

　天智朝に中央と強い結びつきをもった道君一族は、その関係をなお強め、大宝律令編纂に名を残す中央官僚となっていった。その間の時代である天武朝に建てられた寺院跡があり、道君一族の地である加賀と、近江や山背といった京に近い寺院に同系の瓦が出土しているのである。弓波廃寺から出土する小山廃寺系軒丸瓦の山背での分布は、森郁夫氏「古代山背の寺院造営」(10)に詳しい。近江に関しては、小山廃寺系と考えられる雷文縁軒丸瓦が少なくとも崇福寺・千僧供廃寺・宮井廃寺の三ヶ所に見られる。

これら雷文縁軒丸瓦の、小山廃寺系の瓦をもつ寺々や地域は、天武天皇二年（六七三）に、官によって造営が始められた小山廃寺に深い縁があることは間違いない。加賀は交通の要として、地域掌握の要として重要な地であったにせよ、現在でも遠い加賀の地を如何にして知り、またその情報を得、如何にして加賀の地に寺院造営を図ったのかという疑問が残る。泰澄との縁を結ぶにも、如何にして泰澄のことを知り得たのか疑問である。

鎮護国家という言葉は天武・持統朝により高まるが、国の掌握は歴代天皇、時の朝廷によって試行錯誤を繰り返して築いていったものである。加賀の道君一族は天智朝に中央との強いつながりを果たし、大宝律令編纂の段階では法制官僚を出し、在京の中央官僚として活躍することになる。道君一族だけではなく、地方の国造や豪族たちは長い時を経て中央官僚として活躍する場を得るに至る。しかし、中央官僚となったのちも、自分の出身国をないがしろにするのではなく、地位を得る以前より以上に出身地を保護し、また発展に尽力したにちがいない。時に大きな乱などが起きた時は、それらの地が彼等の力となり、その力は絶大な存在となる。壬申の乱などは正にその時で、中央で起こった政変に直ちに自分の出身国を動かしたことによって勝敗が決まったという一因も否めない。

まとめ

天智朝に中央との縁をもった道君一族は、加賀および越前の地理や国民性を、中央において誰よりも知る一族であったと言えよう。彼等は白山信仰のあり方も熟知し、彼等自身の信仰であった可能性もある。そして、白山信仰に関わる泰澄のことも承知していたであろう。史料に残されていないのが残念であるが、泰澄の存在を知る道君一族が、霊峰を尊ぶ天武天皇に、信仰と加賀の抑えを目的として報告・進言した可能性も考えられるのではなかろうか。また、道君一族は天智朝に中央と縁をもった一族であるが、政権は壬申の乱を経て成立したいわば仇敵の政権である天武朝に移っている。道君一族としても、壬申の乱で反対の立場を取る天武朝に近づく、最も良い手段ではなかったろうか。その後の大宝律令制定は、政策の中でも最高の政策機関である。その一員となり得るには、よほどの信頼を築き、国家に有益となるに足る人、あるいは有益な事柄に関われる人に限定されよう。

天武天皇二年（六七三）に造営の始まった小山廃寺と同系の瓦が、加賀・弓波廃寺、保賀廃寺からの出土が中央直結、または中央と強いつながりを有していたという証しになるのではなかろうか。天武天皇が加賀地域の掌握の手段として、道君や泰澄などの力を活用し、南北に長い越国の要として、加賀地域に官が助力した寺院を造営したと考えられよう。それが小山廃寺系の出土瓦に証されているのであり、弓波廃寺、保賀廃寺もそういう特別な寺院の中に入れられよう。

註

（1）下出積與『石川県の歴史』山川出版　一九八八年
（2）前掲註1に同じ
（3）印牧邦雄『福井県の歴史』山川出版　一九七六年
（4）佐久間竜（「道昭」『日本古代僧伝の研究』吉川弘文館　一九八三年）
（5）前掲註4に同じ
（6）堀池春峰「入唐留学僧と西明寺」（『南都仏教史の研究　下〈諸寺篇〉』法蔵館　一九八二年）
（7）吉岡康暢「北陸道の古代寺院」（『北陸の古代寺院』桂書房　一九八七年）

（8）森　郁夫「東京国立博物館所蔵紀寺跡（小山廃寺）出土軒瓦」（『ミュージアム』五九四　東京国立博物館　二〇〇五年）
（9）前掲註7に同じ
（10）森　郁夫「古代山背の寺院造営」（増補改訂版『日本の古代瓦』雄山閣　二〇〇五年）

第II部　軍事的要素を備えた古代寺院

第一章　掘立柱柵を備えた寺々

はじめに

古代寺院、とりわけ七世紀代に営まれた寺々の中には、掘立柱の柵を外郭施設としたものがいくつか見受けられる。当然これは明らかに防御施設としての機能を有するものであり、寺院そのものに防御的機能を備えていることを示すものである。すでに序章で触れたことではあるが、六四五年の乙巳の変の際に、蘇我入鹿を切った中大兄皇子が直ちに法興寺に入ったことに関して『日本書紀』（以下『書紀』）には「中大兄直ちに法興寺に入りて城として備う」とある。飛鳥寺は完成した姿としては、外郭が高さ五メートルほどの築地で囲まれている。外郭の築地を大垣とも称するが、これは立派な防御施設ということができる。このように、寺には防御的要素が見られるのである。この記事に対して、崇峻天皇即位前紀（五八七）に見られる蘇我物部の戦いに関する記事もそれに類するものである。この戦いの際に、河内の渋川の地で苦戦に陥った物部守屋は「稲城を築きて戦う」とある。これは、稲藁を高く積み上げて矢を防いだことを示している。

寺は本来、宗教施設であり、仏像や仏舎利を祭り礼拝する所である。金堂や塔は回廊で囲まれており、その中は聖域として意識されている。さらにその外側を高い築地塀で囲んでおり、寺によっては掘立柱の柵で囲んでいるのである。このようなことからすれば仏敵から寺を護るという意識もあろうが、その状況はまさに防御施設そのものといえよう。

柵で囲まれた施設、その柵が防御施設であるということは、古代の宮殿に共通することである。伝承上の天皇を含むが、崇神天皇の宮は『古事記』では「師木水垣宮」、『書紀』では「磯城瑞籬宮」であり、垣によって囲まれていたことが明らかである。垂仁天皇の宮は『古事記』では「師木玉垣宮」、『書紀』では「纒向珠城宮」である。『古事記』では単に垣をめぐらせたという状況でしかうかがえないが、『書紀』では「城《き》」と表記されている。武烈天皇の宮は『古事記』では「長谷之列木宮」、『書紀』では「泊瀬列城宮」と記されている。まさに柵で取り囲んだという状況を示している。実際に遺構として掘立柱柵が確認されている宮殿に藤原宮がある。昭和四一年（一九六六）から同四三年まで行われた発掘調査によって、宮の北辺が掘立柱柵であることが確認された。柱間寸法は平均二・六五メートル、柱直径は四〇センチである。藤原宮においては、西辺でも、また東辺でも外郭施設が掘立柱柵であることが発掘調査によって確認されている。

このように、宮城に関しても掘立柱柵で囲まれているのである。防御的要素は掘立柱柵だけではない。寺の外郭施設として設けられた幅広い溝もそうであるし、寺の立地する地形からもその要素をうかがうことができよう。

以下に掘立柱柵を備えた、それぞれの寺院を述べよう。

第一節　畿内における掘立柱柵を備えた寺院

飛鳥寺

奈良県高市郡明日香村に所在する飛鳥寺は、わが国で最初に建立された本格的な寺院である。崇峻天皇元年（五八八）

に百済から寺院造営に関わる工人が八人渡来したことはよく知られていることである。本来、これらの工人集団は崇峻朝廷にもたらされたものであったが、仏教受容に関しては未だ朝廷として受容困難な状況にあった。したがって、それを受け入れたのは蘇我氏であった。

完成した飛鳥寺は回廊内に一塔三金堂を置く伽藍配置であった。しかし、寺院造営技術をもたらした百済にはそのような伽藍配置をとる寺は見られない。近似したものは高句麗清岩里廃寺である。このことは、蘇我氏が造営工事を進めた寺院造営技術の中に、百済以外の技術が入っていたことを示すものである。

昭和三一・三二年（一九五六・五七）の両年に三次にわたって行われた発掘調査では、寺の外郭が基底幅約三メートルの築地で囲まれていたことが確認された(1)。しかし、昭和五二年と同五七年に行われた発掘調査において飛鳥寺の北辺と東辺が掘立柱柵で区画されていたことが確認され、飛鳥寺の範囲が確定された(2)。さらに西門の発掘調査では、さきの調査で門に築地が取り付くことは確認されていたのであるが、その下層から掘立柱柵の遺構が検出されたのである(3)（図17）。南門地域については未確認であるが、少なくとも飛鳥寺においては東西辺と北辺が掘立柱柵で囲まれていたことが明らかになったのである。これらの調査結果から、飛鳥寺の寺域が南北に長い台形で南北二九三メートル、東西は北で二一五メートル、南で二六〇メートルと推定された。北辺と東辺の掘立柱柵の築造年代は、掘立柱柵の内堀出土の土器や瓦から飛鳥寺創建時まで遡ることは確実であると報告されている。また、その廃絶年代は八世紀より前で、藤原宮の時期と考えられている。

柱間寸法は必ずしも一定ではないが、平均二・六五メートルで、柱径は四〇センチに復元できる。それぞれの掘立柱柵の遺構の年代は明らかでないが、中大兄皇子が走りこんだ時の飛鳥寺の外郭は築地ではなく、掘立柱柵であった可能性が認められる。

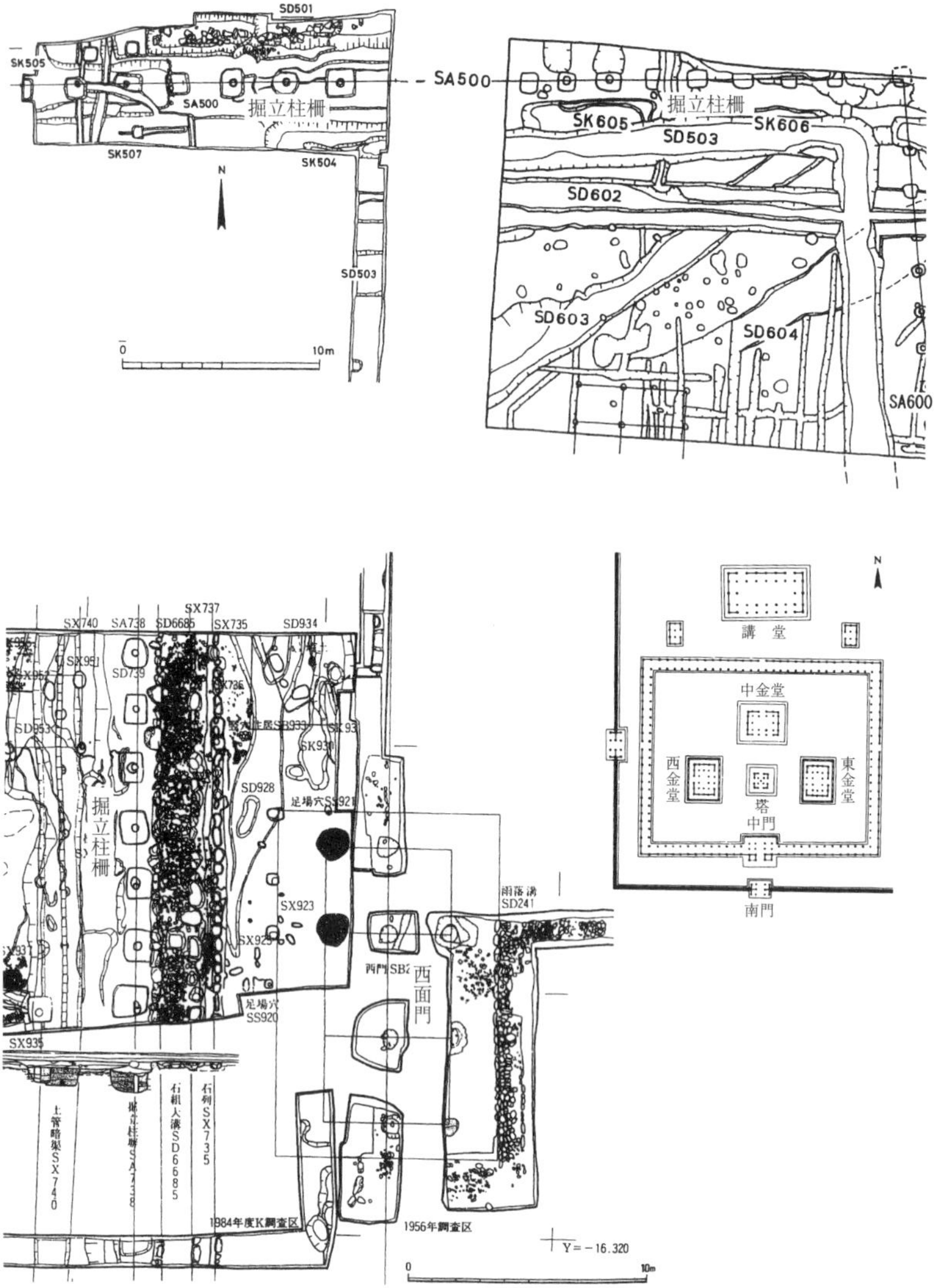

図17　飛鳥寺　伽藍配置図と掘立柱柵

若草伽藍

若草伽藍は奈良県生駒郡斑鳩町法隆寺に所在する。昭和十四年（一九三九）十二月に行われた若草伽藍、すなわち創建法隆寺の発掘調査で、掘込地業による金堂と塔の遺構が検出され、約五十年にわたった法隆寺再建・非再建論争に一応の終止符を打った、その若草伽藍でも後に掘立柱柵が検出されている。それは昭和五三年度から七年間にわたって行われた防災施設工事に伴う発掘調査で、寺域の西を限る掘立柱柵と北を限る掘立柱柵の遺構が検出されたのである(4)（図18）。

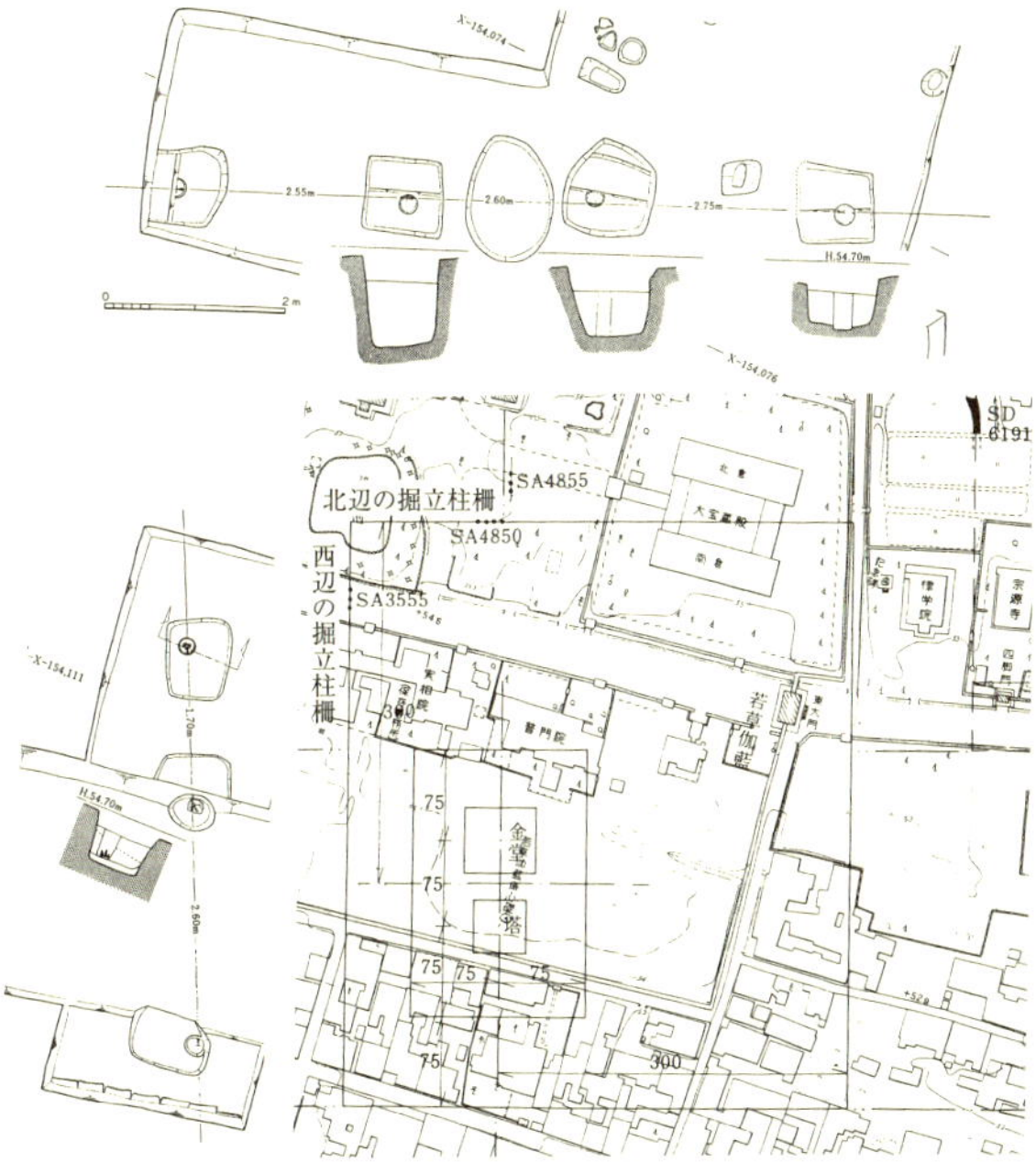

図18　若草伽藍　伽藍配置図と掘立柱柵

西辺の柵は、もともと西院伽藍の東室・聖霊院が建つあたりから鏡池を通る谷筋に当たっていた。ところが、その谷筋を埋めてそこに掘立柱柵を設けていた。本来の谷筋の水を処理するために、聖霊院の前面あたりから西南方向に新たに水路を掘削している。どのような事情があったのか判然としないが、斑鳩宮との関係からその位置に西辺の柵を設ける必要があったのであろう。この西辺の掘立柱柵遺構は三間分検出された。掘形は一辺八〇～九〇センチで、中央の掘形には柱根が残っていた。柱の直径は二三～二五センチに復原できる。方位は、国土方眼北に対して約二〇度西に振れる。北辺の柵遺構は四間分と、その東方で一つの柱掘形が検出された。掘形は一辺約八五センチほどの方形で、柱痕跡から推定できる柱の直径は二〇～二五センチである。この北辺の掘立柱柵が検出されたことによって、二つの柵列が直角に曲がることが確認された。このことによって、二つの掘立柱柵遺構が若草伽藍の西辺と北辺を区画する施設であることが明らかにされたのである。東辺部に関しては、西院伽藍東大垣の修理工事の際に発掘調査が行われ、柱掘形が検出された。柱掘形は一間分であったが、層位的な面から、また若草伽藍の方位に一致するものであることから、若草伽藍の東を限る掘立柱柵であると判断された。

奥山廃寺

奈良県高市郡明日香村奥山所在の奥山廃寺は、かつて久米寺の奥の院と考えられ、奥山久米寺の名で呼ばれてきていた。しかし、昭和四十年代の発掘調査によってこの寺が四天王寺式伽藍配置をとる七世紀第Ⅰ四半期の創建であることが明らかにされ、久米寺とは無関係であることが判明した。創建時の軒丸瓦は二種あり、一種は単弁無子葉八弁蓮華文を飾るものであるが、蓮弁が幾何学的な「角端点珠」である。この軒丸瓦は「奥山廃寺式」と呼ばれている。他の一種は単弁無子葉であるが、蓮弁は細くあらわされ、蓮弁の中央に一条の凸線を伴い、弁間に珠文をおくもので古新羅の要素を伝えるものである。

昭和五二年に行われた金堂地域の南約一二〇メートルの地点で、東西方向の掘建柱柵が検出されている。柵は、重複して検出された土坑との関係から、七世紀半ば頃に設けられたものと推定されている(5)。この柵遺構は柱間寸法が一定ではなく、一・五メートルから二・四メートルである。柱掘形は一辺一メートル前後の大きさで、北側に柱抜取穴のあるものが多いと報告されている。この柵は建て替えがあり、柱間寸法一・八メートルの遺構が五間分検出されている。これらの柵遺構と奥山廃寺の塔心礎の距離は、一〇八メートルである。奥山廃寺は南面する四天王寺式伽藍配置をもつものであり、この距離は奥山廃寺の南限の柵遺構とみて差し支えないものである。この柵遺構の南に接して、幅員六・二メートルの道路遺構が検出されている。

橘寺

奈良県高市郡明日香村橘所在の橘寺は、『法隆寺伽藍縁起并流記資財帳』に聖徳太子建立七か寺の中にあげられている。奈良時代に、すでに上宮王家と関わり深い寺であると認識されているが、創建年代については明らかでない。過去に行われた発掘調査によって、東向きの四天王寺式伽藍配置をとる寺であること、塔心礎が地下式であることがわかり、少数ではあるが飛鳥寺創建時の軒丸瓦との同笵品が出土している。これらのことによって、七世紀前半期造営工事が始められたことが知られる。

平成七年（一九九五）に行われた、川原寺南門の南から橘寺北門にかけての発掘調査において、橘寺の北を区画する掘立柱掘形が検出された。この柱掘形は、昭和六一年（一九八六）に寺の西方約一三〇メートルの地で検出された橘寺創建期のものとされる掘立柱柵遺構と素掘り溝からなる西限施設と一体のものと考えられた。[6]橘寺の東は急傾斜で下がる地形であり、東側から寺を眺めれば、あたかも寺は丘陵上に営まれた観がある。したがって、西と北に掘立柱柵の施設を備えたものと見られる。

檜隈寺

奈良県高市郡明日香村檜前所在の檜隈寺は、高取山から北西に延びる丘陵上にある。現在は阿知使主を祭神とする於美阿志神社の境内地になっている。昭和四四年（一九六九）から何度か行われた発掘調査によって、独特な形態の伽藍配置であることが確認された。その概略を記すと、回廊（単廊）内に塔一基を置き、金堂は塔の東側にあるがその両妻に東面回廊が取り付く。講堂は塔の北側にあり、北面回廊が両妻に取り付く。中門が塔の西側にあるので、この寺は西向きの伽藍配置をとるという稀有な事例である。

寺の外郭施設は確認されていない。東面回廊の調査の際に、東列礎石と西列礎石の中央から掘立柱柵遺構が検出されている。掘形は一辺〇・七メートルで、直径二五センチの柱痕跡が確認されている。この柵遺構の時期・性格ともに

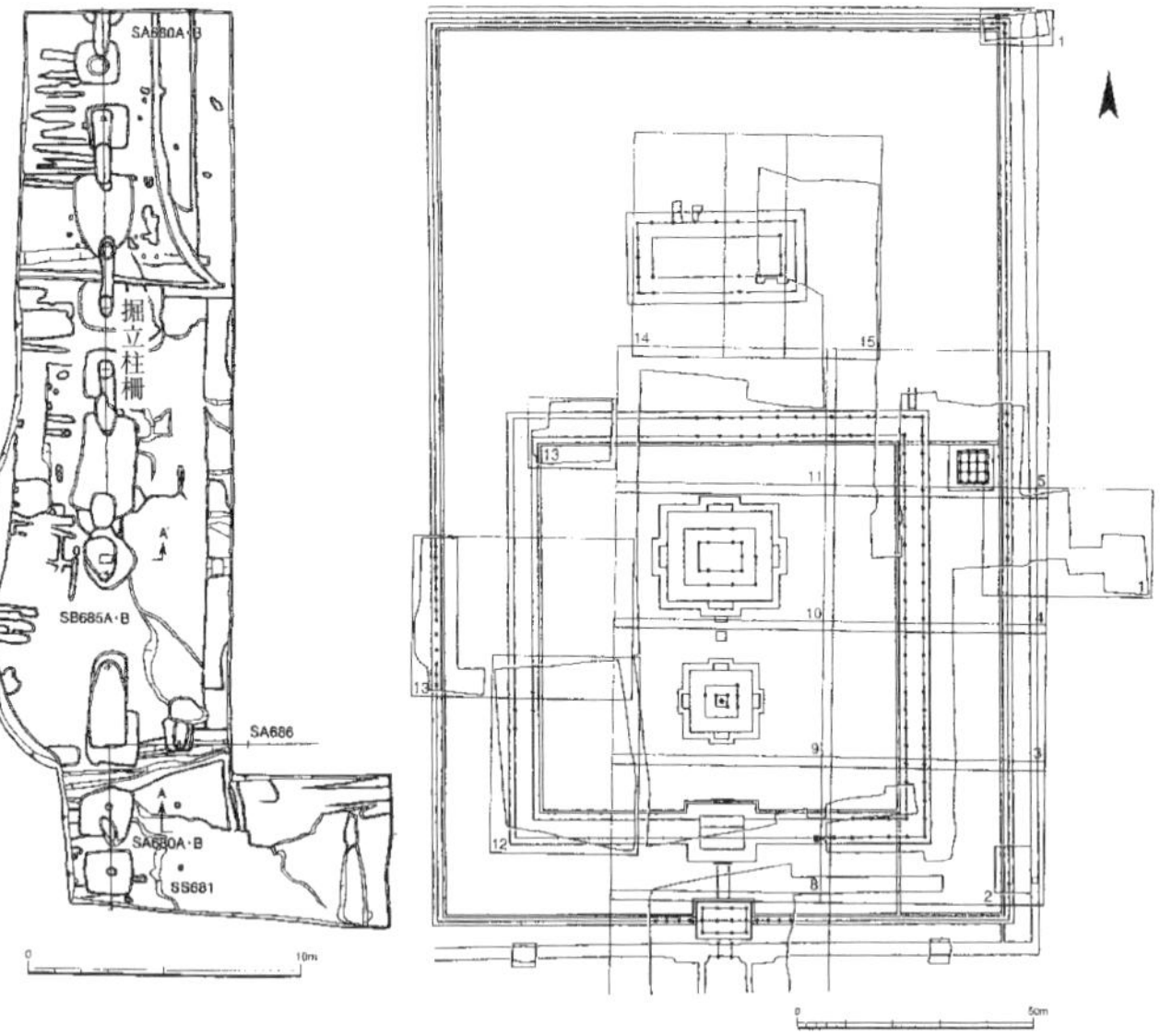

図19　山田寺　伽藍配置図と掘立柱柵

不明とされているが、回廊と併存することはあり得ず、回廊造営以前の柵、すなわち回廊造営以前にはこの寺が掘立柱柵で囲まれていたと考えて差し支えないのではなかろうか。(7)

山田寺

山田寺は奈良県桜井市山田に所在する。蘇我倉山田石川麻呂の発願によって建立された山田寺は、昭和五一年（一九七六）から二十年にわたって発掘調査が行われた。『上宮聖徳法王帝説』「裏書」に「地を平す」とことさらに記されているように、この寺の造営に際しては大規模な整地が行われていたことが明らかにされている。また、東回廊がほとんど倒壊したままの姿で検出され、古代寺院研究の貴重な資料となった。発掘調査では、創建時に山田寺の外郭が掘立柱柵で囲まれていたこと（図19）、そしてこれが建て替えられていること、すなわち二時期にわたることが明らかにされた。掘立柱柵の中には、礎板を据えたものも見られる。掘立柱柵は、その後十世紀になって築地大垣に建て替えられたことが明らかになった。(8)第一期の柱間寸法は約二・四メートルであり、柱径は約三〇センチである。山田寺が、重要な陸路であった阿部山田道に接して建立された寺であったことに留意しなければならない。

大官大寺

奈良県高市郡明日香村小山所在の大官大寺は、昭和四九年（一九七四）から五六年まで八次にわたって発掘調査が行われた。この結果、伽藍中枢部の状況が明らかにされたばかりでなく、この寺跡が天武朝に大官大寺と名を改めた寺ではなく、文武朝に造営された寺の遺跡であることが明らかにされたのである。すなわち、金堂基壇下の遺物包含層から出土した土器が藤原宮期のものであることが判明したことにより、この寺の造営年代が藤原宮期を遡り得ないことが確実となったのである。検出された建物遺構は、いずれも規模が大きい。金堂基壇は東西五五・一五メートル、南北三〇・一五メートルもある。建物そのものは桁行九間、梁間四間であり、柱間寸法は約五メートルもある。塔の基壇も雄大であり、一辺三五メートルである。一般の塔基壇が一〇メートル前後であることを思えば、いかに巨大な塔が建立されたかということが知られる。基壇上には一辺一五メートルの九重塔がそびえていたのである。

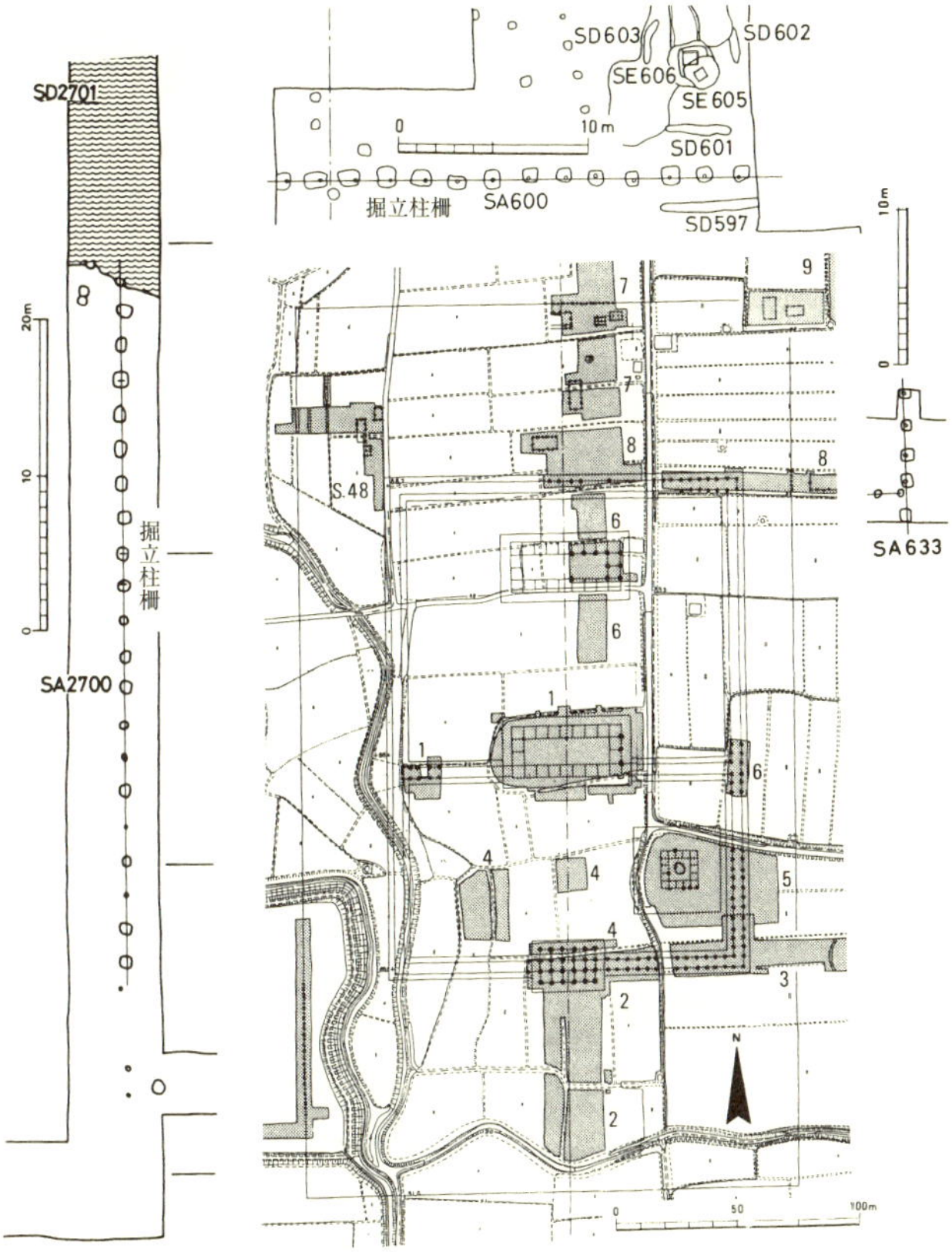

図20　大官大寺　伽藍配置図と掘立柱柵

昭和五四年の発掘調査が行われた、大官大寺の伽藍中軸線から西方約一一〇メートルの調査で、南北方向の掘立柱柵遺構が二十間分検出された(9)(図20)。柱間寸法は二・一～二・三メートルである。この柵遺構は、大官大寺の西辺の柵である可能性がきわめて高いと報告されている。また、講堂跡の北方約九〇メートルの位置で、東西方向の掘立柱柵が検出された。遺構は総長約二四メートルにわたり十三間分が検出された。さらに東西に延びるものである。柱間寸法は西辺の柵より短く、ほぼ一・八四メートル等間である。これらの掘立柱柵の検出により、寺域は東西約二二〇メートル、南北約三三〇メートル、すなわち東西二町、南北三町と推定された。

安倍寺

安倍寺は奈良県桜井市に所在し、この辺り一帯が阿倍氏の本拠地と考えられている。安倍寺で見られる最も古い軒瓦は、単弁蓮華文軒丸瓦である。蓮弁の基部、中房に接するあたりには細い線が見られる。このような例はあまりほかでは見られない。

安倍寺の法号は崇敬寺というが、この寺の壇越は安部倉橋大臣とする史料もある。これは阿倍倉梯麻呂のことである。倉梯麻呂は孝徳天皇の即位(六四五年)に際して左大臣に任ぜられ、大化五年(六四九)に薨じた。安倍寺東方には阿倍氏関係のものといわれる有名な古墳がいくつかある。その中で切り石積みの美しい横穴式石室をもつ文殊院西古墳は、阿倍朝臣御主人の墓であると考えられている。御主人の正式の名前は、布施朝臣御主人といい、同じ阿倍氏でも倉梯麻呂とは系統が異なる。布施朝臣御主人は壬申の乱においての功臣であり、阿倍本宗氏は蘇我氏と密接な関係をもっていた一族である。このことから、倉梯麻呂系阿倍氏に代わって、布施朝臣御主人がこの地に本拠を構えたとの考え方があり、阿倍本宗家は蘇我氏滅亡と共に滅んだとの見方もある。

古代の大豪族は交通の要衝の地に深く関わっているのが常である。大和における古代の官道は東から上ツ道、中ツ道、下ツ道と大和盆地を縦断していた。上ツ道は定かではないが、中ツ道は大官大寺の近くで約一四メートルの幅をもち、下ツ道は平城宮内で約二三メートルの幅員をもつことが確認されている。また、難波から京に通じさせた盆地横断の横大路もさぞ立派な道路として整備されていたことであろう。それらはわが国の威信をかけて、海を渡ってくる外国の客人を迎え入れていたろうことがわかる。それらの道に沿って豪族の館や寺々が建てられていたのである。横大路近くに安倍寺・吉備寺・八木廃寺・醍醐廃寺・当麻寺などが営まれていたのである。それらの中で安倍寺は最も早く建立された寺院であった。

横大路の東の端に営まれた安倍寺は、昭和四十年（一九六五）、四二年度に発掘調査が行われ、回廊に囲まれた中に金堂と塔が東西に並ぶ伽藍配置であることが確認された。礎石は残っていなかったが、心礎を据えた際の根石が基壇上面から約二・三メートルの深さで検出された。飛鳥・白鳳時代に見られる、いわゆる地下式心礎であることがわかった。地下深くに据えられた心礎は、飛鳥・白鳳時代でもかなり早い時期に見られる形式である。

平成元年（一九八九）九月に安倍木材団地一丁目の小字宮西地区の発掘調査で、南北に伸びる石垣と、その西側に掘られた溝が検出された。石垣は花崗岩の人頭大の石が四段から五段積み上げられており、本来は一メートルほどの高さがあったと見られている。西側の溝は幅が二・四メートルあるという。石垣を挟んで溝の反対側、つまり石垣の東側約四メートルの地点で、掘立柱の掘形が検出されている。[10] 石垣を挟んで内側四メートルの地点に掘立柱の柵、外側に二・四メートルの溝が設けられているということは、これは防御施設ということができよう。

阿倍氏が蘇我氏と密接な関係にあったことを考えれば、ただの一豪族の権威を示すためだけの寺院ではなく、何らかの形で国防という観念をもってその任を担っていた可能性が認められよう。官道に沿ったところに位置する寺院は、官との関係をより明確にしているように考えられる。七世紀後半の建立と考えられる安倍寺は、寺域が発掘調査によって東西約一八〇メートルの規模をもっていたことが明らかにされた。これほどの規模をもつ寺院であれば、横大路の東端防御の任に当たっていたと考えられる規模である。

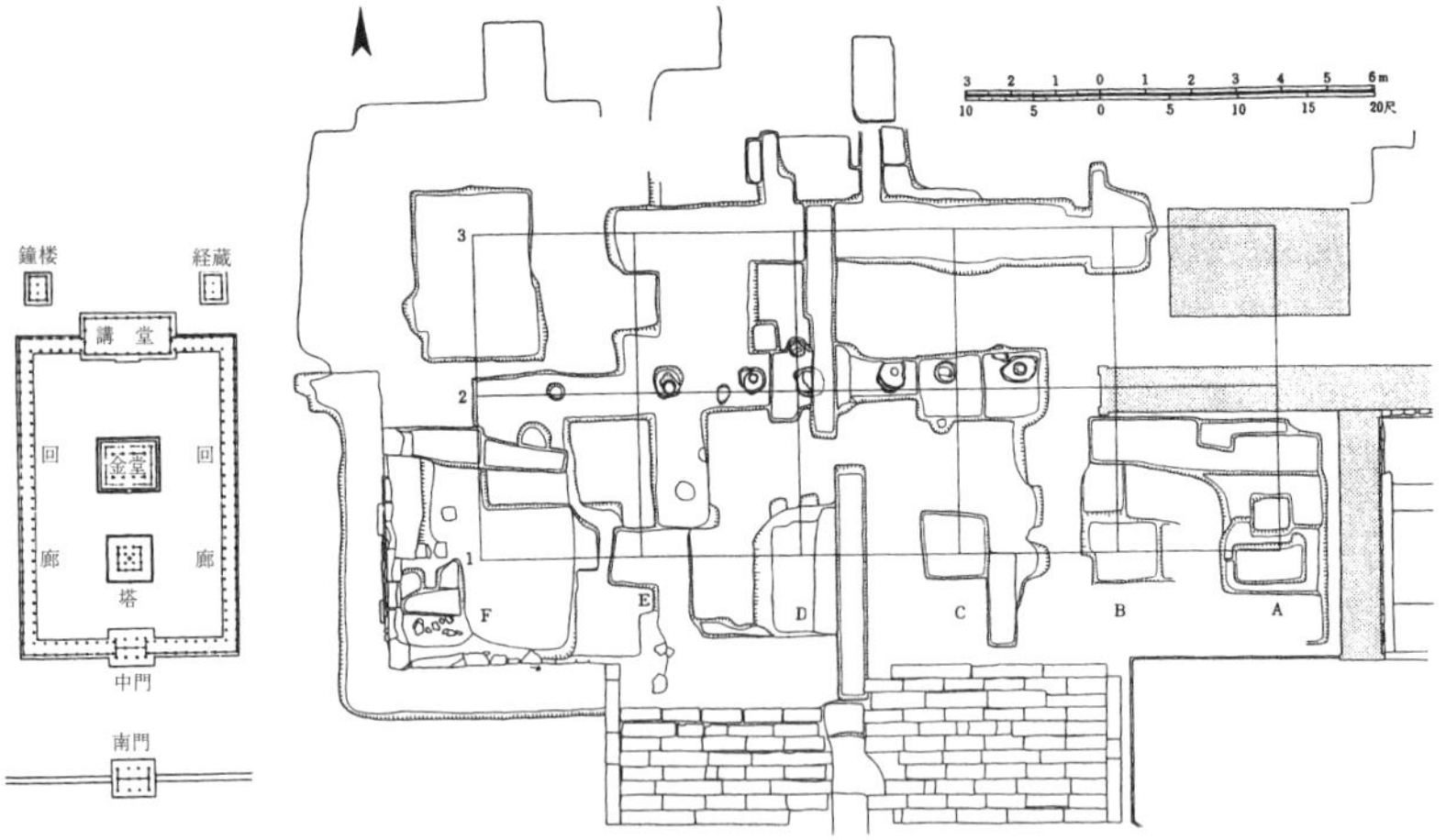

図21　四天王寺　伽藍配置図と南大門下層の掘立柱柵

四天王寺

四天王寺は大阪市天王寺区本町に所在する。四天王寺においては、先の大戦で伽藍が焼失したためにその復興事業が図られた。そしてその事前発掘調査が文化財保護委員会の調査として始められた。この発掘調査によって多くの事実が明らかにされた。本章に関わるものとしては、南大門の下層から掘立柱柵遺構が検出されたことである（図21）。四天王寺の造営工事はどのような事情か、途中の中断があったりしたようで、南大門は奈良時代に入ってから完成している。その南大門の下層から検出された掘立柱柵遺構は二時期にわたることが報告されている[11]。先行する遺構は創建期のものであるが、第二期の遺構の年代は明らかでない。ただ、ここでいう創建期に関してもその年代は明らかでない。

四天王寺については、その造営について問題点がある。それは創建の地が玉造の地であり、そこから荒墓の地へ移されたとするいくつかの史料が見られるからである。玉造の地は難波宮が営まれた上町台地にあたる。荒墓の地は現在の四天王寺の所在地である。前期難波宮、すなわち難波長柄豊碕宮と考えられているその遺跡の下層から、四天王寺創建時に用いられた軒丸瓦との同笵品が出土する。四天王寺の創建年代は七世紀第Ⅰ四半期である。その頃に瓦を使う施設は寺院以外にはない。したがって、難波長柄豊碕宮が営まれる以前に、この地に寺があったと考えられる。そしてこの地から出土している軒丸瓦が四天王寺との同笵品であれば、この地に最初の四天王寺が建立されたと考えることができようとの見解が示されている。この地は難波津に近接したところであり、まさに要衝の地である。そうした地であったからこそ、上宮王家は玉造の地に四天王寺を建立したのである。

第二節　畿外における掘立柱柵を備えた寺院

畿内だけではなく、畿外においてもそのような寺跡を確認することができる。いくつかをあげてみよう。

南滋賀廃寺

滋賀県大津市所在の南滋賀廃寺は、崇福寺・三井寺・穴太廃寺と共に、天智朝に建立された大津京鎮護の寺である。伽藍の中軸線から七九・五メートル東方で、一条の掘立柱柵が検出されている（図22）。柱間間隔は三・〇メートルであるが北列が四間分、南列が三間分検出されただけである。ちょうど南門の東方に当たるが、築地か回廊かは判然としないとされている。しかし、他の遺跡の状況からみれば、寺域南辺を画する施設と考えられる。

夏見廃寺

三重県名張市夏見所在の夏見廃寺は、古代に営まれた通常の寺とは若干異なった面がある（図23）。

杉崎廃寺

岐阜県吉城郡古川町所在の杉崎廃寺は、平成三年（一九九一）から続けられた発掘調査によって、寺跡のほぼ全面が明らかにされた（図24）。この寺は桧皮葺きで大棟にだけ瓦を葺いたようで、軒瓦が出土していない。したがって建立の年代が明確ではないが、出土している土器から七世紀末頃に建立されたと考えられている。そして、発掘調査によっ

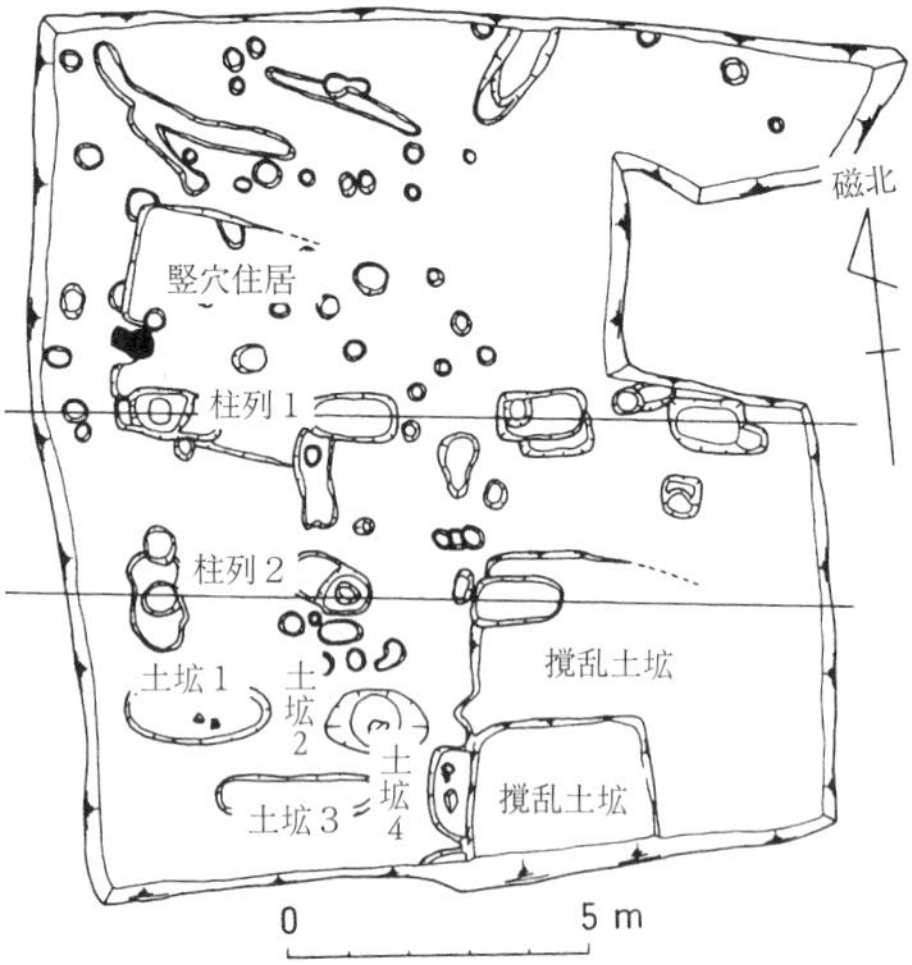

図22　南滋賀廃寺に伴う掘立柱柵

図23　夏見廃寺　伽藍配置図

て金堂と塔の遺構、そしてこれらを囲むきちんとした掘立柱柵が検出されている。[12]金堂が西、塔が東に置かれる法起寺式配置である。寺域の西北部では、一部の柵が講堂に取り付くが西辺の柵はそのまま更に北に延びていく。金堂と塔を囲む回廊はなく、直接掘立柱柵によって囲まれているという形である。また、西辺の柵遺構の西側から幅約三メートルの素掘りの溝が検出されている。まさに防御機能を併せもった施設といった感じである。

この寺の最大の特徴は、寺域内を石敷きにしていることである。あたかも、飛鳥板葺宮伝承地を髣髴とさせ、その縮小版といった感じである。寺域内を石敷きとした事例は、この寺以外にはなかろう。こうした寺を造営した背景には飛騨匠の存在が指摘されている。飛騨匠がその技術によって飛鳥の都で宮殿建設に従事した結果、飛鳥の宮殿に倣って寺域内を石敷きにしたとの見解もある。しかし、天皇の宮殿と同じ形態の施設を造ることができたかどうか若干疑問である。むしろ、飛騨の地に十五か寺が営まれたこと、そうした背景を考えねばならないのではなかろうか。

正家廃寺

岐阜県恵那市所在の正家廃寺は平成四年（一九九二）に発掘調査が行われた。堂塔は金堂を東に、塔を西に置いた法隆寺式伽藍配置をとっている（図25）。これらの金堂と塔を掘立柱単廊がめぐっているとされているが、はたして二列の掘立柱遺構が単廊なのかどうか疑問である。[13]すなわち、柱間寸法も約二・五メートルではあるが一定ではなく、柱筋もきちっと並行してはいない。管見の限り宮殿建築では掘立柱回廊はあるが、寺院建築での掘立柱回廊の事例は、法隆寺東院伽藍創建時のもの以外には知らない。掘立柱回廊とされているこの二列の掘立柱遺構の南に築地遺構が確認されている。しかし、この両者の距離はわずか二メートル半でしかない。これでは回廊と築地の両者は軒を接してしまうことになる。そして何よりも、この距離では中門や南門を設けることができない。したがって、正家廃寺では、当初掘立柱柵で囲み、のちに築地で囲む構造に改変したものであり、ここでも杉崎廃寺と同様、金堂と塔を囲む施設がなかったことになる。

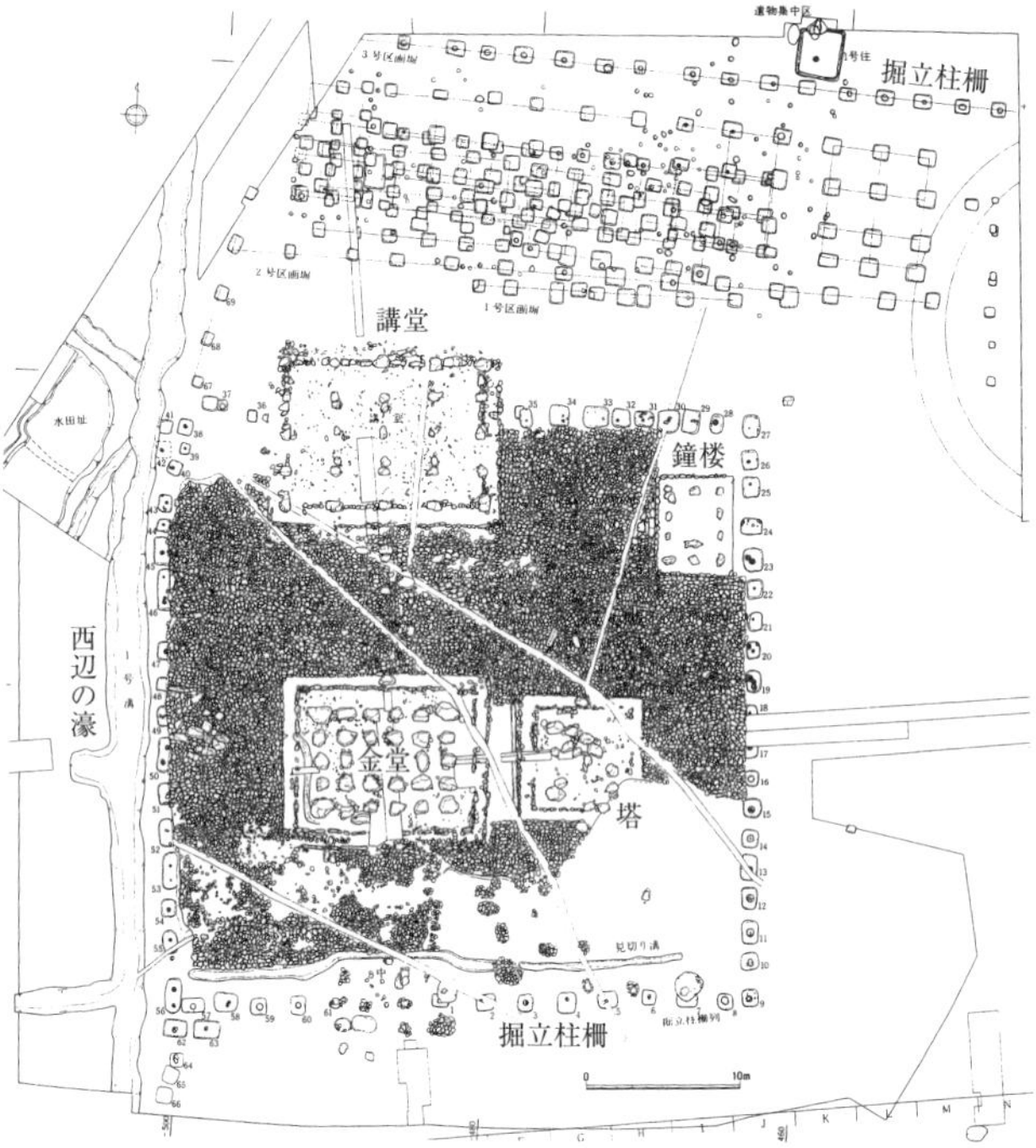

図24　杉崎廃寺　遺構図

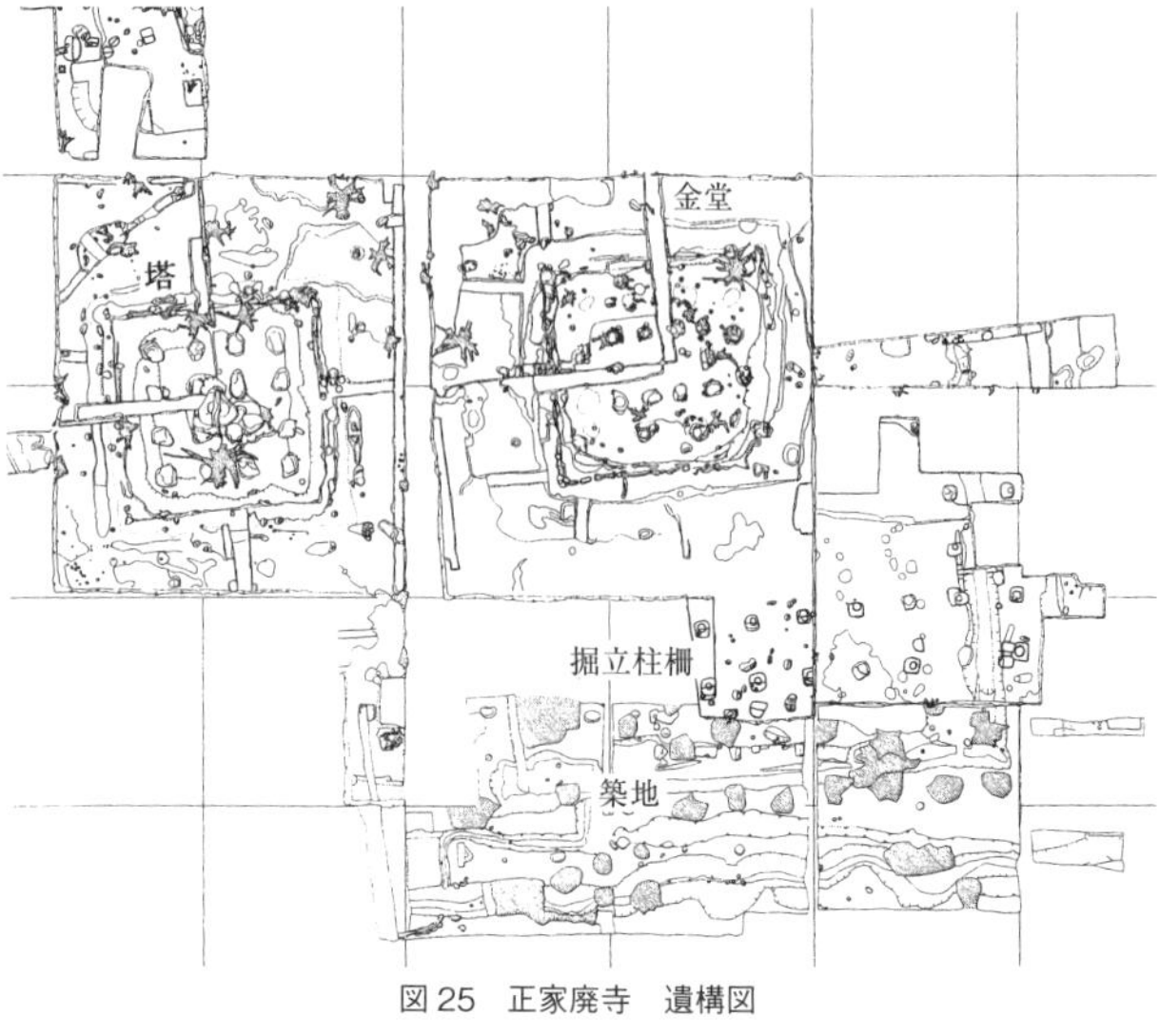

図25　正家廃寺　遺構図

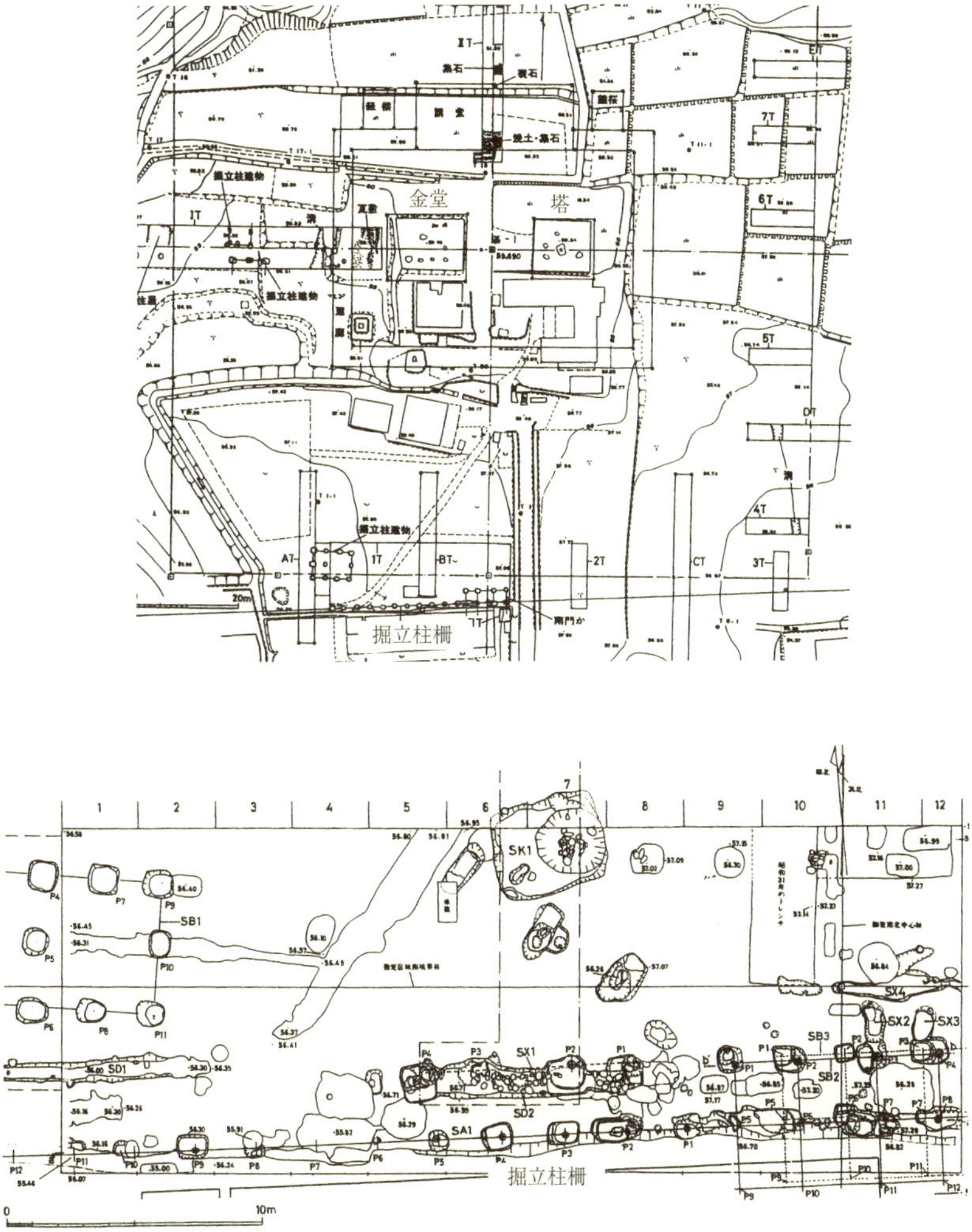

図 26　美濃弥勒寺　伽藍配置図と掘立柱柵

美濃弥勒寺

岐阜県関市池尻所在の美濃弥勒寺は、長良川が大きく迂回する屈曲部に接し、背後は山地という地形に営まれている。昭和二八年（一九五三）秋と同三一年夏の二回にわたって発掘調査が行われ、伽藍中枢部のおおよそが判明した（図26）。伽藍配置は法起寺式である。その結果、昭和三四年に国の史跡に指定された。昭和六三年の南門推定地の発掘調査では、掘立柱建物と、それに伴う掘立柱柵が検出された[14]。柱間寸法は約二・四メートルである。柱径は二五〜三〇センチである。掘立柱建物を南門と捉えられているが、北側柱筋の西に掘立柱穴が少なくとも五間分続く。南の正面に二重の柵を設けていたと考えることもできよう。

弓波廃寺

石川県加賀市弓波町所在の弓波廃寺は、昭和五二年（一九七七）に加賀市教育委員会によって範囲確認調査が行われた。この調査により掘立柱建物跡、掘立柱柵遺構が検出された[15]。堂塔の基壇遺構は検出されなかったが、かつてこの地域から運ばれた塔心礎が式内社忌浪神社境内にあり、また瓦類の出土によって寺が存在したことは確実である。

掘立柱柵遺構は、かつて塔心礎があったと伝えられる位置との関連から寺域東限を画す施設と考えられ、十九間分が検出された。柱間寸法は二・一メートルから二・五メートルである。

下野薬師寺

栃木県河内郡南河内町薬師寺所在の下野薬師寺は、道鏡左遷の寺として知られている。この寺の発掘調査は昭和四一年（一九六六）から長い間続けられ、寺域を囲む掘立柱柵が検出されている（図27）。ここでは中心伽藍は回廊で囲まれている。しかし、西回廊地域の調査の際に、回廊に先行する掘立柱柵遺構が検出されている[16]。このことからすれば、創建当初の下野薬師寺は二重の掘立柱柵で囲まれていたことになり、他にあまり類例のない寺ということができよう。寺外郭施設の掘立柱柵は少なくとも三時期あり、回廊前身の掘立柱柵も二時期にわたることが確認されている。伽藍の

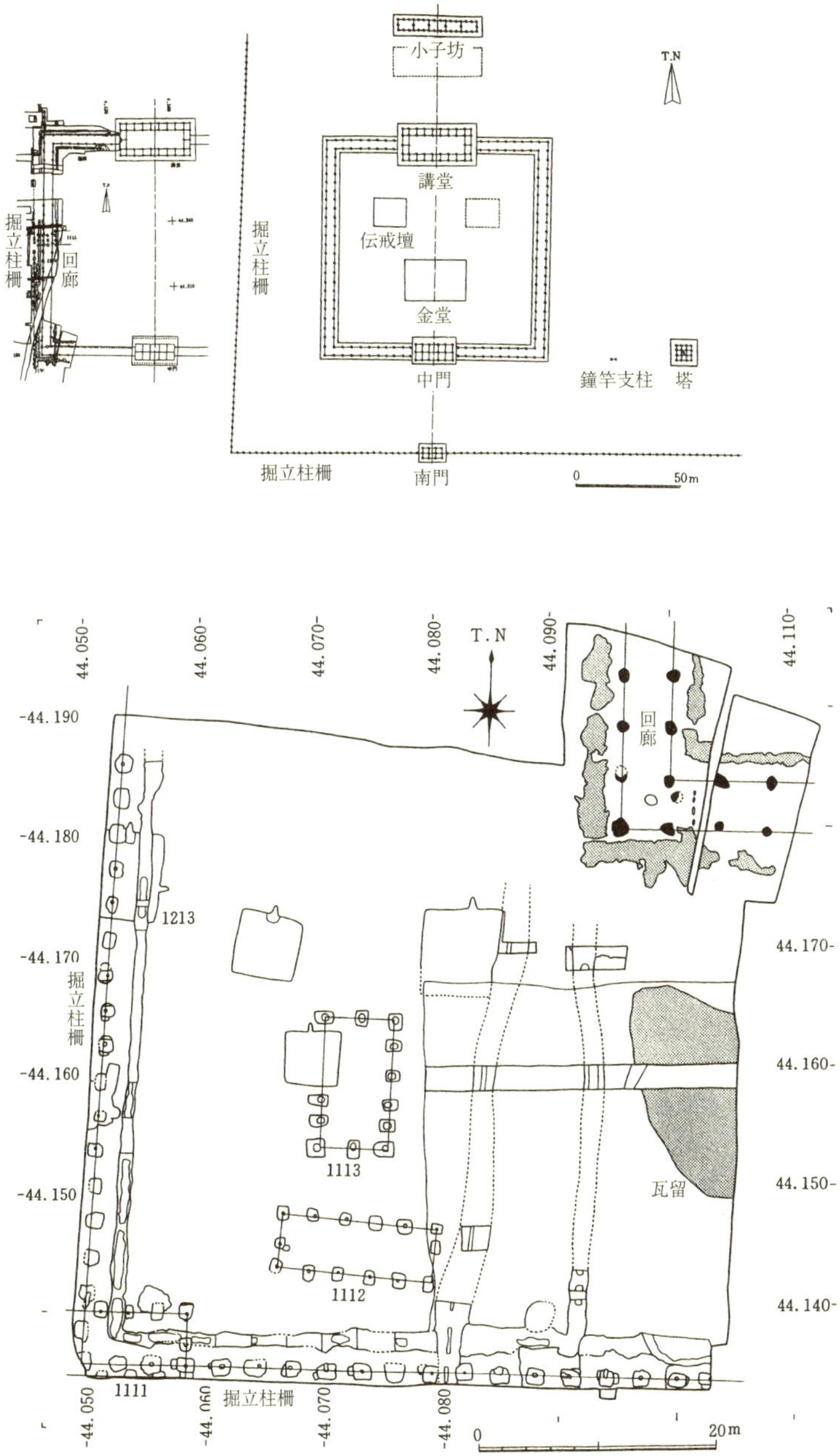

図27　下野薬師寺　伽藍配置図と掘立柱柵

中心部が回廊で囲まれ、寺の周囲が築地で囲まれるようになるのは奈良時代に入って、この寺を政府が掌握するようになってからのことであろう。

夏井廃寺

福島県いわき市平下大越所在の夏井廃寺は、瓦が散布していること、礎石が存在することによって、江戸時代後期にはすでに古代に寺院があったと認識されていた。発掘調査は昭和四一年（一九六六）に行われたが、その後圃場整備に伴う調査が昭和六十年度から数次にわたって進められた。その結果、礎石建物跡が三基検出された。『報告書』の第一号礎石建物は塔跡、その西の第二号礎石建物跡は金堂跡、第三号礎石建物跡は講堂である。金堂は南北棟であり、いわゆる観世音寺式伽藍配置である（図28）。

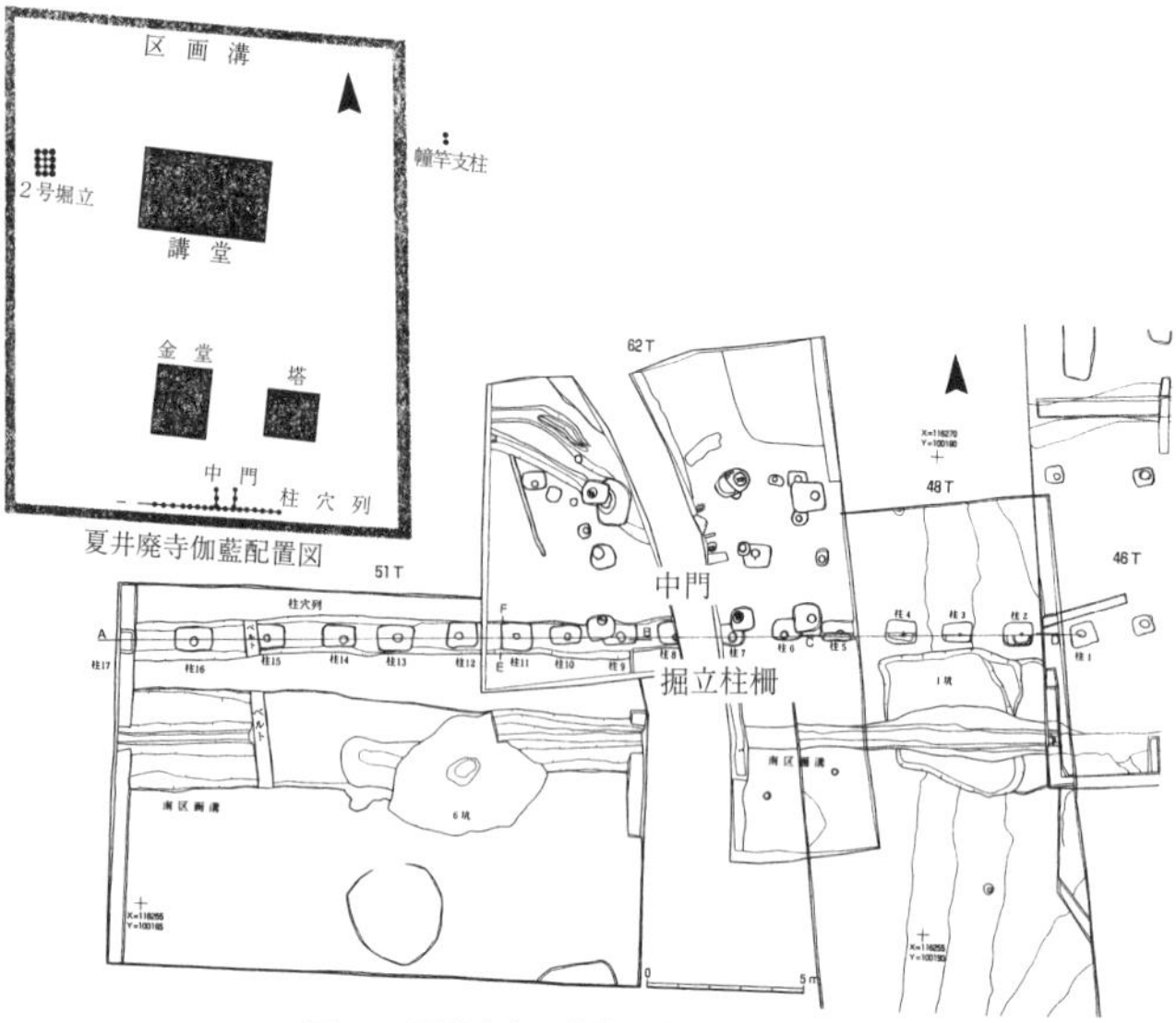

図28　夏井廃寺　伽藍配置図と掘立柱柵

塔基壇は掘込地業・版築によって構築されている。基壇上面には礎石が一個遺存しているが原位置ではない。心礎も抜き取られている。版築土に瓦片が混入しており、この寺の創建時より遅れて建立されたことが明らかである。金堂基壇も掘込地業・版築によって築かれている。掘込地業の規模は東西一三・一メートル、南北一七・二メートルである。版築土に瓦は混入していない。講堂基壇も掘込地業・版築で築かれている。規模は東西三二・一メートル、南北一九・五メートルである。

金堂・塔跡の南約一五メートルの位置で、東西方向の掘立柱柵遺構が十六間分検出されている。[17] 柱間寸法は一定ではなく、一・九メートルから二・四メートルである。この南面の掘立柱柵遺構は、一部で布掘り地業によっている。柱痕跡から柱の直径が一五センチから二〇センチに推定されている。金堂・塔の中間延長上に柵遺構を撤去して掘立柱建ち中門が建てられる。講堂跡の西約二〇メートルの位置で、南北方向の掘立柱柵遺構が六間分検出されている。ここでも柱間寸法は一定ではなく、一・八メートルから二・三メートルである。柱痕跡の寸法も一定ではない。これらの柵に伴う溝が検出されており、幅一メートルから三メートル、深さ〇・八から一・四メートルの規模をもっている。掘立柱柵は南辺と西辺で確認されているのみであるが、東辺も北辺にも設けられたと考えてよい。

ここでは中心伽藍、すなわち金堂や塔を囲む回廊が認められず、掘立柱柵と素掘りの幅広い溝で囲まれていたことが明らかである。

志筑廃寺

兵庫県淡路市志筑所在の志筑廃寺は、淡路最古の寺である。また、藤原宮所用軒丸瓦との同笵品が用いられていることで知られている。発掘調査によって金堂跡と考えられる遺構が検出されたが、後世の地震による地滑りで、基壇の状況や他の遺構に関しては判然としない。しかし、金堂跡と考えられる遺構の近辺で小型風鐸の断片が出土しており、塔が建立されていた可能性が高い。またこの地域の南方で南門と考えられる掘立柱建物遺構と、東西方向の掘立柱柵の遺構が検出されている。[18] 柵はさほど長くはなく五間程度であるが、南辺で掘立柱柵遺構が検出されたことに注目したい。

観世音寺

観世音寺は福岡県太宰府市観世音寺に所在する寺で、天智天皇発願の寺である。この寺は大宰府鎮護の寺でもあり、府大寺とも呼ばれる。昭和四四年から本格的な発掘調査が始められ、伽藍の状況が明らかにされた。寺域を画する施設として東辺で掘立柱柵が十一間分検出された。[19] 柱間寸法はほぼ三メートルである。この遺構の南端から三五・九メートルの位置で掘立柱掘形を検出しており、柵の延長部と考えられている。

第三節　掘立柱柵を備えた寺々の性格

前節までに、寺の外郭あるいは中心伽藍を掘立柱柵で囲んだ寺々をあげた。それらの寺々はなぜ掘立柱柵を設けたのであろうか。

ここに興味深い一冊の本がある。佐原真氏が「居住宮室楼観城柵厳設」[20]の中で、「柵」を取り上げている。これによれば、中国語の「城」は「お城」ではなく、もともとは「土」から「成」を守る壁であるという。『古事記』『日本書紀』の垂仁天皇のところに出てくる「稲城」は稲束で築いた防壁、七世紀の後半に太宰府に築いた「水城」は、日本でも古くは「城」を防壁の意味で使った。しかし、のちに城塞の意味に変えてしまったとしている。また、弥生時代の村の廻りにめぐらした壕の外側に防壁があったことは、各地で確かめられている事であるとし、壕を掘り、その土を外にもりあげた上に材を立て並べたのが「城柵」の実態ではないかとしている。しかし単に頑丈な柱をしっかり土中に差し込んで並べるだけでは柵にはならない。そこには一定の法則があり、「編堅木」といい、編んでなければならないという。だから縦の材の間に横木が要るのである。柵は防御であり、戦いになり防御の限界が超えれば自然軍事態勢・軍事的対処を擁することとなっていく。

実際、弥生遺跡でもそのような目的を持つ遺跡の発掘で確認されているという。その例として佐原氏は福岡県西原遺跡では、環濠の内側に沿って約一メートルおきに杭列が並んでいたことをあげ、また大阪府鬼虎川遺跡でも環濠の内側に沿って多数の杭列が検出されているという。最近、広島県神辺町の御領では、前三世紀の村を囲む壕の内側に細い溝を掘って材を二メートル内外の間隔で立てた跡があり、横方向に板や材を渡した柵の存在を推定できるとしている。[21]そして興味深いのは韓国扶余の松菊里では柱を広い間隔に並べて村の廻りを囲んでおり、柵の総延長は二・五キロに達するという[22]。これも横に数本の材を渡した柵を復元しているという。この柵の性格は軍事的なものであることに違いない。

天智天皇の世、わが国に防御のための城が築かれる。大宰府のそれぞれの城は百済人やわが国に住んでいた渡来系の技術者によって築かれているが、国であれ、町であれ、防御のための軍事につながる堅固なものを作る事は同じである。大宰府の城の造りは山や谷といった自然を利用したものであるが、そればかりではなく柵の組み方、あり方も百済式である可能性がある。

寺の外郭は築地で囲まれるというのがごく普通の見方であり、事実、古代寺院の発掘調査においてはその外郭施設として築地遺構が確認される場合が多い。掘立柱柵に関しては、造営当初に取り敢えず掘立柱の柵を外郭施設にするとの見解もあろう。しかし、柱の直径が三〇センチをこえる事例も見られるのであり、簡単な外郭施設とは見なし得ない。確実に四至が掘立柱柵であることが確認された山田寺の場合、柱の数は少なくとも三一二本を必要とする。東西南北各面に置かれた門に要する本数を除いても、三百本に近い材を必要とする。しかも直径三〇センチ前後の木材である。柵の高さは定かでないが、藤原宮の場合、分厚い礎板を柱掘形に入れ、柱の沈下を防いでいる。このような事例から見れば、簡単な垣の程度とは言えないであろう。

山田寺は阿倍山田道に接しており、飛鳥の地への入り口に位置している。そこに柵を伴った施設が設けられたということに注目したい。

飛鳥の地域において壮大な寺として建立された大官大寺は、文武朝廷によって建立されたまさに鎮護国家を標榜した寺である。その大官大寺においても、外郭が掘立柱柵で囲まれているのである。寺域が広大な面積を占めて、単に壮大な寺院を建立し、仏の力を借りて国家鎮護の目的を果たすということであれば、屋根に瓦を葺き上げた築地大垣をめぐらすことが、その目的に叶うのではなかろうか。しかし、掘立柱柵で取り囲んでいる。しかも柱間寸法は七尺から七尺五寸という間隔の狭いもの、すなわち柱間隔が密なのである。防御という面からすれば、意図的に柱間間隔を狭めたと考えることができよう。

註

（1）奈良国立文化財研究所「飛鳥寺発掘調査報告」（『同研究所学報』五　一九五八年）
（2）奈良国立文化財研究所「飛鳥寺北方の調査」「飛鳥寺および周辺地の調査」（『飛鳥・藤原宮発掘調査概報』八・一三　一九七八・八三年）
（3）奈良国立文化財研究所「飛鳥寺の調査」（『同研究所年報』一九九七―Ⅱ　一九九七年）
（4）奈良文化財研究所「法隆寺若草伽藍跡発掘調査報告」（『同研究所学報』七六　二〇〇七年）
（5）奈良国立文化財研究所「奥山久米寺の調査」（『飛鳥・藤原宮発掘調査概報』八　一九七八年）
（6）奈良国立文化財研究所「橘寺の調査」（『飛鳥・藤原宮発掘調査概報』十七　一九八七年）
（7）奈良国立文化財研究所「檜隈寺第二次の調査」（『飛鳥・藤原宮発掘調査概報』十三　一九八三年）
（8）奈良文化財研究所「山田寺発掘調査報告」『創立五十周年記念　奈良文化財研究所学報』六三　二〇〇二年）
（9）奈良国立文化財研究所「大官大寺第七次の調査」（『飛鳥・藤原宮発掘調査概報』十一　一九八一年）
（10）桜井市教育委員会『安倍寺跡―昭和四十二年度発掘概要』一九六八年
（11）文化財保護委員会「四天王寺」（『埋蔵文化財発掘調査報告』六　一九六七年）
（12）古川町教育委員会「杉崎廃寺跡発掘調査報告書」（『古川町埋蔵文化財調査報告』五　一九九八年）
（13）岐阜県恵那市教育委員会『正家廃寺Ⅱ・寺平遺跡』二〇〇〇年
（14）関市教育委員会「弥勒寺跡―範囲確認発掘調査報告書」（『関市文化財調査報告』十三　一九八八年）
（15）北陸古瓦研究会『北陸の古代寺院　その源流と古瓦』一九八七年
（16）「下野薬師寺跡Ⅳ」（『国士舘大学文学部考古学研究室乙種十二』一九九六年）
（17）いわき市教育委員会『夏井廃寺跡』二〇〇四年
（18）兵庫県津名町教育委員会『志筑廃寺発掘調査報告一』二〇〇四年

(19) 九州歴史資料館『観世音寺　伽藍編』二〇〇五年
(20) 佐原　真「居住宮室楼観城柵厳設」(歴史民俗博物館振興会『魏志倭人伝の考古学』一九九七年)
(21) 広島県神辺町『御領遺跡上手樋町地点発掘調査現地見学会資料』一九九六年
(22) 金吉植『松菊里Ⅴ　木柵一』国立公州博物館　一九九三年

第二章　古代寺院における軍事施設の要素

はじめに

古代寺院の年代を知る手懸りは、出土瓦によるところが大きい。かねて関心を抱いていた近江・衣川廃寺、飛騨・寿楽寺、信濃・明科廃寺、甲斐・天狗沢瓦窯跡出土の四ヶ所の瓦は、七世紀第Ⅲ四半期から第Ⅳ四半期のものである。その時期の政治的事件となるのが、六七二年の壬申の乱である。七世紀の第Ⅲ四半期の政治政策は、瓦伝播にそれまでとは異なる分布をもたらす結果となった。その時期を境に、瓦の伝播系譜が従来のものと異なることが瓦当文様から読み取られるのである。このことは寺院造営事業に変化があったことを示すものと考えられる。

古代寺院の南門に伴う施設、とりわけ掘立柱柵が防御施設であることに着目し、政治背景との関係で伽藍配置を本書第Ⅰ部第五章で述べている。ここでは古代における防御施設、すなわち軍事施設に関わる類例を挙げて具体的に述べることにする。

第一節　古代の防御施設

古代における防御施設としては当然自然地形を利用したものが最も有効であることは言うまでもないが、そのうえでそれなりの施設を備えることが必要となる。仏教寺院であることからすれば「攻め」を前提とするのではなく、「防御」を目的とするのである。

天智天皇二年（六六三）の白村江の戦いでの敗戦後、わが国は唐・新羅連合軍の侵攻を想定し、ただちに辺境防備と烽火などの伝達システムが整備されたことが『日本書紀』（以下『書紀』）に見える。天智天皇三年の条に、「是歳、於対馬嶋・壱岐嶋・筑紫国等、置防與烽。又於筑紫、築大堤貯水。名曰水城」とある。

翌天智天皇四年八月の条には、読み下し文で記すと、「達率答本春初を遣して、城を長門国に築かしむ。達率憶礼福留・達率四比福夫を筑紫国に遣わして、大野及び椽、二城を築かしむ。」

長門国に城を築くために遣わされた達率答本春初は、百済滅亡後に帰化したと考えられている帰化人であり、兵法に長けた人物である。『書紀』天智天皇十年（六七一）正月に本春初は兵法、つまり軍事の専門知識をもっていることを認められて大山下の位を授かっている。また、大友皇子が広く学士を招いたときの賓客の一人と考えられている。

筑紫国に城を築くために遣わされた達率憶礼福留は、天智天皇二年に百済が滅亡した際に、日本の船でわが国に亡命した人物である。答本春初と同じ時に兵法に長けた人として大山下を授かっている。

同じく筑紫に遣わされた達率四比福夫も元は百済の人である。百済からの軍事知識に長けた人々が城を築くのに要衝の地に遣わされたということは、当時の防護技術は百済式であったといえる。高句麗の城造りは唐に倣っていることがよく知られているが、百済は自然の山や谷を砦として、羅城も山と山を繋いで設けられている場合が多い。

あらためて筑紫に築かれた城を見てみると、大野城が大宰府の北の備えであるならば、基肄城は南の備えとなろう。基肄城は大宰府政庁のほぼ真南およそ七キロ離れたところに位置し、基山を中心に二峰の丘陵に土塁を巡らせている。南に開折する筒川の谷を取り囲み、これを石塁で塞いでいるのである。水城土塁本体や小水城、さらには大野城・基肄城の位置関係は、入念に計画された大宰府の防衛ラインの設定であったことが発掘調査で明らかになっている。(1)

大宰府政庁は七世紀後半以降に整備され、I期、II期、III期の変遷のあったことが確認されており、第I期には政庁とその周辺に限られた地域に官衙的な建物が集中している。報告書によると、政庁の西側で軍団印が出土するなど、軍団に関連する施設が集中していた可能性も考えられる。東側では谷筋を埋めて整地され、観世音寺の造営が始まっている。この他、御笠川南の丘陵頂部でも般若寺下層からこの時期の掘立柱建物が検出されている。古代において防衛施設は様々に考えられようが、大掛かりな最初のものは大宰府であろう。南面する施設の南門および南側に土塁を築き、川など自然を含めた要塞を設けていたことがわかる。南門・中門地区、回廊東北隅部、北門地区、正殿地区では政庁創設期の掘立柱建物・柵・溝・土壙など第I期の遺構が検出されている。

以上のように古代において防御施設として設けられるのは、土塁・柵・異常に広い溝であり、特に正面である南側に防御的施設としての特徴を見ることができる。このような軍事的特徴をもつ寺院があり、そのような古代寺院の存在は、やはり特別の意味があったと考えられる。

第二節　和泉・海会寺跡と防御

海会寺遺跡は大阪府の南端、泉南市信達大苗代《しんだちおのしろ》に所在する。現在は一岡神社の境内地に含まれており、南門は現神社参道のほぼ鳥居部分に位置しているという状態で、遺跡を現代の景観に重ね合わせて見る事が可能である。

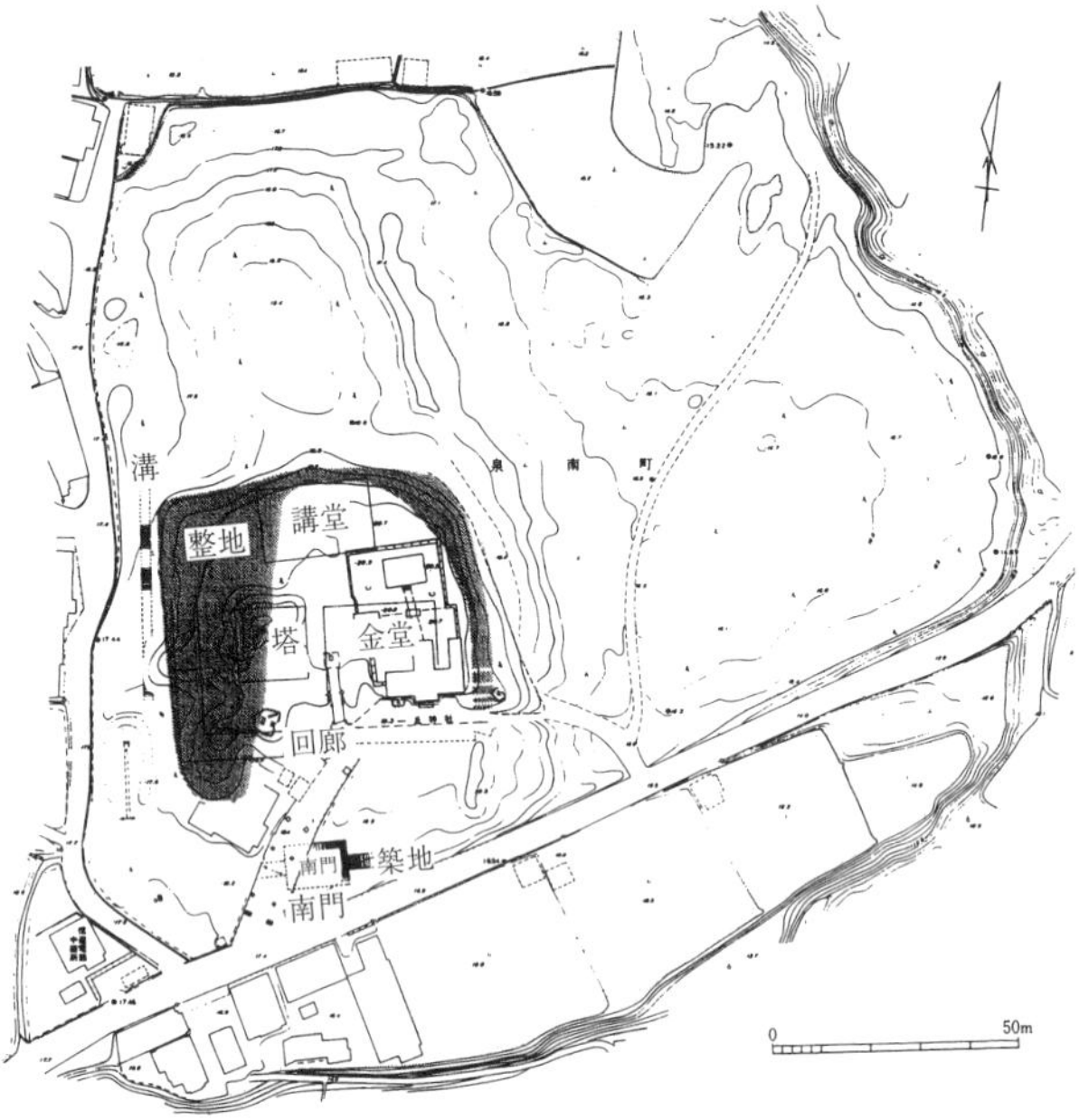

図29　海会寺と周辺の地形

海会寺遺跡が所在する泉南地方の地形は南から北に向かって階段状に下がっている。つまり南端が最高部の和泉山脈であり、葛城山（八六五・七メートル）、三峰山（五七六・五メートル）、高城山（五六九メートル）などの峰が連なり、東から西に向かって下がっていく。山が自然に低くなって海に降りていく形である。その平野部に海会寺が建立されている。海会寺遺跡が位置する平野部の北東は樫井川で、南西は男里川（金熊寺川）で限られている。この両川の源は和歌山県に発しており、平野部を流れ大阪湾に流入しているのである。『報告書』[2]によると、古来この豊かな流れの川はしばしば氾濫を起こしたようである。洪水を食い止めるために川筋に堰を作ったり、池を作ったりしたため本来の川とは変化している。海会寺跡の立地する地点は樫井川と新家川の合流地に近く、東は四〜五メートルの段丘崖、北部と南部が開析谷、そして西部が人工的な溝状低地に取り囲まれた南北約三五〇メートル、東西約一八〇メートルの長方形の台地である。正に自然の要害に囲まれた地形である。もっとも、西部は人工的な溝状低地を作っているが、安全な台地を造成した上に寺院が建立されている（図29）。

当地域は和泉国であり、大和・山城・摂津・河内とともに五畿内を構成していた。和泉国は北から大鳥、和泉、日根の三郡によって構成されていた。海会寺が位置する日根郡は畿内の西端と言える場所である。そこには和泉国の文化を共有するよりも、紀伊国との関連を直接・間接にうかがわせるものがある。和泉国と紀伊国を分かつ和泉山脈があるが、山越えをすれば、雄山峠や樫井川沿いの道を行き来可能な地である。また紀伊国からは紀ノ川沿いに陸路で大和に通じている。後述するが、海会寺では瓦のあり方が他の和泉国に所在する寺院とは異なっている。多種多様とまではいかないまでも、他の寺院には複数種の系統の瓦が存在しているが、海会寺には大和と直結の瓦しか存在していないのである。

さて、海会寺の寺域については現在のところ推定でしかないが、寺域内から、他の寺院などからあまり見られない遺構が見つかった。瓦窯跡と鍛冶炉跡である。寺域に瓦窯をもっている所は幾つか見られるが、ここでは鍛冶炉も設置されていたことが明らかになったのである。そして青銅製の水煙、伏鉢、請花、九輪、擦管、鍍金をほどこした風鐸等の相輪部材がまとまって出土した。さらに凝灰岩製の露盤の破片が出土している。これはとりもなおさず海会寺は寺域内に鍛冶炉をもち、塔の建立に必要な金属製品をこの地で製作していたということを意味している。

当時の海会寺の立場を証明する最たるものとして瓦をあげる事が出来る。まず海会寺出土軒瓦の一番の特徴は軒平瓦を伴わない事であろう。次に軒丸瓦は二型式出土しているが、1A型式は四天王寺と同笵であることが確認されており、軒丸瓦の中房の蓮子が、四天王寺の方が小さく海会寺の方が大きい。この事により四天王寺の1A型式の方が先行する事がわかる。いずれにしても1A型式が四天王寺所用軒丸瓦と同笵品であることは、四天王寺がこの軒丸瓦所用の段階では、官寺と同等に扱われていた事を考えれば、海会寺が畿内寺院の中でどのような立場にあったかがうかがえる。四天王寺の造営事業は短期間には完了していない。その寺観が整うのは海会寺1A型式同笵品が用いられた頃のようである。時代は大化の改新を経た時期であり、六五〇年代とされている。その頃四天王寺造営に官が積極的に関わり、その同笵品が海会寺で使用されたという意義は特別なものであるといえる（図30）。

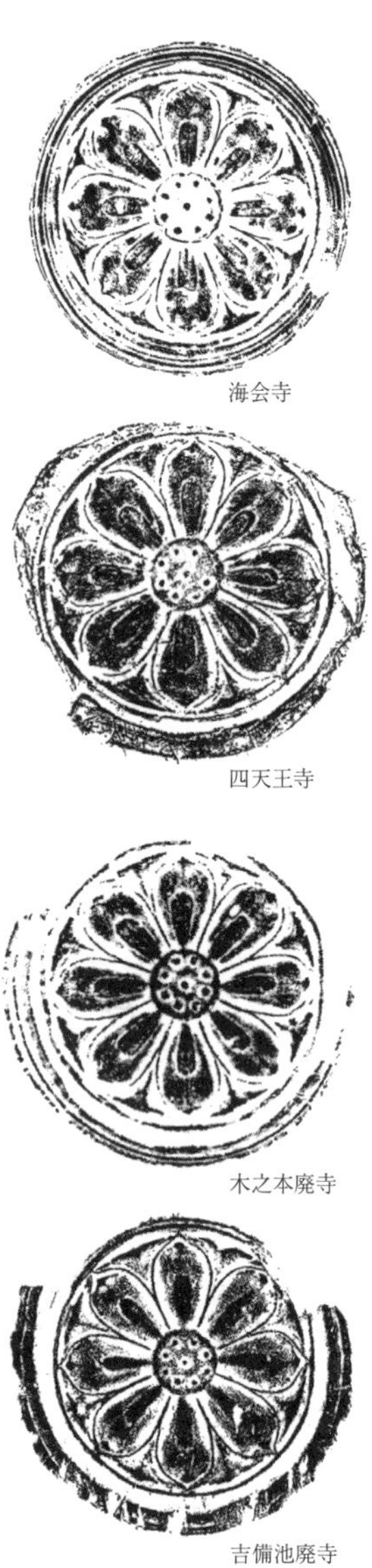

図 30　海会寺との同笵軒丸瓦

海会寺が位置する地形は、紀伊国との境である和泉山脈を活用してはいるが、人工的な造作を加えた台地を整えた上に造営されているのである。寺域では他の一般の寺院からはあまり見る事が無い青銅製品用の鍛冶炉を築き、金属製品を製作して造営工事が進められていたことを示している。この地は東から西の海に向かって高度が下がり、東の和泉山脈を背にしている。その高台に建立された海会寺は、海を一望し、海上からの敵に備える事が出来る。河内に入ろうとする敵があれば海会寺で排除する事ができ、もし援軍が必要であれば雄山峠を越えて伝令を発すれば、紀伊国からの備えが動く。このような地に七世紀後半代に寺院の造営を図り、瓦は官と立場を同じくする四天王寺の同笵品が使われていることからすれば、官が特定の目的をもって造営を進めさせたものであり、この海会寺には軍事的要素が伴うことを充分にうかがうことができよう。重ねて官が関与したであろうことが、周りの環境からもうかがえる。海会寺が位置する地域には幾つか特徴的なことがある。たとえばこの地域には様々な遺跡とともに住居址もあるが、弥生時代終末から古墳時代初頭の製塩土器が多量に出土しているのである。生活圏としての生産地域にしては多量の製塩土器の出土はあまり似つかわしいとはいえない。そこにはたとえば牧のような、当寺の産業地域とも共存させた、海会寺一帯で官の一つの事業を執り行う事が出来る特別の地、または不測の事態に備えて必要となる馬の飼育が為されていた所ではなかったかと考えられるのである。

第三節　伊賀・夏見廃寺と防御

夏見廃寺は三重県名張市夏見字男山・赤坂に所在する。夏見廃寺は、旧伊賀郡夏見郷に属している。『夏見廃寺の研究』(3)によると、「伊賀国は東海道の最初の国であり、大和と東国や伊勢神宮・斎宮を結ぶ重用な位置を占めていたが、国内の主要道としては四路が推定される。」と述べられている。

『延喜式』によると伊賀国は阿拝・山田・伊賀・名張の四郡からなっている。第一路は夏見廃寺に関わると考えられるものであり、飛鳥から名張郡、伊賀郡を通って伊勢国に到る道である。北上すれば東国に到り、南下すれば伊勢神宮へ通ずる道である。時代が降って初瀬街道と呼ばれるのがこの道と重なるのである。壬申の乱に際して大海人皇子一行が「隠郡」「横河」を経ているその道がこの一部であろう。夏見廃寺はそのルートに面しており、青蓮寺川と宇陀川が合流して名張川となり大きく迂回する地の丘陵南斜面にある。川が大きく迂回していく内側に寺が建立される状況は、山背高麗寺によく似ている。

第四節　伊勢・縄生廃寺と防御

三重県三重郡朝日町縄生字中谷に所在する縄生廃寺は、朝日町の北部を東西にのびる朝日丘陵の東端に所在する。丘陵の北には町屋川（員弁川）が東流し、揖斐川河口のすぐ西で伊勢湾にそそぐ。東方には海岸平野が広がり、伊勢湾を中心として揖斐川・木曽川のような大河川が美濃・安八郡にと続き、その他の日光川や庄内川などをはじめ多くの川が、伊勢湾から網を投げたように広がっている。

この地域は木曽三川とも呼ばれ、大きな揖斐川・木曽川・長良川に加え小さな川もともに集まり、入り組み、頻繁に川の氾濫が起こる事でよく知られた所である。近世のことであるが、参考としてその状況を記しておこう。

宝永元年（一七〇四）幕府は、松平土佐守・佐竹源太郎・松平隼人正・相原志摩守に利根川・荒川御普請御手伝を命じている。それ以後も各地で御手伝普請が実施されているが、この普請はその土地に直接関係の無い遠隔地の大名が、総工費の八割以上を負担しなければならない仕組みになっていた。美濃では薩摩藩の宝暦の御手伝普請を最大として、前後十六回、延べ七十大名が動員されたのである。薩摩藩による普請規模が大きく、巨額な工事費のほとんどを薩摩藩が負担し、多くの犠牲者を出した工事がこの地である。

木曽・長良・揖斐三大川流域の輪中民は、延享の丹羽若狭守の御手伝普請竣工後も洪水氾濫・悪水停滞の害が止まないので、やむなく各輪中とも笠松・多良両役所や江戸表まで出府して、公儀費用をもって治水工事を実施するように嘆願書を提出した。ちょうどこの年の秋豪雨のために木曽川をはじめ美濃の川は氾濫し、各所に堤防決壊など大水害が発生した。幕府勘定所はこの水害復旧工事をも追加した木曽三川の治水工事施工計画書をつくり、大普請であることにより、大名御手伝普請をもってすべきを老中堀田相模守あてに上申した。

宝暦三年（一七五三）十二月二五日、幕府は濃・勢・尾州川々治水工事の御普請御手伝役を薩摩藩に命じた。幕命を受けた薩摩藩では、家老平田靭負を総奉行とし、藩をあげて莫大な犠牲の下に一応の完成を見るが、未だ完璧なものではなく川の氾濫に住民は悩まされつづけた。その後明治になって外国人技師を招き、近代技術で治水工事の完成をみることとなった。木曽三川は近世においてまで人々を翻弄し続けたが、古代においては重要な交通機関でもあった。

縄生廃寺は昭和四四年（一九六九）の三重県遺跡分布調査で確認された遺跡である。そして昭和六一年九月から六二年三月まで発掘調査が行われた。(4) この調査により塔跡が確認され、地下式心礎の舎利孔に唐三彩椀を被覆容器とした舎利容器が安置された状態で出土した。この塔跡は七世紀末から八世紀初頭の建立と考えられている。『報告書』によると、塔の基壇は勿論のこと、塔の北に位置する東西棟と考えられる建物跡の基壇も版築によって築かれている。縄生廃寺全体の伽藍配置ははっきりわからない状態であるが、塔が最も高い位置にあったことだけは確認された。塔の北部の傾斜地は一挙に埋め立てられており、そこからは八世紀代に比定できる須恵器杯蓋が出土している。版築内から平瓦が出土しているが、塔の年代より先行しないと考えられている。遺物の多くは平瓦で、そのほとんどが小片であり、完形に近いものは無い。瓦は塔跡付近に集中し、塔跡から離れるに従って瓦の出土量は激減する状況である。

丘陵頂部に造営された瓦積み基壇をもつ塔跡、塔心礎内に設けられた舎利孔に納められた唐三彩の舎利容器、いずれをとっても単に一地方豪族が建てた普通の寺院とは考えにくい。自然地形を利用し、当初一塔寺院として建てられた可能性も考えられている。縄生廃寺の特性とも云うべき寺院の性格は、近隣寺院との関わりの中で検討を加えたい。

八賀晋氏による「縄生廃寺の軒丸瓦の歴史的背景」は、縄生廃寺で検出された軒丸瓦三型式、軒平瓦一型式の中で、軒丸瓦Aは「山田寺式」であり、最も出土点数が多く全体の軒丸瓦の三七％を占めるとしている。これは山田寺式の中でも最も新しい型式のものである。八賀晋氏の詳しい分析と考察により、この瓦は六七〇年代に比定され、山田寺式軒丸瓦の出土寺院は三重県下では、額田廃寺（桑名市大字額田）、高寺廃寺（浄泉寺）（嬉野町）、八田廃寺（斑光寺）（嬉野町）があげられている。つぎに出土瓦全体の十四％を占める「川原寺式」に属する瓦と近似した軒丸瓦は、縄生廃寺周辺の寺院にも見られるとし、額田廃寺（桑名市大字額田）、智積廃寺（四日市市智積町）、伊勢国分寺前身寺院（鈴鹿市）をあげる。伊賀では財良廃寺（上野市）から出ているとし、この中で額田廃寺の軒丸瓦は川原寺式（E型式）と同笵であると述べられている。八賀晋氏はそれぞれの寺院から出土した瓦に考察を加え、この軒丸瓦の年代も六八〇年代から七一〇年代とし、先行した型式である縄生廃寺の川原寺式軒丸瓦の年代を勘案して六八〇年前後としている。(5)

八賀晋氏は美濃地域の川原寺式軒丸瓦の分布とその歴史背景について論じており、典型的な川原寺式軒丸瓦が集中的に出土する美濃地域はきわめて特徴的な状況であり、その歴史的背景において共通性を見出している。縄生廃寺を含む伊勢北部地域と美濃中・西部域に共通してみられる軒丸瓦は、伝わった瓦当笵によっても多少の差はあるが、七世紀後葉の早い時期に創建された寺院であると述べられている。そして創建時に続いて用いられた軒丸瓦が川原寺式であり、美濃西部地域においては川原寺式軒丸瓦を創建瓦として建立されているのである。これらのことから『報告書』の中で八賀晋氏は、伊勢北部と美濃中・西部地域は川原寺式軒丸瓦を用いる段階で一円的な寺院造営の背景があったと論じている。その背景となるのが壬申の乱（六七二年）であり、乱における地方豪族に対する功賞の結果、川原寺式軒丸瓦の分布が集中したとされている。

壬申の乱において大海人皇子がたどった道を確認したい。天武天皇元年（六七二）六月二四日吉野を出発し、津振川（奈良県吉野郡吉野町津風呂の地と考えられる）を通ってその日の内に宇陀の吾城に到っている。現在の宇陀市（宇陀郡大宇陀町）で、「安騎野」と呼ばれた薬狩の地である。山際には式内社・阿紀神社のある古い地として知られている所である。次に甘羅村（大宇陀町神楽岡）を経て大野（宇陀郡室生村大野）に到って日が暮れた。そして夜中に隠郡に着く。伊賀国名張郡（名張市）である。隠郡家を焼いて横川（名張川）に到った。次に伊賀郡に到って伊賀駅家を焼いている。そして三重郡家（采女町付近と考えられている）で仮眠をとり、朝明郡の迹太川あたりで天照大神を遥拝している。そして桑名郡家に着く。八賀氏は「進路は非常時であることもあり後の東海道のような官道をはなれた道であったことは勿論である。」と記す。しかし、氏は郡家というのは、もとより郡の中心であり、交通路も整備されていたと考えられるとしたうえで、桑名郡家から後の東海道と分かれ、道を西にとって美濃に通ずる道に各郡家の所在地が比定されているとしている。大海人皇子がたどった道の三重郡には智積廃寺が所在し、朝明郡には縄生廃寺が所在している。そして桑名郡には額田廃寺が所在しているのである。

八賀氏は、郡家と寺跡とは直接的関係はないものの、郡司が地方豪族をもってその任に当てるとする規定があると

図31　伊勢・縄生廃寺周辺の寺と川

すると、各寺は各郡の長であり、その地域の権力的構造を有するものであろう。寺院はその地においてかなりの権威・権勢が無いと営めないが、各寺が各郡の長の造営であるかどうかは別として、これら三寺院における地理的位置というのは、大変特殊な存在といえよう。なぜならば川から海に注ぐ重要地点にそれぞれが位置しているからである。古来、中世においても然りであるが、「水」に関しては特別の処置が施されている。平野における田畑の水利権も中世社会における問題の中心的位置を占めているが、川や海、特に搬入搬出可能な所は政治的掌握がなされており、水利権を持つものは一般権力とは別の力を有するものであることも見逃せない。いずれにしろこれらの寺院が所在するところは、交通の要衝である。

　縄生廃寺、智積廃寺、額田廃寺の三寺院がまとまりを見せて位置する町屋川や滝川は、伊勢湾から川を遡れば、陸の交通の要衝である不破関に着くのである（図31）。またさきにも述べたが、これら三寺院の近くには揖斐川・長良川・木曽川という木曽三川があり、それらは複雑に入り組みながらそれぞれ美濃の山深くに入り込んでいるのである。この川路を操れる人は、この地理や川の流れを熟知した人々でなければならないはずである。川と云えども普通の川ではない。中世に瀬戸内海諸島を塩飽水軍等が制するような権限と技術を必要としたと考えられる。大海人皇子一行に加え、皇子に従う従者が増えれば増えるほど厖大な装備が必要となる。それらすべてを現地で調達できたとは考えられない。調達可能な地から物資を川で運んだ可能性も考えられる。その任は、川の地形は勿論、水の流れを熟知し、よほど信用の置ける者にしか頼ることができない重要な任務である。たとえその任に当たった人物が壬申の乱において武器をとって戦わずとも、大きな功績とされたことがうかがえる。その可能性として考えられるのは、持統天皇六年（六九二）二月の詔で、三月三日の伊勢行幸について大三輪高市麻呂が、人々の農耕の時節を妨げることになると、進言した記事である。しかし天皇は行幸した。そして行幸時に経路にあたる神郡（伊勢国度会・多気両郡）の郡司および伊賀・伊勢・志摩の国造らに冠位を賜い、あわせてこの年の調役を免じている。また行幸に供奉した騎士、諸司の荷丁、行宮の造営にあたった丁のこの年の調役を免じている。その時々に応じ行幸に供奉した者、この地域の壬申の乱において功労のあった者それぞれに賜りものや調役の免除を行い、罪人には恩赦を与えている。(6)

五月に阿胡行宮に泊まった時には、海産物の捧げ物を奉った紀伊国牟婁郡の人、阿古志海部河瀬麻呂ら兄弟三戸に十年間の調役と雑徭を免除した。この年に天皇は壬申の乱の功労者に細かく心を掛けていることがうかがえる。伊勢の行宮に紀伊国から捧げ物をした兄弟三人に、十年間の調の免除というのは普通考えられない。この時には舵取り八人にもこの年の調役が免除されている。ここにある紀伊国の三人とは壬申の乱において、食料等の段取りをした人々の一部ではなかろうか。

壬申の乱だけではなく、戦いなどの不測の事態になったときに如何に信を置けるか、そして軍団が動きやすくすべてが手配できるかが戦場で戦うのと同じく重要である。ここにあげた縄生廃寺・額田廃寺・智積廃寺は要衝の地における戦いのための直接の軍事的要素ではなく、軍事的配備を助ける後ろ盾であり、円滑に機能が果たせるように準備する機能を伴った寺院といえよう。

第五節　近江・衣川廃寺と防御

天狗沢系軒丸瓦をもつ衣川廃寺・寿楽寺・明科廃寺の三ヶ所のうちの一ヶ所、衣川廃寺について述べよう。衣川廃寺は滋賀県大津市衣川二丁目に所在し、北は天神川、南は御呂戸川が琵琶湖に向かって東流しており、ちょうどその中間に位置している。寺の遺構としては、金堂と塔の基壇が確認されているだけであり、この丘陵から見る限り地形的には講堂や僧房などの堂宇が建てられていたとは考えられない。伽藍配置も一般的な七世紀の寺院のものとは異なり、地形に応じて金堂の東南に塔が配置されている。掘立柱柵のような直接防御に関わる施設は検出されていないが、その立地、地形の上から以下のように考えられる（図32）。

衣川廃寺のある堅田地区は、琵琶湖が北湖と南湖に分かれる最狭部の西側にあり、水運には欠かせない地でもある。都からも近く、琵琶湖を北に上がれば海に出ることができるという交通の要所である。また対岸の東側は東山道が通っている。近江は地質学的に鉱物資源が豊富であったことはよく知られており、資源と技術を軍事的に活用し、交通を固めることが出来ればこれほど堅い守りはなかろう。

近江は交通の要所であるが、特に近江にとって琵琶湖の存在は大きい。日本海側から陸路を行く塩津街道や西近江街道を経て琵琶湖に入れば、あとは船で自由に動きが取れる便利さがある。陸路を行くよりも安全で、輸送の時間短縮が可能となる。実際、北陸へは国境より七里半越を越えて敦賀、福井に通じている。また、若狭の小浜へは追分を経て行く九里半街道と称される若狭街道がある。追分から南に進路を取れば鯖街道でのちに京の台所を潤した道である。畿

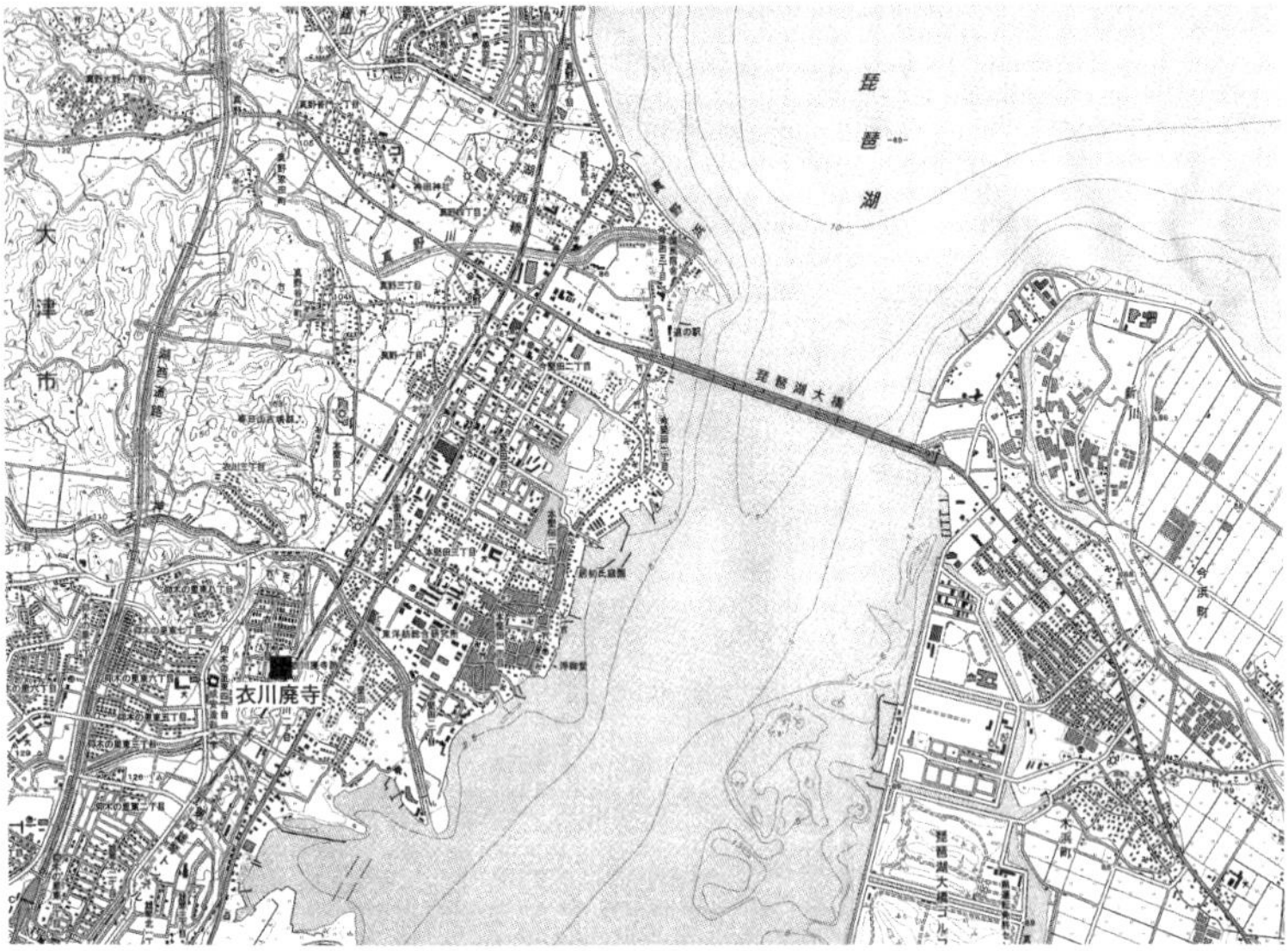

図 32　衣川廃寺と周辺の地形

内と北陸・若狭との交通はもっぱらこの官道を利用した。その一方で、交通の要所は便利さと同時に攻められやすい危険な地でもある。

もし北陸・若狭から軍勢が近江に入れば今津から陸路であれ、水路であれ南下すれば衣川廃寺に達し、次には都が営まれた大津に達してしまう。そして次には宇治川・木津川を経て大和に達してしまうのである。このように衣川廃寺は琵琶湖の最狭部に位置し、琵琶湖に向かって流れる天神川と御呂川の間の便利さと防衛を兼ねたところに築かれていた。

衣川廃寺に到るまでにも当然防備の地があったと考えられる。軍事施設となるものが築かれたとすれば、日本海から七里半越・九里半街道と呼ばれる琵琶湖西側の到着点である今津辺りが最適地であろう。琵琶湖に通ずる若狭街道と平行して流れる川には北は石田川、南は安曇川がある。その間に位置する饗庭野台地には一辺一〇メートル足らず、高さ一メートルの土壇があり、その周辺部に瓦が散乱している。ここを中心に二〇〇メートル前後の範囲に大宝寺跡が所在する。この台地には現在、自衛隊饗庭野演習場がある。発掘調査が行われておらず、遺構等の確認がなされていないのが残念である。大宝寺跡については次節で述べる。

第六節　近江・大宝寺廃寺と防御

大宝寺跡は滋賀県高島郡新朝日町大字熊本字新田十字安井川字御屋敷（現　高島市）にある。

大宝寺跡のある近江高島は、『日本書紀』継体天皇即位前紀に「近江國の高嶋郡の三尾の別業より、使を遣わして（後略）」とあり、高嶋郡三尾郷（現　高島市）は継体天皇の父、彦主人王の別業であったとしている。継体天皇もしくはその兄弟がその別業を継いだとすれば、この地から小浜への道は幹線道路であり、その小浜を膳氏が領していたことに、どのように関連していくのであろうか。古代の氏族を考える上にも、大変興味深い所である。

『続日本紀』大宝三年（七〇三）九月の条、天平十四年（七四二）十二月の条、そして天平宝字六年（七六二）二月の条それぞれに鉄の記事が見えている。奈良時代には高嶋は有数の鉄の産地として重要視されていた。現在、今津町やマキノ町で、製鉄遺跡が多く認められている。つまり、大宝寺のある高島郡は鉄資源の地であり、縦横に発達した交通の要衝の地であったといえよう。

大宝寺廃寺のある饗庭野には中世に佐々木氏の城が築かれた。古代の大宝寺廃寺、中世の佐々木氏の城の清水山城は饗庭野がいかに重要な地点であるかを示していると言えよう。

平成十四年（二〇〇二）三月に新旭町から『織田信長と謎の清水山城』(7)が出版された。シンポジウムの記録集であるが、その中で下坂守氏が次のように記している。「（前略）中世以前に京都に何か持ち込もうとすると、まず近江を通らずに入ることはほとんど不可能でした。もちろん丹後・丹波を超えて入る道もありますが、通常のルートは北陸方面から来るもの全ていったん琵琶湖に入り、坂本・大津あたりにもってきて、そこから山越えで京都に入る。これは東国だけでなく北陸からのモノも同様です。（中略）いずれにいたしましても、近江を通らずに京都にモノが入ったり、人が入りこんだりすることは、ほとんど不可能であったわけです。（中略）近江というのは京都にとってまさに要衝の国、要衝の地域であったといっていいかと思います。そのことは単に物質の流れだけではなくて当然、軍事的な意味においてもいえます。軍事上も近江は極めて重要な国であったということです。古代から変わりなかったと思います。」

大宝寺山の山林が、昭和二八年（一九五三）から始まった開拓工事によって畑地にされた。この時に弥生土器や有樋式磨製石剣などとともに瓦類が発見され、寺院跡の存在が明らかとなった。この台地のほぼ中央部を東西に走る道がある。その北側が藪地で、南側が畑地になっており、その道のすぐ北側がこの台地の中心部で一辺一〇メートル足らず、高さが約一メートルの土壇があって、その周辺に瓦が散乱している。この土壇が金堂あるいは塔などの主要遺構と考えられているが、発掘調査が行われていないので明らかではない(8)。

また注目したいのは、清水山城の発掘調査によって、清水山城が大宝寺廃寺の遺構を利用して、大宝寺の寺域の上に築かれていることである。その意味するところは二つ考えられる。一つは、大宝寺廃寺の遺構が清水山城を作るに十分な規模を持つものであったことである。もう一つは大宝寺廃寺と清水山城の立地であり、要衝の地であることによって、防御施設を築く必要があったということである(9)。

林博通氏が『近江の古代寺院』で、大宝寺廃寺の存在を「ここに弥生時代の集落跡など、前時代の遺跡と複合する形で寺院が営まれたものと考えられる。」と述べているように、古い時代から要衝の地であったことが知られる。

そしてまた、先述したがこの地にある古墳から鉄を使用したもの、鉄関係の遺物が出土している。林博通氏は『近江の古代寺院』でこのことにも触れている。「『続日本紀』によると、奈良時代において高島は有数の鉄の生産地として重要視されていたことがわかる。現在、今津町やマキノ町で製鉄遺跡が多く認められている。」と述べている。

琵琶湖を挟んで東側は東山道が南から琵琶湖を取り囲むようにして北に延びている。近江米原からのちに関を設けられる不破に行けば、そこはもう東国である。その最重要地点の途中に自然の堀となる川が北と南にある。北は琵琶湖に西流する愛知川であり、南は大同川である。この二つの川に護られるように、近江・能登川郡佐野に近江法堂寺廃寺がある。南向きで、東山道に接している。

近江法堂寺廃寺では、金堂、塔、中門等の遺構が明らかにされた。金堂跡や塔跡を「コ」の字状に、取り囲むように検出された大規模な溝（濠）は幅約二・五〜四メートルあり、南北約八〇メートル以上、東西約五五〜六〇メートルの範囲を区画している。ただ、この溝は中世のものであるが、本来この位置にあった溝を改修したとは考えられないだろうか。塔は金堂の南東に置かれており、これらを囲む回廊も見られない。築地や掘立柱柵もなく、幅広い溝がめぐらされているという類例の乏しい伽藍配置である。この寺に外郭施設が全くなかったとは考えられず、古代の溝を踏襲したのではなかろうか。この寺院も大宝寺と自然条件等を同じくし、防衛機能を持たせた古代寺院といえよう。

第七節　美濃・正家廃寺と防御

正家廃寺は岐阜県恵那市長島町正家字寺平三七および四十の一番地に所在する。ここは恵那盆地の南端にあたり、JR恵那駅より南に約一・六キロで国道二五七号線から少し山に入った所である。恵那駅から実際歩いてみると、町の中をしばらく通ることになるが盆地のなかにいる事が実感できる。少し郊外に出る頃からなだらかに曲線を描く道路は山を登る感じの坂になっており、その道の勾配は、往古の自然をそのまま取り入れた整備である事を感じる。その道路の頂上と思しきところに円通寺橋が後田川に掛かっており、広大な円通寺が見える。

道の頂上から山を下る様に坂が続き、脇道を山に入っていくと正家廃寺がある。

『発掘調査報告書』(10)で、寺跡が位置する地が、北に恵那市外を見下ろす小高い舌状台地で、阿木川が形成する扇状地

（東側）と後田川が開折する小谷（西側）にはさまれているとに述べられているように、眼下に恵那の町が見下ろせる。古代においては正家廃寺からは四方を一望に見渡せ、いろいろな動きが隈なく見通せたであろうと想像できるのである。恵那は本陣が置かれ、大井宿があったところであり、後世においても要衝の地であったのである。台地西南には鍋山（標高七七〇メートル）があり、正家廃寺のある台地は、この鍋山山地の最北端にあたる。

正家廃寺の遺構について『調査報告書』から概要を述べる。塔跡には礎石が残っており、その規模は三間四方である。心礎は一・五×一・六メートル、高さ推定六五〜七〇センチの巨石で、表面に直径七四センチ（約二・五尺）、深さ八センチの一重孔式の円形刳込みをもつ。現在は真二つに割れている。割れ目から見るかぎり舎利孔は無い。基壇は約一・八メートルの高さをもち、本来の規模は正確には不明であるが、側柱礎石のあり方から約九・一〜九・七メートル（三〇〜三二尺）四方の大きさで、基壇外装は乱石積みと推定されている。

金堂跡は、塔基壇の東約一二メートルを隔てて存在する。高さ約一・七メートルの基壇の上やその斜面に、入側柱礎石十二個と側柱礎石七個が存在する。側柱礎石は七個の内、南側の中央西の礎石と東側の中央北の礎石の二個が原位置を保つと考えられ、南側の二個、東側、北側の各一個の礎石は、すべて入側柱の中間に位置している。つまり側柱が入側柱の中間に位置するという特異な構造の建造物であったと推定される。これによって内陣、外陣ともに桁行き三間、梁間二間と考えられている。これは大和・山田寺、近江・穴太廃寺、伊賀・夏見廃寺それぞれの金堂と同じ構造である。基壇は版築によって突き固められており、乱石積み基壇であろうと考えられている。講堂跡は良好な箇所によって桁行七間、梁間四間の建物であったと考えられている。

土塁および溝について概要を述べる。塔および金堂基壇の南約二〇メートル、北約四〇メートルの位置にそれぞれ土塁状の高まりが溝に並行して東西に走り、また塔基壇の西約一〇メートルのところにも同じような高まりが南北に続いている。南辺を画する土塁と溝について述べるならば、後世に削平されているが、基底部幅三・二メートルである。

現存高〇・二メートルあり、下から赤褐色土・暗赤褐色土を積み上げている。

南辺の土塁は北辺、西辺の土塁と比べて規模が大きい。この土塁の北側には幅一・六メートル、深さ〇・四メートル、断面逆台形の溝が確認されている。また土塁の南側にも幅二・二メートル、深さ〇・六メートルの溝を検出している。断面はV字形を呈している。南辺に関しては、第一章で述べたように、二条の掘立柵がある。(11)

以上のことにより、正家廃寺は低山地であるが、標高六六〇〜八〇〇メートルの台地にあり、鍋山山地の最北端に位置することから周りを一望でき、眼下に各種の動きを見渡せる事ができる地形にある。また北、西、南に土塁の高まりと溝がある。くわえて南辺を画する土塁の基底部幅が三・二メートル、現存高〇・二メートルあり、北辺と西辺から検出された土塁と比べて非常に大きい事がわかる。

正家廃寺は東山道上で、信濃に入る峻険な神坂峠を超える手前に位置するという要衝の地であり、国を守る防御の砦でもあったと考えるべきであろう。

第八節　飛騨・寿楽寺と防御

寿楽寺へは東山道から飛騨川・宮川に沿って金山、高山、飛騨へと北に進み、袈裟丸から太江川を東に上がれば寿楽寺である。山が深く、標高一二〇〇メートル以上の山々を背にしている。

寿楽寺については、『書紀』に見える大津皇子事件との関連があったと考えられている。朱鳥元年（六八六）九月に天武天皇が崩御し、翌十月にその大津皇子謀反事件があった。大津皇子事件に連座した人の一人、沙門行心については のちの持統天皇が詔を出している。持統称制前紀、朱鳥元年十月二九日の条に「新羅沙門行心、皇子大津謀反けむとするに與せれども、朕加法するに忍びず。飛騨国の伽藍に徙せ」とある。その飛騨の伽藍が寿楽寺だと考えられている。

寿楽寺は山裾の扇状地を掘り込んで造成した平場に建てられた。遺構の状況は良好ではないが、僧房跡、西面回廊跡、講堂基壇の一部が検出され、法隆寺式伽藍配置が想定されている。

衣川廃寺と同じく、寿楽寺を護る防衛施設を備えた寺院が近くにあったかどうかを検討しよう。

寿楽寺の西、宮川と太江川の分岐点に杉崎廃寺がある。小規模ながら中門・金堂・塔・講堂・鐘楼などの主要堂塔を備えた本格的な寺院であったことが発掘調査で明らかになっている。中門・講堂を繋いで一本柱の掘立柱柵列が取り囲み、その中に金堂・塔・鐘楼が置かれている。基本的には金堂が西に、塔が東におかれる法起寺式藍伽配置であるが、講堂を金堂の北に置く点では特異な伽藍配置といえる。

杉崎廃寺で特記すべきは、伽藍の内部全面に敷き詰められた玉石である。七世紀の飛鳥宮殿遺跡を模したものと考えられ、伽藍地全面を玉石敷きとするのは他に例をみない。掘立柱柵列が伽藍を取り囲み、柱の掘り方が一般の掘立柱建物と比べて大きいことは、防御施設を兼ね備えた施設と考えざるを得ない。

飛騨には寿楽寺・杉崎廃寺の他、山狭の地に十一ヶ寺もの寺院が存在している。この事自体特異なことである。

第九節　信濃・明科廃寺と防御

さて、衣川廃寺、寿楽寺と共に同系の瓦の文様をもつもう一つの寺院が信濃の明科廃寺である。

明科廃寺は東筑摩郡明科町中川手明科に所在する。大和から山背へ出て東山道を北に進み、神坂峠を越えて信濃に入る。伊那、松本平、四賀村と北上し、越後に抜けるが、松本平を川筋に沿って北上すれば犀川を主筋に穂高川、高瀬川、会田川のちょうど合流地域が明科である。いずれの地域に行くにも明科の地は自然の関門であり、あたかも関所のようである。このように、明科廃寺も他の二ヶ所と同じく交通の要所である。他の二ヶ所と同じく明科廃寺を護る防衛施設を備えたと考えられる寺院をあげてみよう。

　東山道から信濃に入る前にも自然の要塞がある。標高二一八九・八メートルの恵那山と、一六八四・二メートルの神坂山との間にある海抜一五七〇メートルの神坂峠を超えなければ信濃には入る事は出来ない。東山道からその神坂峠に到るまでにあるのがすでにふれた正家廃寺である。

第十節　越前・篠尾廃寺と防御

「越前国」といった場合、近世以降の越前国の範囲と古代の越前国の範囲とでは、その区域に雲泥の差がある。古代における越前国は能登まで含む広い地域であった。越前国と接する日本海の冬は非常に厳しく荒い。越前から能登を過ぎ越後新潟と海岸線は続くが、内外の船が入港できる穏やかな港というのは限られている。まして険しい日本海側の海岸線を走る道を越えて都へ入ろうとする事も難しい。水野和雄氏は加賀国に寺院が集中することについては、加賀が越前の中のどういう立場の地域であったかと考えることが今後の解明の手掛かりになると述べている。中世後半から近世にかけて加賀は幕府の抑え、反対に当時の権力者が恐れる強大な力の保持者としての前田侯で注目を浴びるが、古代においては当然違った形で注目を浴びるからこそ、古代寺院が加賀に集中するのである。

　しかし、本章で取り上げる古代寺院の軍事的要素を持つ寺としての注目とは考えない。古代越前において軍事的要素を持った古代寺院は現在の福井県にも存在する。それも下克上の頃以降は、一乗谷に朝倉氏が勢力を張っていたことが示すように現在の福井市が中心であるが、古代においては一乗谷だけではなく、古くは武生が中心であろう。琵琶湖の北部から北に上がればすぐ武生である。下克上の頃までは越前の守護代は武生に住し、国府も武生にあった。敦賀から船を上がれば北の武生にも、南の琵琶湖にも到達する。琵琶湖を南下して西近江街道を下れば大宝寺であり、軍事的要素をもつと考えられる篠尾廃寺がある。

篠尾廃寺は福井市篠尾三五字塔垣内に所在する。篠尾廃寺が所在する南には足羽川が流れ、北に吉野岳を擁している。字塔垣内は現在は水田化されているが、中ほどに約一アールの畑地が残されている。そこに塔心礎があり、長辺二・六メートル、短辺二メートル、高さ一・三メートルという大きなものである。塔心礎の上面中央には直径八八センチ、深さ約二二センチの柱座が彫り込まれており、その柱座の中央には舎利孔も穿たれている。そして付近の水田や畦、用水路には礎石と見られる一辺一メートル前後の石が二十数個散在しており、多くの瓦片が採取されてきた(12)。

篠尾廃寺の創建は軒瓦から白鳳前期で、奈良時代末まで存続し、奈良時代後半または平安時代初頭に塔が崩壊し、廃絶に向かったと考えられている。壇越についてこの廃寺は生江臣の氏寺と考えられていたという。しかし水野氏は生江臣は、奈良時代造東大寺司史生として越前の東大寺領荘園占定に従事し、のちにその功あって生江臣東人が足羽郡大領となった、新興の勢力であると説明している。そして篠尾廃寺が存続中の奈良時代中頃以降に関しては、生江臣とのつながりは考えられるだろうが、篠尾廃寺創建時における壇越比定に生江臣を登場させるのには無理があるとしている。水野氏の考え方はもっともであろう。出土瓦から篠尾廃寺の創建年代が白鳳期前半である以上、壇越はその当時この地の権力者か、何らかのこの地に強い関わりをもつ人物であることは確実である。生江臣の出自家系がその人物であったかも知れないが、生江臣そのものであるというのは考えにくい。壇越に関しては今後の研究に期待したい。

いずれにせよ篠尾廃寺の所在地は、最初に述べたように南に足羽川が流れ、北に吉野岳を擁する護りに固く、当時の中心交通といえる水運の要衝である。海から上がって武生を通り北に進んでいく重要な地に篠尾廃寺が営まれているのである。

第十一節　備中・日畑廃寺と防御

吉備は強大な力をもっていたことによって備前・備中・備後に分国された。それがいつの頃であるのか定かではないが、『書紀』によると天武天皇二年（六七三）三月条に「備後国司、白雉を亀石郡に獲て貢れり」とあり、これが「備後国」の初見である。このことから、壬申の乱を境に分割された可能性が高いと考えられている。さらに和銅六年（七一三）に備前六郡を割いて美作国が置かれた。

吉備の七世紀創建の寺院としては、秦原廃寺、日畑廃寺、栢寺廃寺、金剛廃寺、箭田廃寺、八高廃寺などがある。

秦原廃寺は秦寺跡とも呼ばれ、岡山県総社市秦寺藪に所在する。高梁川右岸の小台地上であり、地方寺院としては稀有の飛鳥期創建の寺院で、県内最古であるのみならず、中国地方でも唯一のものである。発掘調査が行われていないので詳細は不明だが、創建期の寺域は地形や字名から一町四方の規模であったと推定されている。心礎は現位置にあると考えられている。建立の地は備中国下道郡秦原郷であり、渡来系氏族秦氏との関連が考えられる。秦原廃寺と共に注目すべき寺が日畑廃寺である。

日畑廃寺は備中、倉敷市日畑赤井に所在する。日畑廃寺の名称は倉敷市日畑地区に所在する大字の呼称をもとに名づけられた。そして所在する土地の小字名が「赤井」ということから赤井廃寺とも呼ばれている。また小字「赤井」の東側に隣接して「寺門」の小字が残っている。『報告書』によると、日畑廃寺が所在する倉敷市庄地区は『和名類聚抄』にある「都宇郡」に属し、「河面」「撫河」「深井」「駅家」の四つの郷（里）があった。この郡に駅家が置かれていた可能性が高いとしている。

庄地区は北部の丘陵を除く大部分が足守川の形成した沖積平野であり、古代までは海が入り込んでいた。日畑廃寺はこの海に向かって西から張り出す王墓山丘陵の東側、二本の尾根に挟まれた谷間に立地している。東側が開けている以外は、三方を山で囲まれている。また庄地区の北端に沿って古代山陽道が通っていたと推定されている。

日畑廃寺の南東二キロほどに位置する岡山市川入遺跡では、平城宮式の瓦なども出土しており、郡衙の可能性が推定されている(13)。

日畑廃寺は自然の要害の地に位置し、備中で最初の駅家が作られた山陽道に近いという地形自体、大変特殊と言わざるを得ない。東に開けて海が入り込んだ地形、今は足守川が悠々と流れる所であるが、その先端ともいうべき所にあり、三方を山で囲まれた寺院造営は決して景観のためとは考えられない。重ねて古代山陽道がとおり、駅家が最初に作られた地であるのである。ここが要衝の地であることは、近江の大宝寺などと共通して考えられるのではないだろうか。古代においての要衝の地で、護りや監視が必要な所には中世において城が築かれている事が多い。日畑廃寺が位置するこの地は中世末には足守川を挟んで、織田・毛利両軍が対峙し、羽柴秀吉による高松城水攻めがあったことはよく知られている。日畑廃寺の東北の丘の上に日幡城が築かれていた。日幡城は毛利氏が織田信長の中国地方侵攻に対抗するために築いた境目七城の一つであるという。海からの玄関口を護り、古代官道を護る正に護りのための伝令発信地とも言うべき位置に所在している。

第十二節　安芸・横見廃寺と防御

横見廃寺は、広島県豊田郡本郷町下北方宮仕川に所在している。

西北方位から海に注いでいる大河川沼田川には梨和川・尾原川・三次川・菅川など多くの河川が合流している。横見廃寺はその沼田川の右岸約一キロに位置している。その様子はちょうど河内国で、石川などの河川が大和川に注ぐ地形によく似ている。

『安芸横見廃寺の調査Ⅰ』(14)には、この地に寺が建立された理由について、注目すべき推論があげられている。それは「一つは古代の山陽道は、真良駅（現　三原市高坂町真良）から、本寺跡付近では梨和川の北岸を西に進み梨葉駅（現本郷町南方？）へいたったといわれており、本寺跡がこの旧山陽道に面していること、二つには寺跡の西方二五〇メートルには、県下最大の横穴式石室墳である梅木平古墳が位置しており、この付近に相当有力な豪族が存在していたものと考えられる。（後略）」と述べられていることである。この地が梨和川と山陽道という官道に面した重要な地点であった事がわかるのである。

出土遺物の中で注目すべきものに、重圏縁有子葉単弁蓮華文軒丸瓦がある。この軒丸瓦の子葉に毛羽が伴っているのである。きわめて特異な文様と言える。この軒丸瓦との同笵品が大和檜隈寺跡と同栗原寺跡から出土している。大和の両寺と横見廃寺との間で同笵軒丸瓦が見られることに関しては、『書紀』白雉元年（六五〇）に見える倭漢直縣らが安芸国に派遣されて船造りに従事した記事が常に取り上げられる。

倭漢直縣は書直縣とも表わされ、舒明天皇十一年（六三九）に百済大寺造営に際して大匠に任じられている。造営技術に長じていた倭漢直縣が安芸国に派遣されていることに、きわめて強い関心を抱く。次に花弁中にパルメットを配した忍冬文軒丸瓦が出土している。文様は全く異なるが、パルメット文は珍しく、畿内では法隆寺若草伽藍からの出土のものがよく知られている。横見廃寺は出土瓦からも、中央氏族と密接な関係を有した在地氏族の建立であると考えられている。

さきにふれた、子葉に毛羽を伴う軒丸瓦が、明官地廃寺と正敷田廃寺から出土していることに関しては、この軒丸瓦の先後関係を含めて注意しなければならないことである。

第十三節　寺院造営の意義の変革

『扶桑略記』持統天皇六年（六九二）三月三日の条に「天下の諸寺を数えさせれば凡そ五百四十五寺」とあり、当時の朝廷における仏教観に則した寺院が順に建てられていったことがわかる。

七世紀後半に建立された寺院の瓦の分布と発掘調査で明らかにされた遺構を概観すると、第Ⅲ四半期の前半と後半とでは瓦当文様から伝播系譜の違いが読み取られる。その過渡期に起きた政治的事件の影響と考えられるのであり、それは六七二年の壬申の乱である。壬申の乱は単なる皇位継承争いではなく、従来の古い政治体制を壊し、鎮護国家思想を根底にした律令国家を確立する基礎となった戦いであった。その頃のわが国を取り巻く東アジア地域もやはり戦乱の中にあった。その中で新羅国三十代の文武王は統一新羅を打ち立てた。文武王は唐と力を合わせて、高句麗・百済を倒し統一新羅を築いたが、その一方で、唐の圧力を牽制しながらも友好を保たねばならず、わが国にも誼を通じなければならない複雑な状況があった。この頃、新羅との交流は文武王が崩じた後の報告、天武天皇騰極の祝賀使、天智天皇に対する弔問使など実に頻繁であった。

韓半島における戦乱の終結は六六八年で、わが国の壬申の乱より若干早い。統一新羅成立までの戦況と壬申の乱の戦況は酷似しており、天武天皇にとって新羅から逐一もたらされる情報は、律令国家を推し進めるための貴重な情報であったといえる。

統一新羅を成立させた文武王、壬申の乱で勝利した天武天皇は律令国家成立を目指した政治を推し進めるにあたり、軍事を最重要課題としたことは奇しくも同じ施策であった。

新羅の軍制は王が自ら軍隊を持つのではなく、貴族の私兵によって運営されていた。高句麗との戦いを共に戦い抜いた上級貴族たちであったが、その貴族たちの多くは新しい戦術を持つ唐との戦いを避け、文武王は下級貴族や投降将軍等で軍を編成し戦わねばならなかった。しかし、そのことが勝利をもたらす結果となった。

天武天皇も壬申の乱において、下級貴族や地方豪族を中心に勝利したことにより、その後は軍事に重きを置いたことがその治世に現われている。『書紀』天武天皇十三年閏四月五日の条に、「凡そ政の要は軍事なり。是を以て、文武官の緒人も、務めて兵を用い、（以下略）」と軍事の大切さを強調して詔している。文官・武官を問わず、武器・武具を備えさせている。壬申の乱の経験から、乱の平定後も不測の事態への備えを固めることは当然のことといわねばなるまい。

さて、そのような背景から古新羅系の七世紀第Ⅲ四半期の過渡期と思われる特異な軒丸瓦、天狗沢系軒丸瓦を見ていくと、四ヶ所にしか認められない。それらの所在地は交通の要衝であり、盤石の備えが必要と考えられる地に存在している。順を追って伝播したといえるような分布ではない。楔を打ち込む形でさえある。

すなわちその四ヶ所、近江・衣川廃寺、飛騨・寿楽寺、信濃・明科廃寺、甲斐・天狗沢瓦窯であるが、これらは不測の事態が起きた際の防御の地、援軍発動の地、軍需物資配備の地なのである。

戦略の地としての準備の一例と考えられる記事が『書紀』にみえる。天武天皇十三年（六八四）二月二八日の条に「三野王・小錦下采女臣筑羅等を信濃に遣わして、地形を看しめたまふ。」重ねて同閏四月十四日の条に「三野王、信濃国の図を進れり。」天武天皇十四年十月十日の条に「（略）信濃に遣わして、行宮を造らしむ。」これらの記事からは信濃に宮を造るとも考えられているが、不測の事態が起きた際の本営へは、行宮に留まる身分の人物が赴くのが常である。明科廃寺は飛鳥宮と同じような玉石を敷き詰めた可能性の高い古代寺院である。信濃での軍事拠点となるべく寺院、もしくは何らかの施設の造営計画があったと、この『書紀』の記事は示しているといえよう。

本章で問題とする四つの地を防備中心と考えれば、法堂寺廃寺および大宝寺廃寺の両寺院は、衣川廃寺を護る、いわば砦の役を負っていたとも考えられる。また、杉崎廃寺や飛騨の多くの寺々は寿楽寺を護り、正家廃寺や自然の要塞である神坂峠は、明科廃寺を護る任を担っていたと考えられよう。そして衣川廃寺、寿楽寺・明科廃寺は大伽藍を備えた表向きの寺院ではなく、指揮・技術・執行部の中枢的な軍事機関を置いた寺院と考えられるのである。

本章で取り上げている瓦伝播の分布は軍事配備だけではなく、もう一つの分布を同時に指し示している。それは鉱脈の分布である。壬申の乱の主だった舞台である東山道上の地域は鉄の産地としてもよく知られ、後世も硝煙は飛騨・白川郷の合掌造りの家で作られた。それは江戸時代には年貢であった。そして美濃はペグマタイトの産地でもある。

ペグマタイト（pegmatite）とは、主に長石と石英の巨大な結晶から成る岩石であり、構成鉱物は花崗岩に似ているが、数々の岩石が固結・分化した残りのマグマが固結した物で、希元素などの鉱物を含む。希元素は地球上で希少な存在ながら、チタン・ウランなどの元素の総称である。古墳の埋葬に使われる多種の鉱物を使用した顔料や、種子島の鉄もチタンを多く含んでおり、古代においても現在とは異なる形で、想像以上に科学的知識があったろうと考えられるのである。

さて、ペグマタイトの三大産地が、滋賀県田上地方・岐阜県苗木地方・福島県石川地方である。本章で述べた瓦の分布地には福島県石川地方は入っていない。しかし、この地でやはり、防御施設となる古代寺院が存在するのである。このもつ意味は如何なるものか。その寺院は夏井廃寺である。

夏井廃寺の伽藍配置は金堂の東側に塔、金堂の北側に講堂が配置され、金堂は南北棟で東面する特徴がある。南北棟の金堂は、一塔一金堂の伽藍配置では、大宰府の観世音寺に同じく、観世音寺式に分類される。観世音寺式の伽藍配置をもつ他の寺院には、郡山廃寺と多賀城廃寺がある。

夏井廃寺からは、主要伽藍を区画する施設として区画溝が検出されている。南辺の南区画溝のほぼ全域が確認された。また、南辺から西辺の全域にかけて、区画溝に平行して土塁状遺構が確認されており、主要伽藍をすべて区画溝で取り囲んでいたことが明らかとなっている。

さて、律令国家にとって最も大切と考えられたことは、軍事であった。不測の事態の抑えと、律令国家の形成という七世紀後半は至難の時期であったといえる。国中の人々が戦慣れをし、新しい知識や技術が韓半島から、人と共に流れ込んできた。朝廷としても御し難い時代でもあったといえよう。その反面、様々な技術者を同時に各地に派遣することが可能であった時期であったとも言えよう。自然の要塞となるべき地形には関や官道を開き、軍事施設としての寺院を建て、防御と駐屯と統制が同時に図られたのである。

それぞれの意図的に配置された古代寺院からは不測の事態に備え、出動できる地理と、軍事資源を手に入れやすい場所と方法の確保が図られたであろう。これらのことが特異な瓦の特異な分布を示すことになった。山深い飛騨には十一もの古代寺院がある。軍隊を駐屯させるにも、技術者を確保するにも必要な施設である。

軒丸瓦の状況から明科廃寺や寿楽寺よりも近江・衣川廃寺の瓦が最も先行すると考えられるが、工人の移動と共に鉱物関連の専門家の移動もなされたであろう。衣川廃寺・寿楽寺・明科廃寺出土の同系の特異な瓦が古新羅系であることからも、渡来系の人々の関与は明らかである。

鎮護国家思想とは仏法によって国家を鎮定し、守護し、安穏に導くことである。律令国家の要を軍事と心得、防御施設を伴った古代寺院の守護を仏に願うことは、至極あたりまえといえるだろう。

縷々述べてきたが、本章では三ヶ所の天狗沢系軒丸瓦の共通項から軍事に結びついていることを検証した。また鉱山・鉱物を中心に瓦の分布を見てみることも必要なのではないかと考える。

以上述べてきたように、軍事的要素をもつ寺院跡を各地に求めることができた。明らかに天武・持統朝における寺院造営の状況が従来と異なっている。そして『扶桑略記』持統天皇六年に見える寺の数五四五という数は異常でさえある。この持統天皇六年（六九二）という年に寺の数を数えさせたのは、この年が天武天皇七回忌に当たっていたからに相違ない。天武朝に鎮護国家思想を背景にして寺院造営の指示が出され、天皇崩御後に至っても完成しない寺もあったのであろうし、督促が為されていたに違いない。そして天武天皇七回忌の年を迎えて、その確認が行われたのであろう。その確認後、準備を進め翌年には宮中で盛大なる法要、無遮大会が二度も行われた。

註

（1）九州歴史資料館『大宰府政庁跡』二〇〇二年

（2）泉南市教育委員会『海会寺　海会寺遺跡発掘調査書』一九八七年

（3）山田　猛『夏見廃寺の研究』夏見廃寺研究会　二〇〇二年

（4）三重県三重郡朝日町教育委員会『縄生廃寺跡範囲確認調査報告1』一九九一年
三重県三重郡朝日町教育委員会『縄生廃寺跡調査報告』一九八八年

（5）八賀　晋『飛騨のあけぼの』岐阜県博物館　一九九二年

（6）『日本書紀』下　日本古典文学大系　岩波書店　一九八〇年
持統天皇六年三月十七日の条「過ぎます神郡、及び伊賀・伊勢・志摩の国造等に冠位を賜い、併せて今年の調役を免し、天下に大赦す。（後略）」

（7）シンポジウム『織田信長と謎の清水山城』新旭町シンポジウム記録集　二〇〇二年

（8）林　博通「大宝寺跡」（『近江の古代寺院』真陽社　一九八九年）

（9）拙稿「天武・持統朝における飛鳥から遠隔地の掌握」（『奈良学研究』八　帝塚山大学奈良学学会　二〇〇六年）

（10）恵那市教育委員会『正家廃寺発掘調査報告書』一九九四年

（11）前掲註10に同じ

（12）北陸古瓦研究会『北陸の古代寺院　その源流と古瓦』桂書店　一九九七年

（13）倉敷埋蔵文化財センター『日畑廃寺』倉敷市埋蔵文化財発掘報告11　二〇〇五年

（14）広島県教育委員会『安芸横見廃寺の調査Ⅰ』昭和四十六年度発掘調査　一九七二年
広島県教育委員会『安芸横見廃寺の調査Ⅱ』昭和四十七年度発掘調査　一九七三年

広島県教育委員会『安芸横見廃寺の調査Ⅲ』昭和四十八年度発掘調査　一九七四年

第三章　薬師寺と新羅感恩寺

はじめに

奈良県橿原市城殿町に所在する本薬師寺は『日本書紀』にみられるように、天武・持統両天皇の篤い想いを秘めた寺跡である。この本薬師寺の伽藍配置は新羅感恩寺のものと極似している。ここでは海を隔てた異なった国であるにも関わらず、共通した伽藍配置をもつ両寺院造営の背後にある政治的・思想的共通性に若干の考察を加えるものである。

第一節　先行研究

本薬師寺、平城京の薬師寺はともに回廊内に東西両塔を配置する伽藍であることはよく知られている。回廊内に東西両塔を配する伽藍は百済寺など何ヶ所かを数えるが、朝鮮半島においてこのように回廊内に双塔を配する伽藍は、統一新羅時代初期の寺院に多く見られると考えられている。その中でも薬師寺の伽藍配置と新羅感恩寺の共通性を具

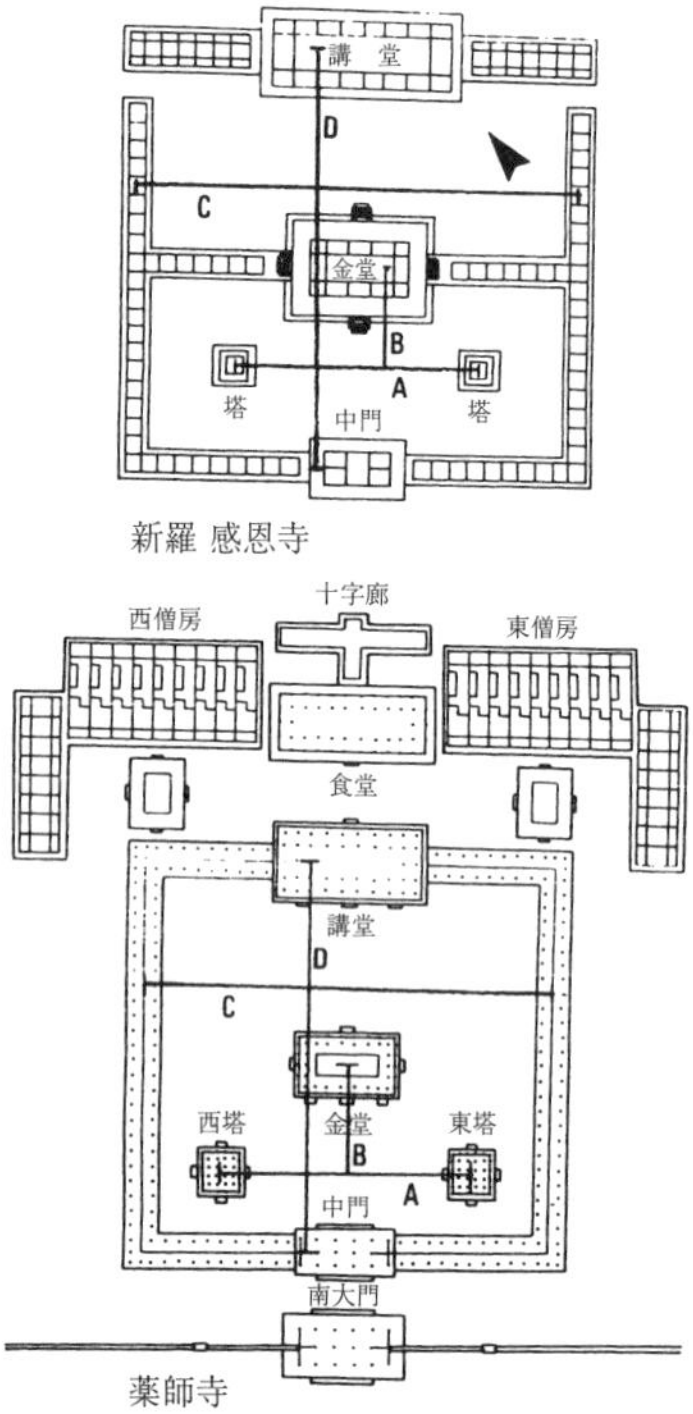

図33　薬師寺と新羅感恩寺の堂塔配置比率

体的に数字で証明したのが岡田英男氏である[1]（図33）。

統一新羅時代の双塔式伽藍跡の大部分は回廊の間口よりも奥行きが深く、全形が縦長となっているが、感恩寺は薬師寺と似た形で間口の方がやや広い。感恩寺は大韓民国慶尚北道月城郡陽北面竜童里であり、回廊内に双塔を有している。

感恩寺造営の基となったのは第三十代文武王である。文武王は六六一年に父王である太宗武烈王のあとを継いで王になった。父王、武烈王の時代も戦いに終始した。太宗武烈王六年（六五九）四月には、百済がしばしば国境を侵すので、王は百済を討とうと唐に使臣を送り討伐の陳情をした。『三国史記』によると、四月に送った使臣からの返事が無く心配していると十月になって、すでに亡き臣下の長春と罷郎の二人が夢に現われた。彼等が言うには唐が来年五月に百済を征伐するので心配無用と言って消えた。王はその子孫に厚く褒美を賜り、役人に命じて漢山州の荘義寺（ソウルの彰義門の外）を創建して彼等の冥福を祈ったと記している[2]。その太宗武烈王のあとを継いだ文武王の治世もやはり戦況下にあった。

文武王は仏法によって国家を鎮定し守護する鎮護国家思想を根付かせると同時に、律令国家の確立を目指した。王は鎮護国家思想を根付かせてはいるが、ただ単に仏を尊ぶだけではすべてを善とはしていない。その証しとなるのは文武王四年（六六四）八月十四日の詔で、人々がみだりに財貨や田地を仏寺に寄付する事を禁じている[3]。これは寺院の権力集中や寺院間の力の格差を生じさせないためだけではなく、政治・経済の安定を目指したものと考えられる。

文武王は国の基礎を固めるために自らの死後の事を言い残している。王が亡くなって十日過ぎれば庫内の外庭において西国（印度）式に法って火葬にせよとし、喪の制度は務めて倹約を旨とせよと述べている。そして律令と格式に不便なものがあれば直ちに改めよと、[4]合理性と律令体制の整備・強化に努めている事も認められる。

文武王は死後、自らが大龍と化して国を守る事を願った。そして文武王二一年（六八一）七月一日に崩御する。

翌六八二年、文武王の子で即位した神文王が父王の意思を継いで、海岸近くの台地に回廊内に双塔を有した感恩寺を建立し、金堂の床下に龍となった父王の休息の場を設けたのである。父王の墓は海中にあり、海中王陵として存在するが、攻め来る敵の最前線にある形となっている。

一九五〇～六〇年に発掘調査と西塔の解体修理が行われている。その際、精巧な青銅製舎利容器と四角龕が発見され、特殊な金堂基壇の構造も明らかになって、文武王の伝えを裏付けている。[5]さらに一九七九～八〇年にかけて全面的な発掘調査と復原整備が行われ、回廊外側の僧房状遺構や金堂基壇内空洞に出入りする竜穴、さらに講堂両脇は回廊ではなく梁間三間の細長い建物となることなどが新しく確認されている。[6]

『三国史記』「万波息笛」（『三国遺事』）にあるように文武王の言い伝え、神文王の足跡も発掘調査で確認された。薬師寺と新羅感恩寺の伽藍配置はよく似ているといわれるが、相違点もある。最も大きな違いは薬師寺は木塔だが感恩寺は石塔である。感恩寺には東西両回廊と金堂をつなぐ軒廊があるが、薬師寺には無い。また、感恩寺は単廊だが薬師寺は複廊である。しかしこれについては薬師寺も当初は単廊で計画されていた事が発掘調査で確認されている。[7]もう一つの相違点は薬師寺は講堂の妻側に北面回廊が接続するが、感恩寺では講堂の両側は僧房となっている点である。薬師寺と感恩寺には以上のような相違点があるものの、一見して両寺の共通性として、両寺とも両塔間の距離が長く、縦長ではないということである。

先述した岡田英男氏の数字に置き換えての両寺の共通性を薬師寺と感恩寺の伽藍配置図に、ＡＢＣＤとローマ字で表わし、氏の論を当てはめてみる。

Aは東西にある塔を結んだ距離、Bは両塔を結んだ線から金堂中央までの距離、Cは東西の回廊の距離、そしてDは講堂の中央から中門の中央までの距離である。本薬師寺と薬師寺は寺域と伽藍の比率については多少の誤差は有るものの、発掘調査において同形式をもっていることが確認されている。よってここに示すものは薬師寺と感恩寺の比率に代表させることにする。

第二節　薬師寺の造営

薬師寺造営の発願については、『日本書紀』（以下『書紀』）天武天皇九年（六八〇）十一月十二日の条に「癸未に、皇后、體不予したまふ。則ち皇后の為に請願ひて、初めて薬師寺を興つ。より仍りて一百僧を度せしむ。是に由りて、安平ゆること得たまへり。是の日に罪を赦す。」(8)とあり、東塔の檫銘に「維、清原宮馭宇天皇（天武天皇）の即位八年。庚辰の歳。建子の月。中宮（のちの持統天皇）の不悆を以って、此の伽藍を創めたまう。而して、鋪金未だ遂げたまわずして、竜駕騰仙したまえり。太上天皇、前緒に遵い奉りて、斯の業を成したまう。」(9)とある。『書紀』の天武天皇九年と、東塔の檫銘の天武天皇八年では一年の差があるが、これは天武天皇即位前紀の年を入れて数えるか、元年から数えるかの違いだけであり、造営の発願の年代については疑う余地がない。また発願の理由は皇后の病気平癒に他ならない。たとえ時の天皇といえども壮大な事業といえる寺院の造営である。発願の想いは絶大なものであったことがうかがえる。

天智天皇十年（六七一）十月に皇太子であった大海人皇子が出家して吉野に入る。翌年の六七二年七月二四日吉野を発って、美濃で兵を挙げる。皇后、鸕野讃良皇女は草壁・忍壁皇子と舎人わずか二十名ばかりを連れて皇子に従い、生死を共にした。鸕野讃良皇女は、のちに皇后となったが、天武天皇にとっては戦いの同志でもある。『書紀』持統天皇の条に「皇后、始より今に迄るまでに、天皇を佐けまつりて天下を定めたまふ。毎に侍執る際に、すなわち言、政事に及びて、たすけ補う所多し。」とその生涯を記している。鎮護国家を根底に律令政治を推し進めている最中の皇后の発病であり、その病気平癒である。

さて本薬師寺の建立であるが、朱鳥元年（六八六）九月九日に天武天皇の崩御があり、同年十二月十九日の条に「師走の丁卯の朔、乙酉に、天渟中原瀛真人天皇の奉為に無遮大会を五つの寺、大官・飛鳥・川原・小墾田豊浦・坂田に設く。」と天武天皇のために無遮大会が施行されたという記事が出てくるが、薬師寺の名前はまだ出てこない。薬師寺はこの時点では、まだ法要を執り行うまでに形作られてはいなかった事がわかる。よしんば薬師寺造営に着手していたとしても、まだ法要が出来る状況ではなかったと考えられる。

次に持統天皇二年（六八八）正月八日の条に「丁卯の日に、無遮大会を薬師寺に設く」とあり、この記事から薬師寺には法会を営むことができる何らかの施設が出来上がっていたといえる。

持統天皇十一年六月二六日の条には「辛卯に、公卿百寮、始めて天皇の病の為に、祈願る佛像を造る。」と、持統天皇の病気平癒のために仏像を作る記事が見え、同年七月二九日の条には「癸亥に、公卿百寮、佛の眼開しまつる会を薬師寺に設く。」と、その仏像の開眼供養が薬師寺で行われたことがみえる。

天武天皇の薬師寺発願の詔から十八年、文武天皇二年（六九八）十月三日の条には「冬十月庚寅、薬師寺の構作略了りたるを以て、衆の僧に詔してその寺に住まわせたまふ。」とあり、ここに初めて薬師寺に僧を住まわせる詔が出ていることで、僧房の完成を確認することができる。

薬師寺の造営は天武天皇の皇后、鸕野讃良皇女の病気平癒のために天武天皇が発願したことによるものであるが、その甲斐あって皇后は回復し、その後造営工事が進む中に鎮護国家の官の寺として存在していく。

和銅三年（七一〇）平城遷都に伴って、本薬師寺は平城の地へ移されることとなった。しかしこの移建に関しては実際に移されたのではなく、「寺籍」のみが移されたとの見解がある。[10]その一部を抜粋する。「平城京四官寺（薬師寺・大安寺・元興寺・興福寺）のいずれもが旧京（藤原京）からの移建ではなく、新たに建立されたものであることが明らかとなった。（略）大安寺のように前身寺院が火災によって焼亡してしまったもの、元興寺の場合は前身寺院が建築様式として過去のものになってしまったというような事情があった。ただ、薬師寺のように、本薬師寺と全く同じ規模であったにもかかわらず、移建ではなく、新たな建立であり、しかも前身寺院は奈良時代になっても造営工事が続けられていたことには注意を払う必要があり、旧京にも官の寺を残しておく必要があったにちがいない。（略）都が新京に遷ったとはいうものの、飛鳥・藤原地域には多くの施設が残されており、それぞれ機能していたことが考えられるからである。このような状況から、官寺の移建は「寺籍」のみの移建であり、むしろ「寺籍」を新京に移す必要があったというべきであろう。」

結局平城遷都に伴う各寺院のあり方はそれぞれだが、新京・旧京ともに官の寺が存在し、薬師寺も平城に寺籍を移建するが旧京にも存在していたという事である。

本薬師寺の堂塔が、新京へ移されることはなかったとする考え方の拠りどころの一つに、嘉保二年（一〇九五）の舎利発掘がある。『七大寺巡礼私記』によると、同年十一月に本薬師寺塔心礎の中から舎利を掘り出したとある。本薬師寺で舎利孔をもつ心礎は東塔であるから、そのことが事実であればそこからの発見である。本薬師寺の塔を新京へ移したとすれば、当然のことながら舎利も共に取り出されて、新京へ運ばれるはずである。」と記し、旧京にも薬師寺が少なくとも一〇九五年の時点まで変わりなくそこに存在していたのである。[11]

一方薬師寺境内の発掘で、本薬師寺創建時の瓦が大量に出土している。注目すべき事として、複弁八弁蓮華文軒丸瓦六二七六型式の瓦当文様のきわめてシャープなものが出土している事である。これは薬師寺造営に際して本薬師寺から瓦が持ち込まれたことを示し、それらの瓦を葺いていた何らかの堂宇、僧房などの一部が解体されて、新京に運び込まれたと見るべきであるとの指摘もある。平城遷都を境に新・旧共に各寺院を存続させる事は、まだ造営の続いていた本薬師寺の場合もあり、工人・技術面・経済面そして政治面それぞれに複雑な事情を抱えていたことをうかがい知ることができる。

第三節　わが国と新羅両国の共通性

本薬師寺と新羅感恩寺は日本と韓半島と、それぞれ国は違うが、この二つの寺院には政治的な共通点を見出す事ができる。国が違うと多少の違いは当然と言わねばならないが、この二つの寺院の伽藍配置は先述の如く共通点というよりも、同じ形式で建立された感がある。

共に官の寺であり、建立した壇越は天皇であり王である。両国の国を治める壇越が国の安定を図るまで戦い抜いた戦跡まで極似している点を見逃せない。鎮護国家・律令国家の確立を推し進め、国を護るために仏の力を頼みに寺院造営へと繋がっていく。その伽藍配置とは当然仏教思想を反映させたものである。壇越が信ずる仏教思想や仏教観が伽藍配置にあらわれているとする以上、新羅感恩寺と本薬師寺には同じ仏教思想が存在していたと考えることができる。

両国の国家確立への経過を見てみると、天武天皇は大海人皇子時代に皇后と共に既成勢力からの迫害に対し、食封のある美濃国安八摩郡の舎人や小豪族たちと力を合わせたのを皮切りに、地方の国造や豪族たちと共に勝ち抜いたのが壬申の乱であった。勿論、上級貴族たちも大海人皇子側にもいたが、吉野方の大きな力となったのは、地方豪族たちや渡来系の人々の力であった。

一方、統一新羅を成し得た新羅の文武王も六六一年の即位以来、戦いに明け暮れるが国王の命令が直接届く軍隊を

表１　朝鮮半島事情　文武王の生涯

年	月日	できごと
文武王元年 661年		百済を滅ぼした新羅・唐連合軍は一時、高句麗の王都平壌城を包囲。高句麗軍の活躍にはばまれ、新羅の太宗が薨ず。 百済の復興軍が勢力を増し、唐の国内も連年の出兵で人心が動揺し始めたので、唐の高宗が高句麗侵略を一時断念して、撤兵を命じる。 高句麗との戦闘は一時小康状態になる。
文武王３年 663年		日本軍、白村江において唐軍に破れる。
文武王５年 666年		高句麗の英雄、泉蓋蘇文が亡くなると、その子供たちに権力闘争が起こる。 長子の男生が唐に亡命。唐の高宗はこれを見て、高句麗侵略軍を結成する。
文武王６年 667年	７月	唐は新羅にも出兵を命じる。高句麗侵略戦争が始まる。
文武王７年 668年	９月21日	唐・新羅軍の前に高句麗降伏。 高句麗との二つの戦いの武功を称賛された者に、貴族階級では宗教的要素の強い貴族たち、他方県令以下の地方豪族や高句麗・百済から降伏した敵将がいた。 660年の太宗武烈王の論功行賞も地方豪族や降伏した敵将たちに重点が置かれた。以後、貴族の私兵に属さない者たちや、功績を王しか認めるものがいなかった人々が王権を支えた。新羅王が直接支配しうる軍事力は、下級貴族や投降してきた外来勢力しかなかった。
文武王21年 681年	７月１日	王の遺詔 「薨くなって、十日たったら庫内の外庭において西国（インド式）に法って火葬せよ。（略）喪の制度は努めて倹約を旨とせよ。（略）律令と格式に不便なのがあれば直ちに改めよ（後略）」

持たなかった。当時の新羅の軍隊は各貴族の私兵で編成されており、国王直属の軍隊では無かったのである。

文武王の時代が如何に外圧にも悩まされていたかを知る手掛かりとして、文武王の生涯を表１に簡単に記す[12]。

感恩寺および海中王陵造営の目的は、『三国遺事』では文武王が大竜となって倭国からの敵を防ぐためとなっている。しかし、当時の新羅にとって最も警戒しなければならなかったのは唐であった。六六八年に高句麗が滅び、六六九年には統一新羅となる。唐は、新羅にただ力を貸しただけではなく、別の目的を持っていた。唐は新羅の軍事力を消耗させるために過酷な戦闘を強要し、少しでも約束が違うとその間の約束を無視した。そして責任だけを追求し、新羅の軍功はことごとく無視するというものであった。たとえば、百済の旧地を新羅の領土とする約束を破って、唐の都督府が置かれ、唐の支援によって百済王族が復帰するような気配さえ見せた。

六六八年頃、唐では倭国征伐と称して軍船が修理されたが、実は新羅を討つための準備と噂されたこともあった。唐は新羅に深く入り込み、貴族間の分裂工作がかなり効果を挙げている状況であった。結局唐は百済を復興し、新羅の勢力拡大を抑え、やがて新羅をも支配しようとしたのである。

新羅の中央貴族は百済・高句麗との戦いでは、それぞれ私兵を率いて戦ったにもかかわらず、六七〇〜六七六年にかけての唐軍との戦いで、一転して消極的になった。これは軍事力の立ち遅れで、唐軍と戦うより身の保全と唐との提携に主眼を置いたからである。

一方、地方豪族や下級貴族は高句麗復興軍と連合して唐と戦った。新羅は高句麗の亡命王朝を作る事を認め、新羅領内の金馬渚（全羅北道益山郡金馬面）に置いた。六七〇年のことである。このことにより結果的に地方豪族や下級貴族が政界に大きな発言権を持つことになったのである。

文武王十六年（六七六）、唐による最後の侵略戦争があり、翌年六七七年には新羅への侵略は終わった。

新羅は国家権力の基盤になる兵制、軍の編成を律令的な形に進めていった。唐からの圧力や戦いが終結したとはいえ、完全なものではない。このような朝鮮半島における政情不安や戦況の中で、わが国は手を組まねばならない相手であったと考えられよう。

わが国で六七七年は天武天皇六年であり、壬申の乱が収まって律令体制へ向けてまっしぐらに進んでいる時である。『書紀』同天皇十三年（六八四）閏四月五日の条に「凡そ、政の要は軍事なり。是を以て、文武官の諸人も、務めて兵を用い、馬に乗ることをならえ」との詔があり、詳しく軍事に何が必要で、何を心得るかを述べ、従わぬ者は罪に処すと厳しく触れている。

わが国と新羅両国には極似した環境があり、特には国の主軍を率いて国を統一していったのではなく、わが国では下級貴族や地方豪族が主となり、新羅では下級貴族や投降軍で国の兵制を確立していったのである。

天武・持統朝における新羅との外交は殊に際立ったものがある。天武天皇元年（六七二）の冬、天皇は飛鳥浄御原宮に遷る。新羅とわが国との往来の記録を拾ってみると、天武天皇元年（六七二）～持統天皇九年（六九五）の二三年間で、実に八八回に上る（表2）。

『三国遺事』にあるように文武王がただわが国を敵とみなすなら、わが国とのこのような親しい交流を果たして行うであろうか。韓半島の戦況では唐に最も注意を払わねばならず、しかし表面外交では唐と歩を合わせ、わが国を敵とみなさねばならず、同時に友軍となりうる可能性を思考に入れねばならない複雑な事情があったろう。

両国が如何に親しく交流を重ねていたかは八八回の記事でうかがえる。天武天皇二年に即位を祝って新羅から来朝があり、天武十年には使人が文武王の崩御を伝えにわが国に遣わされているのである。

このような親密な外交、政情の報告のなかに国策の基本といえる鎮護国家思想とそのあり方である寺院造営技術および、軍制や律令体制等の情報の交換があったものと考えられる。

『薬師寺縁起』には「（略）元明天皇藤原宮を去って、都を奈良城に移さるの時、養老二年戊午同じ時、寺を平城宮に移造らむと思食す。（略）金堂の跡は、本これ龍池なり件の竜をは（ば）勝馬田池に祀り移さしめ、小石を以て池に埋め、其の上に金堂を立つ。即ち天皇の御師祚連法師入定して龍宮の様を見てこれを模するなり。（略）」[13]とある。

『薬師寺縁起』にみるこの金堂の下の様相は、正に新羅感恩寺の金堂の下の空間を彷彿とさせるものであり、たとえ本薬師寺の金堂の下が記録にあるような形でなかったとしても、その思想には共通するものがあったのである。

天武・持統朝成立に伴う壬申の乱から始まる騒乱は戦況だけではなく、わが国の政治の基本となる政策・思想の崩壊と確立だったと言っても過言ではない。天皇家を二つに分けた戦いであるが、勝利し、新しいわが国を形成させたのは下級貴族や地方豪族たちの力であった。

朝鮮半島の新羅もまた戦争騒乱の中で、律令体制の確立と鎮護国家思想を根付かせていった。特に律令国家にとっ

表２　新羅との交流・天武元年飛鳥浄御原宮から

天武天皇元年 672 年	冬	飛鳥浄御原宮
	11 月 24 日	新羅の客人金押実らを筑紫で饗応。一人一人に禄物を賜う。
	12 月 15 日 26 日	船１艘を新羅の客人に賜う。 金押実らは帰途に着く。
天武２年 673 年	閏６月 15 日 24 日	新羅が韓阿湌金承元・金祇山・霜雪らを遣わして天皇の即位を祝う。 金薩儒・韓奈末・金池山らを遣わして先の帝の喪を弔い奉った。 送使の貴千宝と真毛とが、承元・薩儒を筑紫まで送ってきた。 貴千宝は筑紫で饗応を受け、禄物を賜って帰国。
	８月 20 日 25 日	新羅は金利益を遣わし、高麗の使人を筑紫まで送ってきた。 駕騰極使（即位を祝う使い）の金承元ら、中客以上 27 人を京に召す。
天武４年 675 年	正月元旦	大学寮の各種学生、陰陽寮、外薬寮、舎衛の女、耽羅の女、百済王善光、新羅の仕丁らが薬や珍しい品々を捧げ、天皇に奉った。
	３月 ３月 14 日 この月	新羅は王子忠元・大監（武官）金比蘇・金天沖・朴武摩・金洛水らを遣わして調を奉った。送使の金風那と均孝福とが、王子忠元を筑紫まで送ってきた。 金風那らは筑紫で饗応をうけ、帰途につく。 新羅が朴勤修・金美賀を遣わして調を奉った。
	４月	新羅の王子忠元が難波に到着した。
	７月７日	大伴連国麻呂を大使とし、三宅吉士入石を副使として新羅に遣わした。
	８月 25 日 28 日	忠元は拝礼を終えて帰途に着いた。船で難波を出発した。 新羅・高麗の２国の調使を筑紫で饗応し、禄物を賜った。
天武５年 676 年	２月	大伴国麻呂らが新羅から帰国。
	10 月 10 日	物部連麻呂を大使とし、山背直百足を小使として新羅に遣わした。
	11 月　３日	新羅は金清平を遣わして国政のことを奏上し、併せて金好儒・金欽吉等を遣わして調を奉った。その送使の被珍那、副使の好福が、清平らを筑紫まで送ってきた。
	11 月 23 日	新羅は金楊原を遣わして高麗の使人を筑紫まで送ってきた。 (持統７年２月条の金楊元と同一人物。)
天武６年 677 年	２月　１日	物部連麻呂が新羅から帰国。
	３月 19 日	新羅の使人清平、および以下の客 13 人を京に召す。
	５月　７日	新羅の人、朴刺破と、その従者３人・僧３人が血鹿嶋（五島列島）に漂着。
	８月 27 日	金清平が帰国の途につく。漂着した朴刺破らを清平に従わせ、本国に送り返す。
天武７年 678 年	12 月	新羅の送使、加良井山と金紅世が筑紫に着き、「新羅の王（文武王）は、金消勿・金世世らを遣わして、本年の調を献上致しました。 巨井山を遣わして消勿らを送らせました。ところが共に海上で暴風雨にあい皆散り散りになりました。井山だけがやっと岸にたどり着く事が出来ました」と報告した。

天武8年 679年	1月　5日	新羅の送使、加良井山・金紅世らが京に向かった。
	2月　1日	高麗が朝貢したので、新羅は甘勿那を遣わして筑紫まで送らせた。
	10月17日	新羅が金項那・薩纍生とを遣わして朝貢した。調の物は金・銀・鉄・鼎・錦・絹・布・皮・馬・狗・ラバ・駱駝など10余種類であり、その他献上品があった。 天皇・皇后・太子にも多くの金・銀・刀・旗の類が奉られた。
天武9年 680年	2月27日	新羅の仕丁8人が本国に帰った。
	4月25日	新羅の使人項那らを筑紫で饗応し、禄物を賜った。
	5月13日	高麗が朝貢したので、新羅は孝那を遣わして、高麗の使人らを筑紫まで送ってきた。
	6月　5日	新羅の客人項那らが帰国の途に着いた。
	11月24日	新羅が金若弼と金原升途を遣わして調を奉った。 習言者（日本語を学習する者）3人も若弼に従って来朝した。
天武10年 681年	6月　5日	新羅の客、若弼を筑紫で饗応し、禄を賜った。
	7月　4日	采女臣竹羅を大使に、当麻公盾を小使として新羅国に遣わし、佐伯連広足を大使に、小墾田臣麻呂を小使として高麗国に遣わした。
	8月11日	三韓の人々に詔して、帰化後10年間の免税に加えて、帰化に際して伴われてきた子孫についても課役を皆免除する。
	8月20日	若弼が帰国の途に着いた。
	10月20日	新羅が金忠平と金壱世途を遣わして調を奉った。調は金・銀・銅・鉄・綿・絹・鹿の皮・細布などの類が数多くあった。別に天皇・皇后・太子に献上する金・銀・霞錦（新羅の特産物）・幡・皮などの類が多くあった。
	この月	新羅の使者が来朝して「国王（文武王）が崩くなりました。」と報告した。
	12月10日	河辺臣小首を筑紫に遣わして、新羅の客人忠平に饗を賜る事とする。
天武11年 682年	6月　1日	高麗の王が方物（名産品）を奉ったので、新羅は金釈起を遣わして高麗の使人を筑紫まで送ってきた。
天武12年 683年	1月18日	小墾田舞と高麗・百済・新羅3国の舞楽を朝廷で演奏した。
	11月13日	新羅が金主山と金長誌とを遣わして調を奉った。
天武13年 684年	2月24日	金主山を筑紫で饗応した。
	3月　9日	金主山が帰国の途に着いた。
	4月20日	高向臣麻呂を大使とし、都努臣牛甘を小使として新羅に遣わす。
	12月　6日	百済の戦争の時に捕えられた猪使連小首・筑紫三宅連得許が新羅を経て帰朝した。新羅は金物儒を遣わして、甥らを筑紫まで送ってきた。
天武14年 685年	2月　4日	大唐の人、百済の人、新羅の人合わせて147人に爵位を賜った。
	3月14日	金物儒は筑紫で饗応を受け、筑紫から帰途についた。そこで、漂着した新羅の人、7人を物儒に従わせて帰した。

	4月26日	高向朝臣麻呂・津努朝臣牛飼らが帰国した。学問僧観常と霊観もこれに従って帰ってきた。新羅の王が献上した物は、馬2匹・犬3頭、鸚鵡2羽・鵲2羽そのほか様々なものがあった。
	11月27日	新羅が金智祥と金健勲とを遣わして国政のことを奏上し、調を奉った。
朱鳥元年 686年	1月	新羅の金智祥を饗応するために川内王・大伴宿禰安麻呂らを筑紫に遣わした。
	4月13日	新羅の客人達を饗応するために、川原寺の伎学を筑紫に運んだ。 このことにより、皇后の宮の私稲5000束を川原寺に納めた。
	4月19日	新羅の奉る調が筑紫から貢上された。良馬1匹・ラバ1頭・犬2頭・彫刻を施した金の器・金・銀・霞綿・綾羅・虎と豹の皮・薬の類合わせて100余種。 智祥・健勲らがこれとは別に献上した物は、金・銀・霞綿・綾羅・金の器・屏風・鞍の皮・絹布・薬物の類でそれぞれ60余種。その他皇后・皇太子・親王達に献上する物数多くあり。
	4月29日	金智祥らは筑紫で饗応を受け、禄を賜り筑紫から退去。
持統元年 687年	1月19日	田中朝臣法麻呂と守君苅田らを新羅に遣わし、天皇の崩御を伝える。
	3月22日	帰化した新羅の人14人を下野国に住まわせ、生活の安堵を図る。
	4月10日	筑紫大宰が帰化してきた新羅の僧尼および百姓の男女22人を奉る。武蔵国に住まわせ生活の安堵を図る。
	9月23日	新羅が金霜林・金薩慕・金仁述・蘇陽信らを遣わして、国政のことを奏上し、調賦を奉る。学問僧智隆が新羅の使いに従って帰国。
	12月10日	路真人迹見を新羅の使人を饗応するために勅使とした。
持統2年 688年	2月　2日	大宰が新羅の調賦として金・銀・絹・布・皮・銅・鉄など十余種の物、別に献上物として仏像・種々の彩色、種々の珍しい物、霜林の献上物として金・銀・彩色珍しい物合わせて80余種。
	2月10日	霜林等を筑紫館で饗応し、それぞれに物を賜る。
	2月29日	霜林等が帰国の途に着く。
持統3年 689年	1月　8日	新羅に遣わされていた田中朝臣法麻呂らが帰国。（元年正月発遣）
	4月　8日	帰化してきた新羅の人を下野に住まわせた。
	4月20日	新羅が金道那等を遣わして、天武天皇の喪を弔い、合わせて学問僧の明聡・観智らを送り届けてきた。また、金銅の阿弥陀仏像・観世音菩薩像・大勢至菩薩像各1躯、綵帛・錦・綾を奉った。
	5月22日	土師宿禰根麻呂に命じ、新羅の弔使金道那等に詔して、今回の弔使の位は低く、礼に欠いている。よって調賦・献上品は返却する。王に旨を伝え、正直にするならわが国からの徳は変わりないと。
	6月20日	筑紫大宰粟田真人朝臣等に召して、学問僧明聡･観智ら（3年4月新羅から帰国）が新羅の師や友人に送るための錦それぞれ1百40斤を賜った。
	6月24日	筑紫小郡（筑紫に置かれた外国使臣接待の為の施設）で新羅に弔使金道那らを饗応し、物を賜った。
	7月　1日	新羅の弔使金道那等が帰国の途に着いた。

持統4年 690年	2月11日	新羅の沙門詮吉・北助知等50名が帰化した。
	2月25日	帰化してきた新羅の韓奈末許満ら12名を武蔵国に住まわせた。
	8月11日	帰化してきた新羅の人々を下野国に住まわせた。
	9月23日	大唐の学問僧智宗・義徳・浄願、および軍丁筑紫国上陽咩郡（筑紫国上妻郡。今の福岡県八女市東部）の大伴部博麻が、新羅の送使金高訓等に従って帰り着いた。
	10月15日	大唐の学問僧智宗等が京に着いた。 使者を遣わして、筑紫大宰河内王等に詔して「新羅の送使金高訓等に対する饗応は、学生土師宿禰等を送ってきた送使（天武13年12月着）の礼に順ずること。賜物、すべては詔書に命じた通りにするよう」と言われた。
	11月　7日	新羅の送使金高訓らに褒章を賜った。
	12月　3日	金高訓等が帰国の途に着いた。
持統6年 692年	10月11日	山田史御形に務広肆をおさずけになった。先に沙門となって新羅で学問した者である。
	11月　8日	新羅が朴億徳・金深薩等を遣わして調を奉った。新羅に遣わされる息長真人老、川内忌寸連らにそれぞれ禄を賜った。
	11月11日	新羅の朴億徳を難波館で饗応し、禄を賜った。
	12月14日	大夫たちを遣わして、新羅の調を5社、伊勢·住吉·紀伊·大倭·菟名足（現奈良市）に奉った。
持統7年 693年	2月　3日	新羅が金江南・金陽元らを遣わして来朝し、王（神文王）の喪を告げた。
	2月30日	流れ着いた37人を億徳等にお宅しになった。
	3月16日	新羅に使として遣わされる息長真人老・大伴宿禰子君等、および学問僧弁通・神叡等にそれぞれ・絁・綿・布を賜った。新羅王にも物を賜った。
	3月　2日	新羅は王子金良琳・朴強国等、および韓奈麻金忠仙等を遣わして、国政について奏上し、調を奉った。物を献上した。
持統9年 695年	7月26日	新羅に遣わされる小野朝臣毛野・伊吉連博徳らに物を賜った。
	9月　4日	小野朝臣毛野等が新羅に出発。

ての要といえる軍制では貴族の私兵によって編成されていたものに代わって、国王直属の軍隊が設立された。しかも下級貴族や投降軍が主となり形成されていった。わが国と新羅の国家の基本形成のあり方はこのように政治面も極似しているといえる。そして両国のこの戦況ならびに終結を時期的に比較すると、新羅が若干先行している。統一新羅となる少し前から頻繁に往復される情報と親密度は先述の通りだが、それはわが国から見れば戦況の行方、制度、思想といずれも国家形成に必要な情報といえる。

天武・持統両天皇も騒乱の中で、よく似た環境に苦労をした隣国の王に親しさを感じ、わが身に置き換えるところがあったであろう。また、文武王・神文王も然りであったろう。そのような共通した環境をもつ両国が理想とする思想を形に表わしたのが、鎮護国家思想を根底にした新羅感恩寺と本薬師寺の伽藍配置であったといえる。

註

（1）岡田英男「薬師寺発掘調査報告」（『奈良国立文化財研究所学報』四五　一九八七年）
（2）『三国史記』巻第五　新羅本紀第五　太宗武烈王六年四月　朝鮮史学会編　国書刊行会　一九七一年
（3）『三国史記』巻第六　新羅本紀第六　文武王四年八月十四日　朝鮮史学会編　国書刊行会　一九七一年
（4）『三国史記』巻第七　新羅本紀第七　文武王二一年七月一日　朝鮮史学会編　図書刊行会　一九七一年
（5）国立博物館『感恩寺址発掘調査報告書』特別調査報告第二冊　乙酉文化社　一九六一年
（6）金誠亀「韓国古代寺院の伽藍配置」（『帝塚山大学考古学研究所研究報告』Ⅱ　帝塚山大学考古学研究所　二〇〇二年）
（7）前掲註1に同じ
（8）『日本書紀』下　日本古典文学大系　岩波書店　一九六五年
（9）「薬師寺東塔檫銘」（『寧楽遺文』下巻　東京堂　一九六二年）
（10）森　郁夫「官寺移建に関する諸問題」（『日本宗教文化史研究』第六巻第一号　二〇〇二年）
（11）森　郁夫「平城宮における初期官寺」（『日本古代寺院造営の研究』法政大学出版局　一九九八年）

(12)『三国史記』朝鮮史学会編　国書刊行会　一九七一年
井上秀雄『古代朝鮮』日本放送出版局　一九七七年
(13)薬師寺『薬師寺縁起』(私家版)一九六七年

第四章　大津皇子事件と美濃の古代寺院

はじめに

古代において不破の道は東国への入り口であり、そして東国からの侵入を防ぐ道であり、のちに関が置かれる所である。その重要地点が美濃国にある。

壬申の乱（六七二年）の重要な舞台となったのがこの不破の道で、壬申の乱は大海人皇子の吉野方の勝利で終わった。不破の道は、わが国を鎮護国家の思想を根底においた律令国家という新しい体制へ導いた道といえる。

壬申の乱を契機に、大和川原寺系の瓦が国中に一つの法則をもって分布することが説かれている。(1) すなわち壬申の乱で吉野方に味方した功臣たちへの恩賞として、それぞれの豪族が自らの寺の造営を許され、川原寺系の瓦の使用を認められた結果として、川原寺系の瓦の分布が見られるのであり、このことが美濃国では乱後の特徴となった。

実際、壬申の乱の始まりの舞台となった美濃には川原寺系の瓦をもつ古代寺院が全体の実に八五パーセント、古代寺院十三寺院(2)のうち、十寺院の瓦が川原寺系なのである。

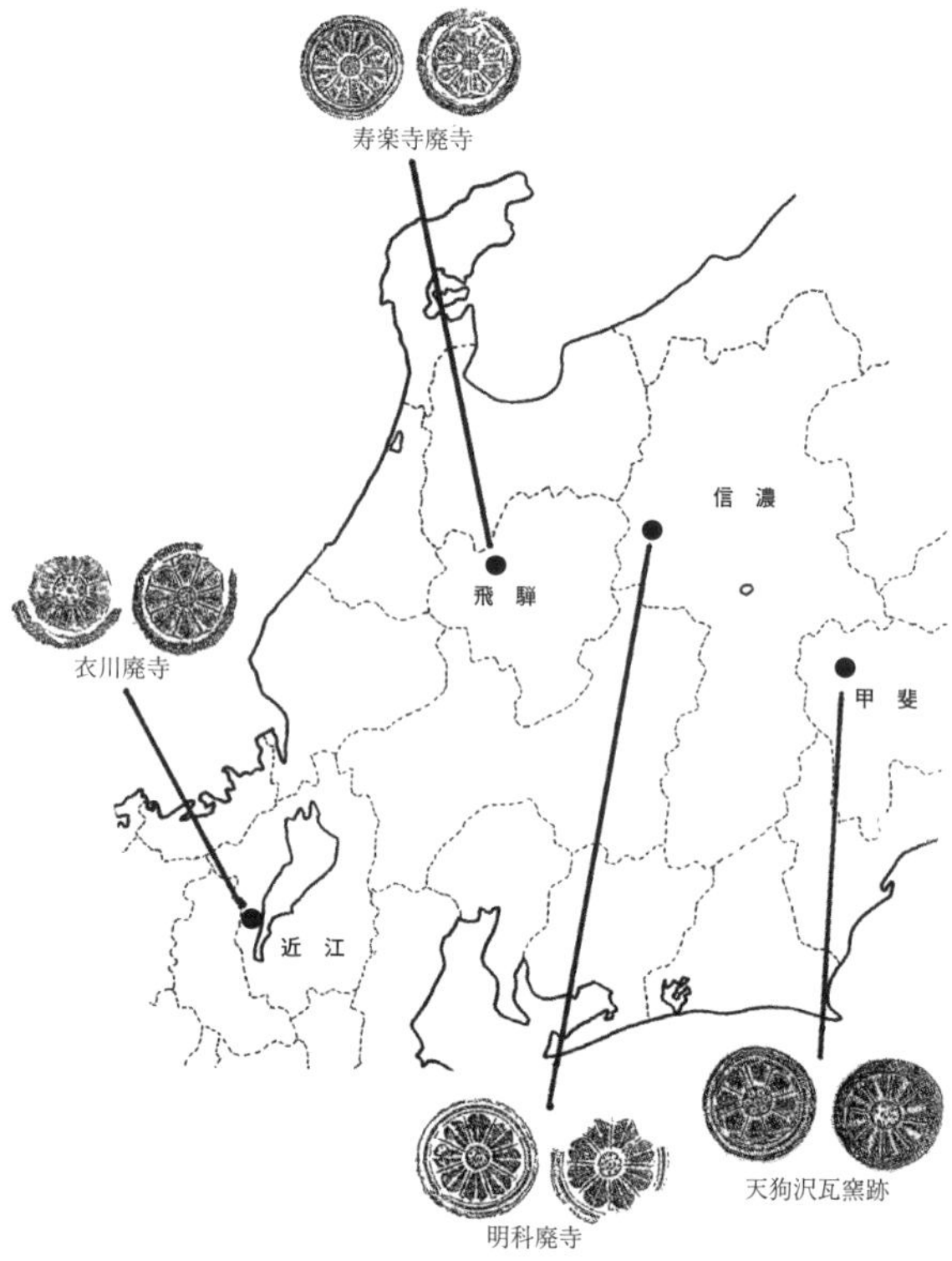

図34　天狗沢系軒丸瓦の分布

その美濃を囲むように、甲斐、信濃、飛騨、近江という地域の離れた四ヶ所に、独特の文様をもつ軒丸瓦が分布している（図34）。これら四ヶ所に分布する軒丸瓦の年代は天武・持統朝であり、七世紀第Ⅲ四半期末から第Ⅳ四半期末にかけての頃にあたり、持統天皇が激動の中に生きられた生き様と、瓦の分布は重なる部分が多い。

持統天皇の生涯は大化元年（六四五）の乙巳の変が起こった年に生まれ、壬申の乱という日本古代史上最も大きな争乱といえる事件を経て、鎮護国家思想を根底にした律令国家成立までを一気に駆け抜けた激しいものだった。

壬申の乱後、天武天皇を補佐し、共に新たな体制を作り上げていく最中に天武天皇は崩じた。そのような中、大津皇子事件は起きたのである。

大津皇子事件は天武天皇崩御の年、朱鳥元年に起こるが、この事件に連座した人々のその後の処遇が大変不自然なものであり、本来大罪であったにも関わらず、のちに優遇されすぎた観が否めない。

ここでは大津皇子事件の背景と、事件に連座した人々、彼等一人一人に課せられた使命と美濃国の古代寺院との関わりについて検討し、どのような展望が持統天皇にあったのかを考える。

第一節　大津皇子の人物像と事件のあらまし

『日本書紀』（以下『書紀』）の朱鳥元年（六八六）十月の、大津皇子が死を賜った記事にその人となりが記されている。「大津皇子は天渟中原瀛真人天皇の第三子なり。容姿は大きくたくましく、言葉は晴れやかで、天命開別天皇に愛された。成人後は分別よく学才に優れ、特に文筆を愛した。詩賦が盛んになるのは、この大津からである。」としている。しかし、近江朝にすでに文運は興っていたようである。『懐風藻』では皇子は天武天皇の長子となっている。(3) 母室は天智天皇の皇女である（天智天皇七年二月条）。壬申の乱では大海人皇子挙兵の報を得て近江を脱出、鈴鹿で大海人皇子一行に合した（天武天皇元年六月二六日条）。天武天皇十二年二月初めて朝政を聴き、同十四年正月浄大弐位を授けられた。朱鳥元年に死を賜った時は二四歳だった。

いずれの史書でも、「皇子は状貌魁梧、器宇峻遠、幼年にして学を好み、博覧にしてよく文を属す。壮なるにおよびて武を愛し、多力にしてよく剣を撃つ。性すこぶる放蕩にして、法度に拘らず、節を降して士を礼す。これによりて人多く附託す」と高く評価されている。

史書に記されるように、皇子成人して分別良く、学才に優れ武を愛し、節を降して士を礼す、という様なすぐれた人物をなぜ皇太子に選ばなかったのか。その理由は二つ挙げられるだろう。

一つは大津皇子の母は皇后の姉、太田皇女であるが早く亡くなり、大津皇子は後ろ盾を無くしている。加えて皇后には実子、草壁皇子がいるので大津皇子が皇位を継ぐのは難しいというものである。

もう一つの理由は学にも武にも優れた皇子であるが、鎮護国家の思想を根底として律令を定め、国を固めていかねばならない時に、『懐風藻』にあるように「性すこぶる放蕩にして、法度に拘らず」では諸臣に対して示しがつかず、皇位には就かせられないとの判断があったものか。これは大きな理由であったろう。

『書紀』には「朱鳥元年の九月の戊戌の朔丙午に、天渟中原瀛真人天皇崩りましぬ。皇后、臨朝稱制す。冬十月の戊辰の朔己巳に、皇子大津、謀反けむとして発覚れぬ。皇子大津を逮捕めて、併せて皇子大津が為にあざむかれたる直廣肆八口朝臣音橿・小山下壱伎連博徳と、大舎人中臣朝臣臣麻呂・巨勢朝臣多益須・新羅沙門行心、および帳内礪杵道作等、三十余人を捕む。庚午に、皇子大津を譯語田の舎に死を賜しむ。時に年二十四なり。」とある。

朱鳥元年九月に天武天皇が崩じ、翌十月にその皇子大津の謀反があり、譯語田の舎にて死を賜った。訳語田宮の所在地は現在、奈良県桜井市戒重に比定されているが、未だ明確になってはいない。この事件に連座し、捕えられた人々は三十人以上に及んだ。

持統天皇が、草壁皇子の地位を脅かされるのを怖れて仕組まれた事件と、一般に考えられている。事件の起こりから持統天皇がすべてを采配していたという考えが多い。しかし、一般に説かれるように事件の要因が皇位継承問題のみの一点とは考えられないのである。

第二節　事件に連座した人々

事件に連座した人々は主だった六人である。それは八口朝臣音橿・壱岐連博徳・中臣朝臣臣麻呂（意美麻呂）・巨勢朝臣多益須・新羅沙門行心・礪杵道作であり、他に三十余人が連座した。彼等六人のその後の状況を表示した（表3）。事件の後、この主だった六人のうち巨勢朝臣多益須・中臣朝臣臣麻呂・壱岐連博徳の三人は国政の中枢にかかわり、あとの三人もそれぞれに活躍している。

八口朝臣音橿は他に記事は見えないが、当時の位階は直広肆である。位階も高く、年齢もかなり上と考えられるので、事件後の役割としては特になかったのではなかろうか。ただ事件時において、年長者で位階の高い人物の存在も必要であり、それが彼の大きな役割であったろう。

新羅の沙門行心に関しては、「新羅沙門行心、皇子謀反けむとするに與せれども、朕加法するに忍びず。飛騨国の伽藍に徙せ」との詔で飛騨に移される。ここで問題なのは、詔にある伽藍といえるほどの寺院が果たして、当時の飛騨に存在していたかということである。単に豪族の邸宅を清め払って仏殿としたような捨宅寺院ならば、伽藍という言葉は使わないであろう。それ相応の構えがその寺院にあったことをうかがわせる。では、その伽藍の地は何処であろうか。これについては様々に議論されているところであるが、寿楽寺が相当すると考えられている。(4) 飛騨の古代寺院に関しては資料も乏しく、今後の調査を待たなければならないことも多いが、私見としては飛騨における特別の役割が、行心に課せられていたものと考えている。

さて、『懐風藻』では、行心について見方を少し変えているように思われる。即ち「時に新羅の僧行心というものあり。天下朴筮を解す。皇子に詔げて曰く、『太子の骨法これ人臣の相に有らず、これをもって久しく下位に在るは恐らくは身を全せざらん』と。よりて逆謀をすすむ。この詿誤に迷ひて遂に不軌を図る。嗚呼惜しいかな。かの良才を蘊みて忠孝を以って身を保たず。」と大津皇子のことを語る中に行心をも語っている。

当時の人々が行心をどのように見ていたかは不明であるが、事件の顛末からして表向きの顔とそうでない顔をもっている。すなわち、彼には何か特殊な任務が隠されていたように考えられる。

三人のうちの残る一人、帳内の礪杵道作である。彼に関しては「皆赦せ。但し礪杵道作は伊豆に流せ。」とある。彼がなぜ、伊豆に流されなければならなかったのか。

さて、大津皇子事件の二年四ヶ月後の持統天皇三年（六八九）二月に、巨勢朝臣多益須と中臣朝臣麻呂の二人は判

表３　大津皇子事件に連座した人々

	巨勢朝臣多益須	中臣朝臣臣麻呂（意美麻呂）	壱伎連博徳（伊吉連博徳）	八口朝臣音橿	新羅僧・行心	礪杵道作
朱鳥元年(686) 10月	大津皇子事件に連座。皇子が死を賜って後に赦される。 時に大舎人	大津皇子事件に連座。皇子が死を賜って後に赦される。 時に大舎人	大津皇子事件に連座。皇子が死を賜って後に赦される。 時に小山下	大津皇子事件に連座。皇子が死を賜って後に赦される。 時に直広肆	大津皇子事件に連座。皇子が死を賜って後に赦される。 時に沙門 飛騨の伽藍に徙される。	大津皇子事件に連座。皇子が死を賜って後に赦される。 時に帳内 伊豆に流される。
持統３年(689) ２月	判事に任ぜられる。 (7人の内の１人として) 時に務大肆	判事に任ぜられる。 (7人の内の１人として) 時に務大肆				
６月	撰善言司に任ぜられる。 時に務大参					
持統７年(693) ６月	直広肆を授けられた。	直広肆を多益須等７人と授けられた。				
持統９年(695) ７月			小野朝臣毛野と共に遣新羅使(同９年８月出発)。 時に務大弐 ７月26日物を賜る			
文武２年(698) ８月		鎌足に賜った藤原朝臣姓を不比等に継がしめ、意美麻呂らは神事に供するによって、旧姓中臣に復す。時に直大肆				
文武４年(670) ６月			律令選定の功により、刑部親王・藤原不比等らと共に禄を賜った。時に直広肆			
大宝元年(701) ８月			律令完成により再び禄を賜った。 時に従五位下			
大宝２年(702) ３月		正五位下より位一階進められる。				
大宝３年(703) ２月			律令選定の功を賞し、功田10町・封150戸を賜った。			
慶雲２年(705) ４月		左大弁に任ぜられた。 時に従四位上				
慶雲３年(706) ７月	式部卿に任ぜられた。 時に従四位上					
和銅元年(708) ３月	大宰大弐に任ぜられた。	神祇伯に任ぜられる。中納言				
７月		正四位下となる。				
和銅３年(710) ６月	卒。時に従四位上　大宰大弐					
和銅４年(711) ４月		正四位上に昇叙				
閏６月		卒。中納言正四位上兼神祇伯				

事に任ぜられている。謀反という大罪を犯した者を、三年も経ない内に判事という重職に抜擢しているのである。判事とは犯罪人を審査し、罪名や量刑を定める官である。大宝・養老令制では刑部省に大判事二人、中判事、小判事等四人がいた。

彼等の他に判事に任ぜられた人々は、浄広肆竹田王・直広肆土師宿禰根麻呂・大宅朝臣麻呂・藤原朝臣史・當麻真人櫻井・穂積朝臣山守・大三輪朝臣安麻呂等である。彼等について少し述べておこう。竹田王は天武天皇十年（六八一）三月には川嶋・忍壁両皇子らと共に、詔により帝紀および上古諸事を記定し、同十四年九月には廣瀬・難波両王らとともに京および畿内に遣わされ、人夫の兵を校した。これらのことから、竹田王自らも中央集権政治の実行者であり、天武・持統両天皇から信を得ていた人物であることが知られる。

土師宿禰根麻呂が判事に抜擢された持統天皇三年は、天武天皇が崩じたことに関わる新羅からの弔問使があり、大津皇子事件を挟んで四月には、皇太子である草壁皇子が薨ずるという不幸が重なった。鎮護国家の思想のもと、律令の整備を進めている朝廷としては、国家の安泰と規律を正さねばならない最も大事な時でもある。

四月二十日に新羅が金道那を遣わして、天武天皇の喪を弔い、あわせて学問僧の明聡・観智らを送り届けてきた。そして金銅の阿弥陀仏像、金銅の観世音菩薩像、大勢至菩薩像各一躯、綵帛・綿・綾を奉った。この時の新羅からの使人の位階と贈り物が問題だったのである。判事の一人となった土師宿禰根麻呂に同年五月に詔命が下った。

持統天皇二年に田中朝臣法麻呂らを遣わして、天武天皇の喪を告げさせた時、新羅は、「新羅では勅を承る人には元来蘇判の位の者を当ててきた。この度もそうしたい」と言った。このため法麻呂らは、告げるべき詔を宣することが出来なかった。かつて、孝徳天皇の崩御に際し、巨勢稲持等を遣わして喪を告げさせた時には翳飡今春秋（のちの武列王）が勅を承った。天智天皇の時は勅を承る官人の位階が下がり、一吉飡等を遣わして弔い奉っている。このことは前例と違っているのみならず、孝徳天皇の時と天武天皇の時とでは新羅の勅を承る人の官位が二階と九階の差で下がっているのである。また、新羅は以前から船を並べての調物を奉っている。今回は船が一艘なのである。土師宿禰根麻呂に下った詔命は、以上の事を新羅からの使人に申し渡し、調賦と共に献上してきた物は共に封をして返還しろというものであった。しかし、使人への詔の内容は「わが国が、遠い皇祖の御代から新羅を慈しんできた徳は変わらない。古来の定めを守る者については天皇は寛大であられる。この勅の旨を奉じて、おまえたちの王に伝えるが良い」というものである。この処置は持統天皇にとってわが国の国家体制を知らしめるためのものであったと言える。蘇我系の血をひく持統天皇にとって、近い先祖である聖徳太子の、国の権威を護り、広く徳を大切にされた生き様に倣ったものではないかと考えるところでもある。

大宅朝臣麻呂は、持統天皇三年（六八九）二月に他の八人と同じく判事に任ぜられるが、同八年三月には鋳銭司となった。いずれの場合も直広肆である。

藤原朝臣史（不比等）は、鎌足の第二子であり、のちの聖武天皇の后、光明皇后の父である。文武天皇二年（六九八）八月には父、鎌足に賜った藤原朝臣の姓を継承した。同四年六月には大宝律令撰定の功により禄を賜っている。大宝元年（七〇一）三月新令施行により直広壱より正三位に叙せられ、同月、中納言から大納言に任ぜられた。同年八月には律令の撰定の功によって再び禄を賜った。和銅元年（七〇八）正月、正二位に叙せられ、同元年三月右大臣となった。和銅三年（七一〇）、元明天皇の平城遷都に伴って春日の勝地を選び、興福寺を建立した。養老二年（七一八）、養老律令各十巻を選定し、同四年三月授刀資人三十人を加賜された。八月には病篤くなり、様々な平癒祈願が行われ、同月都下四八ヶ寺に薬師経を読ましめたが、同月薨じた。六三歳であった。同年十月天皇は大納言長屋王、中納言大伴旅人をその第に遣わし、太政大臣・正一位を贈った。

當麻真人櫻井と大三輪朝臣安麻呂は、持統天皇三年二月の判事任命の時はすでに務大肆と位階も高かった。しかし、その後大三輪朝臣安麻呂は慶雲二年（七〇五）九月に伊勢守に任ぜられ、和銅元年三月には武蔵守となった。また同年九月には摂津大夫に任ぜられるという、いずれも重要な地位を治める任にあたっている。

當麻真人櫻井は霊亀元年（七一五）従四位下で卒し、大三輪朝臣安麻呂は和銅七年（七一四）正月に従四位上で卒している。

中臣朝臣臣麻呂は祭祀を司り、巨勢朝臣多益須は大宰大弐という要職に任ぜられている。判事に任ぜられた彼等九人は、判事の役職に留まらず、その後朝廷において政を司る役職についている。国政の中枢にあったといえるだろう。最後に穂積朝臣山守は、持統天皇三年（六八九）二月に判事に任ぜられた時には務大肆であった。慶雲元年正月に、正六位上より従五位下に叙せられ、卒したときは正五位下に昇叙されていた。

こうして判事に任ぜられた彼等の主な特徴を挙げてみると、竹田王は集中権力の掌握を心得、土師朝臣麻呂は鋳銭司で鉱山やそれに伴う経済を監督することができ、藤原不比等は律令を司る専門家というように、当時の国家の指針となるべき重要ポストにあったと言える。

第三節　美濃の動向とその背景

天智天皇崩御の翌年（六八〇）五月に朴井連雄君が私用で美濃に行き、近江朝廷方が山陵を造るのに人夫を集めているが、その人夫一人一人に武器を持たせている。何か事変があるのではないか、と吉野の大海人皇子に言上してきた。また、朝廷は近江京から倭京に至る道の各所に監視人を置き、大海人皇子の舎人に私用の食料を運ばせないようにしていると告げる者もいた。吉野方はそれらの噂を調べさせ、すべて事実であることがわかり、朝廷方の策謀を知るにいたった。

『書紀』では朴井連雄君が私用で美濃に行き、偶然近江朝の不穏な動きを知ったようになっているが、朴井連雄君は大海人皇子の舎人の一人であり、美濃に出向いたのは吉野方の戦略的準備の一環であり、当初から美濃国が挙兵の根拠地と想定されていたとの見解が示されている。(5) 大海人皇子の舎人の動向が本章の重要な所で、大津皇子事件もその後の対応もこの一点に絞られると言っても過言ではない。

大海人皇子は臣たちの意見を聞き入れ、手配を済ませた上で東国に入った。村国連男依が、美濃の軍勢三千人を率いて不破の道をふさいだ。皇子は高市皇子を不破に遣わして軍事を監督させ、山背部小田と安斗連阿加布とを遣わして東海の軍を徴発させた。また、稚桜部五百瀬と土師連馬手とを遣わし東山の軍を徴発させた。ここに壬申の乱が始まった。

その美濃とはどういう場所であるのか。

大海人皇子は壬申の乱が起こる以前、近江方の不穏な動きを察知し、いち早く美濃と連絡を密にし、美濃の不破の道を抑えて戦いを有利に導いている。大海人皇子の舎人たちは大伴連馬来田、おなじく吹負のような中央豪族の子弟、また美濃出身の身毛君広や村国連男依などがともに仕えていた事も注目され、彼等の壬申の乱での活躍が著しい。大海人皇子と美濃の関係が如何に特別なものであるか、また美濃の中でもどのような権力区分が存在していたかを改めて見る必要がある。

美濃国における壬申の乱の影響を示すには、国造と部民体制を外しては語れない。それほど美濃国は特殊な存在であった。大化前代の行政的な単位である県《あがた》には、ヤマト政権の内廷的な直轄領と、国造支配下の下級機関としての性格のものと二種類あるといわれている。この国県制、つまり地方支配における国、県の上下二重組織は六世紀以降に成立した。濃飛地方の地域区分等を含めた国県制を詳らかにするには史料の信憑性の問題もあり、充分解明されていないのが現状である。まず、国造のカバネであるが、ヤマト政権における氏姓制的秩序づけを意味するカバネは「直《あたい》」であった。一方、地理的にも相対的に辺遠の地方にあって独自性の強い国造には、「臣」「君」などのカバネが与えられたが、国名にカバネが付されたという形態と、ヤマト政権への反乱伝承をもつものが多い、という共通性がある。

美濃国のほぼ中央に牟義都郡があり、牟義都国造は「君」のカバネをもつ。山縣郡を隔てて西隣に位置する本巣郡の本巣国造のカバネは不詳であるが、牟義都国造と同族系譜を持つと考えられており、同族と伝える氏に「公」のカバネを持つものが多いので、あるいは「君」姓ではなかったかと考えられている。これら国造には反乱の伝承はなく、ヤマト政権への忠実な姿を伝承に留めている。

美濃地方の県主には加毛郡地域に「カモ県主」、また東濃北部の恵那郡地域にも「県主」の氏姓的な称呼をもつものがいる。注目すべきは、以上の称呼から牟義都国造と鴨（加毛）県主との関係は、鴨県主は朝廷の直轄領的な県の管理支配を掌り、おそらく領域内の美水を献ずる服属儀礼の中に位置付けられていたが、やがて国県制の成立で牟義都国の下級組織に編成され、牟義都国造との間に同族系譜と婚姻関係を結んだと推察されている。(6)

美濃地方は早くからヤマト政権下にはいり、天皇氏の軍事的・経済的な基盤地域としての機能を果たしていた事が確認できる。これから述べていく事であるが、美濃地域に存在したこれら歴史的背景となる名代・子代・国造・部民の位置と職種が壬申の乱に大きく関わってくるのである。

壬申の乱の最たる舞台となった安八郡は、皇太子の資養となる子代部のような所である。重ねてここは武器を作るに欠かせない鉄等の鉱物資源の豊富なところであり、この地を制する事が地理的にも物資的にも乱の勝敗を決める事になるので、いち早く大海人皇子はこの安八郡と連絡をとり、基盤としたとの解釈がある。(7)明解な解釈と考える。美濃地域の多くの部が古来、軍事に関わっていた事を裏づけるものである。

時代は少し遡るが、大化元年（六四五）六月、改新派が蘇我氏を倒し、クーデターに成功して年号を大化と定めた。改新に着手するのが八月五日で東国の国々に国司を任命している。

この時の詔は、これより先は万国を治め、百姓の位置付けや考え方にまでおよび、国司が不正を働かないようにと、律令の基本となるような内容になっている。

この詔が発せられる前の七月十四日、倭漢直比羅夫を尾張地方に、忌部首子麻呂を美濃地方に派遣している。美濃・尾張は東国の境なので、次の東国国司発遣に先立つ道饗の祭りともとれると考えられている。しかし、なぜあえて美濃・尾張であるのか。大化改新の時代も、古来美濃・尾張は東国への関門であって、重要視されていたということである。そればかりではなく、漢氏は軍事関係の職掌に従っていた者が多く、忌部は神事を掌る家柄である。当時の天皇は武も大切だが、祭祀を含めた神に寿を得ることが大切であり、人心収攬に繫がる。この詔は、古くから天皇と当地の緊密性と行事が事実であったことをうかがわせるものである。

この時点での国司は、大化前代に派遣されていた国司の性格とほぼ同じで、国造の在地支配を認めた上で、限られた任務と権限とをもって派遣されていた。その任務は、農民所有の武器管理権を国家が掌握し、次の機構改革のために在地の支配関係・土地関係を調査報告、地方有力豪族による在地生産関係の破壊などを禁止することであった。

さて、このように古くから大和と深い関わりをもつ美濃地域であるが、美濃・尾張と二つの地が国名で挙げられており、両国は全く別々の地域に思えるが、尾張の一部が現在の美濃に属していたことも承知しなければならない。

第四節　美濃の古代寺院

ここでは、壬申の乱前・乱後の氏族のあり方と美濃の古代寺院の分布がどのように関わっているのか、つまり美濃の寺院に葺かれた瓦が壬申の乱の功績を表わしていることを改めて記す。そしてそのことがどのように大津皇子事件に関わりを持ち、なぜ皇子の事件が起こり、事件に連座した人々がその後、どのように政治に関わっていったかを検証したい。

現在確認できる美濃の古代寺院は十三ヶ所である。しかし、発掘調査が行われ、伽藍配置や堂宇の一部が明らかになったのはわずか弥勒寺・宮代廃寺・美濃国分寺の三ヶ寺にすぎない。大多数の寺院跡は、わずかに塔心礎や建物の礎石を残すだけのものや、瓦類が見られることによってその存在が知られるだけである。

礎石・瓦などから知られている古代寺院を挙げてみる。この地域での寺院建立は、ほとんどが白鳳期に始まっている。

不破郡…宮代廃寺・宮処寺・美濃国分寺・不破関前身寺院
大野郡…大隆寺
蓆田郡…蓆田廃寺
厚見郡…厚見廃寺
各務郡…山田寺・平蔵寺
武儀郡…弥勒寺・大杉廃寺
可児郡…伏見廃寺・願興寺跡
現・美濃羽島郡（旧尾張中島郡）…東流廃寺

壬申の乱を契機として美濃国においては他国とは異なり、特徴的な結果がみえる。それはさきにもふれたように壬申の乱で、吉野方として功を挙げた氏族の多くの寺院で使用された瓦が、大和川原寺の創建時の軒丸瓦との同型品、もしくはその瓦当文様を範としたような同系統の瓦であることは良く知られているところである。そういう寺が他国と比べ、美濃にはかなり多いという特徴がある。特に軒丸瓦は面違い鋸歯文縁複弁八弁蓮華文の文様をもつものが圧倒的に見られるほか、関市弥勒寺跡の平瓦にも明らかなように、凸面に布目をもつという製作技術の上からも全く同じ手法があるなど、造寺に関して大和との深いつながりが見られる。

典型的な川原寺式の瓦をもつ寺院は、大隆寺・蓆田廃寺・厚見廃寺・山田寺・平蔵寺・弥勒寺などであり、さらに蓮弁の形状・外縁の状況など細部に若干の差はあるが、川原寺系の瓦が用いられた寺院としては、宮代廃寺・宮処寺・美濃国分寺・不破関前身寺院などを挙げることができる。

以上のように、十三ヶ寺の内十ヶ寺までが川原寺系の軒丸瓦を使用している。このことに関して、地方豪族が中央の政治勢力と最も密接に結びついた壬申の乱と関係づけられているのである。

美濃国には、またもう一つの問題点がある。つまり壬申の乱を契機として、新旧勢力の入れ替えという地方豪族の立場をも変えてしまったという点である。

美濃国内において、壬申の乱で最も活躍したのは国造某と称される古い勢力と、勝姓など姓が与えられ地域における一定の地位を中央から認められた中小豪族の二つの勢力であった。この二つの勢力は大化改新後に存在したと考えられている。

壬申の乱において吉野方として活躍した美濃地方の豪族は、舎人となって、直接大和の勢力と結びついた有姓者や帰化人系氏族であった。功臣者には戸籍に散見する国造某、国造族某、または県主某といわれるかつてのこの地で勢力を張っていた旧豪族が見えないことが注目される。大宝二年（七〇二）の方県郡の戸籍にみえる国造大庭に代表される、国造某といわれるような一族は、かつて西濃にその勢力基盤を有した美濃国造（本巣国造）などの後裔であるが、このウジ名が示すように、後には中央政府の対地方豪族策の中で、国造あるいは県主という職名がそのままウジ名となるような扱いをうけた豪族であった。

このウジ名が示すところは、少なくとも有姓者として認められなかったということであり、こうしたかつての国造の本拠地として、その後裔が根強く、支配的に残っていると考えられる地域は、安八・本巣・方県・武儀・加茂・恵那の各郡と推定されている。また、この地域は早くからヤマト勢力の傘下に入り、天皇氏の軍事的・経済的な地域としての機能を果たした所であり、文献的には名代部・子代部の存在地域、建部・伊福部・犬養部など部民の分布地域とほぼ合致している点を指摘できる。(8)この中で、皇太子の子代部として知られる地は安八麿郡湯沐村で、壬申の乱で中心となったところである。

壬申の乱で最も活躍した美濃豪族、村国連男依は大海人皇子の舎人であり、各務郡（現在の各務原市の東部地帯一帯）に本拠地を持ち、同じく舎人の身毛君氏は武儀郡に本拠地がある。先述の如く壬申の乱を契機として、新しく史上に名が残る豪族が、彼等のように活躍した人々である。これを証明するかのように寺院の分布と瓦の存在が認められる。このような分布が、美濃における寺院と瓦の特異性である。

第五節　壬申の功臣の寺と旧豪族のゆく方

乱勃発の当初から活躍した美濃の豪族は、村国連男依・身毛君広などがその代表である。乱の頃に各務郡東部の小地域を基盤にしていた小豪族村国氏は、諸臣の功績第一に推され、卒去にあたって外小紫位を贈られた男依の活躍によって、中央貴族に組み込まれたが、在地の美濃国にも永く基盤を持ち続けたのである。

勿論こうした美濃の功臣は、村国連男依と身毛君広だけではない。乱において吉野方に参加し、一定の働きを示したと考えられる美濃豪族には、大宝二年（七〇二）の御野国戸籍にみられる各務郡の少領牟小牧、同じく主帳である勝牧夫などの帰化人系とその同族関係の氏、さらに不破郡の大領宮勝木実などがあげられる。七世紀後半の美濃地方豪族の本拠地と、川原寺式の瓦を持つ寺院の分布を示した（表4）。

先述の如く、かつての国造の本拠地としてその後裔が根強く、支配的に残っていると考えられる地域は、安八・本巣・方県・山県・加茂・恵那の各郡である。表4と照らし合わせれば、これらの郡には基本的に川原寺系の瓦を持つ古

表4　美濃地方の川原寺式の瓦を持つ院跡

郡名	寺院名	豪族本拠地	所在地	特記	
武儀郡	9 弥勒寺	身毛君広	関市池尻	平瓦の凸面に布目あり。全く大和と同じ手法。	 弥勒寺廃寺（大寺）
武儀郡	10 大杉廃寺		関市大杉字香林庵	川原寺式の瓦ではない。	 大杉廃寺
各務郡	7 山田寺	勝氏 村国氏 各牟氏	各務原市蘇原町伊吹		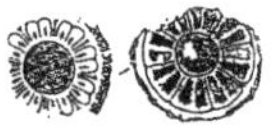 山田寺跡
	8 平蔵寺	勝氏 村国氏 各牟氏	各務原市蘇原町熊田		 平蔵寺跡
不破郡	1 宮代廃寺	宮勝氏	垂井町字宮代字森下 807 番地		 宮代廃寺
	2 宮処寺	宮勝氏	垂井町字笹原・御所野		 宮処寺
	3 美濃国分寺 全身寺院		不破関		 美濃国分寺
大野郡	4 大隆寺		揖斐郡大野町大字小衣斐字折口		 大隆寺
蓆田郡	5 蓆田廃寺		本巣郡糸貫町石原字堂之前（旧本巣郡蓆田村）		 蓆田廃寺
厚見郡	6 厚見廃寺		岐阜市金園町	出土した鴟尾片は、山田寺・平蔵寺出土のものと同じ。(柄山古窯跡)	 厚見廃寺
可児郡	11 伏見廃寺		可児郡伏見町	国分寺出土の物に近いが、外線の文様は類例がない。美濃西地域に分布する川原寺式とは形式的に差が有る。	 伏見廃寺
	12 願興寺跡		可児郡御嵩町		 願興寺跡
安八郡 本巣郡 方県郡 山県郡 加茂郡 恵那郡				以下の郡には古代寺院はなし。	

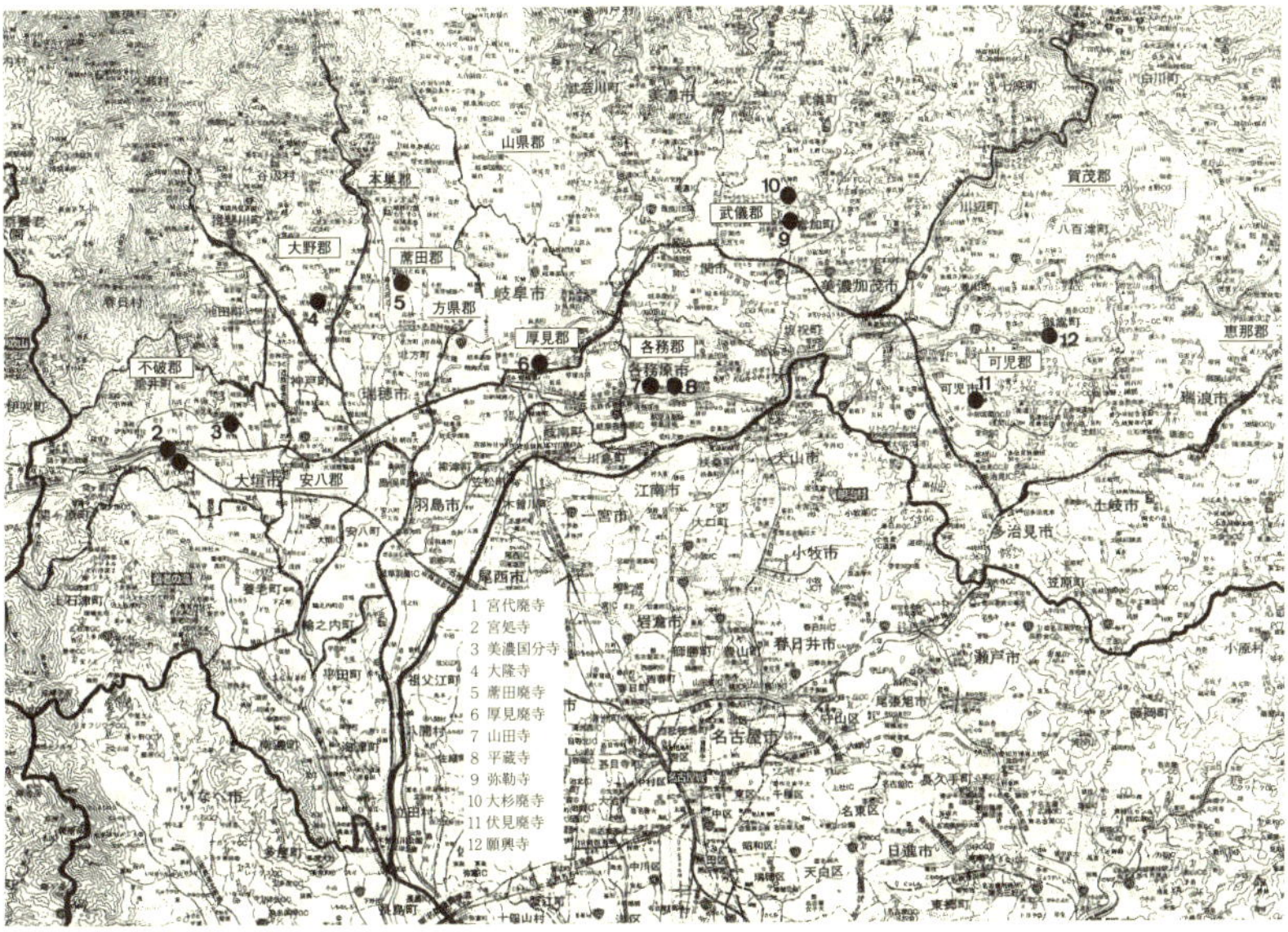

図35　美濃の古代寺院跡

代寺院が無いことがわかる。蓆田廃寺は本巣郡糸貫町に所在するが、この地は元の蓆田郡である。

次に美濃国の古代寺院の中にも、可児郡の願興寺のように、川原寺系ではなく、美濃地方でも最も古い形式の白鳳期のものを持つものもある。同じ可児郡の伏見廃寺の瓦は、川原寺系ではあるが、美濃の西部地域に分布する川原寺式とは形式的に差がある。

川原寺系の瓦を持つ古代寺院が不破・大野・蓆田・厚見・各務・武儀・可児と分布し、これらの郡はもと小豪族が壬申の乱において吉野方の舎人として働き、功臣となり、許されて彼等の地に寺院の造営を図ったものと考えられる所である。反対に、古くから朝廷と深く関わりを持つ大豪族であり、国造の根拠地であった地には川原寺系の瓦を持つ寺院は無く、他の小豪族と共に壬申の乱で功臣として名を連ねても、その実態は明らかではない。

表4に示すように、もと国造氏の地、つまり川原寺系の瓦をもつ寺院が存在していない所が安八・本巣・方県・山県・加茂・恵那であり、川原寺系の瓦をもつ寺院が存在しているのが不破・大野・蓆田・厚見・武儀・可児である。それ

らの郡を地図に落とし込んでみた（図35）。

第六節　大津皇子事件の本質

壬申の乱の結果、功臣への恩賞として美濃地域では地方の小豪族が貴族に列せられ、朝廷からは寺院造営を許され、瓦当文様に見られるように技術提供があったのである。それまでの彼等には、寺院の造営すら許されることではなかったろう。

天武・持統両朝の政策は、前の天皇の方針に同じく中央集権であるが、より天皇制に重きを置き、律令体制を確立させて施行する方向に進んだものである。

天智朝と天武・持統両朝は律令体制を目指したことで似ているように見えるが、内容的には大きく異なる。鎮護国家思想を骨組みに考えた天武・持統朝は当然前の朝廷とは思想的に異なっている。たとえば、位階と姓の制では天武天皇十三年（六八四）十月に八色の姓の制が決められる。従来の姓の制を崩したのではなく、根底には温存させているのであるが、従来の姓の制は起源が古く成立の事情が明確でないのに対して、新しい姓の制は天皇から改めて与えられるものであった。このことから、諸氏族の天皇への忠誠心がより固まるものである。壬申の乱で活躍した地方の小豪族は、この制度にも浴したであろうし、官の寺院造営の技術を得て、寺院の造営も許されたのである。

もっとも、中央集権を目的としていたものである以上、根本的な図式を大きく違えることはあり得ない。天武天皇崩後の持統天皇の政治体制をまとめて言えば、天武天皇の意志を継承させ、聖徳太子の徳をも根底にする。そして地方豪族にも気を配り、位階の下の者や無位の者も中央で活躍できる中央集権の律令体制を目指したものと言える。

たとえば、天武天皇五年正月二五日の詔では「凡そ国司を任ずる時は、畿内及び陸奥・長門を除き、以外は皆大山下より以下の人を任ぜよ」とあり、持統天皇四年（六九〇）四月十四日の詔では「百官の人及び畿内の人の、位ある者は六年を限れ。其の上れる日を以って、九等に選び定めよ。云々」とあり、上層貴族だけでなく、それぞれの努力によって昇叙もあり得る事を示唆したものと考えられる。また持統天皇八年三月十一日の詔は「無位の人を以って、郡司に任ずる時は、進広弐を大領に、進大三を小領に授けよ」とある。無位の人でも郡司に抜擢されていたという証しであり、広い階層からの任命であったことがうかがえる。

さて、本題の大津皇子事件が起きた原因、そして事件に連座した人々の行方と美濃の関係であるが、まず持統天皇の生涯に触れなければならない。

持統天皇は大化元年（六四五）に天智天皇の皇女として生まれ、当時の習慣として母方の屋敷で育ち、祖父の石川麻呂に慈しまれたであろう。その祖父を父である天智天皇に計略を以て殺され、それを苦に母は死去した。自らは蘇我系の血をひく最後の皇女である。壬申の乱を経て鎮護国家の思想を根底においた律令国家を天武天皇とともに確立していった。鎮護国家とは仏法によって国家を鎮定し、守護することである。天武天皇の創り上げた位階等には天智天皇の制度とは違い、聖徳太子の教えの徳が充分活かされていると考えられる。次なる災いがあってはならないし、再び戦乱を起こしてはならない。しかし、災いの火種を抱えたまま確実に国を安定させるには、天皇自身に時間がないと考えられたのであろう。

一般には持統天皇は草壁皇子を溺愛し、是が非でも皇子を皇位に即けたいと願ったと考えられており、持統天皇の最大の関心事は、皇位継承問題、すなわちどうすれば草壁皇子を無事に皇位につけるかということであるとする説が多い。

天皇自身の生い立ち、壬申の乱を超えての律令国家設立の道を歩んできた持統天皇が、ただ我が子可愛さ、つまり草壁皇子を皇位に即けたいがためだけに奔走したとは考えにくい。もっと大きく広く考え、国家安泰の手段を考える中に、草壁皇子の皇位継承が必要と考えたのではなかったか。理性的で、沈着な思考を持った天皇は、愛児といえども一般の女性の想いとは大きく隔たりがあるのは、その立場からでもあり、縷縷述べた天皇自身の成長の過程で身に付けられた判断による所が大きい。盲目的に子供を愛するのではなく、大局を見据えた中で如何にして心の中にある、護らねばならないことを遂行するか。護らねばならないと考える多くの事柄が一つも洩れることは許されないのである。持統天皇は生涯を通じ、護られる側にいたのではなく、常に自身を盾にしてすべてを護る側にあった。では、智謀と実行力と判断力に優れた天皇の心の中にある関心事は何であったか。幼少の頃から親しく耳にし、心に決していたことがあったのではないかと考える。

一つには母方の大叔父に当たる聖徳太子の徳と慈悲の教えを引き継ぎ、確立させていくことである。そうすることが仏道にも通じ、また天武天皇の心を継ぐことでもある。

天武天皇が仏道に帰依し、大切にしてきた仏道の意志を持統天皇が継いでいたことは『書紀』の記事にも見ることができる。持統天皇元年（六八七）八月二八日に藤原朝臣大嶋・黄文連大伴を遣わし、三百人の高僧を飛鳥寺に招いて、一人一領ずつの袈裟を施されている。その袈裟は、天武天皇の服を用いて縫い作ったものであり、このことを通じて、天武天皇の意志を継いだことを示したものと考えられる。

自身の世に貴賤の幅広く、多くの人に施しと慈悲を与え、勉学にいそしむ者にも特別の援助を行っている。これは持統天皇の発案であったとしても、天武天皇の意志を反映させたものではないかと考えられる。

また、持統天皇五年（六九一）にも詔して、天武天皇が仏殿・経蔵を造って仏道に励んだことを、自分の世にもまたそれに倣い仏法をあがめることとすると申し渡している。そして『扶桑略記』の持統天皇六年三月の記事には「天下の諸寺を計え令む。凡そ五四五寺」と記されており、いかに仏法に力を注いでいたかがうかがえる。

天武天皇の意志を反映させ、聖徳太子の徳を慕ったことも充分感じ取れるが、そればかりではない。持統天皇は蘇我家の血を引く最後の皇女である。聖徳太子の徳を後世に引き継ぎ、名門蘇我氏の血を絶やすこと無く律令国家を設立するには仕えている人々の立場も考慮して、草壁皇子でないといけなかったのではないだろうか。

この状況から、大津皇子事件との関連を考えてみたい。ここで再び確認したいことは、大津皇子の気性である。大津皇子自身は教養もあり人々にも慕われている。しかし、律令国家を確立するために人の上に立つには「性すこぶる放蕩にして、法度に拘らず」ではその体制の指導者としては相応しくないのである。

天武天皇の崩御によって、落ち着きかけた国が少なからず動揺する。壬申の乱の際には美濃の地を抑え、国造たち、そして小豪族たちが吉野方に付いて力を合わせたことによって乱に勝利したのである。しかし、天武天皇崩御後は、その美濃が最も憂慮する所となったと考えられるのである。壬申の乱後、かつてなかったような境遇を与えられた小豪族は自らの成功に満足を得るが、逆転されたかのような元国造氏一族が自分たちの地位が復帰できる機会を待っていたとは考えられないだろうか。その機会を得る時期は、皇位継承のような国の転機が最もふさわしいのである。

天武天皇十年（六八一）二月二五日、草壁皇子は皇太子に立ち、次なる天皇は草壁皇子に決まっている。しかし、身体の弱い草壁皇子とは反対に、大津皇子は壮健で臣下に慕われている。そして天皇の十二年二月には、朝廷の政務に携わっているのである。美濃の元国造たちが、自分たちの美濃における地位や先祖からの朝廷との浅からぬ縁から、身分の確保を求めるためにこの大津皇子を担ぎ出すことを考えても不思議ではない。

彼等にとっては、大津皇子の皇位継承を打ち出して夢実現の舞台、つまり反乱を起こすのが最も早道である。皇子にしても、草壁皇子に皇位が決まっていても、彼を担ぎ出してくれる人々の力が強ければ、皇位継承は夢ではなく、皇子自身に全くその野望が無いとは言い切れない。そのような不安定な状況が、美濃国の中にも、朝廷の中にもあったと考えられよう。

天武天皇崩御によって、有力な皇子が一人になった。美濃国において、元国造たちが大津皇子を旗頭にして、反旗をひるがえさないとも限らない。それを抑えるためには、元国造たちに壬申の乱における彼等の功を忘れてはいないことを示す恩賞を与え、且つ内からも外からも威圧を与え、従順であることを指し示す必要があったのではないかと考えられるのである。勿論内と言うのは美濃の小豪族たちであり、外は上記共通性のある瓦を持つ四ヶ国、飛騨・信濃・甲斐・近江である（図36）。

元国造氏たちが大津皇子を担ぎ出すような、万が一の事を考え、次なる乱を起こさせないためにはどのような手を打つべきか。

持統天皇は大化改新の、正に乱の年に生まれ、幼児期から天智天皇が施したその世の乱の鎮め方、乱の中に生きた人々の心を感じながら育った。その性格は『書紀』持統天皇称制前紀を見ると、「二年に立ちて皇后と成りたまう。皇后、初めより今に至るまでに、天皇を助けまつりて天下を定めたまう。常に仕えまつる間に、即ちこと、政に及びて、助け補うところ多し」としている。持統天皇の母方である蘇我氏の館には古くより渡来系の人々の存在があり、天智天皇の外国の人々の扱いも見ている。天智紀における外国人たちに対する記事にはたとえば、以下のようなものがある。

天智天皇四年二月　百済の百姓男女四百余人を近江国神前郡に住まわす。

五年冬　百済の男女二千余人を東国に移し、僧尼と俗人とに関わらず癸亥の年以降三年間はすべて官から食料を支給している。

八年　佐平余自身・佐平鬼室集斯ら男女七百余人を近江国蒲生郡に住まわせ、食料を支給している。

十年　大唐が郭務悰ら二千人を遣わす。

天智天皇十年は六七一年であり、持統天皇は二六歳である。父、天智天皇が行ってきたそれぞれの対処の仕方や采配をつぶさに見て、学んだに違いない。最愛の祖父や母を死に追いやった人物である父を憎む心と、国の総帥として尊敬する天智天皇をよく見極めて育ったことが壬申の乱の采配・大津皇子事件の采配につながったのであり、このことは

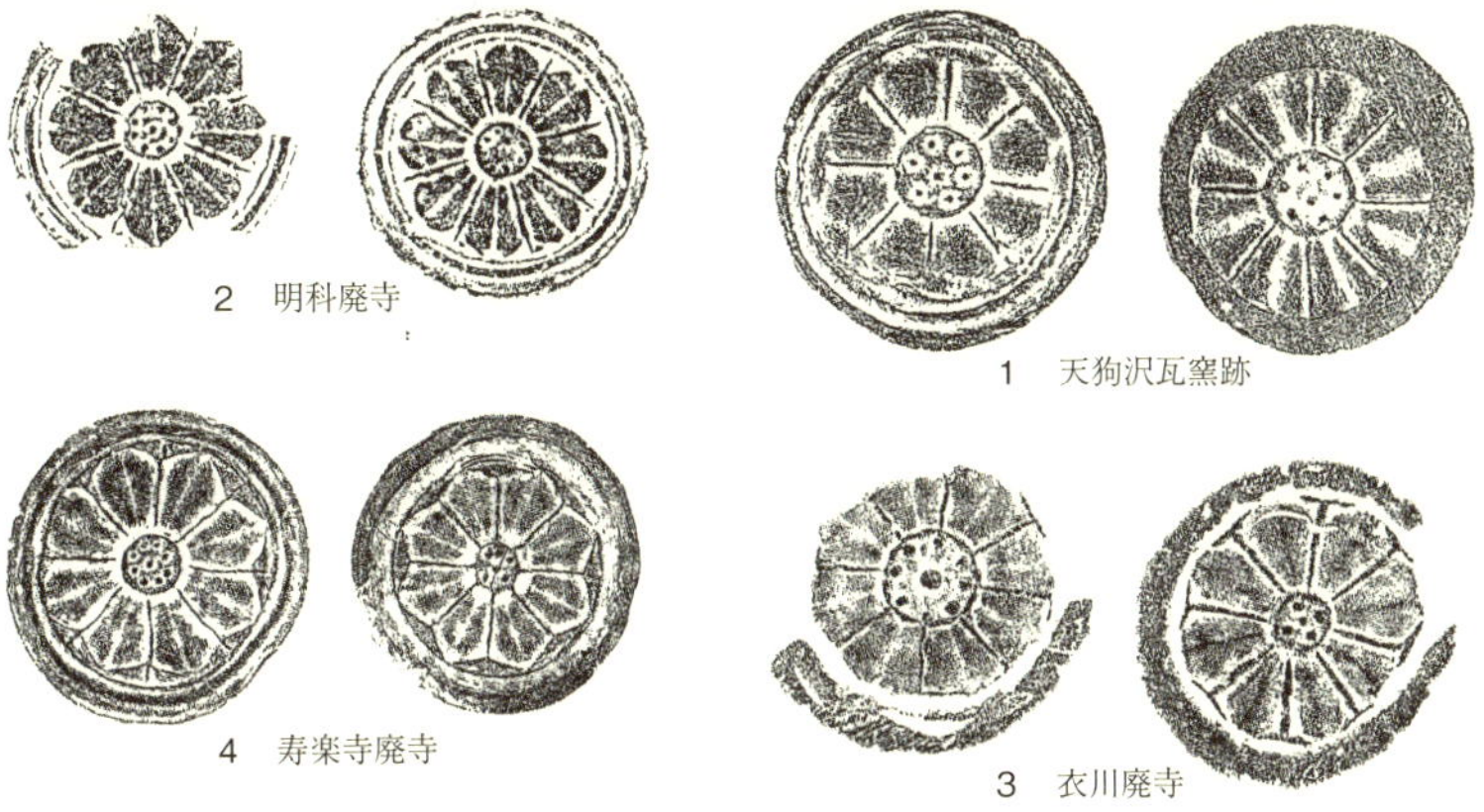

図36　四地域の天狗沢系軒丸瓦

大きい。

持統天皇は、布石を打つ名人ではないかと思えるほどの采配ぶりである。それも短時間ではなく、何年にも亘って計画的に行われている事が多い。しかし、時には瞬時にして決断することもあった。

さて、持統天皇布石の地がなぜ甲斐・飛騨・信濃・近江という四ヶ国にしか存在しない瓦の分布にあらわれ、大津皇子事件に繋がるのかという点を述べたい。

第一節で天智天皇四年（六六五）から十年にかけての渡来の人々の記事を幾つか取り上げた。彼等の安住の地と食料を天智天皇は提供している。渡来の人々が争乱のために祖国を離れ、わが国に一時避難をしたり、帰化したり、それぞれの事情で助けを求めてくる。彼等の中には僧侶もおり、身分の高い者も低い者もいる。彼等の中には、様々な先進技術をもった技術者もいたであろうことを忘れてはならない。『書紀』には記されていないさらに数多くの人々や、立場の人が存在したであろう。

先述の如く、天智天皇は彼等の特異性を知った上で、わが国に留まる地を彼等のために準備したであろう。特に、ただちに帰化した人々については、すでに渡来のことが決まっていた人々や、朝廷からの招きで帰化した人も多かっただろう。

壬申の乱が終息し、天武・持統朝を迎えるとき、持統天皇は父の采配により各地に在住している渡来人のゆく方、つまり先進技術者の存在を考えたに違いない。

美濃の古代寺院の分布図（図35）を見ていただきたい。元国造たちの根拠地は下線で示した郡である。そして壬申の乱で一躍貴族の列に入り、官の寺である大和川原寺系の瓦を使い寺院造営を許された元小豪族たちの郡は□で囲んだ所である。下線で示した周りには必ず□の郡が取り囲み、特に不破の道への通路になる付近の郡には寺院が集中していることがわかる。もし、元国造氏たちが自らの地位の奪回を目指して大津皇子を旗頭に立ち上がれば、地図の中では下線で示した郡がそうであるが、即座に□で囲んだ郡の軍勢が、つまり元の小豪族たちが天皇への忠誠を尽くして防ぐことになろう。そして少し離れたやはり東山道に沿った加茂郡の元国造氏が反乱を起こせば、うしろは山が深く通路を阻まれ、東山道を南に抜けようとするのも不可能である。そこで勢い東山道を北へ抜けることになる。そこは飛騨国である。

一方可児郡の元国造氏も南に抜けることは不可能であり、勢い北へ向かうだろう。ただし可児郡の諸豪族の旗幟が定かではない。しかし、東山道を北へ行けば行き着くところは信濃国であり、信濃国の明科に出る。信濃国に入らずにその途中の水路を利用して東に向かえば甲斐国の天狗沢に至るのである。飛騨寿楽寺、信濃明科廃寺、甲斐天狗沢瓦窯跡、近江衣川廃寺に関しては「はじめに」で述べた、この四ヶ国にしかない同系統の単弁蓮華文軒丸瓦が出土しており、この同系の軒丸瓦は古新羅系である。つまりこの軒丸瓦の出土地の伝播が物語ることは、渡来系の人々をも含めた技術を伴った分布であり、敵を防ぐ要塞的性格を兼ねた所であった可能性が強いということである。美濃の、大和川原寺系の瓦の伝播の仕方とは異なり、人々の移動がこの四ヶ国にしか存在しない瓦の伝播をもたらせたものであろう。

以上のように、もし大津皇子を旗頭に乱が起こった時には、軍を組織し、武器を調達できるこの美濃の地を抑えることができ、東山道を北にあがれば飛騨・信濃・甲斐で沈静化できるように持統天皇は布石を打っていたと考えられるのである。

武器の準備や不測の事件の勃発に際しての準備があったことは『書紀』の中にも見ることができる。天武天皇十四年（六八五）七月二七日の条に、詔して、「東山道は美濃以東、東海道は伊勢以東の諸国の有位者には、みな課役を免除せよ」とある。これは、いざという時の武器や軍隊を出す豪族たちの負担を考え、且つ彼等を優遇しているという事前措置が必要であったからと考えられる。

同年九月十一日の条に、「宮処王・廣瀬王・難波王・竹田王・弥努王を京および畿内に遣わし、人々の用意した武器を校閲した。」と記されている。

また、同年九月十五日の条に、「津努朝臣牛飼を東海の使者とし、石川朝臣虫名を東山の使者とし、佐味朝臣小麻呂を山陽の使者とし、巨勢朝臣粟持を山陰の使者とし、佐伯宿禰広足を筑紫の使者とし、それぞれ判官一人、史一人を従えて、国司・郡司および百姓の様子を巡察させた。」このように国中津々浦々で不穏の動きがないかを見回らせた記事がある。壬申の乱に際しても事前に不穏の動きを警戒したことで、壬申の乱に勝利した。

天武天皇十二年（六八三）二月、大津皇子が初めて朝廷の政務を執ることになった。この年の十二月十三日に、「伊勢王・羽田公八国・多臣品治・中臣連大嶋それに判官・録史・工巧者などを遣わし、全国を巡行して諸国の境界を区分させた。」という記事があり、境界の区分は、いざという時に発令する命令系統の組織整備のためのものであると考えられる。また、この中にある工巧者は諸々の技術者ではあろうが、彼等は一定地において、官吏のように短時間の滞在ではなく、自らの技術を用いて事が終了するまで同じ地に留まる。そのような期間に自然の流れの中での技術の伝播が為されたのである。また、技術者集団が同じ目的で複数ヶ所の造営等に携わることもあり、当然それらの地は互いに技術的な共通点をもつことになる。

また翌年、天武天皇十三年（六八四）二月二八日の条に「廣瀬王・大伴連安麻呂、および判官・録事・陰陽師・工匠らを畿内に遣わし、都とする適当な地を視察し、占なわせた。」そして、同日「三野王・采女臣筑羅らを信濃に遣わし、地形を視察させた。」この信濃の記事は、宮を作るためのものと見る見方が多く、信濃に宮を作る場所を探していたとして信濃宮説を唱える考え方も少なくない。しかし、同年四月十一日には「三野王らが信濃国の図をたてまつった」という記事がみえる。これは信濃を視察し、防備および軍事を目的としたものとは考えられないだろうか。そのことをうかがわせる記事が見える。すなわち同年閏四月五日の詔で、「政の要は軍事である。それゆえ武官の人々は、誰もが武器を使い、馬に乗れるように努めよ。馬や武器、それに本人が着用するものは一つ一つそろえておくように。馬や武器の扱いに習熟せず、装備に欠けることあれば、処罰する。」この記事はとりもなおさず、軍事行動の準備と受け取られる。

そしていよいよ天武天皇十四年十月十日、「軽部朝臣足瀬・高田首新家・荒田尾連麻呂を信濃に遣わして、行宮を作らせた。」これに関してはまだまだ解明していかねばならないことが多いが、行宮というのは信濃での軍事司令部的な施設ではないかと考える。それが信濃・明科廃寺であるかもしれないと、その可能性を考えている。

第七節　事件に連座した人々とその後

さきに第三節で事件に連座した人々の名前をあげ、表示した。新羅沙門行心が移された飛騨の伽藍が寿楽寺であると考えられているが、その伽藍が寿楽寺であるか否かは別にしても飛騨である事には違いない。飛騨は飛騨の匠でよく知られる地である。平安遷都頃を境として、飛騨匠の逃亡に関する記事がしばしば見られる。その内の一つ、『類聚三代格』[9]承和元年（八三四）四月二五日の記事に飛騨の匠を捕えてみれば、「それ飛騨の民は言語容貌すでに他国と異なり云々」とある。この「言語容貌すでに他国と異なり」に関しては、現在でも山深い飛騨においては他の地域との接触が少なく、山奥から出てきた人々なので言語容貌が異なっていると考えられがちである。しかし、この記事の意味するところは全く違ったものではなかろうか。

他と接触のない山奥の人なのではなく、渡来系の人々の特別地域、つまり常に新しい技術がもたらされ留まる所ではなかったかと考えるのである。飛騨には神岡鉱山があり、東山道を南に行けば美濃の赤坂鉱山がある。そして飛騨の山中に十一ヶ寺もの古代寺院跡が存在しているのである。寺院造営には匠・瓦工に加え、金銅仏や金工荘厳具をはじめとする品々が必要であり、新しい技術と豊富な資源を用いてこの地で造られた可能性がある。そして、そこで出来上がった製品は遠くにも運ばれたことだろう。それぞれの寺院は彼等の心の糧であり、工房であったと考えられる。その飛騨の地に新羅沙門行心は移されたのである。単なる流罪ではなかったように考えられる。

行心の使命は何であったのだろうか。

行心が大津皇子事件で皇子を陥れたとすれば、そこまでしてでも成し遂げなければならない務めが待っていたことになる。朝廷の命によるということになれば、それは国家の将来を担うことであったろう。行心は僧であり、皇子に提言出来るほどの高位にあって、頭脳明晰な皇子を惑わすだけの力を持った僧なのである。彼のような頭脳と行動力をもち、しかも大仕事をやってのけた人物を飛騨に移したのである。行心がなぜ飛騨に移されたのか。移された飛騨で与えられた使命は何であったか。行心はこの地で、飛騨にある多くの寺院の取りまとめや渉外・外交といった、当時における現地総括判事的な仕事をしていたのではないかと考えられる。飛騨は、残された瓦が語るように新羅系の人々、新羅に縁の深い人々が多く住まいする所である。この地は、渡来の人々を主軸とした技術集団を抱えていたと考えられるのである。白村江の戦い以降に、多くの渡来系の人々がこの地にも集まってきたことと思われ、自然彼等の居住空間がその国となり、中央からの統制も取りにくい部分が出て来ていた時期ではなかったのではなかろうか。

新羅からの新しい情報・人材・技術の手配、それらの過不足は現地でしか判断できず、しかも知識がないと出来ないことが多くあり、行心をその任に当たらせるべくの詔ではなかったろうか。

天武・持統朝はとりわけ新羅との交流が頻繁である。新羅からは鎮護国家思想に基づく文化や、芸術がかなりわが国に入ってきた。特に仏教思想を説く経典や造営技術などは、重宝されたに違いない。造営技術のみならず、仏像を荘厳する品々もすべてその思想に基づいて作られなければならない。渡来人および渡来系の人々にとっては、どのようにして新羅からの新しい文物を中央と結びつけながら、そして反面中央とは一線を保つ形もとりながら、吸収するかが問題であったろう。行心の仕事は飛騨だけに留まらず、同系統の瓦の分布地である甲斐・信濃にも及んだことは必定である。当然彼の地にも渡来系の人がいることは瓦の出土が物語る。そして彼等にもやはり、わが国との折衝が必要なことがあったはずである。行心は東国の渡来系部門の地方判事的な役割も担っていたと考えられるのである。そしてこれらの地は武器の整った豪族たちで固められていたことは、第二節で示した通りである。新しい技術は新羅からだけ来るのではなく、わが国からも新羅にもたらされていた。果たして逆輸入の文化はどのようにして新羅に入り、また新しい文化はどのようにして飛騨に入ってきたか。

大津皇子事件に連座した六人のうちの一人がこの新羅沙門行心であり、連座した二人目に挙げたいのは壱岐連博徳である。博徳は元々外交に関する任務を負っていたのであり、持統天皇九年（六九五）七月に小野朝臣毛野と共に遣新羅使となっている。すでに述べたように、中央からの統制が取りにくい部分が出来てきた頃、その調整をすべく行心は東国に移される。しかし、先進技術の集まる、つまり渡来文化が集まるそれぞれの地で、行心が調整を行い壱岐連博徳との連携があったと考えることができるのではなかろうか。むしろ飛騨に移された行心と遣新羅使となった博徳が無関係とは考えにくい。彼等二人は大津皇子事件にともに連座し、博徳は遣新羅使に、新羅沙門行心は飛騨の山中の十一ヶ寺も古代寺院の建ち並ぶ地に移されたのである。博徳はかつての実績を生かされ、遣新羅使に任ぜられている。持統朝における遣新羅使は時の文化を学び、それを共有する大切な地域との橋渡しである。そして大宝二年（七〇二）になって行心の子、隆観は赦され、都に上り、還俗して朝廷に仕える。これらは決して普通の抜擢ではない。大津皇子事件後の壱岐連博徳の動きから、このように考えられるのである。

次に巨勢朝臣多益須と中臣朝臣麻呂（意美麻呂）はともに皇子事件の時は大舎人で、のちに判事となって務大肆に昇叙する。その後多益須は撰善言司となり、持統天皇七年には意美麻呂とともに直広肆を授けられる。後多益須は和銅元年（七〇八）に大宰大弐に任ぜられている。

意美麻呂はその後、文武天皇二年（六九八）に神事に供するによって旧姓中臣に復し、時に直大肆となる。そして順に昇叙し、和銅元年には神祇伯に任ぜられ、中納言となる。そして和銅四年四月に正四位上に昇叙し、和銅四年閏六月に卒する。彼等の足跡も、決して大罪を犯した人のその後とは考えられない生涯である。

八口朝臣音橿については第三節で述べたように、皇子事件が起きた時はすでに直広肆と高い位階にいた。その後の彼の消息は『書紀』の中にも見えない。位階も高く、年齢もかなり上と考えられるので、さきにふれたように、事件後の役割としては特に無かったのではないかと考える。事件を犯した者が若者ばかり、位の低い人々だけでは信憑性に欠けるので、やはり年長者で位階の高い人物の存在も必要であったろうと考える。

最後に礪杵道作であるが、「皆赦せ。但し礪杵道作は伊豆に流せ。」という詔である。同じ皇子事件に連座した名前の挙がっている人々のその後はかなり優遇されている。彼は大津皇子の帳内で、かなり私的に皇子に仕えていたという理由で罪を受けるなら、流罪より死罪に処せられると考えるべきではないだろうか。それが流罪であり、その地が伊豆なのである。

彼についてはどのようなその後を送ったかは不明であるが、当時の伊豆についても興味深いところである。

東国への優遇措置、ならびに特別措置については、天武天皇五年（六七六）四月十四日の詔に「諸王・諸臣の封戸の税は、京より西の国に賜るのをやめ、東の国に振り替えて賜ることとする。また、諸国の人で、才能あるものは官に入ることをゆるせ」と、如何に朝廷が東国に気を配っていたかを物語るものである。そしてその詔が出た七日後の四月二三日には、美濃国司に詔して「礦杵郡の紀臣訶佐麻呂の子を東国に移して、その国の百姓にせよ」とある。古来、土地の名を自らの名として称することも多く、礦杵道作も土岐郡の出身である。

また天武天皇六年（六七七）四月十一日に、杙田史名倉が天皇に不敬な言動を取ったという罪で伊豆島に流されている。やはり伊豆であり、この記事の前後にはそれに関する記事が全くなく、急にこの一文が出てくるのである。古代において伊豆は船作りで有名なところであり、古来朝廷の命による船作りが伊豆で行われている。陸上交通より水上交通の方が至便であることを考えた場合、船造りの一つの拠点となっている伊豆はこれからの大きな課題である。

以上の如く、大津皇子事件に連座した人々の多くがそれぞれ新しい律令国家建設の担い手になったといえるのではないだろうか。

註

（1）八賀　晋「第六章通史編　原始」（『岐阜県史』一九七二年）

（2）明らかなものだけを数に入れた。

（3）江口孝夫訳「大津皇子」（『懐風藻』二〇〇六年）

（4）前掲註1に同じ

（5）井上光貞・佐伯有清『岐阜県史』通史編　古代　一九七一年

（6）前掲註5に同じ

（7）前掲註1・5に同じ

（8）八賀　晋『岐阜県史』通史編　古代　一九七一年

（9）『類聚三代格』承和元年（八三四）四月二五日官符

第五章　天狗沢系軒丸瓦の諸問題

はじめに

序論で、甲斐の天狗沢瓦窯から出土した、いわば特殊な文様構成をもつ軒丸瓦を天狗沢系軒丸瓦と名づけ、その軒丸瓦と同系統の資料がなぜ存在するのかという点を述べた。

その軒丸瓦は、単弁無子葉八弁蓮華文を瓦当面に飾ったものであるが、弁端が極端に尖っており、蓮弁中央の鎬が強調されて凸線としてあらわされたものもあり、そのために凸線があたかも間弁のように見え、凹弁を飾ったように見えるものもある。これら同系統の軒丸瓦は甲斐国の他に信濃国、飛騨国、近江国で確認をした。この分布の有り様が問題なのである。伝播経路として古代の街道に検討を加えたが、同系の瓦を確認することはできなかった。瓦生産が寺院造営に直結することから、政治に絡んでこれらの瓦の分布が存在するということがその結論であるが、ここで改めてその分布のあり方の不自然さの問題点を述べることにする。

第一節　わが国の瓦生産

アジアでの瓦の生産は、中国大陸にはじまり朝鮮半島を経て日本に伝わった。わが国での瓦葺き建物は寺院の造営とともに始まり、わが国最古の造瓦は飛鳥寺造営時と考えられている。大量の瓦の必要性から当然のことながら複数の瓦窯も設置されるが、造瓦事業が寺域内や寺付近だけに留まらず、豊浦寺のように遠方の岡山県末ノ奥窯や兵庫県の高丘窯から瓦を運んでいる例すらある。初期の窯には材料、技術、瓦工の都合で須恵器窯が使われていた事例もあるが、基本的には有階有段式窖窯で生産された。ただ、飛鳥寺出土平瓦の中には、明らかに須恵器作りの工人が関わっていたことがわかる、同心円文圧痕を留めるものがあり、一部では瓦陶兼業窯が存在した。遠隔地にある初期の窯では、豊浦寺に瓦を供給した隼上り瓦窯のように、瓦陶兼業窯という体制をとっていた。これは飛鳥寺で見られるように、瓦造りに須恵器工人が携わっていたことを意味する。

七世紀前半には畿内の何ヶ所かで寺造りが始められた。ごく初期のものだけでも豊浦寺・法隆寺若草伽藍・中宮寺・平隆寺・坂田寺・定林寺・高麗寺・北野廃寺・四天王寺・新堂廃寺等があり、飛鳥寺造営時の技術者だけではまかない切れなかったであろう。したがって、さらに多くの技術者が渡来したと考えられる。そして、国内でも積極的に技術伝習が行われたに違いない。

七世紀末葉、藤原宮の造営に際して宮殿建築に初めて瓦が葺かれた。藤原京がわずか十五年で平城京へ移り、さらに飛鳥に営まれた寺々が平城京に移された事は瓦生産に大きな変化をもたらすことになった。すなわち瓦生産が畿内のみならず、各国で盛んになり、官衙にも瓦葺き建物が営まれるに至った。

第二節　天狗沢系軒丸瓦の所在地

東国への寺院造営の技術、すなわち瓦生産、瓦葺き建物建立などの技術が少しずつ伝えられていく。技術の伝播というものは国内外を問わず常に一定とは限らない。また、東国の寺院造営に関しては邸宅を浄めて寺としたものや、草堂に仏を安置した「捨宅寺院」存在の可能性が考えられている。瓦の伝播の中で瓦当笵の鮮明度や作り方から伝播の順序や移動地が想定されることがある。一般には畿内から遠く離れれば離れるほど、その理由の解明が困難になる。甲斐国は東海道に属するが、駿河からの行程は富士山の噴火に伴う危険度や峻険な道などから、ある時代には東山道が通じている信濃から入ることがより実質的であったかと思われる。いずれにせよ甲斐では寺院造営も瓦生産もさほど盛んではない。とは言え、七世紀代の軒丸瓦としては異質な感じのものがある。それが天狗沢瓦窯跡出土の瓦である。

瓦窯跡は山梨県中巨摩郡敷島町天狗沢字北川（二〇〇四年に甲斐市と改称）、茅ヶ岳の山麓南端の、細長く延びた南向き緩斜面に位置する。(1) 発見された場所は南斜面を石垣積みで造成した農耕地で、桑園として利用されてきた。東側は隣接して天狗沢の鎮守である金山神社があり、その東側には旧道が通じる。南側には東の神社前から西に向かう道路がある。古来、敷島町（本章では現在の「甲斐市」ではなく、旧名「敷島町」を使用する）では農業が盛んである。敷島町の東西は約四キロ、南北は約一五キロであり、南北方向に非常に長くなっている。地形的には荒川によって形成された扇状地扇頂部地形の南部地域と、山地地形を呈する北部地域とに大別されるが、山林の占める割合は多く実に八割ほどが山地である。町南部の扇状地上に位置する島三条（島上条・中下條・大下條）は、古い条理地割を現在に残しているといわれている。

この地を殊更に述べるのは天狗沢瓦窯跡に隣接する金山神社の移動の記録があり、このことは天狗沢瓦窯に関わる統治者および瓦工の存在に大きく関わると考えられるからである。松尾神社も含め条里地割を整理して考えねばならない。島三条は水田農耕が西方、北方に接する台地上が桑園化され養蚕業が行われてきた。

遺跡のある敷島町は、甲府盆地のほぼ中央に位置し、北は北巨摩郡須玉町、東は荒川を挟んで甲府市、南の一部は中巨摩郡竜王町、西は貢川を挟んで北巨摩郡双葉町・韮崎市と接している。秩父山地西部に源流を持つ荒川の上流には敷島町と甲府市にまたがって、花崗岩渓谷として知られる御岳昇仙峡がある。

天狗沢はかつて巨摩郡北山筋に属し、地名の由来は産土神が天狗の社であったことによるという。しかし、その天狗の社の起こりについてはまだ明らかにされていない。遺跡の東側に隣接する金山神社は、かつて東南〇・六キロの金の宮にあり、鋳物師を業とする職人たちの守護神として崇敬されてきたが、大永年間（一五二一～二七）に荒川の大出水があり村の大部分が流失した。そのため洪水を避けるために台地上の現在地に集落と共に移されたと伝えられる。現在、「金の宮」は島上条・中下條に地名を残す。また、金山神社周辺は、通称「さくらん塚」と呼ばれており、神社の北方に高塚跡と伝えるところがあるが、開発により遺構は明確でない。なお瓦生産は双葉町竜地で最近まで行われていた。

天狗沢瓦窯跡から南部にかけては、多くの遺跡があることでもよく知られている地域である。南部の平坦地「島三条」あたりには古墳もいくつか見られる。天狗沢瓦窯跡が構築される以前、古墳時代後期において敷島町を中心とした甲府盆地北西部は、甲府盆地の中でも古墳が集中して分布する地域のひとつである。古墳時代後期より急速にその勢力を拡大していったこの地域は、その後、順調に発展を遂げ、甲府盆地北東部地域の春日居町に造営された寺本廃寺と対峙するような形で、天狗沢瓦窯で焼いた瓦を使用した寺院を建立するまでに至ったものと考えられる。(2) 平成十六年（二〇〇四）年十月に、山梨県上半期発掘調査報告会が山梨県埋蔵文化財センターであった。その報告によると、金尾遺跡の発掘調査は十二回目となるが、大きな発掘成果は上がっていない。金尾遺跡が所在する地のほとんどが住宅地となっていて、広範囲の大々的な発掘が調査出来ないのが現状である。引き続き少しずつの発掘調査が行われているが、今後の発掘に期待するところである。

瓦窯からは丸瓦・平瓦を含めて大量に出土しているにも関わらず、その供給先がわからないのである。しかし畿内からも遠く、東国の中でも山深い甲斐国に七世紀代の瓦が存在するのである。この天狗沢瓦窯出土軒丸瓦とよく似た瓦当文様をもつ軒丸瓦、すなわち天狗沢系軒丸瓦の文様を持つ軒丸瓦が信濃・飛騨・近江に存在していることも確認できた。天狗沢瓦窯の製品の供給先はどこか。関わる氏族は誰か。このような事柄を当時の政治状況を視野に入れながら、同系統の瓦との関係を含めて検討を重ねなければならない。

信濃では明科廃寺に天狗沢系軒丸瓦の存在を認めることができた。明科廃寺は東筑摩郡明科町中川手明科に所在し、そこは古来石堂と呼ばれる地名であった。その地域の弁天社が土壇上にあって、建物基壇の名残と考えられる。一部に礎石状の石も残っている。

発掘調査により大量の瓦類が出土しているが、軒丸瓦以外に特記すべきは瓦塔である。『東筑摩郡誌』によると、「上代の主要交通路の重要地点に瓦塔を建て、それに上屋をかけて安置することの例からして、完全な寺跡と見るよりも、瓦塔を安置した堂舎のありどころ、すなわち石堂という説も成り立つ。(3)」とし、遺跡名は明科廃寺であるが、遺構が定かではないことから寺跡とはまだ確定していない。しかし、当時、伝飛鳥板葺宮跡や山田寺などの石敷きや瓦敷き、または飛鳥寺や平城薬師寺、三重県夏見廃寺などの石敷きなど、中央に関係した寺院にしか見られない礫敷遺構があり、南北約七・五メートル、東西約一五メートルにわたる。出土遺物の瓦の分布から一町四方の寺域が推定されている。これらの発掘調査からここが寺跡であれ、特別施設であれ、官の掌握地であると考えるべきであろう。

飛騨の寿楽寺を見てみる。寿楽寺は岐阜県吉城郡古川町所在である。宮川の支流の太江川の支流に位置するが、遺構の状況は定かでない。

近江の衣川廃寺を見てみる。衣川廃寺は滋賀県大津市衣川二丁目字西羅に所在する　北は天神川、南は御呂戸川が琵琶湖に向かって東流する、ちょうどその中間に衣川廃寺は位置する。衣川廃寺の所在する堅田地区は琵琶湖が北湖と南湖に分かれる最狭部の西岸にあり、遺跡は背後の比叡山麓から琵琶湖までの狭い平野部にかけて南北に長く広い。

衣川の地において古瓦が採集される事は、以前から知られていた。採集された瓦が飛鳥時代に遡るものではないかと注目され、衣川には近江最古の古代寺院が存在している可能性が示されていた。昭和四五年（一九七〇）に湖西線敷設工事に伴う発掘調査が滋賀県教育委員会によって行われた。(4) この調査で出土した瓦には七世紀代のものも多く含まれていた。この調査によって、飛鳥・白鳳期の寺院が周辺に存在する可能性が高まった。昭和五十年には衣川台の丘陵部の発掘調査が行われた。ここには二つの土壇状の高まりがあり、この調査によってその土壇状の高まりは、版築で築かれた建物基壇である事が判明した。この寺院遺構は軒丸瓦の年代観から、飛鳥時代後期に求められ、近江最古の寺院である事も確認された。その西南方斜面には有階式の焼成部をもつ瓦窯が、天井部まできわめて良好な状況で残っている事が判明した。

衣川廃寺で見つかっている主要伽藍は金堂と塔に推定される二つの基壇のみである。この二つの基壇はいずれも基壇化粧をもたないものである。古代寺院にあって、基壇化粧をもたない例としては奈良県檜隈寺金堂があげられるが、きわめて珍しい事例である。堂塔が果たして完成していたかどうかということについても、疑問がもたれるところである。衣川廃寺の興亡に関しては、造営者が壬申の乱（六七二）に巻き込まれたことによって廃寺と化したと報告書で述べられている。衣川廃寺でその時すでに金堂、塔など主要伽藍の工事が進められていたことからすれば、七世紀第Ⅱ四半期に造営工事が進められていたと考えられよう。衣川廃寺の一群の軒丸瓦のうち主題の軒丸瓦は文様構成上、最も先行するものであり、創建時のものと考えられる。造営に関しては渡来系氏族の関与のもとに、和邇系氏族である近淡海造氏・近江臣氏によって進められたと考えられている。

繰り返すようであるが、天狗沢系軒丸瓦は甲斐・信濃・飛騨・近江の四ヶ所だけに存在するのである。瓦製作技術の伝播には、その条件により様々な道がある。四ヶ所はそれぞれ距離的には離れている。通常とは異なる方法での伝播であったろう。瓦以外の諸条件を検討しなければ、その共通点を見出すことはできなかろう。この時期で注意を要することは壬申の乱後の、朝廷の東国への対応である。そのことに注意を払いながら問題点を考えてみよう。

第三節　甲斐国内における寺院と瓦

甲斐国は日本のほぼ中央に位置し、南東に富士山、北西には八ヶ岳、西に駒ヶ岳・仙丈ヶ岳・鳳凰山・南アルプスと四方を峻険な山々に囲まれた内陸国である。雪解け水は北西の釜無川、北東の笛吹川にそれぞれが注ぎ込み、やがて盆地南方で富士川となって駿河へ向かう。これが甲府盆地である。現在の山梨県域を中央から東寄りに南北に走る大菩薩連嶺・笹子峠・御坂峠をもって、西側の国中と東側の郡内とに区分される複雑な地勢である。

郡内は高冷地で耕地に乏しく厳しい自然環境にある。自然の主なる水系も国中とは異にする。郡内の大部分は富士五湖の一つ、山中湖に源を発し北東へ流れる桂川とその支流を中心にした地域で、下流は相模川となって相模湾に注ぐ。郡内の中でも北部地域は東京湾に注ぐ多摩川の上流域となる。自然的・人為的にも古来、関東との関係が深い。一方、国中地方は大河川、釜無川・笛吹川両川をはじめ、諸河川が流入する甲府盆地と、盆地の諸河川が盆地南西隅で合流し、日本三急流の一つ富士川となって南下する河谷地帯の河内地方とに分けられる。国中地方は北西部で広く信濃国に接壌しており古来両国は関係が深く、河内地方は駿河方面との関係が大きい。甲斐一国の中心が国中地方、特に生産力の高い甲府盆地にあった事は云うまでもない。近世初頭に始まるという九筋（甲府盆地一帯）二領（郡内領・河内領）の区分がこれにあたるが、これらの地方はいずれも歴史的背景と地理的基盤の上に、社会・経済・文化など、それぞれ特色ある展開を遂げてきた。

甲斐国で現在確認されている最も古いとされている寺院は寺本廃寺である。寺本廃寺が所在する地域の環境を、時代を遡って述べることにする。古代における甲斐の政治的文化的中心は、当時の山梨郡から八代郡東部にわたる地域で、笛吹川およびその周辺にあった。その地域を曽根丘陵と称するが、七世紀以前に銚子塚古墳、(5) 大丸山古墳、天神山古墳（以上東八代郡中道町）・王塚古墳、（同郡豊富村）・大塚古墳（西八代郡三珠町）などの前方後円墳が集中する地域である。これらの古墳に納められた豊富な副葬品の中に、馬具関係の品々が含まれていないのは、やはりこれらの古墳の古さを示すものと考えられる。また、三角縁神獣鏡の中にいわゆる同笵鏡があることは、この地の豪族が大和政権への服属の過程で分与されたものであろうと考えられている。

律令時代に国府や国分寺が設置されたのも、この曽根丘陵である。後期古墳になるとその分布地域も広がり、御坂町の姥塚や甲府市千塚の加牟那塚のような巨大な横穴式石室をもった円墳も出現した。(6) 千塚・塚原などの地名が示すように、甲府市北辺地帯はかつては小古墳の群集地帯であった。七世紀以前には大豪族だけでなく、村落の村長級の小豪族まで古墳を築造する能力をもつようになった。銚子塚や加牟那塚を築造したのは、甲斐国造か国造級の豪族たちであろうと考えられている。このように古墳発展の最初の段階の前方後円墳は、曽根丘陵に多く集まり、加牟那塚に代表される後期古墳は現在の甲府市北西にも築かれる。

国司の政庁である甲斐国府の位置に関しては、『和名抄』に「国府は八代郡にあり、行程上二十五日、下十三」と見え、その頃国府が当時の東八代郡に有った事を示している。現在の東八代郡御坂町国衙は当時の国府跡と推定されている。『延喜式』や『和名抄』によると甲斐国は山梨・八代・巨麻・都留の四郡であったことが知られる。「巨麻」はのちには「巨摩」と記す。この四郡の成立年代は定かではないが、その所見はいずれも奈良時代に入ってからである。郡の下には里があったが、一里は五十戸をもって編成されていた。里は八世紀のはじめに「郷」と改称された。山梨郡は十郷、巨摩郡は九郷でともに中郷、八代郡は五郷、都留郡は七郷でともに下郷に当たり、主政を欠く。『和名抄』の郷名を現在の地名に比定すると大まかながら文化・経済圏の状況が見えてくるものがある。郷が各河川の流域地帯に集中していること、特に笛吹川およびその支流域に多く、前述の初期古墳時代の群集地である曽根丘陵の裾野に広がる地域である。特に甲府盆地の東側、笛吹川とその支流域地方には甲斐の総郷数三一の約半数が集中しているのである。また、後世笛吹川の氾濫による流路の変化などの結果、郷域に大きな変動があったのである。特に古代の巨摩郡は後世山梨郡や八代郡に編入された地域をも含め、さらに山梨郡の真中に等々力（東山梨郡勝沼町）・栗原（山梨市）二郷が飛地として存在するなど、きわめて特異な郡形成を成している。こうした郡域の特殊な在り方は、山川などの自然環境だけでなく、政治的にも人為的にも特殊な事情があったことがうかがえる。

東八代郡一ノ宮町国分は国分寺の営まれたところである。現在ここに塔・金堂・講堂・中門などの礎石が残り、付近からは多数の古瓦が出土した。塔は心礎とも十四個の礎石が残り、国分寺の遺構中最も明瞭である。心礎の大きさから（約二・八メートル×二・五メートル）推定して高さ四八メートルほどの壮大な五重塔であったという説が強い。

国分尼寺は久しく寺本廃寺をこれに当てる説が強かったが、国分寺の北約〇・五キロ、一宮町東原の長徳寺裏が国分尼寺であることが明らかになった。国分寺および寺本廃寺で使用された瓦は、中島正行氏により甲府市川田町の川田瓦窯で焼かれたであろうとされているが、未だ調査・発掘が行われていないので定かではない。一方天狗沢瓦窯跡から、七世紀後半と目される特殊な瓦が出土している。ここで問題なのは七世紀に存在したと考えられる、天狗沢瓦窯で焼かれた瓦の供給先が定かではないということである。

第四節　天狗沢系軒丸瓦の諸問題

天狗沢系軒丸瓦をもつ四ヶ国に関しては前章でも述べてきたが、西から近江衣川廃寺、飛騨寿楽寺・天狗沢瓦窯跡、信濃明科廃寺に所在し、近江国・飛騨国・信濃国そして甲斐国を入れた四ヶ国である。共通点として最初にあげなければならないのは当然ながら同系の瓦が存在しているという事である。次に同時代の古代寺院がこれらの地に存在しているという事も重要な事である。瓦から年代を見るに七世紀である事には違いなく、寺院造営が一般化されていないその時代に古代寺院が存在していたという事は、特別の地であったということの一つの証明でもある。どのように特別の地であるのか、軒丸瓦の文様から見ていく。この軒丸瓦の文様は古新羅系であり、大変特殊なものであり、各地にある古新羅系瓦にもあまり類を見ないものである。なぜこの四ヶ国にしかこの瓦は存在しないのか。どのような経路で、この瓦はこのような分布状況を呈するのか。近江は畿内に接する位置であり、何らかの共通点が中央とあったと考えても不思議はない。しかし、問題はその分布が東山道から枝分かれして入る飛騨路の寿楽寺と、東海道の最も端かと考えられる甲斐国の天狗沢、そして東山道のはずれの信濃であることである。なぜこのようなそれぞれが離れた、一見何の関わりもなさそうな地域に同系瓦が出土するのかを考えた時、少なくとも通常な状況ではない事に気づく。その証拠の一つとして、東山道を経て飛騨に通ずるが、東山道沿道には同系瓦が現時点では見つかっていない。このことは、自然にこの瓦製作技術は伝わっていったのではない、何か特別の事情のもとに、線上伝播ではなく点的伝播による分布であるといえよう。

瓦の笵の状況から第一次伝播と考えられる近江から飛騨へ通じる道、東山道上の廃寺等に天狗沢系軒丸瓦がないかどうか探してみた。多くの古代寺院や遺跡はあるが、同系の瓦はなかった。飛騨の文化圏は越、すなわち北陸に通じるが、北陸にも同系の軒丸瓦はないのである。このように近江から東山道を経て街道の最北端というべき飛騨にいたるまでの道筋に同系の瓦が一点も見られないのが不思議である。文化圏を共有し、越から飛騨へ文化が伝えられたと考えられるその道筋にも同系の瓦が見つかっていないのである。なぜか、なぜ近江からそこに行き着くまでの道筋に無いのか。何か人為的なことが無い限りこのような不自然なことは起こり得ないのである。その人為的なこととは中央に掌握されていた集団とまではいえないが、かなり一般との接触を持たない、または持たせられない瓦工集団が、その目的地へのみ彼等の技術を持って移動したと考えられる。また、さきにも述べたように近江から東山道を経て飛騨に入るのが普通であるので、官の仕事、中央関連の仕事の流れとすると納得行かないものがある。国内を統制する街道があり、あえてその街道を通らないというのが不思議ではないか。飛騨は東山道上にあるのである。

第五節　第三次伝播の武蔵国と第二次伝播三ヶ国との共通性

前節で近江・衣川廃寺に入った時点を源とし、衣川廃寺から飛騨・寿楽寺への伝播を第一次伝播とした。寿楽寺から信濃・明科廃寺、甲斐・天狗沢瓦窯跡への伝播を第二次伝播とした場合、第三次伝播と考えられるのは棒状子葉をもつ武蔵国の勝呂廃寺である。勝呂廃寺は武蔵国高麗郡に所在する。東国の瓦は畿内の瓦と文様のあらわし方が特徴的に違う所が見られるものがある。棒状子葉は正にそれで、東国では蓮弁内の子葉を棒のような形で表現するものがある。それも蓮弁の半分ほどに留まる棒状の子葉である。これを加味して主題の軒丸瓦を見てみると、明らかに第一・第二次伝播の痕跡を残し棒状子葉をもった天狗沢系軒丸瓦である事が知られる。時代が下り複弁となり子葉は東国によく見られる棒状子葉となっている。この類型は鳩山町赤沼瓦窯跡出土の瓦である。ゆえに製作地を赤沼窯と推定する事ができる。丸瓦部は桶巻き作りである。酒井清治氏は勝呂廃寺の創建期の瓦を素弁と言う意味で飛鳥寺系と表現している。供給元はさきに述べた赤沼瓦窯と考えられるが、類系品が大谷瓦窯跡に見られることは注目に値すると述べている。酒井氏は勝呂廃寺や寺谷廃寺ともに、その造営者は周辺の古墳群築造者である首長層の系譜を引く者と考えられるとし、古墳築造時には須恵器窯を所有しており、前者は桜山・根平・舞台が、後者は羽尾・平谷が知られるとしている。(7)このような勝呂・寺谷廃寺を含む地域は古墳時代から西方の文物を入れるだけの背景があったと考えられる。

金井塚良一氏の、武蔵型胴張り古墳を墓制とした壬生吉士氏との関連に関する見解は最近は否定的に見られている(8)ようであるが、彼の説の壬生吉士氏を橘樹郡の飛鳥部吉士氏とともに、それぞれ横渟屯倉と橘花屯倉の二つの屯倉管掌者として、屯倉の設置と共に武蔵に移住した渡来集団と考えられるという見解については、原島礼二氏も同じような見解を示している。(9)

また、岸俊男氏は古代の「べ」の呼称を表現する用字として、「部」と「戸」があり、「戸」は渡来氏族に対して六世紀代に中央勢力が編戸して支配する事によって生まれた呼称であるとしている。「日本における「戸」の源流」(10)で述べられていることを抜粋すると、「戸」を含む氏姓は数多い中にも、特定のものに限られていると言う。しかもそれら特定の「戸」を含む氏姓は、「戸」の代わりに「部」と書かれることが時にはあるが、そのことは逆に一般の「部」が無条件に「戸」と書き換えられる事を意味しない。「戸」を含む少数の氏姓はあくまで「戸」を用いるのが原則らしいとしている。いずれにしても、古墳の遺物に早い時期からの馬具が存在することは、渡来人たちのこの地での存在を意味する。また、白村江以来多くの渡来人のわが国への亡命・移住の記事を『日本書紀』（以下『書紀』）に見ることが出来る。そして、引き続きわが国、国内で政治的な事情による移動があり、その足跡を文献で追うことが出来る。

武蔵国高麗郡はその一部の人々により作られた郡である。当然その地は渡来系の人の地となり、彼等の文化が根付いていくのである。天狗沢系軒丸瓦をこの武蔵野国の勝呂廃寺に見つけることが出来たのは、至極当然と言わねばならない。では、如何にしてこの地への伝播があったかということだが、それは甲斐国からの伝播と考えられる。伝播経路として最も考えられるのは川を介在させた経路であろう。甲斐国から武蔵国へは多摩川で繋がっており、最も自然で最も容易な移動方法ということができよう。

まとめ

天狗沢系軒丸瓦の分布について縷縷述べてきたが甲斐国は勿論のこと、近江国・飛騨国・信濃国の四ヶ国と次の伝播地である武蔵国へと続く。これらの共通点は渡来系の人々の関与であるという事が言える。その渡来および渡来系の人々を特定するには至らないが、少なくとも瓦工人や他の造作工人たちは居たであろう。

天狗沢系軒丸瓦の製作年代は七世紀第Ⅲ四半期であり、天武・持統朝にあたる。天武・持統両朝は壬申の乱という史上稀な戦いを経て、鎮護国家思想を根底に律令国家を成立させた、言わば実力派の天皇の時代である。

壬申の乱は美濃の不破の道が突破口であり、美濃を大きく巻き込み国家を整えていったのである。壬申の乱で活躍した功臣たちは川原寺および川原寺系の瓦の使用を許され、寺院造営を進めたことは良く知られているが、美濃は特に如実にその足跡を残している所である。近江から東国に進み入るには船で行かない限り、この美濃を通るのである。

鎮護国家とは仏法によって国家を鎮定し、守護することであり、鎮護国家思想を根底に律令国家を確立させるには、再び戦乱が起きないように国家の安定を図る必要があった。その大きな要因として大津皇子事件が考えられる。これについては大津皇子事件に連座した人々の破格の処遇とその後の国家体制については本書第Ⅱ部第四章で述べている。

天武・持統朝が東国を強く意識して動いている状況を、『書紀』の随所に読み取ることができる。天武天皇五年（六七六）四月十四日の詔も、「諸王・諸臣の封戸の税は、京より西の国に賜るのをやめ、東の国に振り替えて賜ることとする」とあり、天武天皇十四年からは大津皇子事件のような不測の事態を見越しての東国への抑えが際立って見えてくる。そして大津皇子事件の一連の経過を経て、初めて律令体制制定への基盤が成り得たといえるのではないだろうか。

さて第三次伝播は別として、天狗沢系軒丸瓦の分布する四ヶ国は図34にも見られるように、お互いに決して近い距離には存在していないのである。また、近江を除いてそれぞれが山深い所に所在している。

近江から美濃の不破の道を行けば、そこは東国である。美濃国の元国造氏も小豪族たちも大海人皇子の吉野方に付いて壬申の乱で力を団結させて乱を成功に導いたのである。壬申の功臣たちは先述の如く寺院造営を許され、官の寺である川原寺および川原寺系の瓦を使うことを許されたのである。小豪族たちは壬申の乱の功により貴族の位も得ることが出来たのである。かつて無かったような待遇を与えられた小豪族は自らの成功に満足を得る反面、逆転したかのような元国造氏一族が自分たちの地位の復帰の機会を待つとは考えられないだろうか。その機会を得る時期は、皇位継承のような国の転機が最もふさわしい。天武天皇の崩御後、彼等にとっては大津皇子の皇位継承を打ち出して、つまりその時をもって反乱を起こすのが最も早道である。大津皇子にしても彼を担ぎ出してくれる人々の力が強ければ、皇位継承は夢でなく、皇子自身に全くその野望がないとは言い切れない。そのような不安定な状況が、美濃国の中にも朝廷の中にもあったと考えられよう。

美濃国において元国造たちが大津皇子を旗頭にして、反旗をひるがえさないとも限らない状況である。もし元国造氏一族が美濃において反旗をひるがえせば、それを取り押さえられる状況に小豪族たちの古代寺院が存在しているのである。そして、南の近江に入ることを諦めて東山道を北に上がればどこに行くか。一ヶ所は飛騨国・寿楽寺であり、一ヶ所は信濃国・明科廃寺であり、そして一ヶ所は甲斐国・天狗沢に通ずるのである。それぞれの地では武器を携えた軍が防備に当たる手はずになっていたと考えられる。東国の豪族が不測の事態に応ぜられるように発せられたと考えられる詔が『書紀』に幾たびも見受けられる。

ここでの本題である天狗沢系軒丸瓦の不可思議な分布のあり方は、不測の事態が起きた時の持統天皇が敷いた布石の痕跡といえるのではないだろうか。あえて天狗沢系軒丸瓦を彼の地に分布させたのではなく、持統天皇の軍事配備を敷いた所がこれら四ヶ所であり、そこにしか存在しない瓦がそのことを示しているといえるだろう。本題の四ヶ所である近江・衣川廃寺、飛騨・寿楽寺、信濃・明科廃寺、甲斐・天狗沢は軍事施設、もしくは軍事施設を設えた寺院および施設であったと考えることもできるのではないだろうか。古代の街道および海路を経た時の未だ解明されていない道、地元でしか知りえない道なども存在していたはずである。それぞれの地を掌握していた氏族、従事していた工人たちの足跡も解明されていないことが多い。

本題の通りまさに「天狗沢系軒丸瓦の諸問題」で、現地調査を進めなければならないが、今後の発掘調査を待ち望みたい。

註

(1) 敷島町教育委員会『天狗沢瓦窯跡　発掘調査報告書』一九九九年

(2) 前掲註1に同じ

(3) 東筑摩郡・松本市・塩尻市郷土資料編纂会『東筑摩郡・松本・塩尻市誌』二　一九七四年

(4) 滋賀県教育委員会・(財) 滋賀県文化財保護協会『衣川廃寺発掘調査報告』一九七三年

(5) 銚子塚古墳は曽根丘陵の北端、笛吹川の左岸に位置し、前方部を東に、後円部を西にし、長軸一六七メートル、後円部の幅八五メートル (いずれも基底)、後円部高さ一七メートル、前方部八メートル弱という規模をもつ巨大な古墳。前方部が後円部に比べ高さがきわめて低いのは前期古墳の特色をよく示している。

(6) 基底の周囲一二二メートル、高さ七・三二メートル。円墳としては姥塚に次ぐ本県第二の規模。

(7) 酒井清治『古代関東の須恵器と瓦』同成社　二〇〇二年

(8) 金井塚良一「北武蔵の古墳群と渡来氏族吉士氏の動向」(『武蔵考古学資料図鑑』校倉書房　一九七六年)

(9) 原島礼二「関東地方と帰化人」(『台地研究』一九　台地研究会　一九七一年)

(10) 岸　俊男「日本における「戸」の源流」(『日本古代籍帳の研究』塙書房　一九七三年)

第六章　天武・持統朝における飛鳥から遠隔地の掌握

はじめに

古代において西の辺境の地とされていた多禰嶋。畿内や畿内周辺の郡名さえすべての地名が、『書紀』に表われてこない七世紀後半、天武天皇六年（六七七）二月の条に多禰嶋の人がすでに来朝したという記事がある。現代ですら大和から遠い地である。遠いが故に未開の地ととらえられ、多禰嶋の人々の文化度が正しく理解されず、外交的な地として紹介されることがなかったのではないだろうか。統治の及んでいない地域の人々が都に来る時には服属儀礼が行われていた。都から遠隔地の人々がどのような環境で、どのような文化を育んでいるかは、その接点にあった人、つまり蝦夷へ遠征した安倍臣のような者しか把握する事はなかったであろう。

「服属儀礼」という視点からしかとらえられていない、多禰嶋や北の蝦夷の人々を表5に示すように『書紀』天武天皇六年（六七七）二月の条と、天武天皇十年九月の条に多禰嶋の人を饗す記事がある。そして持統天皇二年（六八八）十二月の条に蝦夷の男女を饗す記事が出てくる。ともに「飛鳥寺の西の槻の下で饗す」とあるが、これを違った視点か

表５　飛鳥寺の西の槻の下で饗された人々

皇極天皇３年（644）正月	中大兄の法興寺の槻木の下に打毬うる侶に預りて、皮鞋の毬の隋脱け落つるを候りて、…
孝徳即位前紀（645）	天皇・皇祖母尊・皇太子、大槻の下に、群臣を召し集めて盟日はしめたまふ。
大化５年（649）３月	父の逃げ来る事を聞きて、今来（大和国高市郡）の大槻のもとに迎えて、近就前行ちて寺に入る。
天武元年（672）６月	穂積臣百足等、飛鳥寺の西の槻木の下に拠りて営を作る。
天武６年（677）２月	多禰嶋人等に飛鳥西の槻の下に饗たまふ。
天武10年（681）９月	多禰嶋人等に飛鳥寺の西の川辺に饗たまふ。
天武11年（682）７月	25日多禰人・掖玖人・阿麻禰人に禄たまふ。隼人等明日香寺の西に饗たまふ。禄たまふ。草ぐさ。
持統２年（688）12月	蝦夷の男女二百一十三人に飛鳥寺の西の槻の下に饗たまふ。
持統９年（695）５月	13日、隼人大隈に饗たまふ。21日隼人の相撲とるを西の槻の下に観る。
持統10年（696）３月	二槻宮に幸す。

〈「飛鳥寺の西の槻の下」を『日本書紀』から抜粋〉

ら見ることは出来ないだろうか。彼等のことをとりたてて「飛鳥寺の西の槻の樹の下で饗す」と言うのは、特別の意味があるからに他ならない。なぜ多禰嶋と蝦夷の人々だけが飛鳥寺の西の槻の樹の下で饗されるのか。「槻」とことさらに表記する理由、「飛鳥寺の西の広場」のもつ意味を踏まえた上で、多禰嶋・蝦夷の飛鳥・白鳳期における価値を検証してみる。

第一節　多禰嶋の歴史地理的位置

多禰嶋は現在の種子島に比定されているが、その範囲は広く種子島・屋久島を中心とする島々の総称として用いられた。『書紀』に多禰嶋の名が見えるのは天武天皇六年（六七七）二月の条に、「多禰嶋人等に飛鳥寺の西の槻の下に饗たまふ」が初見である。屋久島についてはそれより六十年ほど遡る推古天皇二四年（六一六）三月条に「掖玖人三口、帰化けり。夏五月に夜勾人七口、来けり。秋七月に、亦掖玖人二十口来けり。先後、併せて三十人。皆朴井に安置らしむ。未だ還るに及ばずして皆死せぬ」と見える。

いずれにしろ『書紀』に帰化を記すというのは、身分・地位・技術等何か特別の立場なり、境遇にあっただろうことがうかがえ、掖玖の人が注目視されていたには何かその理由があったのではなかろうか。

種子島は中種子島町十三番付近を最高地点として低平な島で、海岸段丘がよく発達し、数段に及ぶ。東岸は磯が多く、西岸と南岸には長浜や前之浜のような大規模な砂浜海岸が発達している。砂浜海岸には背後に砂丘もみられ、砂鉄含有地が分布している。砂鉄は古くから利用されたらしく、たたら跡が数ヶ所確認されている。しかし鉄に関する古代の史料は皆無に等しく、種子島は後世において軍事機密で製鉄場所を隠していた程の所である。主な近世の製鉄遺跡は武部、古田、安城、野間などがあり、種子島内の至る所に鉄滓の散布地がある。

砂鉄が種子島にあった他の証しは、昭和二七〜四八年（一九五三〜七三）にかけて企業による採掘が島内各地の砂浜海岸で行われ、約百万トンが主として八幡製鉄所に送られたことでも明らかである。本島の砂鉄はチタンの含有量が多いことが特色である。

多禰嶋は隋や唐とを結ぶ南方ルートの要港として栄えた。後世においては特に鎌倉時代以降は樟脳をはじめ、鉄砲や火薬の島として歴史に名を残す。種子島の古代の史料が希薄であるのが残念であるが、古来漂着船が多く、同時に新しい文物がいち早く入ってきた島でもある。国内外の難破船や漂着船が多く、天文十二年（一五四三）八月が鉄砲伝来であるが、その年の漂着件数は七十数件を数える。

航海技術の未熟さを考えただけでもそれ以前の海難の多さは想像を絶する。しかし漂着船の偶然の産物とも言えるものに、馬の飼育、パン作りそして樟脳などがある。また樟脳は鹿児島県内でも広く繁殖している樟から作るもので、セルロイドや火薬の原料に用いる他、興奮剤・香料・防虫剤などに用いられるものである。樟脳は古代アラビアやギリシャ、エジプトで貴重な薬として使われていた。そして六世紀頃のアラビアで使われていたものが、ジャワ・スマトラを経て中国に伝わったものである。

第二節　朝廷から見る多禰嶋

天武朝における、「飛鳥寺の西の槻の下」のもつ意味は、斉明朝のものと随分隔たりがあるように感じられる。斉明紀においては服属儀礼という服属そのものに対する儀式が重要とされ、斉明天皇五年（六五九）三月条「須弥山を造りて、陸奥と越との蝦夷に饗たまふ。」とあるように、須弥山を造って服属儀礼を行っている。天武紀においては遠国の服属は重要であるが、服属を当然とした次の段階になってきている。服属儀礼を行った須弥山を造る記事は出てこないのである。これは斉明朝から天武朝にかけての十五年から二十年の間に北端の蝦夷を除いては全国統制がかなり整い進められつつあった事の現われではないかと考える。

冒頭に記したように、多禰嶋とは多禰嶋は勿論のこと、屋久島をも含んだ島々の総称である。「多禰嶋」という名前も「掖玖」という名も『書紀』に記されている。しかし飛鳥寺の西の槻の樹の下で饗される多禰嶋の人々の記事はあるが、掖玖嶋の人を飛鳥寺の槻の樹の下で饗したという記事は見当たらない。掖玖嶋は多禰嶋の区分内にある。多禰嶋と掖玖の違いは何か。多禰嶋と使うときはすでに掖玖を含むと言う事を暗黙の了解としているのかもしれない。この疑問は今後の課題としたい。飛鳥における多禰嶋・掖玖島それぞれの処遇は、各々がもつ朝廷と関わる仕事分担にも関わるかと考えるからである。

「飛鳥寺の西の槻の下で饗す」と記された『書紀』のそれぞれの条の前には遠隔地域も含めた外交的記事が目立つ。これは偶然だろうか。天武天皇六年（六七七）から持統天皇九年（六九五）までの五回の記事を検討してみよう。

1、天武天皇六年（六七七）二月一日条「物部連麻呂、新羅より至る。」

同年同月「是の月に、多禰嶋人等に飛鳥寺の西の槻の下に饗たまふ。」

物部連麻呂は壬申の乱において大友皇子の左右大臣や群臣たちが皆去ってしまった後も、一人二人の舎人と最後まで付き従った人物である。その後、天武朝から迎えられ次々に昇進し、石上朝臣麻呂となり、養老元年（七一七）三月に左大臣正二位で没している。物部連麻呂は天武天皇五年（六七六）十月十日に遣新羅大使として出発した。新羅滞在は航行期間も入れて約四ヵ月弱である。物部連麻呂が新羅に遣わされたとき、新羅ではどのような出来事があったのだろうか。

『書紀』には物部連麻呂が何のために新羅に遣わされたかの記述はない。彼の経歴は大変特殊であり、元は敵将に最後まで従った人である。本来なら天武天皇から死を賜っても不思議がないところだが、驚くべくは、天武朝以降かなりの昇進を果たしていることである。その彼が新羅に遣わされるのに特別の任務目的が記述されていないのは、かえって不自然といわざるを得ない。何か彼に秘められた使命があったのではなかろうか。彼は同六年二月一日に帰ってきた。この月に飛鳥寺の西の槻の下で多禰嶋の人々は饗されたのである。

２、天武天皇十年（六八一）八月十日条「三韓の諸人に詔して、先の日に十年の調税を復したまふこと、既に訖りぬ。且、加以、帰化く初の年に倶に来る子孫は、並に課役悉に免す。」

同年十月二十日条「多禰嶋に遣しし使人等、多禰嶋の図を貢れり。」

もたらされた情報は地理・民俗・生産品等に至るものである。第一節に記したが、多禰嶋の地理的位置は外交・防衛両面にとっても特異であり、重要である。この八月二十日の条にある「多禰嶋に遣しし使人」とは大乙下倭馬飼部造連を大使とした一行で、天武天皇八年（六七九）十一月に発遣された人々である。倭馬飼部造連が派遣された多禰嶋は、後世に馬の飼育で有名な所となるが、馬飼部が巡遣されたことも全くの偶然だろうか。そして九月十四日には飛鳥寺の西の槻の下で多禰嶋が饗応されたのである。

３、天武天皇十一年（六八二）七月二十五日条「隼人等に明日香寺の西に饗たまふ」

同年五月十二日条に「倭漢直等に、姓を賜ひて連と曰ふ。十六日に、高麗に遣す大使佐伯連廣足・小使小懇田臣麻呂等、使の旨を御所に奏す。二十七日に、倭漢直等の男女、悉くに参赴きて、姓賜ひしことを悦びて拝朝す。」とある。

倭漢（東漢ともいう）氏は、応神朝に渡来した阿知使主の子孫と称する帰化人の雄族で、大和国高市郡檜前村を本拠とした奈良盆地南部に広く発展し、六世紀には、すでに書（文）・坂上・民・長その他多くの氏に枝分かれしていった。この条では倭漢直一族に姓が与えられたことが見える。

高麗に大使として遣わされていて帰国した佐伯連廣足は天武天皇四年（六七五）四月に美濃王と共に遣わされて、風神を竜田立野に祀った者である。同十年七月遣高麗大使となり復奏の記述が同十一年五月の条となる。同十四年（六八五）九月には姓が宿禰となり、筑紫使となって、国司、郡司、および百姓の消息を巡察したという者である。彼は使いの旨を御所に奏じていると特記されているということは、天皇も心待ちにした返事であるに違いない。

『書紀』六月一日の条には高麗の王が人を遣わして方物を貢じている。そして七月三日の条に隼人が方物を貢じていることが記されている。大隅の隼人と阿多の隼人が相撲を取り、大隅の隼人が勝った事が記述にのこる。そして同月二五日に多禰人・掖玖人・阿麻彌人に禄をたまう。同月二七日に飛鳥寺の槻の下で饗を賜ると記されている。

4、持統天皇二年（六八八）十二月条「蝦夷の男女二一三人を飛鳥寺の西の槻の下に饗たまふ。」

持統称制前紀、閏十二月の条「筑紫大宰、三つの国高麗・百済・新羅の百姓男女、併せて僧尼六十二人を献れり。」他。

持統天皇称制の時より続く殯宮での様々な儀式を経て、持統天皇二年は天武天皇の殯宮の供養に充てられている。ここで目立つのは持統天皇称制前紀・元年・二年を通して韓半島からのわが国への人々の移動の多さと多禰嶋・蝦夷・隼人の記事の多さであり、国内における定住先である。ここでまた、目に止まるのはそれ以前は渡来人の「帰化」が多く、帰化とはわが国からも招かれて来たと解され、その人々に随行してきた人々も多かったかと考える。しかしこの期間の渡来人は「投化」つまり、自らが望んで帰化してきた人々である。残念ながら『書紀』に記述がないが、誰かが韓半島でわが国に来る希望者を募っていた事も考えられる。勿論仏道に明るい者や技術者が優先されていたことであろう。この事に関しては種子島の産業指揮にも大きく関わるかと思う。また、中央から新羅に遣わされた人々にも深く関わることと考える。後述するが、筑紫大宰の二つの記事には注目を要する。

持統天皇称制前紀、閏十二月の条に「筑紫大宰、三つの国高麗・百済・新羅の百姓男女、併せて僧尼六十二人を献れり。」とあり、また、持統天皇元年四月十日の条にも「筑紫大宰、投化ける新羅の僧尼及び百姓の男女二十二人を献る。」とある。筑紫大宰は入国管理・防衛・筑紫での人々の振り分け等かなりの権限をもっていたことがうかがえる。当然多禰嶋のことなどを中央以上に把握していたはずである。

持統天皇称制前紀（六八六）から同九年（六九五）の韓半島の人の移動と多禰嶋・蝦夷・隼人の記事を拾い出してみる。

①持統天皇元年（六八七）三月十五日条「投化ける高麗五十六人を以て、常陸国に居らしむ。」

②同年閏十二月の条「筑紫大宰、三つの国高麗・百済・新羅の百姓男女、併せて僧尼六十二人を献れり。」

③同年三月二二日条「投化ける新羅十四人を以て下毛野国に居らしむ。」

④同年四月十日条「筑紫大宰、投化ける新羅の僧尼及び百姓の男女二十二人を献る。武蔵国に居らしむ。」

⑤同年五月二二日条「皇太子、公卿・百寮人等を率て、殯宮に適でて慟哭る。是に、隼人の大隅・阿多の魁帥・各己が衆を領ゐて、互に進みて誄る。」

⑥同年七月九日条「隼人の大隅・阿多の魁帥等、三三七人に賞賜ふ。各差あり。」

（この間に新羅、王子金霜林等を遣わして国政を奏請し、調賦を献る。また彼等を筑紫館で饗応する。持統天皇二年二月二九日帰国。）

⑦持統天皇二年（六八八）五月八日条「百済の敬須徳那利を以て、甲斐国に移す。」
⑧同年七月十一日条「旱なればなり。百済の沙門道蔵を命して請雨す。不崇朝に、遍く天下に雨ふる。」
（この間に耽羅の王、佐平加羅を遣わして方物献る。また筑紫館で饗応する。）
⑨同年十一月四日条「皇太子、公卿・百寮人等と諸蕃の賓客とを率て、殯宮に適でて慟哭る。」
⑩同年十一月五日条「蝦夷一九十余人、調賦を負荷ひて誄る。」そして同年十二月十二日条「蝦夷の男女二一三人に飛鳥寺の西に饗たまふ。」となる。

5、持統天皇九年（六九五）三月二三日条「務廣貳文忌寸博勢・進廣参下譯語諸田等を多禰嶋に遣わして、蠻の所居を求めしむ。」

同年五月十三日条「隼人大隅に饗たまふ。二十一日に、隼人の相撲とるを西の槻の下に観る」文忌寸博勢は文武天皇二年（六九八）四月に覓国使として南島に派遣されている。そのために武器を給せられている。覓国はウニマギで、地方勢力を招撫することを言うと解されている。(1) そして同三年（六九九）十一月に南島より刑部真木らと共に帰り、功により位を進められている。

「飛鳥寺の西の槻の下」の記述が出てくる天武天皇六年から持統天皇九年までの間で、もう一つ注目すべきは持統天皇元年五月二十二日の条で「皇太子、公卿・百寮人等を率て、殯宮に適でて慟哭る。是に、隼人の大隅・阿多の魁帥、各己が衆を領ゐて、互に進みて誄る。」の記事である。隼人の大隅・阿多の魁帥が偶然、皇太子が臣下を率いて誄をする日、その刻に居合わせたとは考えにくく、大隅・阿多の人々が皇太子に近侍していたと考えねばなるまい。

このように『書紀』に登場する「飛鳥寺の西の槻の下」の記事の前には、遠隔地域も含めた外交的記事が目立つ。都合五回あるわけだが最初の記事の、物部連麻呂の経歴と新羅への派遣、二番目のすでに帰化して十年経ち課役を免ぜられている三韓の人々に、また次に重ねての恩恵がある。そして多禰嶋の図と多禰嶋の内部事情の掌握。また、倭馬飼部造連が遣わされた多禰嶋は、後世に於いても馬の飼育で有名な所であること。二番目に帰化人の雄族である倭漢直等一族に姓が与えられたこと。上記の三つの記述で考えられるのは帰化人への優遇措置と多禰嶋の把握の必要性と管理権、そして何らかの秘密裏に動く新羅との交渉である。筑紫は公の外交地である。その筑紫の地に上陸する時に人を振り分けて置く絶好の地がある。それが多禰嶋ではなかったろうか。豊富な砂鉄は新しい技術を育み、海外からの文物も入りやすい。力を持つ諸豪族の密集する中央からも遠隔の地にあるところは、いわば情報や資源の流出の恐れもない安全地帯と言える。

四番目に自ら進んでわが国に来た韓半島の人々の記事と彼等の定住先を記した記述が多い。ここで仮説が許されるなら筑紫大宰は筑紫入国において、官と官の遣い人、多禰嶋の間にあって、官の方針に合わせ人を多禰嶋に送っていたとは考えられないだろうか。それを持統天皇称制前紀閏十二月条や持統天皇元年四月十日条等に、筑紫大宰が外国からの百姓や僧尼を献じている記事に見られる。外交的記事や遠隔地域掌握の痕跡が見えるあとに飛鳥寺の西の槻の樹の下に、多禰嶋や蝦夷の人々を饗する記事があるのは偶然とは思えないのである。ただ、彼等が中央と交流を深めたからと言って饗されたわけではなく、飛鳥寺の西の槻の樹の下で饗すべき理由がそこにあったものと考える。そして五番目の記事は多禰嶋を掌握するための一応の仕上げがあり、次に事を進めた経過を記したものではないだろうか。

第三節　古代辺境の地の人々

東北地方の経営に関しては、古代国家の重要課題の一つであった。「陸奥国内に設けられた城柵に対する蝦夷の幾度もの攻撃が示してるように、安定したものではなかった。磐舟柵、出羽柵、陸奥国（鎮所）などへの柵戸配置は、これらの地域がいまだ定まらなかった状況を示している。」との見解がある。(2)

『書紀』に見える蝦夷や多禰嶋への遠征は体制下に入れるためだけではない。一つの経済交渉であったと考えられる。たとえば『書紀』によれば、斉明天皇五年（六五九）三月の条に、阿倍臣を遣わして多くの軍船を率いて蝦夷国を討ちに行くという記事がある。しかしこれは征伐などではなく、交渉である。この条の記事には阿倍臣が齶田・渟代の蝦夷を集めて「大きに饗たまひ禄賜ふ。即ち船一隻と、五色の綵帛とを以って、彼の地の神をまつる」とあり、『書紀』補注によれば、彼の神とは「齶田浦神か」としている。これは同四年四月の条に、安倍臣が多くの船で蝦夷を討つという記事があり、齶田・渟代、二郡の蝦夷が遠くから官軍に降ることを乞うたという記事である。そして彼等は武器は官軍にはむかうために所持しているのではなく、自分たちは狩猟文化をもっていて狩猟のためのものであると説明し、齶田浦の神を祀っている。阿倍臣はそういう彼等の精神性を大切に、同五年には齶田浦の神を祀ったのである。

斉明天皇六年（六六〇）三月は蝦夷に対する阿倍臣の三度めの遠征である。このときは阿倍比羅夫が陸奥の蝦夷を自分の船に乗せて、ある河口に船を着けた。すると突然千人ほどで集まっていた渡嶋の蝦夷が、粛慎の船が襲ってきたので助けて欲しいと比羅夫に助けを求めてきた。そのとき比羅夫は粛慎が興味を持つように綵帛・兵・鐵などを海辺に置いた。すると二人の老人が品物を積んでいる所にやって来て、綵帛を吟味して船に乗って帰った。しかし再びその布を置いて帰ったという記事が見える。明らかに蝦夷との戦いではなく、一種の取引である。

第四節　飛鳥寺の西の槻の下で饗す

畿内から想像もできない異国の技術や文物をもたらす多禰嶋、鉄の島でもある多禰島の人と、石油および狩猟の利器から高等な武器に改良できる高度な技術をもつ蝦夷の人々を、飛鳥寺の西の槻の樹の下で饗する特別のわけがあったのではないだろうか。中央としては彼等が保有する技術に興味が無いわけがない。そして多禰嶋や蝦夷の人々も自らの特技となるものを披露したいと考えるとき、その場所と彼等を労う儀礼があったはずである。

仮説を立てて考えてみたい。双方が納得し、将来に繋がるであろう仮説である。「飛鳥寺の西の槻の樹の下」は天皇の高覧に謁する特別の地であったとは考えられないだろうか。天皇に直接見せる目的の製鉄や石油を使ってのデモンストレーションをするには水が必要である。飛鳥寺の西の槻の樹の下には飛鳥川が流れ、この行為には鉄・石油の加工のために必要な水の供給は充分である。服属儀礼をすでに行い、裏切る事がないと槻の樹の下で信じあっても、彼等は朝廷の元々の臣下ではない。たとえば持統天皇二年（六八八）十二月には蝦夷の男女二一三人が饗を受けている。信頼の上にたっていても二一三人とは襲撃を加えようとすれば可能な数である。もし、不測の事態が起きた時には防備を兼ね備えた場所がいる。当時においての軍事的防備が整った施設は高い築地を巡らせた寺院である。正にそこは飛鳥寺であり、緊急の場合には天皇は飛鳥寺内に入ることができる距離である。つまり飛鳥寺の西の槻の樹の下の広場とは、特に多禰嶋からは製鉄の工程の一部を天皇に披露する場所、蝦夷は東北特産の石油や特殊技術を天皇に披露する場所、そして同九年五月の隼人は相撲を天皇に披露して自らの武勇を披露するという、飛鳥寺の西の槻の樹の下の広場は、天皇の高覧に閲する特別の地であると考える。諸作業に必要な水の補給には飛鳥川があり、不測の事態が起れば天皇は飛鳥寺に逃げ込む事が出来る安全な地である。槻の樹は枝がたわわになり豊かさを象徴し、その下で共に居る事はお互いの信頼を誓うも同じとの意味があったと考える。そしてそれぞれの技術や特技、資源は彼等の将来を約束された恩賞である。服属儀礼のあり方も時代とともに変化したであろう。

辺境の地として未開あるいは理由なく恐れられていた北の蝦夷や南の多禰島の人々が、飛鳥寺の西に槻の樹の下で饗されたり、当国に帰化した記事は『書紀』にも認められるが、なぜ畿内に赴いたか、どのような理由で帰化する事になったのかは記載されていない。あるいは誰の招きで畿内に来たか、そして帰化したかなども記載にはない。

同じく蝦夷や多禰嶋の人々が畿内に来る時に、自国の何を持ってきたかなどという特産・土産に関する記事もないのである。当時の蝦夷・多禰嶋それぞれの国の置かれた立場や朝廷との関わりを考える時、現在のようにただ挨拶や視察などとは程遠い事だけは確かである。

南の種子島も北の東北地方へも現在大阪から飛行機でさえも一時間では着かない距離である。交通手段も困難な当時、遠い地から朝廷を訪れるのである。そのためには当時考えられる最大限の可能性を担ってきた事に違いない。『書紀』に細かい記載が欠ける事はいたしかたなく、その最低限の史料から大胆な推測になったが、多禰嶋や蝦夷の人々の文化や技術等を基盤にその可能性を提示してみた。多禰嶋・蝦夷といわれた国々の、当時すでに存在した高い文化をもっと広く紹介されても良いのではないかと考える。

註

（1）『続日本紀』補注　新日本古典文学大系　岩波書店　二〇〇〇年

（2）森　郁夫「下野薬師寺の官寺化」（増補改定版『日本の古代瓦』二六九～二七五頁　雄山閣　二〇〇五年）

第七章　飛鳥寺の西の槻の下

はじめに

崇峻天皇元年（五八八）に百済が僧恵総・令斤・恵寔等を遣わして、わが国に仏舎利を献上した事から始まり、二人の寺工、露盤博士一人、畫工一人等とともに瓦作りの技術が四人の瓦博士によって公式に伝えられた。ここにわが国最初の寺院である、飛鳥寺の建立をみることになる。

わが国への仏教伝来、瓦技術の伝播等は決して公式に伝来するだけではなく、それ以前にも、またその後にも、あるいは他の地域からも様々な技術とともに伝えられてきた可能性が認められる。しかし、仏教伝来の波は、ただ寺院造営や仏教法具等への影響のみならず、政治や人々の生活の上にも広く表われたはずである。その一例と考えられるのが「樹下の儀式」である。『日本書紀』（以下『書紀』）に、蝦夷や多禰嶋の人々を「飛鳥寺の西の槻の下で饗す」という記事がある。なぜ、蝦夷や多禰嶋の人々を特記して飛鳥寺の西の槻の樹の下で饗されるのか。果たして槻の樹に何か宗教的意味があって、そこで彼等を饗したものなのか。また、飛鳥寺の西の槻の樹の広場とはどこを指すものなのか。「飛鳥寺の槻の樹の下」で行われた諸儀式に政治的意義が含まれていたとは考えられないか。第六章「天武・持統朝における飛鳥から遠隔地の掌握」でも「飛鳥寺の槻の樹の下」を焦点に天武・持統朝の政治体制を見てみたが、ここでは考古学的・民俗学的にも検証してみることにする。

第一節　樹下思想と槻の樹

「樹の下」に何か特別な意味を持たせる思想はどこから来たものであろうか。古来、大きな菩提樹の下で人々に説法を施す釈迦の姿はよく知られている。古代の画には樹下の物語が多い。中国の南北朝後期の石刻画「南京・西善橋塼室墓」の画も樹下であり、敦煌・莫高窟蔵経洞壁画の影像も樹下で、座禅の僧が修行する画である(1)（図37）。墓等の霊魂の休まる地に納められている樹下の画に宗教性を感じるのは自然なことであろう。

わが国で樹下の図といえばよく知られている正倉院宝物の「鳥毛立女屏風」もその一つで、樹下美人図である。樹下に対する考え方は東アジアだけではなく、当時最先端の文化の交流があったシルクロード沿いにもその足跡を見ることができる。シルクロードの西のイスラームにも樹下思想が存在するのである。「樹下の誓い」と訳され、一団の人々がある者の権威を認めてその者に服従の意思を示す、樹下で行われる儀式である。つまりイスラーム国家の最高権威者であるカリフに対する「忠誠の誓い」を指す契約行為が「樹下の誓い」である。シルクロードのように国境を越えて文化が行き交う広い地域に「樹下の誓い」の思想が広まり、わが国にも伝えられたものであろうか。当時の樹下思想には誓約を交わす行為・行動そのものの意味のほかに、純粋性を大樹に守られて行われる精神性を重視する思想も存在する。菩提樹の下で、釈迦に導かれるような聖域の地という意味で、樹下が聖域そのものであるとされていたこともうかがい知られる。文化や思想の伝播に伴い、それぞれの国や地域の独自性と、時には互いに影響し合いながら、確立されてい

図37　樹下の僧　南京・西善橋塼室墓（左）　敦煌・莫高窟蔵経洞壁画・彫像（右）

くのも自然な流れである。

わが国の樹下思想においては、いかなる樹の下であるかが重要視される。シルクロードの国々や中国で見られる樹下思想に伴う樹がまちまちであるのに対して、わが国は精神性を重要視する時には「槻の樹」が圧倒的に多い。槻すなわちケヤキである。槻に特別の意味があるのだろうか。

「槻」の樹に対しては多くの異なった見方がある。たとえば律令制度が人民に賦課する義務に「租・庸・調」の三つがあった。その「調」は、大和言葉では「ツキ」といい、貢物のことで農作物を筆頭とするのであり、この農作物を収納する舎屋が高床の倉である。槻がこの重要な倉の目印として植えられ、調（ツキ）の木、と呼ばれるに至ったという見解もある。[2] さらに「つき」についてはいくつかの見方があるのだという見解もある。一つには「斎槻」である。イは神聖の意の接頭語であるが、数が多いの意ももち、多くの枝の繁った槻の樹という意味である。また神聖な槻という言葉がある。槻がたわわに枝が繁る繁栄や明るい未来の象徴であり、その槻の樹の下に集うという、神の創造物である特別の樹の下で集うことに意味があるとされたのかも知れない。二つ目には『常陸国風土記』行方郡条に、郡家の南門に大槻の樹があったと記載されている。三つ目は「額田寺伽藍並条里図」に「槻」と「欟」が同意語として記されていて、寺の前に槻が植えられている。これは当時の状況を伝えたものである。四つ目は大和国高市郡軽樹村坐神社、伊勢国多気郡櫛田槻本神社、近江国高嶋郡槻神社、飛騨国大野郡槻本神社、越後国蒲原郡槻田神社、因幡国法美郡槻折神社、など「式内社」の「槻」の字を冠した神社の存在がある。また『三代実録』元慶五年（八八一）十二月二八日条に信濃国槻井泉神社がみえる。これ等神社の「槻」を考えるとき、神聖なものと同時に穢れを祓う、つまり身の穢れを祓い清めて神に詣でるという意味もあったものかと思われる。最後にここでのテーマである「飛鳥寺の西の槻の下」であるが、ここは服属儀礼の場でもあったと考えられる。以上五つの見解が示されている。(3)

東国においても「つき」という音を持つ神社が『延喜式』にある。しかしこれは「槻」ではなく、「調」と書いて「つき」と読む武蔵国足立郡調神社である。

確かに槻の樹には何らかの特別の想いを古代の人々が寄せていたであろうことは間違いない。「槻の樹」には呪術の要素もあったのであろう。槻の樹の下で目的を一つにして共に何かをすれば、または何かを誓えば決して裏切ることはなく、裏切られることもないというようなことである。現在でも然りだが、日本語は古代においては語韻（音）を自然な発想として大切にしてきた。古来、語韻占いなるものが存在するのも、子供の命名において、尊敬してあやかりたい人の名前を付けるのもその類と考えられる。また同じ語音をもちながらも言葉の意味が違うものもある。たとえば「シ」など同音でその意味が忌み嫌う時は、その言葉を避けると言う、不浄を祓うと言う行為も古来我々の生活に定着している。同じ発音で、信仰の対象であるものに「月」がある。「やっとつきが回ってきた」という幸運の来訪を喜ぶ言葉にも「つき」は使われる。「つき」は月に通じると考えるも不思議ではあるまい。太陽のもつ開かれた世界とは反対に、月は閉ざされた世界、たとえば闇を支配するとも考えられる。「月」は夜の空天に輝くが太陽を陽とすれば、月は陰である。月は隠された心の中を映し出すと考えるとき、表の顔と心の奥底にある裏の顔共々心に二心ないことをその証しとして「月の下」、つまり「槻の樹の下」で誓いを立てると考えたこともあり得ない事ではない。

当時槻の樹には特別な想いが寄せられていた事は『書紀』の記事にもみえる。天武天皇十三年（六八四）七月一日の条に「飛鳥寺の西の槻の枝、自ずから折れて落ちたり。」とあり、槻の樹が折れて落ちた事が公式記録に残されるほど大切であった表われであろう。ここではこの心の部分をも背景にしながら考えていきたい。

第二節　古代の宮殿に見る槻

槻の名が付いている古代の宮殿の一つは用明天皇の磐余池辺にあった雙槻宮である。池辺は『和名抄』にみえる大和国十市郡池上郷に推定され、雙槻は地名ではなく、槻の樹が並び立つ処に建てられた宮という見解から、『大和志』ではこの宮址は十市郡の安部長門邑（現在の奈良県桜井市安倍）であるとされている。(4) もう一つの宮は、大土木工事を起こしたことで知られる斉明天皇の両槻宮である。天皇はすでに岡本宮を造って宮廷としているので、両槻宮は離宮であったと考えられている。(5) 同天皇二年（六五六）に両槻宮の造営があり、この宮は多武峰の「峰の上の両つの槻の樹の辺に観を起つ」と『書紀』には記されている。この地に元々槻の樹が植わっていたものなのか、理由あって槻の樹を植えて宮を造ったものかはわからない。いずれにしても槻の樹があったことだけは事実であろう。この宮は奈良時代初頭近くまで存続し、持統天皇がこの宮をしばしば愛用していたようで、同天皇七年（六九三）九月五日の条に「多武峰に幸す。」とある（『書紀』）。また大宝二年（七〇二）三月十七日の条に「大倭国をして二槻離宮を繕治はしむ。」とみえ、離宮の修繕を命じている事がわかる（『続日本紀』）。

槻の大きくたわわになる枝の豊かさの象徴が高い嶺の頂上にあれば、広く大地を護ると考えられたであろう。多武峰は桜井市に所在し、桜井駅から飛鳥へ出るにはかなりの時間がかかるように思われるが、多武峰から飛鳥は眼下にあり、飛鳥への三キロ程の最短の道が通っていた。細川古墳群を通り、ひたすら下って行けば飛鳥の石舞台古墳に達する。飛鳥の都から山を見上げれば、たわわに枝を張る槻と両槻宮が豊かさと幸せの象徴と見えたであろう。

槻（ケヤキ）の樹は発掘調査によっても出土する。それも弥生時代を代表する大きな環濠集落からである。その一ヶ所は奈良県田原本町の唐古・鍵遺跡からで、弥生時代中期の大型建物を支えたケヤキの柱の内の一本が直径八五センチと、同時代としては国内最大のものである。平成十五年（二〇〇三）十月十七日の発掘で検出された建物跡は、縦一三・七メートル、横六メートル。床面積は八二平方メートルで、畳約五十枚分の面積に値する大型高床建物跡である。大きなケヤキ材の一本の柱は地面から一部が露出した状態であった。残存長約二・五メートルと巨大なものである。この唐古・鍵遺跡でのその年の巨大なケヤキの発見までは、武庫庄遺跡（兵庫県尼崎市）の大型建物の柱が弥生時代では国内最大とされていた。武庫庄遺跡の柱の直径は八〇センチであり、唐古・鍵遺跡の一本の柱の直径は八五センチと判明したことから唐古・鍵遺跡のものが国内最大と確認された。唐古・鍵遺跡の大型建物は、当時の「クニ」の中枢施設の可能性が高いとされ、首長クラスの屋敷跡との見方もされている。この遺跡で驚くべきことは、直径五〇〜八〇センチ程度の柱が十七本も残っていたが、その柱のすべてがケヤキであったことである。

建物の内側も柱を据えた「総柱式」であり、柱穴は縦方向に三列に並び、各列から六個見つかった。建物跡には祭殿とされる、池上曽根遺跡（弥生時代中期、大阪府和泉市・泉大津市）に見られるような、巨大な屋根を支えるための「独立棟持柱」はなく、屋敷跡と見られている。すぐ南東側には大型建物跡を囲むような溝（幅約四メートル）が検出されている。同遺跡の中で特に重要な地区であったとみられ、付近からは日常に使う土器が大量に出土し、神殿より当時の首長の屋敷だったという見方が強い建物である。唐古・鍵遺跡は奈良盆地のほぼ中央に位置し、弥生中期に直径約四〇〇メートルの大規模環濠集落になったとされている。周囲は約一〇〇メートルにわたって最大九本の環濠がめぐっている。平成四年（一九九二）には『魏志倭人伝』に記された「楼観」を思わせる楼閣を描いた土器片や、生活様式・信仰を思わせる絵が描かれた土器片が多く見つかっている。この他にも奇妙な文様の描かれた小さな壺や竜を描いた壺が出土していて、呪術的な意味があったことが確認されている。(6)

唐古・鍵遺跡の大型建物そのものが首長の屋敷であったとしても、この環濠集落に住まいしていた人々の生活の中

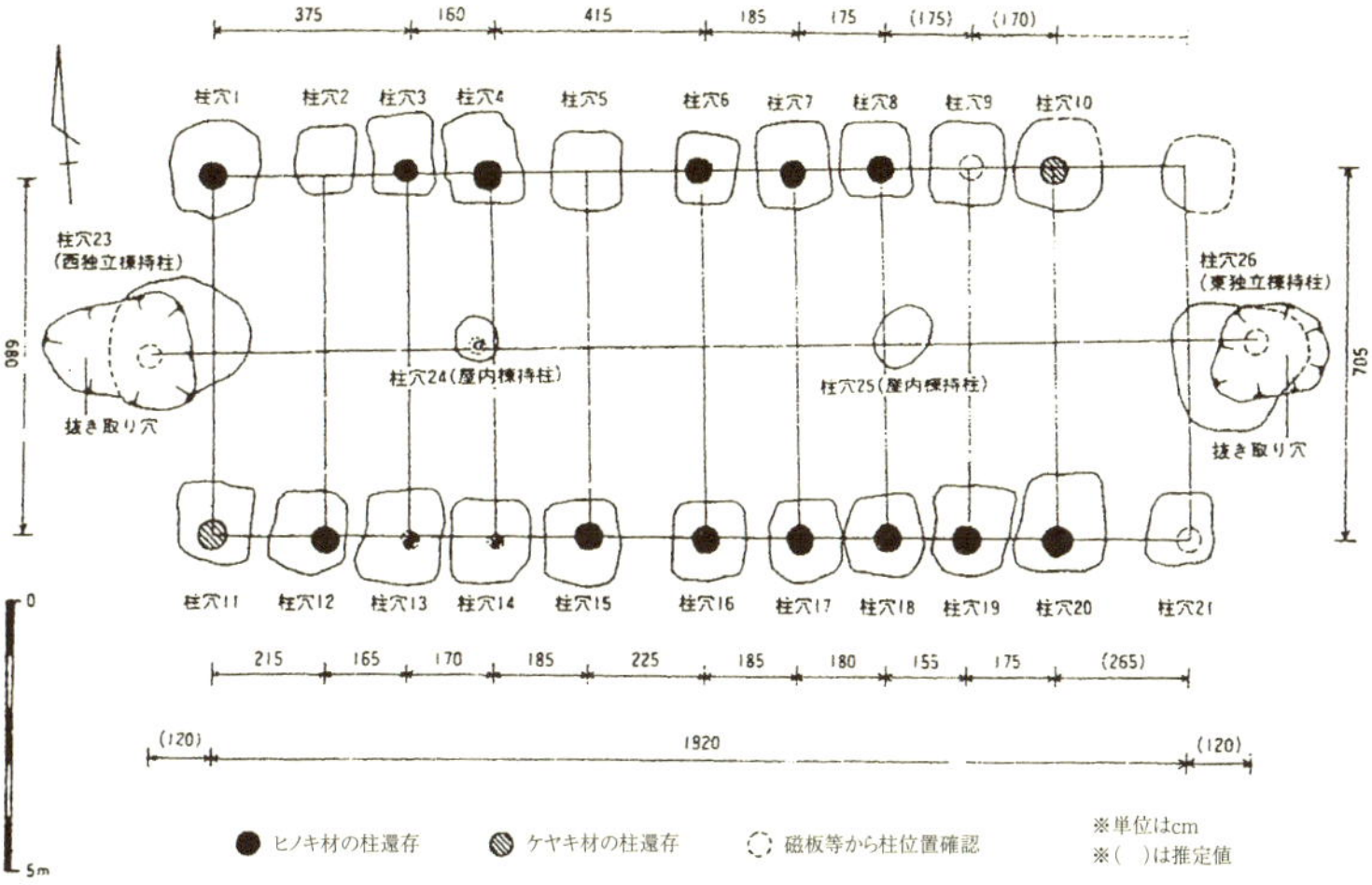

図38　池上曽根遺跡大型建物平面図

で呪術的要素が大切にされていた事は確かである。その屋敷から巨大な国内最大とされる直径八五センチものケヤキの柱一本と、あと十七本のケヤキの柱が見つかったのである。

　先述した大阪の池上曽根遺跡では、両端にある大きな棟持柱は別にして、柱穴は二列に十一個ずつあり、柱穴だけで柱の材質を確認できないものは別として、十七本の柱材が確認できる。その柱のほとんどがヒノキ材であるが、二本のケヤキが柱として使われている位置が北東角と西南角なのである[7]（図38）。当時はこの方位に関してどのように考えられていたかわからないが、後世において一般に鬼門・裏鬼門と言われている所に使われていることに興味が惹かれる。神殿と考えられている池上曽根遺跡出土に見られる鬼門・裏鬼門に使われていたケヤキ材の柱、そして呪術的要素を多く含む出土遺物のある唐古・鍵遺跡出土のすべての柱がケヤキであると考える時、両遺跡にケヤキ（槻）が使われていたことが偶然とはかえって考えにくい。「ケヤキは硬くて強い木であり、年輪が不規則である事でもわかるように細工が難しい。切ってもなかなか真っ直ぐに綺麗には切れない」という[8]。日本には古来縁起担ぎに繋がる考えが存在し、一・三・五というような奇数、二・四・六というような偶数を慶弔儀式に使い分けて作法としている。たとえば数を割って綺麗になくなってよい時と、割っても割っても無くならない方が良い時を使い分ける習慣である。古代において、切れにくい木を用いて切った切り口から吉凶を占っていた事も考えられる。同じく切れにくい木を用いて、その粘りを縁起に用いていたかもしれない。

最近では純日本家屋が少なくなってきたが、かつて各家庭には膳があり、ケヤキの卓や盆があった。「膳を囲む」という言葉があるが、家族や心を通わす親しい人々が一つの膳を真中にして食することの幸せを表現する言葉だが、木の材質に合わせてケヤキのその縁起を大切にし、「善」を囲むと解したかも知れないと考えたくなる。

ケヤキを使う特別なものに太鼓がある。神事・祭りに使う太鼓である。太鼓作りの専門家の話では、ケヤキは神様の木なので貴重とし、細工の難しいケヤキを扱う専門家が居るという。太鼓作りの古代の資料は皆無に等しい(9)。使いにくい部材の代表格のようにいわれるケヤキだが、その特性と共に縁起・呪術性を秘めて今日に伝えられているのは古来から、特別の意味がケヤキ（槻）に寄せられていた証しではないだろうか。

第三節　もう一つの槻の宮

斉明天皇二年（六五六）に営まれた両槻宮を、持統天皇はしばしば愛用していたようであり、同天皇七年（六九三）九月五日の条に「多武峰に幸す」とあり、翌六日に「車駕、宮に還りたまふ」とある（『書紀』）ことは第二節に述べた。持統天皇がこの宮を特別に大切にしていたとの記述は『書紀』にはないが、『続紀』大宝二年（七〇二）三月の条に二槻離宮の修繕を命じていることから、愛用されていたであろうことは間違いない。これはこの宮への執着ではなく、宮のあった場所に想いがあったのではないだろうか。

飛鳥は多武峰から見れば眼下におさめられ、三キロほどの近くにある。しかし眼下に見えるのは飛鳥だけではない。多武峰の頂上の御破裂山は標高六〇七・七メートルであり、宮の所在地はそこより低いとしても標高六〇〇メートルはある。西が飛鳥、東には当時未だ中臣連大嶋の発願に留まっているが、粟原の地がある。さきに記した持統天皇の多武峰への行幸の翌年、同八年（六九四）から草壁皇子の供養のため、粟原寺の造営工事が始まる。この粟原の地を通り宇陀の阿騎野に向かい、そこから行く道は吉野であり、伊勢である。粟原の地は標高四〇〇から四五〇メートル。多武峰からは一望できるのである。多武峰から見渡す谷や道はかつて、壬申の乱で天武天皇や皇子たち、馳せ参じた人臣や諸豪族たちが命を掛けた道である。そして多武峰から北を望めばやはり壬申の乱の道、初瀬から吉隠が見渡せるのである。

壬申の乱において、多武峰から四方を一望に見渡せるという事は、敵・味方の動向が見渡せるという事である。この多武峰を地盤とする氏族の、特に壬申の乱においての動向は重要な意味をもつ。

天武天皇が崩じたのは朱鳥元年（六八六）九月九日である。持統天皇元年（六八七）八月二八日の条に「天皇、直大肆藤原朝臣大嶋・直大肆黄書連大伴をして、三百の龍象しき大徳等を飛鳥寺に請せ集へて、袈裟を奉施りたまふ。人別に一領。曰く『此れは天渟中原瀛真人天皇の御服を以て、縫い作る所なり』とのたまふ。詔の詞酸く割し。具に陳ぶべからず。」とあり、天武天皇の崩御を悲しむ持統天皇の想いが悲痛である事が記されている。共に大切にしてきた仏法に基づいた供養が執り行われた事がうかがえる。

同年九月九日の条には「国忌の斎を京師の諸寺に設く」とあり、それ以後毎年天武天皇の供養の日と定められた記事がみえる。古来、「供養事は早めに」と言われるが『書紀』にもその足跡を見ることができる。

同三年（六八九）八月四日の条に「天皇、吉野宮に幸す。」とみえ、紀の国・伊賀国の場所を決めて漁獲を禁じている。

同四年八月四日の条に「天皇、吉野宮に幸す。」とみえ、九月一日に諸国司等に詔して「凡そ戸籍を造ることは、戸令に依れ」とし、九月に新しい政を敷いている。

同五年七月三日の条に「天皇、吉野宮に幸す。（中略）十二日天皇、吉野宮より至ります。」とあり、十五日には「使者を遣わして廣瀬大忌神と龍田風神とを祭らしむ。」八月十三日の条には「十八の氏、大三輪・雀部・石上・藤原・石川・巨勢・膳部・春日・上毛野・大伴・紀伊・平群・羽田・安倍・佐伯・采女・穂積・安曇に詔して、その祖等の墓記を上進らしむ」二三日には「使者を遣わして龍田風神、信濃の須波、水内等の神を祭らしむ。」ここでも吉野への行幸に続き神への感謝、政の一つとして人々の祖先の記録であり各氏の祖先の供養を行っている。

同六年八月三日の条に「罪赦す。」と大赦を施行したことがみえる。十七日に「飛鳥皇女の田荘に幸す。即日に宮に還りたまふ。」九月九日に班田大夫等を任命している。

持統天皇七年（六九三）八月の条に「一日に、藤原の宮地に幸す。」十七日に、「吉野宮に幸す。」二一日に、「車駕、宮に還りたまふ。」同年九月の条に「五日に、多武峰に幸す。六日に、車駕、宮に還りたまふ。」十日に、「清御原天皇の為に、無遮大会を内裏に設く。繋囚、悉に原し遣る。」と記す。

同八年（六九四）九月四日の条に「吉野宮に幸す。」そして十二月六日に藤原宮に遷都となる。

持統天皇元年の毎年九月九日は天武天皇のため、国忌としての供養日と定められた詔から、『書紀』に見る限り同三年より毎年八月・九月は民への施しがある。また、吉野行幸や宮に還ってからは、政の詔が出されている。多武峰への行幸の持統天皇七年も、無遮大会までになされた供養である事がうかがえる。晩年に持統天皇の頻繁な吉野行幸は吉野を好んでいたからではなく、天武天皇の思慕等からでもなく、供養と亡き天武天皇と共に政の策を練ることではなかったかと考える。勿論吉野行幸は八月・九月に限った事ではないが、吉野は持統天皇にとっても原点であり、そこで案を練るということに意味があったかも知れない。未だ史料を見出し得ないが供養をし、案を練る吉野に知識の深い僧の存在も否定できないのではないだろうか。

同九年（六九五）、十年、十一年、大宝元年（七〇一）と吉野行幸は続く。大宝元年からの吉野宮行幸は離宮と記されていることにも視点を置かねばならないが、このことは改めて考えたい。

吉野行幸は多武峰を含めた供養と政の策を練る道と考えた時、同六年は天武天皇の七回忌であり、藤原の宮地の地鎮祭が行われた年である。その翌年の同七年九月の多武峰行幸は九月九日に先駆けての供養と、新たな決意を固めた行幸ではなかったかと考える。

槻の樹のある宮で、決意と出発を持統天皇は秘めていたのではないだろうか。

第四節　大和政権と全国統治

大和政権の畿内およびその周辺域の支配体制が整っても、如何にして北の蝦夷や西の隼人等の地域を治めていくのかが問題となる。遠国については遠征に合わせ、交渉や経済交流等によって進められた苦労が随所にうかがえる。言葉は遠征であるが、交渉であるとして前節でも取り上げた。

斉明天皇六年（六六〇）三月の蝦夷への三度目の遠征に関しては「比羅夫側がいわゆる無言交易による交易を相手側に求めたが、相手側が交易の品物を検討した上で、結局は申し入れを断ったと言うことである。（中略）比羅夫の目的は必ずしも軍事的に相手を圧倒する事ではなく、政府側の優位を相手に認めさせ、さらに交易の実をあげることだったようである。」という見解が示されている。(10) これは、比羅夫が陸奥の蝦夷を自分の船に乗せ、ある大河の河口に到った。ここには渡嶋の蝦夷千人ほどが集まり河の畔に営していたが、突然に粛慎の船が襲ってきたので助けて欲しいと比羅夫に申し出たという。比羅夫は粛慎が興味を持つように綵帛・兵・鐵等などを海辺に置き様子をうかがった。すると二人の老人が品の積んでいる所に来て、綵帛を吟味して船に乗って帰っていった。しかし再びその布を置いて帰っていったという記事である。ここで特に注目したいのは、比羅夫が蝦夷の気を引こうとして置いた三種類の、畿内の人が考える貴重な珍しい品々である。綵帛・兵（武器）・鉄の三種類であり、この内蝦夷の興味を引いたのは綵帛であった。武器も鉄も彼等には珍しくはなかったということである。

一方、都に彼等が来る時には服属儀礼が行われた。『書紀』推古天皇二十年（六一二）是歳の条に、「須彌山の形および呉橋を南庭に構けと令す」とある。そして百済からの路子工が従事した事が記されている。須弥山とは仏説で世界の中心を成す山の事であり、須弥山に坐す帝釈天ら諸天に対して天皇への服属を誓約する呪術的な性格をもつ儀式が、須弥山のところで成されたと考えられる服属儀礼である。斉明紀には須弥山と記した記事が二ヶ所に見える。一つは同三年七月十五日の条で「須弥山の像を飛鳥寺の西に作る」とあり、盂蘭盆会を行い、夕暮れには、七月三日に漂着した都貨邏国の六人を饗応した。なお『書紀』本文文注には「或本にいわく、随羅人といふ。」とある。ところで盂蘭盆会とは仏教行事で安居の終わった日に衆僧を供養される儀式であり、『書紀』によると推古天皇十四年四月に飛鳥寺の金堂に鞍作鳥により仏像が安置されたので、この年から初めて寺毎に、釈迦の降誕を祝う四月八日の潅仏会と七月十五日の盂蘭盆会が始められた。

また斉明天皇五年（六九五）三月十七日の条に「甘樫丘の東の川上に須弥山を作りて、陸奥と越との蝦夷に饗たまふ」とある。この地はちょうど飛鳥寺の西北に当り、現在飛鳥資料館に蔵されているいわゆる須弥山石の出土地で、飛鳥水落遺跡の近くの石神遺跡に当たると考えられる。

石神遺跡に対しては「服属宣誓の儀礼の場か　斉明朝に降った蝦夷・粛慎らを饗応し、教化する施設であり、彼らに服従宣誓をさせる場であったと考えられる。」との見解も示されている。[11]また「須弥山を配した場で行われたのは覩貨邏人・蝦夷・粛慎等の外夷の人々の接遇・饗宴であったが、その本質は須弥山を前にした服従誓約儀礼でもあった。」と述べている。[12]各氏の見解が示すように、須弥山と見立てた場所および須弥山の前で服属儀礼が行われていたと広く考えられているようである。ここに取り上げた斉明天皇三年と五年に「須弥山を作りて」と記されているので、その都度須弥山は作られていたのではないかと考えられ、そのことがそれぞれの年に「須弥山を作りて」の記事により、飛鳥寺の西であったり、西北であったりしたのだと考える。

須弥山の儀礼の場所が飛鳥寺の西の槻の樹の下と同一視して考える向きも中にはあるが、時には同じ場所に設けられたこともあろうが、基本的には須弥山と槻の樹の広場は別のものであると考える。服属儀礼は須弥山を目し、飛鳥寺の槻の樹の下は天皇に拝謁する場所ではなかったかと考える。言い換えれば、心に二心無く、天皇の前でともに何かをするというための場所ではなかったかと考える。

「飛鳥寺の西の槻の樹の下」として『書紀』に出てくる記事を皇極朝から見ると、皇極天皇三年（六四四）の中大兄皇子と中臣鎌足の蹴鞠の記事、孝徳天皇即位前紀の「天皇・皇祖母命・皇太子が、大槻の樹の下に群臣を召し集めて盟曰はしめたまふ」、次には大化五年（六四九）三月蘇我臣日向が倉山田大臣のことを皇太子に讒言し、山田寺の造営に当っていた倉山田大臣の長男の興志が逃げてくる父を今来（高市郡）の大槻の樹の下まで出迎えに行った記事がある。そして壬申の乱が始まり近江方の穂積臣百足等が飛鳥寺の西の槻の下で営を作る記事が見られ、あとは天武天皇・持統天皇のそれぞれの世に行われた多禰嶋・隼人と蝦夷が饗を賜う記事である（表5）。天武紀においては遠国の服属は重要であるが、すでに服属を当然とした段階にきている。対蝦夷政策についてもその痕跡が見受けられる。

これについては「新潟県北部・会津盆地・米沢盆地・山形盆地・仙台盆地・大崎平野には国造制が及んでいないのである。（中略）古墳が作られ続けた地域は朝廷からの政治的・文化的な強い影響を受け続けた地域ということができるであろうが、古墳が存在しても国造制の範囲からはずれる地域は、（中略）朝廷の支配が直接に及んだ範囲の外ということになる。エミシという語は、もともとは朝廷の支配の外の住民という意味がこめられていたから、エミシの世界であってもその南の部分にはこのような地域が存在したのである。（中略）城柵が造営された地域は国造制の範囲外の地と一致する。この時期に朝廷が接触したエミシは、朝廷と政治的・文化的な関係を取り結んできた人々であり、阿武隈川河口以南の人々と文化伝統を共有する人々であったのである。[13]」という見解を述べており、かなり強硬な政治姿勢と、その逆に温和な渉外政策が必要であった事がうかがえる。

また東北地方の経営は容易ではなかったこと、それが古代国家の重要課題の一つであったと指摘した上で、「中央政府の勢力圏の拡大は、仏教の伝播を伴っている。しかし、それとともに、次第に広まっていく仏教を掌握する施設も必要となってくるのである。」という見解も見られる。(14) それを証明するかのような記事があり、持統天皇二年（六八八）十二月に蝦夷の男女二一三人を飛鳥寺の西の槻の樹の下で饗応しているのがそれである。その翌月の持統天皇三年正月三日に務大肆の陸奥国優嗜曇郡（山形県南部）の蝦夷脂利古の男の麻呂と鉄折とが、髭や髪を剃って沙門になりたいと願い出て、許されている。まさに勢力圏の拡大が仏教の伝播を伴ったものである証しであろう。仏教の伝播、饗応、冠位の授与等々で統制を進めていく中で、畿内には無い、もしくは畿内では珍しい技術や資源の発見や開発があったことも推察できるのである。

あらためて、天武朝・持統朝の飛鳥寺の西の槻の樹の下で饗応された多禰嶋と蝦夷の国を見てみる。工藤雅樹氏・森郁夫氏の東北地方に対する見解にあるように、東北地方の経営は一筋縄ではいかなかったのである。東北地方に最初から基地があったわけではなく、言葉では東北と一言で言い表わせるが、その地域は広くそれぞれの区域が各々の文化を有している。たとえば、持統天皇三年正月三日の麻呂と鉄折が沙門になりたいと願い出て許される記事であるが、彼等は現在の山形県南部地域の出身である。彼等がどこで修行し、どこに居住したかの記事は『書紀』にはない。しかしこの記事が、かの地に仏教の伝播があり、より一層の普及があったことの証しとなる。東北地方の一部にしかならないが、彼等の出身地である山形県を少し取り上げてみる。

山形県では六世紀終わり頃から古墳が造られ始めたことが出土土器から明らかになっている。そして八世紀になっても古墳を営んでいた形跡がある。山形県の古墳は先進地区のそれに比べると、規模も小さく副葬品も見劣りする。これは強力な豪族が存在しなかったからだろうと考えられている。山形県中央部の村山地方の古墳がすべて竪穴式で、ほとんど組み合わせ式の石槨であるが、山形県南部の置賜地方の古墳は、巨大な石を豊富に使った横穴式の石室が多い。

南部の東置賜郡高畠町北方にある羽山古墳は典型的な横穴式古墳である。この古墳からは数多くの副葬品が出土した。金環類十九、勾玉・管玉・切子玉・小玉類合計七百余である。山形県中西部の山形市に所在する嶋遺跡は条里集落ではなく、自然発生的に以前からできていた自然村落と考えられている。「嶋千軒」といって、かつてかなりの大集落があったと語り伝えられており、土器の出土状況からこの嶋遺跡集落の最盛期は、七世紀から八世紀と考えられている。出土遺物には農具も多いが、沼田で作業するために履く田下駄や、集落から初めて竹櫛が出土した。中でも最も注目されたのは騎馬用だったと考えられる厚手の堅木で作られた鞍の出土だった。この鞍は前部に黒塗を塗り、一部に朱を塗っている。木質部だけの鞍が原形のまま集落跡で発見されたのである。[15]山形県一つとっても集落に騎馬用の馬がいて、文化的な生活が行われていた事がわかる。

蝦夷の国とされる国々には縄文文化が栄えた。落葉広葉樹の森では生では食べにくいトチやドングリなどを食用にするための煮沸具、狩猟のための弓矢・槍・土器・漁法がらみの生活具等の開発が進められ、用具の接着剤として広く用いられていたのが、新潟県から秋田県にかけての油田地帯で採集される天然アスファルトであり、石鏃や釣針などの基部に付着している例はよく知られている。時代とともに新しい技術や文化の交流により、その技術は一層専門化していくのである。

一方南の多禰島は砂鉄の島である。明確な近世の製鉄遺跡は武部、古田、安城、野間などがあり、多禰嶋内のいたるところに鉄滓の散布地がある。多禰嶋は古代史では西の果ての国というイメージをもつが、中央との関わりは深い。天平六年（七三四）十一月二十日には入唐大使多治比真人広成の遣唐使船が種子島に寄港したという記事がある（『続紀』）。種子島への寄航は彼だけではない。

多禰嶋は現在の種子島に比定されるが、古くは種子島・屋久島などを中心とする島々の総称として用いられていた。公式の種子島への寄航や関わりは他にも見られ、舒明天皇元年（六二九）四月の条に「田部連を掖玖に遣わす」とあり、同三年二月の条には「掖玖の人帰化り」とある。(『書紀』)。『書紀』に人の帰化を記すというのは、身分・地位・技術等何か特別の立場なり境遇にあった人であろうことがうかがえ、掖玖の存在が比較的朝廷に近いものであったことがわかる。

天武天皇八年(六七九)十一月の条に、「大乙下倭馬飼部造連を大使とし、小乙下上寸主光父を小使として、多禰嶋に遣わす。」とあり、大使・小使を備える公式訪問は、本格的な朝廷との交渉であることがうかがえる。同じく十年八月の条には、「多禰嶋に遣わしし使人等、多禰国の圖を貢れり。」とあり、天平六年(七三四)の『続紀』の記述まで幾度か多禰嶋および多禰嶋の人の記事が出てくる。この多禰嶋の地図を貢納する記事のあとに、多禰嶋の地理・民俗にも触れ、「粳稲常に豊なり。一たび植えて両たび収む。」と記している。これについては「これは二期作ではなく、切り株から伸びる蘖《ひこばえ》のことである。蘖を種子島ではヒッツといい、特に島の東南にある宝満神社の神田に栽培される赤米のヒッツの実は美味しいといわれる(16)」。

朝廷とのつながりをもち、公式船が寄航する種子島は鉄の豊富な島である。多禰嶋には弥生後期から七世紀頃の鉄製釣針と鉄鏃が西之表市上能野貝塚遺跡で出土している。

種子島は先述の如く、島内いたるところに砂鉄を含む地である。中世・近世における製鉄遺跡でも明らかな様に、古代において多禰嶋に鉄が眠っていたのである。現在、作られている種子島窯(能野焼《よきのやき》)の焼き物は、多くの鉄分を含んだ土を用い、釉薬を全く使わない焼き締め技法により作られている。このように種子島の産業は鉄と密着したものである。

前章第四節で仮説を立てたように、蝦夷の人と多禰嶋の人の技術や彼等の産物を天皇に披露することが目的であり、その場所として最もふさわしかったのが飛鳥寺の西の槻の樹の下だったのである。

斉明朝に同じくその都度造られたであろう、須弥山の前で服属儀礼が行われたとしたならば、再び飛鳥寺の西の槻の樹の下で服属儀礼は行われなかったと考えられよう。なぜならば飛鳥は決して広い所ではない。そのように狭い地で天皇が二ヶ所で服属儀礼を行ったとは考えられず、服属儀礼が行われたとすれば、その儀式が終わった上で槻の樹の下で信頼を基盤に披露と饗応が行われたのではないかと考える。

「飛鳥寺の西の槻の樹の下」というあまりにも知られすぎている地ではあるが、その地についてはまだ完全に掌握されていない蝦夷・多禰嶋・隼人たちを饗応したり、彼等の相撲を観戦したりという程度の認識しかない。あるいは「服属儀礼の場所」という認識かもしれない。朝廷が未だ掌握していない遠国の地を、領域と認識して服属儀礼が行われるとすれば、野外のその広場で饗応すると考えるには疑問が残る。蝦夷・多禰嶋・隼人の国々を外国とは捉えていない事は確かである。蝦夷の国は狩猟から武器製造の技術が進み、石油産出の地勢である。多禰嶋は砂鉄の嶋であり、海外交易の海上基地である。隼人は武勇を誇る。

『書紀』に幾たびとなく出て来る「槻の樹」も普通ではありえない。当時の人々がどのように「槻」をとらえ、古代において防御設備のある寺院である、飛鳥寺の西の槻の樹の下で何が行われていたのかを検証してみた。本章では発掘・遺物資料も乏しいが仮説を立てて論じたが、今後の発掘調査を切に望みたい。

註

（1）毛利光俊彦「古代東アジアの金属製容器一（中国編）」（『奈良文化財研究所史料』六八　二〇〇四年）
（2）吉野裕子「星宿の造型・酒船石遺跡の推理」（『東アジアの古代文化』一二六　大和書房　二〇〇三年夏）
（3）岩本次郎教授　帝塚山大学大学院講義ノート『古代社会史特論』
（4）日本古典文学大系『日本書紀』補注二十一ノ二
（5）二槻宮とも書き、大宝二年（七〇二）三月には「離宮」と記されている。
（6）産経新聞平成十五年（二〇〇三）九月三十日、同年十月十八日の記事、同十月十九日の現地説明会資料、同新聞同年十二月十日の記

事参照

（7）山岸常人「建築における飛鳥以前と飛鳥以後」帝塚山大学考古学研究所公開講座の資料から　二〇〇五年九月十七日

（8）山岸常人氏談

（9）お聞きした大阪の太鼓作りの専門家は「以前依頼されて張り替えをした鎌倉時代の太鼓もケヤキであった」と言うことである。

（10）工藤雅樹「古代蝦夷の社会構造」（『古代蝦夷』二四三・二四四頁　吉川弘文館　二〇〇〇年）

（11）金子裕之「山城にして須弥山の下で饗宴」（『国宝と歴史の旅』十　二六頁　朝日新聞社　二〇〇一年）

（12）藤澤典彦「飛鳥の祭祀空間」（『国宝と歴史の旅』十　三二頁　朝日新聞社　二〇〇一年）

（13）工藤雅樹「国造制から国郡制へ」（前掲註10）

（14）森　郁夫「下野薬師寺の官寺化」（増補改訂版『日本の古代瓦』二六九頁　雄山閣　二〇〇五年）

（15）誉田慶恩・横田昭夫「古墳と装身具」（『山形県の歴史』二〇頁　山川出版社　一九七三年）

（16）下野敏見「赤米神事と種子島の農耕」（『街道をゆく』二七　三十頁　朝日新聞社　二〇〇五年）

第八章　塼仏にみる葛城地域の様相―忍海を中心として―

はじめに

七世紀後半、葛城評が三分割された。葛上、葛下そして忍海である。この三分割は特殊な様相を見せており、葛上評と葛下評の間に忍海評が挟まれるかのように分置された。この地域には塼仏が出土する寺院があり、さらに忍海には特異な出土遺物が存在する。このような出土遺物や塼仏を通して葛城地域の三分割の在り方を検証する。葛城地域については、先学による研究がある。しかし、まだ明らかにされねばならない事柄が多い。本章はその一つの試みである（「評」であるが煩雑さを避けるため、本章では「郡」を使う）。

第一節　葛城の地理的位置

葛城とは二上山・葛城山の東麓付近にかけての地域を呼ぶ。『和名類聚抄』では、この地域の行政区分としては葛上郡・葛下郡・忍海郡の三つに分かれており、葛上郡の郷としては日置・高宮・牟婁・桑原・上鳥・下鳥・太坂《おおさか》・楢原・神戸・余戸がある。葛下郡の郷は神戸・山直《やまたへ》・高額・賀美《かみ》・蓼田・品治《ほむち》・当麻である。忍海郡は津積《つつみ》・園人《そのひと》・中村・栗栖《くるす》の四郷である。葛上郡との境界、小林村辺りに若干の異同はあったが、明治三十年（一八九七）四月一日に葛上郡と忍海郡は合併して南葛城郡となり、忍海郡は消滅した。その際、葛下郡は北葛城郡となった。これら合併された葛城地域は山間部ながら広域を占める。

葛上郡と葛下郡は葛城地域のほとんどに当たるが、葛上郡と葛下郡との間にこの二郡と比べ、かなり狭い領域を占める忍海郡がある。一つの大きな地域と考えられる葛城地域が、いつ葛上郡と葛下郡に分かれ、なおかつその間に挟まれた忍海郡がなぜそのように狭隘なのであろうか。葛城地域の西には北から、生駒山（六四二メートル）、高安山（四六八メートル）、信貴山（四三七メートル）、二上山（雄岳五一七・雌岳四七四メートル）、岩橋山（六五九メートル）、葛城山（九六〇メートル）、金剛山（一一二五メートル）と山々が壁を成している。葛城地域はこれらの山々の東側に沿って走るような地形である。本章で取り上げる忍海郡は、『日本書紀』（以下『書紀』）神功皇后[1]摂政五年三月七日の条に葛城襲津彦らが新羅へ遠征した際、連れ帰った捕虜は「桑原・佐糜・高宮・忍海」四つの邑に居住した漢人らの始祖であると伝えるとしている。ここに見える桑原・高宮は共にのちに葛上郡に属した地域であり、神宮皇后紀の四邑には共通性があり、忍海郡と葛上郡は強いつながりがあったことが知られる。

『古事記』清寧天皇の段に、「葛城忍海之高木角刺宮」とあり、忍海郡に角刺宮があったことが知られ、現在の角刺神社所在地がそれに推定されている。『延喜式』神名帳に「葛木坐火雷神社」があることからも、忍海が重要視され且つ古い地であることをうかがい知ることが出来る。

また『書紀』顕宗天皇即位前紀五年一月条に「倭辺に見が欲しものは於尸農瀰《おしのみ》この高城なる角刺の宮」[2]があり、忍海郡に角刺宮の存在したことは確かであろう。

第二節　葛城地域の三区分

『角川地名大辞典』によると、大化改新以後、天武朝の頃までに少なくとも葛木上と葛木下の二評に分割されており、大宝令の施行以後に葛上・葛下・忍海の三郡に編成されたと考えられている。[3]しかし、その年代なり、編成される契機となった事柄等は明らかではない。三郡の成立時期についても後述するように若干の疑問がある（図39）。

文献上の初見は、天武天皇十三年（六八四）是年条、「倭の葛城下郡言さく、四足ある鶏有りとまうす」[4]とある。この時点では未だ郡制は施行されていないので、原本では「葛木下評」となっていた可能性が高い。

また藤原宮木簡に「内掃部司解□□倭国　葛下郡□」と記されたものがある。[5]ここに記された葛下郡内に掃部氏の氏寺である掃守寺跡がある。この資料は不明な部分が多く、文意は不明であるが、この掃守氏が何らかの形で藤原宮と関わりがあったことを物語っている。

葛上郡

葛上郡は、葛城・金剛山麓に広がり、西に葛城山、南に重阪峠、東に越智丘陵をひかえ、大和平野（奈良盆地）の西南端を占めている。現在の御所市にあたる地域で、明治の郡区編制では、北は忍海郡、東は高市郡・吉野郡、南は宇智郡、西は大阪府石川郡に隣接していた。古代葛城国の中心地だったところである。

文武朝に伊豆に流された役小角は、『日本霊異記』（上二十八）に「大和国葛木の上の郡茅原村の人なり」と記されている。

葛下郡

葛城地域は広い領域であるにも関わらず、その三区分は不均等と思える分かれ方をしている。葛上郡・葛下郡がほ

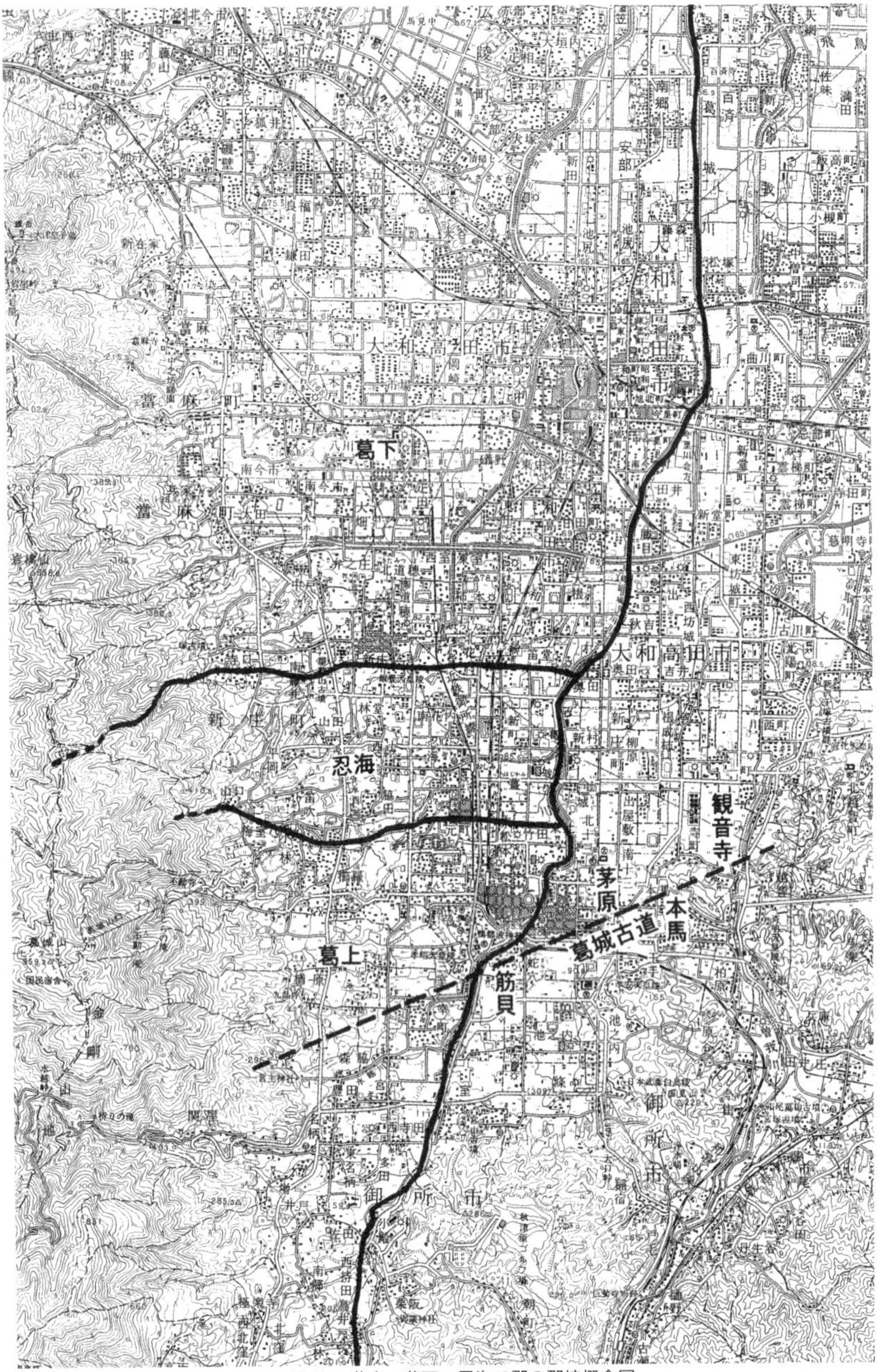

図39　葛上・葛下・忍海三郡の郡境概念図

ぼ均等の広さであるのに対して、その間に挟まれている忍海郡は他の二郡に比して極端に狭いのである。

葛下郡の領域は、北は大和川、西は金剛山地、北東は馬見丘陵西半部、南東は曽我川および葛城川で囲まれている。平群・広瀬・高市と境界を接している。南は現・大和高田市の大部分と、現・北葛城郡新庄町北半分および当麻町、香芝町、上牧町、王寺町の全域となる。葛下郡の南に位置する郡は忍海郡である。

忍海郡

『大和志』に「現在の新庄町忍海に比定する」とあり、現在の葛城市に含まれる地域である。当郡の式内社は「為志神社」であり、為志神社の社名は、忍海郡の別称「飫斯」（皇極天皇元年是年条）の転音[6]、あるいは忍志の誤写とも考えられるとしている。また郡境は、北方と南方が直線で、東方は葛下郡の東限線なる旧葛城川の流路と、現在の御所市街東方の本馬山を連ねる線であったと考える見解がある[7]。

北と南の郡境は一直線とされているが、決して真っ直ぐではないとの見解もある[8]。忍海郡の東境とされる旧葛城川は、現在の葛城川より少し西を走っていたようである。この河川は、俗に言う暴れ川で、頻繁に氾濫をおこしていた。そのため旧葛城川の北と南の郡境の接点となる所に、古代の遺跡の存在は認められないようである。古代においては海や川は有力な運搬、交通機関である。しかし旧葛城川は、交通路としては不安定だったようで、北の葛下郡や南の葛上郡との往来は、もっぱら西の葛城山の麓に続く道が主要道路であったという。

第三節　葛城地域の古代寺院

葛城地域に見られる白鳳期から奈良時代の寺院は、北から尼寺廃寺、加守廃寺、石光寺、当麻寺、地光寺、戒那山廃寺、郡山廃寺と栄山寺を除き、寺院かどうか不明の御所増廃寺を除いても実に七ヶ所にのぼる。これに発掘調査によって只塚廃寺が新しく加えられ、計八ヶ所を数えることが出来る。しかし、葛城地域に隣接する、飛鳥地域には飛鳥時代創建の寺院が広がる。葛城地域には飛鳥時代創建寺院は一ヶ寺もない。この意味するものは、七世紀後半になって勢力が葛城地域に伸びたか、葛城地域の豪族が七世紀後半になって勢力を強めたかのどちらかであるが、おそらく後者であろう。

葛城地域の忍海郡の占める地域は狭いが、古代寺院としてあげられるのは地光寺廃寺ただ一ヶ所というのも珍しい。忍海郡の政治的地位、地光寺廃寺の鬼面文軒丸瓦には十分検討しなければならない。

以下葛城地域のそれぞれの寺院について述べる。

(一)　葛上郡の寺院

二光寺廃寺

二光寺廃寺は奈良県御所市大字西北窪小字二光寺に所在する。御所市内における県営圃場整備事業(葛城西地区)に伴う事前調査として、平成十六年(二〇〇四)十二月から始まった発掘調査で遺構・遺物が見つかった。調査地は小字名が「二光寺」と地元で呼称されていたことから、発見された古代寺院は「二光寺廃寺」と命名されることになった。この遺跡付近には、渡来系氏族の墓と考えられる北窪古墳群(六世紀後半)があり、南に朝妻廃寺、南西には高宮廃寺などの古代寺院が所在する。

二光寺廃寺からは多量の瓦が出土し、同笵・同系の瓦を持つ寺院とのつながりを考える上にも貴重な資料である。また螺髪(高さ二・二センチ、直径三・二センチ)が出土したことから、建物内に高さ二メートルを超える塑像仏(丈六仏)が安置されていたと考えられている。(9)

二光寺廃寺の遺物で特筆すべきものは塼仏である(図40)。大形多尊・方形三尊・方形六尊・方形十二尊連坐の四種

（石光寺所蔵）

図40　塼　仏（奈良県立橿原考古学研究所提供）
1：石光寺　十二尊連座塼仏一部　2：二光寺廃寺　方形三尊塼仏　3：二光寺廃寺　大形多尊塼仏

類が確認されている。塼仏の裏面に布目痕を残していることや外面の色彩、または他寺院との同笵の可能性などを作成技術も含めた分析等がこれからも続けられよう。いずれも文様面に漆膜や金箔の遺存するものがあることから、本来は金箔が貼られていたと考えられている。

朝妻廃寺

朝妻廃寺は奈良県御所市朝妻に所在する。発掘調査は昭和五二・五四年（一九七七・七九）に行われた。朝妻廃寺は金剛山の東麓、標高二五〇メートルの地に営まれている。塔心礎が出土したとされる地あたりには小字名に寺院を思わせる名が残っている。第一次調査で推定金堂跡の部分は、明治八年の地籍図によれば「寺畑」と記されている。[10] 塔跡の南は一段低くなり、「堂ノモト」。地域の東限の中央部と推定されるところは「ダイモン」と、小字名が寺院の存在を示している。

朝妻廃寺からも多くの瓦が出土しているが、同時に塼仏も出土している。六尊連立塼仏の一部である。忍冬文で飾った区画の中に通肩に衣をまとった如来像が立っている。部分的に金箔が残っており、当初は金色に輝く塼仏であったろうと考えられている。

上記概報に以下の記載があり、これは正に中央から近くもなく遠くもなく、朝廷に近い一地方豪族の寺院存続の経過を表わす現象であると受け止める。「創建瓦が川原寺所用瓦等とともに五條市荒坂一帯の瓦窯群で焼成されたことはほぼ誤りなかろうが、堂・塔の建立が軌道に乗った時期から寺院に隣接する地に窯を築き「巨勢寺式」といった「河原寺式」と比べればより地方色をもった瓦をモデルにしたものが製作されていくことは寺院の建立自体の質的変化を考えていくうえにも注目すべき点といえよう。」

高宮廃寺

高宮廃寺は元、南葛城郡葛城村大字鴨神、現在の奈良県御所市高宮に所在する。高宮廃寺は金剛山中腹に位置し、付近は山腹とは思われないほどの広い高台状の平面である。塔・金堂跡の遺構を残す。その東北に急傾斜の高い所に金剛山寺に属する石寺の旧跡があり、ここを経て金剛山に上ることが出来る。寺跡付近は俗に高宮と称せられていた[11]。大正十二年（一九二三）寺跡付近の貯水池拡張工事に際し調査が行われ、その後に史跡に指定された。出土した瓦は藤原宮式の八葉複弁蓮華文軒丸瓦と偏行唐草文軒平瓦で、高鴨神社の所蔵となっている。

『奈良県に於ける指定史跡第一冊』[12]によれば、『行基菩薩伝』に、高宮寺の徳光によって行基は戒を受けたとある。また『日本霊異記』に百済の圓勢師が葛木の高宮寺にすむという記事が出てくる。これらの記事をそのまま信ずることはできないが、発掘された遺構、出土した遺物などから高宮廃寺は、朝廷に近い存在であったことが知られる。

（二）　葛下郡の寺院

掃守寺跡（加守廃寺）

加守廃寺の所在地は、かつて奈良県北葛城郡当麻町加守となっていたが、現在は葛城市加守と地名が改められている。加守廃寺の西には二上山がそびえ、東側の麓は二上山の山裾に沿って南北に谷が延びる。加守の地はこの帯状に延びる谷筋の北方に位置している。

加守廃寺は平成二十年（二〇〇八）十月までの時点で、合計五回の発掘調査が行われている。(13)

この寺院は尾根を隔てて北と南に伽藍が分かれるという特異な構造を持つ寺院であることが、発掘調査で確認されている。北側には塔とそれを取り巻く回廊があり、南側には長六角堂という他に類例を見ない遺構を検出している。創建年代は七世紀から八世紀初頭と考えられている。

橿原考古学研究所による平成四年（一九九二）に行われた発掘調査で出土した瓦から創建年代をほぼ確定するに至った。『掃守寺造御塔所解』に記されている天平勝宝二年（七五〇）に、伊福部男依が塔の造営に当たっていたことの記述があり、出土瓦の年代が合致することから、加守廃寺は文献に記されている掃守寺跡であると追認された。

伊福部男依は写後書所知事である。天平九年（七三七）十月から、天平十年（七三八）四月まで写経司校生として見える。天平十七年（七四五）八月から天平十八年（七四六）正月まで、写経所の知事を務めていた。同年二月には写経所の検受をし、同年三月には同所の知事を務める。そして同年四月には、写後経所知事となり、写経所にも出仕した。五月には写一切経所に出仕し、同年六月には校生となる。

このように終始写経所関連の勤めを果たし、天平二十年（七四八）八月から同二一年（七四九）三月までの上日帳に、職舎人、大初位下とあり、掃守寺別当でもあった。天平勝宝二年（七五一）五月に掃守寺造御塔所に出仕し、知識優婆塞の上日を記している。

掃守寺は他にも文献にその名前が認められる。醍醐寺本『諸寺縁起集』では、義淵僧正によって龍門寺、岡寺（龍蓋寺）とともに龍本寺（掃守寺）が建てられたと記されているという。

また『薬師寺縁起』では、掃守寺のことを龍峰寺と記している。義淵は文武天皇三年（六九九）十一月に、その学業を賞せられており、大宝元年（七〇三）三月に僧正に任ぜられている。神亀四年（七二七）十二月十日にはその徳を讃えられて、俗姓市往氏を改めて岡連を賜い、その兄弟に伝えよと勅せられた。

『扶桑略記』には大宝三年（七〇三）三月条に、大和国高市郡の人で俗姓阿刀氏とある。その父母に子がなく、多年観音様に祈願し授かったことが見える。天智天皇はその話を聞き、皇子らと共に岡本宮に養育したという。この縁で僧正に任じ、龍蓋寺を造ったとしている。俗に龍門、龍福など五ケ龍寺を造ったとする説が記されている。

只塚廃寺

只塚廃寺の所在地は、かつて奈良県北葛城郡当麻町染野となっていたが、現在は葛城市染野に地名が改められている。この寺院跡はこんもりとした小山であり、当初は古墳ではないかと考えられていた。その伝承にはこの小山が塚であり、誰かの墓であるとの伝承があり、「首子第七号古墳」とされていた。この遺跡の周辺は、古墳時代後期の首子古墳群が分布しており、今でも古墳が点在している。昭和五二年（一九七七）に染野を中心とした圃場整備事業があり、試掘調査が行われ、現在地上で見られるもの以外の古墳などの遺跡が確認された。昭和五三年の発掘調査では、検出された凝灰岩の石棺材などから、二上山麓の石材採取と被葬者とのつながりが指摘されるなどの大きな成果があった。その後昭和六十年に本調査が行われ、南北および東西方向の溝から飛鳥時代後半の瓦が多量に出土し、周囲から塼仏が出土した。このことから隣接する只塚が寺院の基壇である可能性が高くなり、(14) 平成六年（一九九四）第四次調査が行われ、只塚自体が仏教施設の一部、あるいは寺院の基壇である可能性が指摘された。平成七年に只塚本体を対象とした第五次調査が行われ、只塚は近世以降の盛土で、その下から建物基壇が検出され、小字名から只塚廃寺と称することとなった。この寺院の創建時期は七世紀と考えられている。七世紀前半であるか、後半であるかを確定できるにはもう少し時間を要するようであるが、現時点では、七世紀後半と考えられている。同時期に建立された周辺の寺院の中でも最も古い例とされている。

伽藍の範囲は明らかでない。しかし遺物は只塚廃寺および周辺の調査で、塼仏出土など大きな成果が認められる。出土した塼仏は、十二尊連坐塼仏と呼ばれるもので、尊像は定印を組み二十蓮華座の上に結跏趺坐する如来の姿があらわされている。その光背は二重の円相光背で、頭光、身光の外周には小さな火焔が施されている。如来の頭上には天蓋があらわされており、縦三体、横四体の合計十二体を一枚の粘土板に配置している。塼仏には固定するための釘穴があけられている。この塼仏と同じものが桜井市の山田寺、葛城市の当麻寺や石光寺、そして西大寺・西隆寺でも出土しており、すべて同型式である。しかし平城京内のものは少量であり、当麻地域に多く見られるという特徴がある。また、只塚廃寺から菩薩の姿を彫り出した石仏が出土した。これについては、中国南北朝時代の斉周様式に対応するものであると考えられている。その一方で兵庫県一乗寺の金銅観音菩薩立像などに類似していることから、朝鮮半島との関連も指摘されている(15)。

菩薩立像の残欠と同じく仏頭が出土しているが、その出土地点がやや距離を置いているため、同一個体であるとは断定できない。報告書(16)によると、両者はともに凝灰岩製であり、小彫刻であるという共通性はあるが、同一個体とは言い切れない作成技術上の特徴があり、出土地も離れていることから、今後の研究を待ちたいとしている。

石光寺

石光寺は、奈良県北葛城郡当麻町染野に所在する。最初に石光寺が紹介されたのは、天沼俊一氏による『奈良県史跡勝地調査報告書第二回』で、次に保井芳太郎氏の『大和古代寺院志』で、『元亨釈書』の石光寺にまつわる縁起も紹介されている。それによると、染井が野中の霊水であり、この信仰のもとに寺が建てられたというものである。

南門の脇に置かれている石光寺の塔心礎は花崗岩製で、その大きさは一七〇×一二五センチ、厚さが六〇センチという大きさである。この礎石からみても、石光寺がかなりの伽藍を備えていた大寺院であったことがわかる。礎石の上面を平にし、その中央に直径七八センチ、深さ一三センチの円孔を穿っている。その底中央に径四〇センチ、深さ一〇センチの舎利孔を作り、内は二段になっている。そしてこの底に三つの小穴が一直線に作られている。このような心礎は類例がなく、一般に白鳳時代のものと考えられている。現境内から瓦や塼仏が出土し、石光寺は白鳳時代には建立されていたと考えられている。伽藍配置は不明である。

昭和三十年頃、弥勒堂と常行堂の渡り廊下設置の際に、基礎を掘ったところ瓦や塼仏等が出土した。(17) 石光寺の塼仏については、かつて石田茂作氏により報告されている。平成三年（一九九一）に行われた発掘調査でもそれと同じものが見つかり、さらにいくつかの新たな資料も追加されている。

出土遺物の塼仏はすべて断片であるが、総数は二百点あり、四種類に分類することができる。十二尊連坐塼仏、三角柱状五連尊塼仏、如来倚像塼仏、脇侍像塼仏の四種類である。

出土した塼仏四種類については、「山田寺の塼仏をもとに笵を作ったと考えられている。その大きさがほとんど同じであるが、二・三ミリほど小さい。これは焼成の際の焼縮みと考えられている。(18)」と報告されている。

当麻寺

当麻寺は奈良県葛城市当麻に所在する。当麻寺の創建については確実なる文献が残されておらず、その年代を押えることは難しい。残されている文献は、鎌倉時代以降の縁起類に過ぎない。しかし現在、寺に伝存されているいくつかの資料は、当麻寺の歴史を語るものであり、白鳳時代まで遡ることが明らかとされている。『大和古寺大観』第二巻によれば、金堂本尊の塑像弥勒仏坐像は、その素材、あるいは丈六という大きさから考えて、当初の位置を動かないものとされている。また製作期は、その様式上白鳳時代を降らないと見られている。

同じく堂内安置の乾漆四天王立像も、本尊とは素材・作風ともに異なることはあっても、作られた時期には大きな隔たりは認められないと考えられている。その製作時期は白鳳時代ないしは天平時代と見るのが妥当であろうと記されている。

当麻寺は二上山の東南麓に位置し、古代においては特に大和と河内を結ぶ重要な地であった。この地に勢力を張っていた当麻氏が、その最盛期にあった国見の時代に、氏寺として建立したのが当麻寺であると考えられている。古縁起には天武天皇九年（六八〇）の事とされている。天武朝の頃に当麻氏の有力者が創建したという点については、福山敏男氏[19]や、『当麻町史』[20]など先学の研究者たちが、ほぼ近い年代で認めているところである。

天武天皇十二年（六八三）の賜姓によって、当麻氏は八色の姓の最上位である真人を称することを許されている。国見は、朱鳥元年（六八六）に天武天皇の殯宮で誄し、文武天皇三年（六九九）には斉明天皇の陵修造のために派遣されている。また、大宝元年（七〇一）には壬申の乱の功績として賜っていた食封百戸の四分の一を子に伝えることが認められている（『続日本紀』）。国見は当麻氏の最盛期の人物であり、この時期に寺を造営し、当麻寺に伝存する白鳳時代の様々な遺品も、同時代を物語るものとして理解できる。

金堂と東門との中間に建つ鐘楼に吊られる梵鐘は、白鳳時代とされている。特には撞座の素弁蓮華文、上帯の鋸歯文、下帯のパルメット文は時代を顕著に表わすものである。

曼荼羅堂（本堂）の地下から出土した、複弁八弁蓮華文軒丸瓦は白鳳期のものであり、さらに同堂あるいは講堂の解体修理で発見された押出仏と塼仏も、残欠であるが白鳳様式とされている。当麻寺の奥院に伝わる押出三尊仏像は完形品で、やはり同時期の作品と考えられている。

（三）忍海郡の寺院

地光寺

地光寺の所在地は、現在の奈良県北葛城郡新庄町笛吹字地光寺である。[21] 地光寺は葛城山東麓の東に下がる扇状地上にある。地光寺の地域範囲は、南北二百メートル程と考えられ、北と南は東西方向の谷になっている。

寺跡は現在の脇田集落の西はずれに所在する脇田神社境内と、その西側に広がる水田あたりと考えられている。地光寺周辺には、葛城山東麓を中心に古墳時代後期の群集墳が多く広がっている。地光寺西方には笛吹古墳群、山口千塚古墳群、寺口忍海古墳群があり、東方には石光山古墳群がある。二上山麓の当麻地域に古代寺院は集中しているが、それより南は地光寺まで寺院は見られない。つまり地光寺は現在のところ忍海郡では、唯一の古代寺院である。

地光寺に最初に注目したのは天沼俊一氏、保井芳太郎氏などである。昭和四七年（一九七二）に寺域範囲の確認を目的として、第一次発掘調査が行われた。報告書によると「推定される寺院の中心線から四天王寺式の伽藍配置を想定しているが、中心伽藍以外は傾斜地に段を違えて立地していると考えている。この調査において東遺跡からは重孤文軒平瓦しか出土せず、平瓦も格子叩きのものが主体を占める一方で、西遺跡からは鬼面文や複弁五弁蓮華紋軒丸瓦、葡萄唐草文軒平瓦が出土し、平瓦も縄叩きのものが主体を占めることから東遺跡と西遺跡は並立したというより、東から西へ寺が移動した可能性が指摘された。また、寺院下層の包含層から鉄滓が多量に出土し、大規模な鉄器生産を行っていた古墳時代後期の集落も周辺に存在することが想定された。」と述べている。

第二次調査は昭和五六年（一九八一）山麓線建設に伴う調査である。この発掘調査で特筆すべきことは二つあり、一つは上層では素掘溝、中層では古墳時代から奈良時代にかけての溝、掘立柱建物、柵列、骨蔵器がみられたことである。この中でも柵列のある寺院はその立地、その寺院自体に特別の要素を担っていたという意味があろう。二つ目は明確な鍛冶関係の遺構は検出されなかったが、鉄滓が多くみられたことである。ここでの鍛冶生産は六世紀後半から八世紀という年代幅と考えられた。

地光寺は双塔を有する寺院である。伽藍配置の点から地光寺と同じく双塔を有する他の寺院と比較するために、心礎の心々間距離を見てみると、地光寺では一三・三三メートル、本薬師寺では七一・六〇六メートル、比蘇寺では二五メートル、河内・田辺廃寺では二八・四五五メートル、河内・百済寺では四四メートル、紀伊・上野廃寺では四〇・六五メートルである。このように他の寺院と比較すると地光寺の心礎の心々間距離は非常に短いことがわかる。

地光寺の両心礎は発掘調査によって半地下式心礎の可能性が高いとされている。心礎が半地下式であることは、創建瓦である鬼面文軒丸瓦と重弧文軒平瓦の組み合わせから考えても七世紀第Ⅳ四半期と考えられ、創建の時代が一致する。また双塔を有する寺院は大和の中では、飛鳥・藤原京内・平城京内などの官寺を除くと非常に少ない。わずか当麻寺、比蘇寺をあげることが出来るくらいである。地光寺は双塔式伽藍配置で、心礎は半地下式である。これに加えて新羅系の鬼面文軒丸瓦を有するという特筆すべき点をもつ寺院であり、これらのことから地光寺は統一新羅の影響を強く受けて造営されたと言えるのである。

第四節　塼　仏

葛城市歴史博物館で平成二十年（二〇〇八）十月に「輝く美の塼仏」と題し、塼仏の特別展が開催された(22)。葛城地域から出土した塼仏は勿論のこと、夏見廃寺、阿弥陀谷廃寺、小山廃寺、川原寺裏山遺跡などの塼仏も一堂に展示されていた。

葛下郡の掃守廃寺、只塚廃寺、石光寺、当麻寺を一群とする塼仏と、葛上郡の二光寺廃寺、朝妻廃寺、高宮廃寺を一群とする塼仏とには若干の相違が存在する。それぞれの塼仏の作成方法や様式ではなく、塼仏の顔面の様相の違いである。長く土中にあった塼仏の顔面が磨滅していたり、姿しか残らない塼仏も多い。その中で顔の輪郭などを見てみる。葛下郡の只塚廃寺の十二尊連坐塼仏や石仏の顔は全体にぽっちゃりとしていて、頬がふくよかに丸く前出している。石光寺の十二尊連坐塼仏の顔もしもぶくれの豊かな頬と、身体がゆったりとした印象を受ける。当麻寺の塼仏が法隆寺の大形多尊塼仏と同型のものとすると、その顔、身体は只塚廃寺や石光寺の塼仏と同じく、豊かな頬と身体を有するぽっちゃりとした顔であるとわかる。

これに反し、葛上郡の寺々の塼仏を二光寺廃寺に見てみると、方形三尊塼仏の顔のふっくらとした頬は前に出ず、ふっくらとしながらもすっきりとしている。六尊連立塼仏は、顔は摩滅しながらも鼻が高い。また大形多尊塼仏の顔の筋肉の盛り上がりは、筋骨逞しいお身体を想わせ、その顔は正に戦いに挑むような険しさが見られる。

まとめ

飯豊天皇（『扶桑略記』他）は履中天皇の皇女である。忍海郡の北限と考えられる飯豊皇女陵（北花内大塚古墳）は、埴輪の形式から五世紀末葉の築造と考えられている前方後円墳である。御所市教育委員会の藤田和尊氏が興味深いことを記している。[23]「（前略）これより残された葛城氏の勢力は、葛城北部を本拠地とする、葦田宿禰系のみとなる。そして、円大臣誅殺の後の、葦田宿禰系の最初の有力者こそが飯豊皇女であり、（中略）古墳が築かれてきた山麓部ではなく、盆地平野部に、その時期としては注目に値する規模と立派な集落をもった「葛城埴口丘陵」を築造したのである。」とし、また「葦田宿禰系が代々墓地としてきたと推定できる馬見の地を離れて、なぜ忍海に宮を構え、陵を築造したかとの質問に対しては、葛城県を管理、掌握する必要にせまられたからと答えることが出来よう」としている。

飯豊天皇は仁徳天皇と磐之媛命の孫にあたり、磐之媛命は葛城襲津彦の娘であり、葦田宿禰の姉妹である。天皇家と脈々と築いてきた葛城氏の絆が確立されたのが、飯豊天皇の代と言えるのではないだろうか。

「葛城の地理的位置」でも記した、顕宗天皇即位前紀条にある「倭辺に見が欲しものは忍海のこの高城なる角刺宮」の「高城」は、立地の高さではない。古代において「城」は「柵」と同意であり、「高い柵（城）に囲まれた角刺宮」と言えよう。また、神宮皇后紀に葛城襲津彦が新羅に遠征した際、連れ帰った人々を葛上と忍海の四ヶ村に住まわせている。彼等は最先端技術を有し、鋳造などに長けていた。葛城襲津彦が最新技術の地を新たに作り、この地を基盤にする礎としようとしたとも考えられる。

渡来系の人々が葛上・忍海を中心とする地で鋳造等先進技術を有し、名代が確立し、朝廷となお絆を深めていく。朝廷が飛鳥に移った後も、葛城地域の長年の間に培われた資源・技術・朝廷と関わる権力の集中が続行されていたことは推察できる。

葛上郡は古くより朝廷との関わり深い地である。現在の橿原市観音寺から延びる筋違道（葛上道）であるが、御所市本馬・茅原を経て蛇穴南方へと続き、南方には「筋貝」という小字名が残っている。観音寺から東北方への延長上には、山田道の延長路や横大路があり、中央へと続く。葛上郡は古くから大和・河内の往還の地である。忍海郡との郡境は小字名「大領」と考えられている。「大領」という小字名から、この地に郡の長官か郡司が詰める屋敷、あるいは役所があったとも考えられ、当郡の葛上道のすぐ北に「大領」があるのも頷ける。葛上郡は朝廷、特に中央政府との関わりが強いといえる。

葛下郡は葛城の北部地域であり、二上山の東側に位置する。葛下郡からは二上山を挟んで河内に抜ける道がある。一本は二上山の北側を通り、穴虫峠を越えるのちの長尾街道である。河内からこの道を通り、葛下郡を通過して大和を抜けると伊勢国・津に至る。

一方、二上山の南側を通っているのは一般に言う竹之内街道である。古代においてこの名称がいつから使われていたかは定かではないが、河内から竹之内街道を通り大和に入り、葛下郡を過ぎると官道、横大路に繋がる。そして大和を過ぎて伊勢国・松阪に至る。

北と南のこの二本の道は葛下郡を介して河内国・大和国・伊勢国を結ぶ大切な道であり、同時に河内に接する葛下郡は、大和の防御にとって重要な地であることに違いない。重ねて注目すべきことは、当郡で塼仏の出土した寺院、加守廃寺、只塚廃寺、石光寺、当麻寺の四寺院はすべて、この重要な道の間に置かれていることである。

河内から北側の道で大和に入れば、横大路から北に延びる道と交差し、南側の道は斑鳩の地から延びた道と交差する。この道に囲まれた四ヶ寺の所在する地域は、河内・斑鳩・大和・津・松阪を結ぶ十字路の中に位置すると言える。

このように葛上・葛下・忍海は交通の要衝の地であり、最新技術が伴った文化・経済の基盤がある、さらに朝廷との強いつながりがある葛城地域を放置することの危険性を感じるときが来たのではないだろうか。六七二年の壬申の乱を経て天皇となった天武天皇、皇后であり後の持統天皇は、鎮護国家思想を基盤に律令国家の確立を目指して邁進していた。国家の安泰を願う両天皇にとって再び壬申の乱のような戦いが起こることを避けたいと考えたろう。

帯のように長い葛城地域を分割するとなれば、葛城地域は一族と考えられる団結の強い地域だけに、大義名分を掲げて分割しなければ反対に乱が起こらないとも限らない。そこで考えられたのが、朝廷と特につながりが深く以前に長きに亘って宮のあった地、忍海を朝廷直轄地的な扱いにして、三分割したとは考えられないだろうか。

忍海郡は葛上郡と葛下郡に挟まれた小域である。葛上郡との郡境と考えられている南東隅は「大領」であり、現・橿原市観音寺から西南の水越峠に向かって走る葛上道（筋違道）は「大領」の南を通る。官の道を見張ることができる、関所的な地が「大領」であるとも考えられる。「大領」と反対の忍海郡の西南に地光寺がある。地光寺の所在する脇田遺跡一帯は鉄器生産が行われたところで、鉄器生産を掌握する氏族が地光寺を造営したと考えられている。

葛上郡・葛下郡の位置する大和と河内をつなぐ重要な交通路となる葛城地域が、元々一つの国であり、そこが一地域として団結し、軍事的にも大きな意味を持つ鉄器技術を発展させていけば、中央政府としては大きな脅威となることは間違いない。このようなことから葛上郡と葛下郡を分離させる必要が重要と考えるのも自然であろう。

壬申の乱後の交通の要衝の地に造営された寺院には、鎮護国家思想に基づく防衛施設を要した寺院が建立されている。地光寺では発掘調査によって、柵列の遺構が検出されていることを記している。このことから地光寺の存在は正に忍海郡と河内との境となる、南の角を護るという防御の役も担っていたと考えられよう。

先述した葛上郡と葛下郡の塼仏の顔立ち、その様相から技術の相違がそこに見られる。このことは仏像、塼仏だけに留まらず、寺院造営の技術者そのものが異なる可能性が考えられる。

これらの塼仏を通して、葛上郡・葛下郡の異なりから、葛城地域の三郡が編成されたのは、塼仏を有するそれぞれの寺院の造営以前のことではないかと考える。三分割以後の寺院造営で、塼仏の顔の様相が葛上・葛下の特徴を表わす結果となったとは考えられないだろうか。葛城地域の三区分は、天武・持統朝のとりわけ早い時期に成されたのではないかと考えるのである。

天武・持統朝の政治背景と、文武朝に入ってからの政治背景では大きな隔たりがある。天武・持統朝は、鎮護国家思想を基盤にしての律令体制の確立期であり、何よりも国家の体制作りと安泰を求めた。そのためには細心の配慮をもって国家を確立しなければならなかったのである。

文武朝に忍海郡の鉱物の記事が記され、医術が進んでいない当時、薬が官によって掌握されていたこともあり、忍海郡と薬の関わりも深かったと考えられる。天武・持統朝に三分割された葛城は、それぞれの特徴をもって文武朝に引き継がれていったと考えるのである。

註

（1）「乃詣新羅、次宇蹈鞆津、祓草羅城還之。是時俘人等、今桑原・佐糜・高宮・忍海、凡四邑漢人等之始祖也。」
（2）「野麻登陛彌、瀰我保指母能姿、於戸農瀰能、莒能陀咢紀儺屢、都奴婆之能瀰野。」
（3）『角川日本地名大辞典』角川書店　一九九〇年
（4）「倭葛城下郡言、有四足鶏」
（5）奈良国立文化財研究所『藤原宮木簡1解説』No 13　一九七八年
（6）（前略）　飫斯能毗栖鳴　（後略）
（7）「条理復原図解説」（『角川日本地名大辞典』角川書店　一九九〇年）
（8）葛城市歴史博物館の上井久義氏、神庭滋氏にご教示頂ける機会があった。
（9）奈良県立橿原考古学研究所『二光寺廃寺』現地説明会資料　二〇〇五年二月二六日
（10）奈良県立橿原考古学研究所「御所市朝妻廃寺発掘調査概報」（『奈良県遺跡調査概報』第二分冊　一九七七年・一九七九年）
（11）内務省「高宮廃寺」（『奈良県に於ける指定史跡第一冊』史跡名勝天然記念物保存協会　刀江書院　一九二八年）
（12）前掲註11に同じ
（13）奈良県立橿原考古学研究所「加守廃寺」（『奈良県遺跡調査概報』一九九二年　第二分冊）
（14）奈良県教育委員会『只塚廃寺・首子遺跡』二〇〇三年
（15）前掲註14に同じ
（16）前掲註14に同じ
（17）奈良県立橿原考古学研究所『当麻石光寺と弥勒仏概報』吉川弘文館　一九九二年
（18）前掲註17に同じ
（19）福山敏男「当麻寺の歴史」（『仏教芸術』四五号　一九六一年）
（20）当麻町教育委員会『当麻町史』一九七六年
（21）奈良県立橿原考古学研究所『地光寺』―第三次・第四次調査報告―　二〇〇二年
（22）葛城市歴史博物館『第九回特別展　輝く美の世界』二〇〇八年

（23）藤田和尊「飯豊皇女陵」（『天皇陵　総覧』新人物往来社　一九九三年）

第Ⅲ部　補　論

第一章　瓦生産と寺院造営

はじめに

わが国に瓦作りの技術が伝えられたのは崇峻天皇元年（五八八）のことである。この事に関しては『日本書紀』（以下『書紀』）や『元興寺伽藍縁起流記資財帳』に見えることであり、事実この時を契機として造営された飛鳥寺から出土する軒丸瓦の文様構成が、百済瓦当に酷似していることによっても明らかである。しかしながら、飛鳥寺出土瓦には赤褐色のものが随分見られる。百済の瓦は基本的には灰色である。赤褐色の瓦は高句麗に見られるものである。したがって、出土瓦の焼色一つとっても、造瓦技術が百済からのみもたらされたのではないということを示している。飛鳥寺の伽藍配置が、造営技術が公式にもたらされた百済に見られるものではなく、高句麗の清岩里廃寺に共通することからも、技術導入のルートが一筋のみではないことが知られる。

『書紀』には、朝鮮半島から人々が渡来する記事が多く見られる。そうした記事には寺院造営技術がもたらされたという記事は、さきにふれた崇峻天皇元年の記事以外には見られないが、百済、高句麗、さらには新羅からもいろいろな形での技術導入があったものと考えられるのである。

第一節　造瓦技術の伝播

朝鮮半島からもたらされた造瓦技術によって、わが国で瓦生産が始められる。寺院造営のためである。寺院造営には各種の技術が結集される。造瓦技術はそうした中のごく一部でしかない。しかし、寺院遺跡における発掘調査で出土する遺物のほとんどが瓦である（図41―1・2）。したがって、出土した瓦を詳細に検討することによって古代寺院造営の背景が明らかになるのである。たとえば、出土した瓦から、その年代がわかる。出土する瓦は一種類とは限らず、多種または年代の違う瓦から廃絶期までの寺院存続の期間がわかる。また出土瓦と同笵・同系の瓦の分布を探すことで、その寺院に関わった氏族から、その寺院存続時に影響を及ぼした氏族、及ぼされた氏族がわかる。その寺院の所在地、特に地形や地質と関わりのある氏族から、その寺院存続時に課せられていた役割が浮かび上がることも多いのである。瓦から使われていた寺院の歴史のみならず、当時の寺院の役割から朝廷の立場や政治の方針なども見えてくる。東アジア全体の中のわが国が置かれている状況も明らかになり、当時生きていた人々の思想や息吹を強く感じる。

わが国最古の本格的寺院の造営は飛鳥寺である。そこに用いられた瓦作りの技術は基本的には百済からもたらされたものである。飛鳥時代の瓦窯としてまず取り上げられるのは、飛鳥寺の近くにある飛鳥寺瓦窯である(1)。これは長大な窖窯であり、燃焼室、焼成室、煙道がほぼ完全に残っており、全長一〇・一二メートルある。焼成室は階段が設けられており、二十段を数えることができる。この窯と同じような窖窯が韓国の扶余にあり、これは百済時代の窯であることが確認されており、飛鳥寺瓦窯が百済からの技術によって構築されたものであることを示している。そして飛鳥寺創建時に多用された軒丸瓦の文様構成が、百済時代の軒丸瓦と酷似していることも、百済から技術がもたらされたことを示

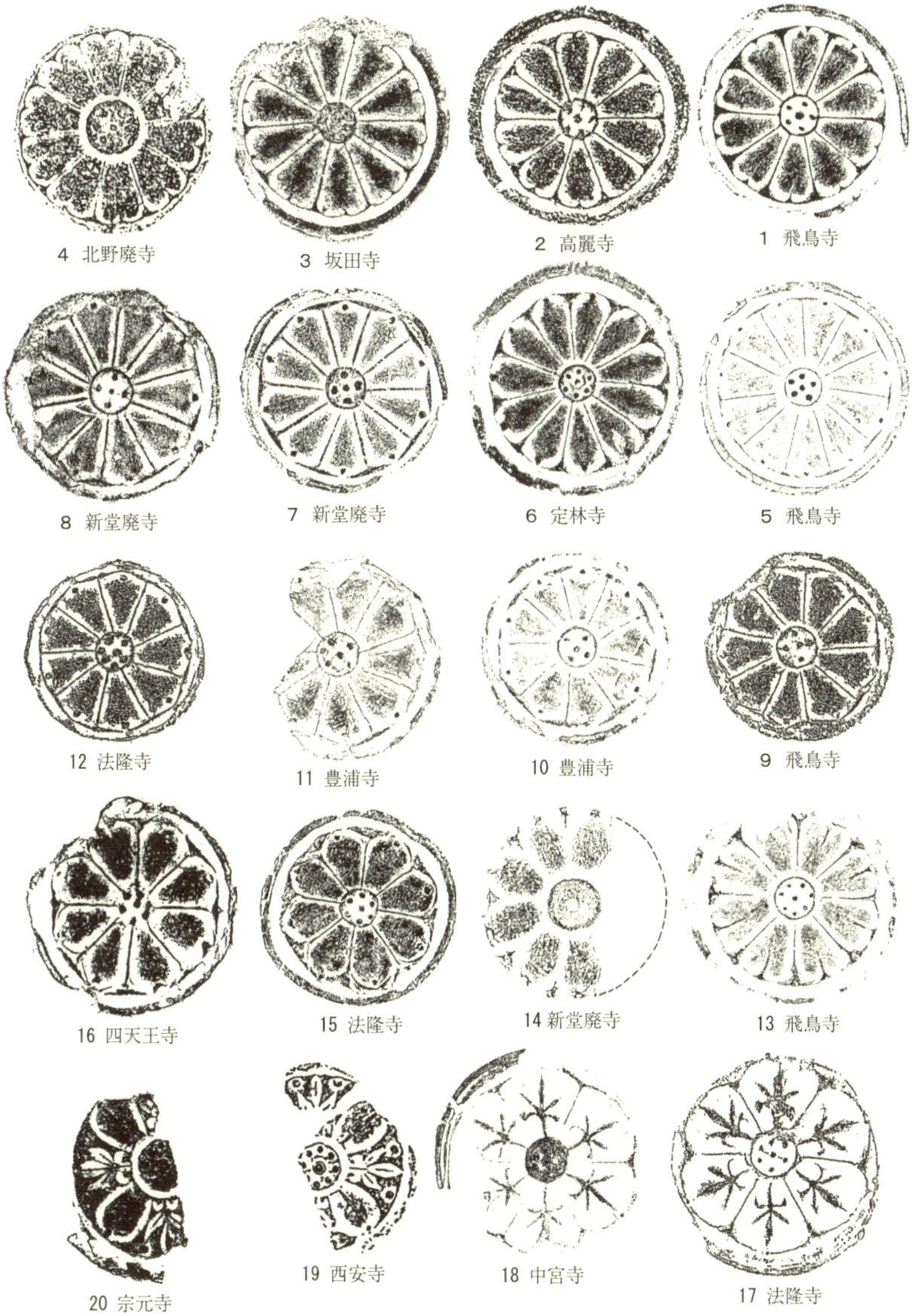
1 飛鳥寺
2 高麗寺
3 坂田寺
4 北野廃寺
5 飛鳥寺
6 定林寺
7 新堂廃寺
8 新堂廃寺
9 飛鳥寺
10 豊浦寺
11 豊浦寺
12 法隆寺
13 飛鳥寺
14 新堂廃寺
15 法隆寺
16 四天王寺
17 法隆寺
18 中宮寺
19 西安寺
20 宗元寺

図 41 － 1　初期の軒丸瓦

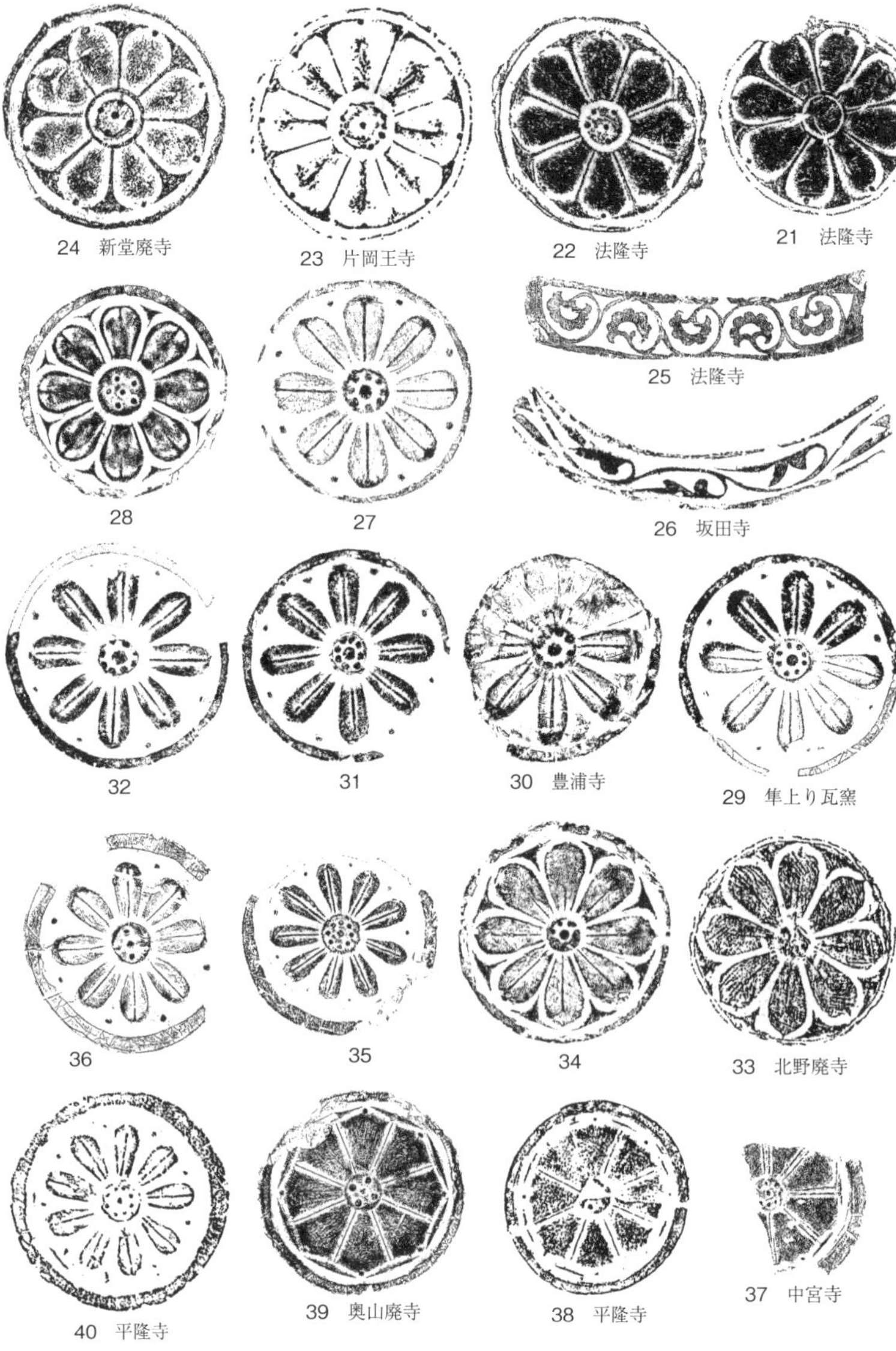

図41－2 初期の軒丸・軒平瓦

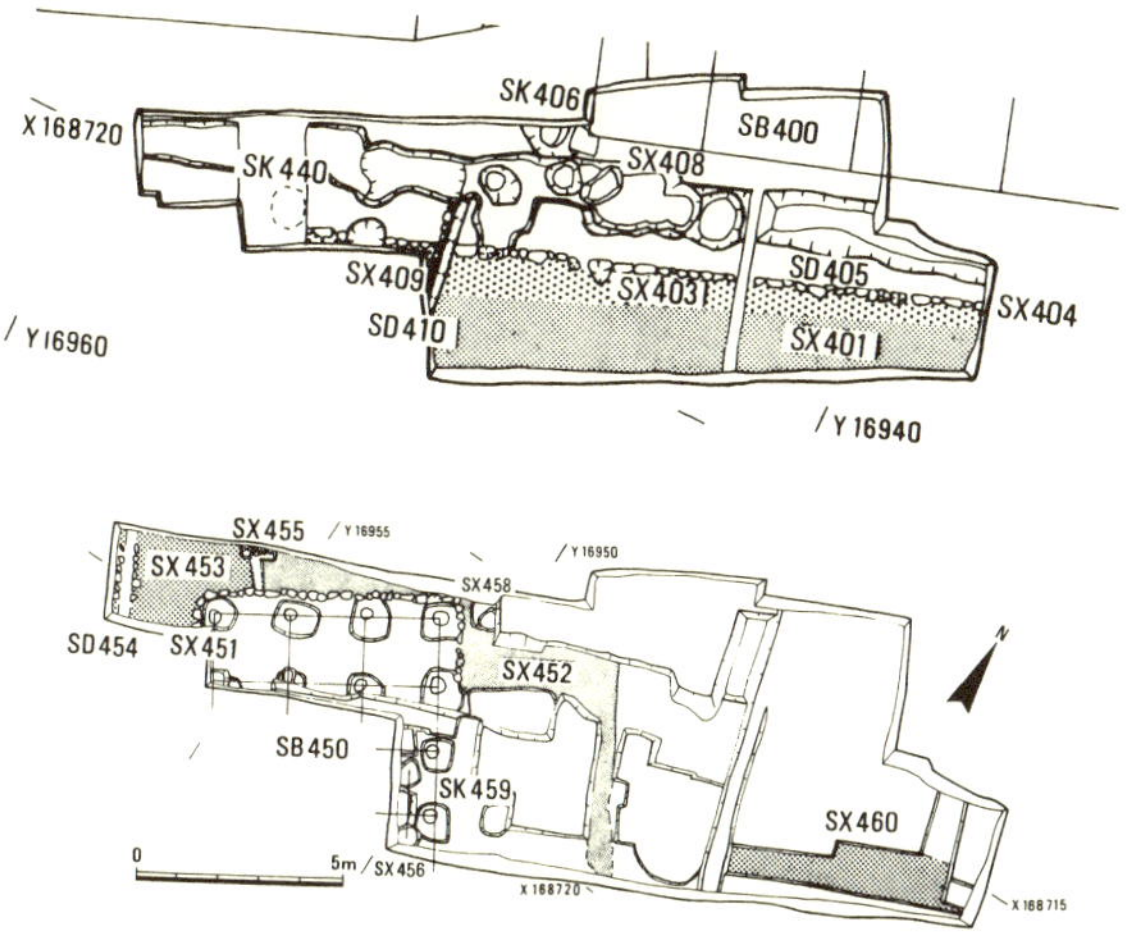

図42　豊浦寺上層（上）・下層遺跡（下）

しているのである。ただし、飛鳥寺瓦窯からは創建時軒丸瓦の出土は確認されていない。縄叩き圧痕をもつ平瓦が出土しているので、かなり長期間操業されていたものと考えられる。

百済から伝えられた瓦作りの技術は、畿内のいくつかの地域に伝えられていく。それらの地域に見られる瓦窯はすべて有階有段式窖窯であり、規模は必ずしも飛鳥寺瓦窯と同じではない。山背隼上り三号瓦窯を例にとると、規模は全長一〇・九メートル、床面最大幅一・九五メートルである。(2) 床面の形は、当初は階段を備えていたが、のちに無階段に改修されている。須恵器生産に転じたからであろう。焼成室内部で階段の痕跡が十四段分確認されている。しかし、最初から十四段ではなかったようで、上部は削り取られているため、当初の状況はわからない。燃焼部の補修が三回認められているが、出土軒丸瓦から七世紀初頭の窯であることは確実である。

飛鳥寺創建時に多用された軒丸瓦の一つの同笵品が大和橘寺、山背高麗寺、河内船橋廃寺、同じく河内衣縫廃寺等に見られる。また別の型式の同笵品が大和豊浦寺、若草伽藍に見られる。さらに別の型式の同笵品が河内新堂廃寺にある。このように飛鳥寺から各地に広がっていくのであるが、いずれものちに畿内と定められた地域である。

また、飛鳥寺の造営の壇越となった蘇我氏は尼寺である豊浦寺の造営を進めるのであるが、この時に使用した主要な軒丸瓦は飛鳥寺には全く見られない系統の文様構成をもつものなのである。このことは、造瓦技術の系統が異なっていたことを示している（図41－2）。蓮弁の中央に一条の凸線をもっていたり、弁間に珠文を置いたり、楔状の間弁を置いたりするものである。ごく初期の瓦生産ということであれば、朝鮮半島にその系譜を求めねばならないのであり、近似した文様構成をもつ軒丸瓦は古新羅にある。この系譜の軒丸瓦も大和の奥山廃寺、中宮寺、平隆寺に見られ、豊浦寺との同笵品が山背北野廃寺にある。

豊浦寺と北野廃寺との同笵品は、山背隼上り瓦窯と幡枝元稲荷瓦窯とが介在している。隼上り瓦窯で生産された軒丸瓦が豊浦寺に供給され、そののちにその瓦当笵が幡枝元稲荷瓦窯に運ばれ、北野廃寺用の軒丸瓦が生産された。両者は、同笵品ではあるが、北野廃寺の製品には外縁が作られていない。北野廃寺創建時の軒丸瓦には、弁端切り込みの飛鳥寺創建時に多用されたものと酷似した文様構成をもつものがある。この軒丸瓦にも外縁が作られていない。これは建築学的見解から屋根への葺き上げに関わることであるのであろうか。初期の瓦生産において技術の伝播がありながら、その形態が異なるという、いわば技術の多様化が始まったと見ることができよう。

このように、ごく初期に作られた軒丸瓦との同笵品が畿内各地に見られるのであり、これらはいわば第一次伝播といえよう。若草伽藍においても飛鳥寺から豊浦寺を経てもたらされた軒丸瓦の瓦当笵以外のものが新たに作られる。端正な文様の単弁無子葉八弁蓮華文軒丸瓦である。その軒丸瓦との同笵品が摂津四天王寺創建時に用いられる。若草伽藍から四天王寺への伝播は、若草伽藍の瓦当面に見られない瓦当笵の傷が、四天王寺の軒丸瓦の瓦当面に見られ、次第に著しいものになっていくことから明らかなのである。

第二節　初期寺院の造営

飛鳥寺から橘寺・高麗寺・船橋廃寺・衣縫廃寺、また新堂廃寺へという造瓦技術の伝播があり、さらに同様な伝播がある。このことは、とりもなおさず寺院造営技術の伝播を示しているのである。六世紀末葉から七世紀初頭にかけての寺院造営技術は、当時として最新の技術、現代風に言えば先端技術である。特定の豪族しかその技術をもっていなかった。その豪族は政権中枢部にいた蘇我氏一人であった。したがって、蘇我氏は自らの立場をより有利なものにするためにその技術を伝えたに違いない。すなわち、蘇我氏に近い立場にいた豪族が先端技術を手に入れることができたのであった。

初期寺院造営のそれぞれの豪族が勢力を張っていた位置をみれば、そのこともよく理解できる。たとえば高麗寺を建立したのは狛氏である。(3) 狛氏の本貫地は木津川（泉川）を山背側に入った相楽郡である。この地はずっと古い時代から朝廷と密接な関係があった所である。『書紀』には欽明天皇三一年（五七二）四月条に、高句麗からの使人のために相楽郡に館をもうけたことが見える。またその年の七月条には、高句麗からの使人のために相楽館で饗宴を催した記事がある。おそらく、こうした施設は迎賓館的なものであったろう。狛氏が朝廷からの命によって、そのような任を負っていたことがわかるのである。それはこの地が大和・山背往還の要の地であったからに他ならない。七世紀代においてもこの地の重要性に変化があるはずもなく、政権中枢部に勢力を張っていた蘇我氏は、狛氏に最新の技術を提供することによって、より密接な関係を保ったのである。

ただ、高麗寺に関しては若干の問題点がある。飛鳥寺創建時の軒丸瓦との同笵品が見られるとはいうものの、その数はきわめて少ない。したがって、七世紀前半代に造営工事が進められていったのかどうか疑問である。この寺跡の発掘調査は昭和十年代にすでに行われており、金堂を西に、塔を東に置いた法起寺式伽藍配置をとるものであることが確認されているのである。その後昭和五九年（一九八四）から寺域の確認を目的とした発掘調査が、京都府山城町教育委員会によって行われ、北の回廊が講堂の東西の妻につながることが確認された。また、寺域に関しては東西約一九〇メートル、南北一七八メートルであることが明らかにされた。この数値は天平尺で東西六四〇尺、南北六〇〇尺に近いものであり、伽藍配置、造営尺からは、七世紀前半に遡りえないものなのである。また、所用軒瓦は複弁蓮華文軒丸瓦と重弧文軒平瓦が大多数を占めており、本格的造営工事は七世紀第Ⅲ四半期から第Ⅳ四半期ということになる。すなわち天武朝に相当する。

山背の南端近くに建立された高麗寺に対して、北では北野廃寺が建立された。この寺に関しては、広隆寺の前身寺院か否かが問題となっているが、ここでは秦氏の寺と考えておきたい。創建時の軒丸瓦の一種はすでにふれたように、豊浦寺との同笵品である。豊浦寺は蘇我氏建立の尼寺である。その寺との同笵品を使用していること、そしてその製品が秦氏掌握の瓦窯と見られる幡枝元稲荷瓦窯で生産されていることは、蘇我氏側からの技術提供があったものと見なすことができよう。秦氏が勢力を張っているこの地は、北陸地方および山陰地方へ繋がる交通上重要な地域である。そのような要所を掌握している豪族を抑えて置きたいとの思いが、蘇我氏側にあったのである。そうした背景があったことを同笵品の存在が示している。ここに、蘇我氏を中心とした寺院造営に関わる、あらゆる面の技術伝播が認められる。

飛鳥寺との同笵軒丸瓦をもつ若草伽藍について見てみよう。創建法隆寺の跡である若草伽藍跡で寺院遺構の存在が確認されたのは昭和十四年（一九三九）のことであった。調査は石田茂作氏を中心に行われ、地上に何も痕跡を留めていなかったが、トレンチの壁面で掘込地業の痕跡を見出し、塔・金堂が南北に配置される寺院であったことが確認された。このことによって、約半世紀続いた法隆寺再建・非再建論争に一応の終止符が打たれたことは周知のことである。その後、文化庁による調査、あるいは防災施設工事に伴う調査などが行われ、いくつかの事が明らかにされた。創建当初の軒丸瓦の一つは、飛鳥寺で用いられていた瓦当笵の一種が豊浦寺を経て若草伽藍造営工房にもたらされたものであることが明らかにされた(4)。また、防災施設工事に伴う調査で寺域の西と北を限る掘立柱柵が検出されたことについては、すでに第Ⅱ部第一章で述べている。

法隆寺がこの地に営まれたことに関しては、この地の重要性が指摘されている。法隆寺が建立された斑鳩の地は大和川の右岸にある。大和川は佐保川、初瀬川、寺川、飛鳥川、曽我川、高田川などの中小の河川が合流し、さらに富

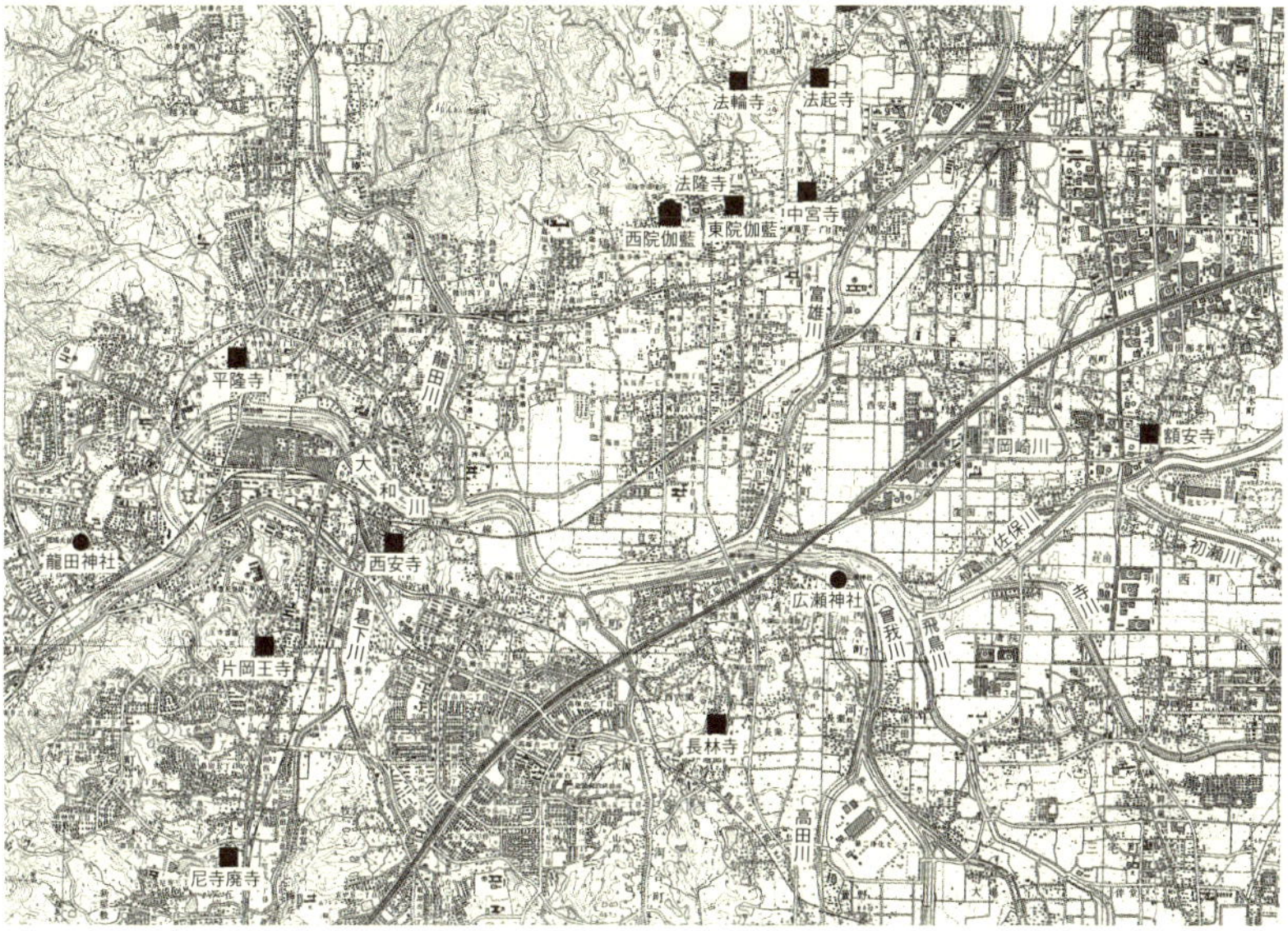

図43　斑鳩地域の寺々

雄川と龍田川の水を集めた大河川として河内に向かう川である。河内に入って間もなく亀の瀬という難所があるものの、河内と摂津を結ぶ重要な交通路なのである。したがって、斑鳩は水上交通の要所ということができるのである。少し後の時代になるが、天武天皇四年（六七五）四月には、朝廷が大和川の左岸に大忌神を広瀬の河曲に、右岸に風の神を龍田の立野に祭らせた。朝廷が大和川の左右両岸で水の神と、風の神を祭らせることになったのである（図43）。朝廷がいかにこの地域を重視していたかを知ることができよう。[5] また、天智天皇九年（六七〇）に法隆寺が焼亡した後、壇越である上宮王家がすでに滅んでいるにもかかわらず寺が再興された。このことを見ても斑鳩の地が重要視されていたことがわかる。そのような地であったため、聖徳太子の宮殿が営まれ、法隆寺をはじめとする中宮寺、平隆寺、法起寺、法輪寺などの寺々が相次いで建立されていったのである（図44）。

摂津で最初に建立された寺は四天王寺であろう。昭和三十年（一九五五）から当時の文化財保護委員会によって、空襲によって焼失した、四天王寺の復興のための事前発掘調査が行われた。[6] 発掘調査は寺域のほぼ全面で行われ、四天王寺

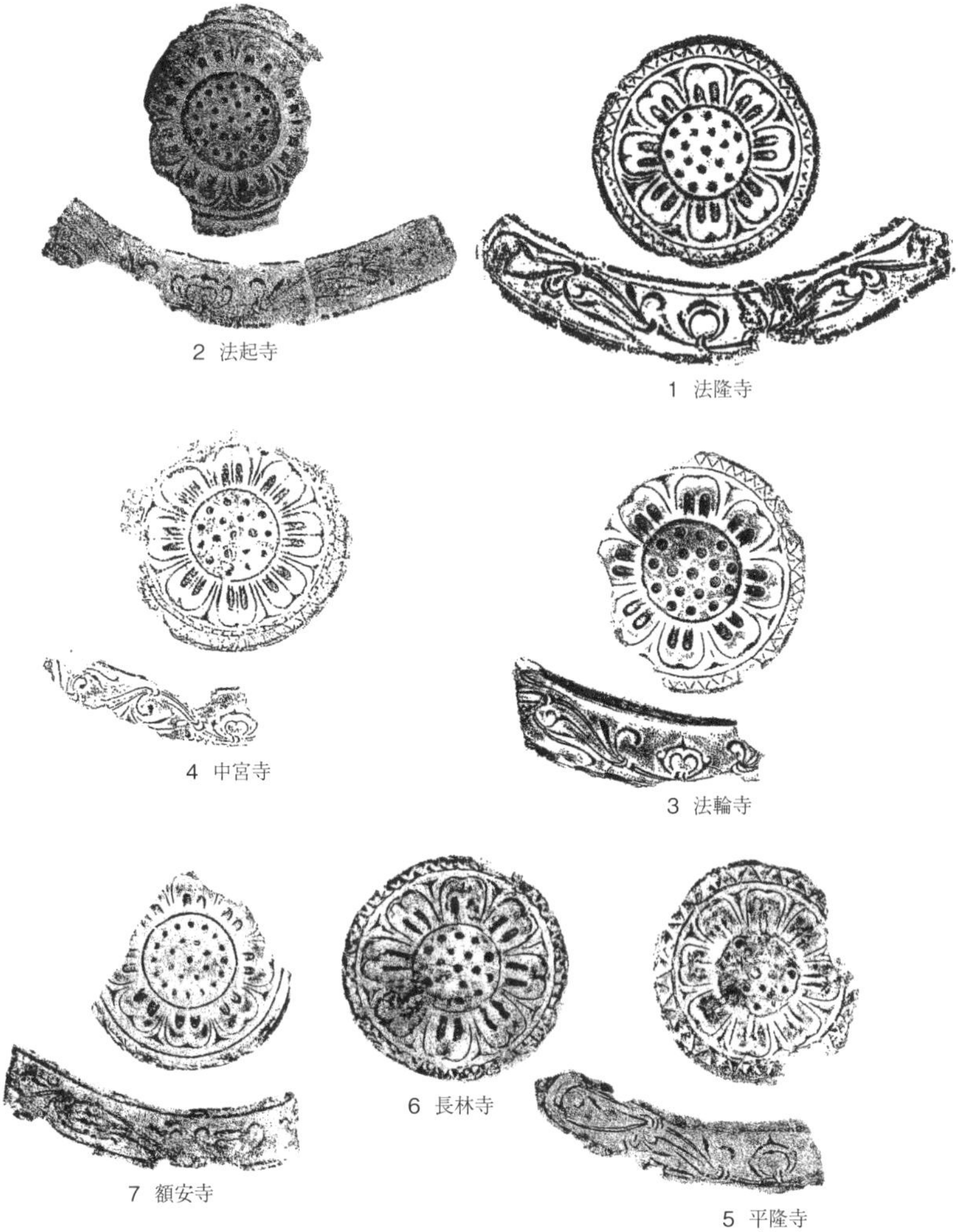
2 法起寺
1 法隆寺
4 中宮寺
3 法輪寺
6 長林寺
7 額安寺
5 平隆寺

図44 法隆寺式軒丸瓦

の造営工事がかなり長期にわたったことや、途中で設計変更があったことなどが明らかにされた。創建時の軒丸瓦についてはすでにわかっていたことではあるが、若草伽藍で使用されたものとの同笵品であることが改めて確認された。ただし、出土軒丸瓦はいずれも瓦当笵の傷を瓦当面にとどめるものであり、同笵品は若草伽藍のものが先行することも確認された。

四天王寺創建の年に関しては、『書紀』の崇峻天皇即位前紀（五八七）に「乱を平ぎて後、摂津国に四天王寺を造る」とある。ここにいう「乱」は蘇我・物部の戦いのことである。続いて推古天皇元年（五九三）九月紀には「是歳、始めて四天王寺を難波荒陵に造る」とある。しかし、さきにふれたように、創建時の軒丸瓦が若草伽藍よりのものであることが確認されている。若草伽藍は飛鳥寺で使われた瓦当笵で創建時の軒丸瓦が作られている。即ち造営工事の順序は飛鳥寺、若草伽藍、四天王寺の順になる。『書紀』には、飛鳥寺と四天王寺が対比されている記事がいくつか見える。何らかの事情で四天王寺を飛鳥寺と同等の寺に位置づけたかったのであろう。

四天王寺に関しても第Ⅱ部第一章で述べたように、問題点がある。それは四天王寺が当初、現在寺がある場所とは異なった地に建立された可能性が高いという見解が見られることである。[7]『聖徳太子殿暦』『扶桑略記』『上宮聖徳太子伝補闕紀』などには、玉造の地が創建の地で、のちに荒陵に移されたと記されている。玉造の地は難波宮跡のある地一帯をさす。難波宮跡の発掘調査では、寺院に関する遺構が検出されていないが、前期難波宮跡の下層から瓦類がかなり出土している。それらの中に、四天王寺創建時の軒丸瓦との同笵品が含まれている。この事に注目すると、前期難波宮が営まれる前に、この地に寺院があったことになる。そして軒丸瓦が四天王寺創建時のものとの同笵品であれば、当初の四天王寺がこの地に建立されたことになるという見解である。[8]玉造の地は難波津に近い。そして難波津は重要な地であった。推古朝になって隋と交渉をもつようになり、難波津は重要な拠点となった。事実推古天皇十六年（六〇八）や舒明天皇四年（六三二）に隋や唐からの使人が到着したことや、宿泊の地となったことが記されている。そのような重要な地に四天王寺が建立さたことは、斑鳩経営の面からも無関係ではない。斑鳩が交通の要所であることは再三述べていることであるが、大和川を利用し、亀瀬越道を介しても難波津に通ずるのであり、難波津から暗嶺道を東へ進み、平群谷を南へ抜ければ斑鳩に至るのである。中国大陸や朝鮮半島からの新たな文化を導入するには、斑鳩はまさに地の利を占めていると言っても過言ではない。

さきにふれた四天王寺の発掘調査後の瓦に関する見解では、大化の改新前後に第二次造営があったとされている。これは、ちょうどその頃に寺を現在の地に移したことを示すのではなかろうか。大化の改新によって難波に宮殿を遷すことになり、やはり要衝の地であり、先進文化を受け入れることのできる難波津に近い玉造の地が選ばれた。しかし、そこにはすでに四天王寺が建てられていたために移建されたのである。

四天王寺は上宮王家が建立した寺であったが、『書紀』崇峻天皇前紀にあるように「敵に勝つことがあらば、護世四王の為に寺塔を」建てるという、のちに高まってくる鎮護国家思想を標榜した寺であった。そのような寺であったために、難波宮造営のために廃絶を免れ、南方に移されたのである。まさに難波宮鎮護の寺として移建されたのである。

第三節　遠隔地への造瓦技術の伝播

初期寺院の造営事業に際して、畿内のいくつかの地域に各種の関連技術がもたらされることは、その政治的背景からすれば確かに納得できることである。しかし、畿内以外の地域に畿内の寺院で用いられたものとの同笵品や同系品が見られることがある。時には数百キロも離れた地との間で同笵品や同系品が見られる。このことは、造瓦技術の伝播を示すものであるが、何らかの事情がなければそのようなことは起こり得ないはずである。そうした中には、畿外での造瓦という場合もある。尾張篠岡古窯から坂田寺軒丸瓦が出土した事例、讃岐宗吉瓦窯から藤原宮所用軒丸瓦が出土した事例、備中末ノ奥窯跡から奥山廃寺や平吉遺跡との同系品が出土している事例などがある。

寺院間でのそのような関係もいくつか確認されている。型式上、年代が遡る事例としては、大和西安寺と相模宗元寺の間に見られる軒丸瓦と河内野中寺と、尾張元興寺の間に見られる軒丸瓦の事例であろう。いずれも瓦当面にパルメットを飾っているが、パルメットを飾るという面での共通点があるのかどうかはわからない。

畿内における同笵品で注目すべきは、吉備池廃寺出土の軒瓦である。吉備池廃寺の発掘調査が平成八年（一九九六）に行われ、規模雄大な東西に長い基壇遺構が検出された東西三七メートル、南北二八メートルというものであった。その西方にも基壇状の高まりがあり、その翌年に発掘調査が行われ、塔の基壇であることが確認された。この基壇も規模が大きく、一辺三〇メートルに復元されている。この調査の結果伽藍配置が法隆寺式であることが確認された。そして種々の検討から、舒明天皇十一年（六三九）に朝廷として初めて建立した百済大寺の跡の可能性が高いとされた(9)。

実は、吉備池廃寺から出土する軒瓦との同笵品が木之本廃寺からすでに出土しており、その軒瓦の同笵品が四天王寺に使われており、さらに軒平瓦が若草伽藍所用のものと同じであるということが明らかにされていた。四天王寺でこの軒丸瓦が使われたのは、型式的な面から大化の改新後であるとの見解もあり、その頃の四天王寺は檀越である上宮王家が滅亡しており、朝廷の管理下に置かれていた。その朝廷管理下に置かれている寺との同笵品が木之本廃寺から出土するということから、木之本廃寺は百済大寺の可能性が高いという見解が何人かの研究者から出されたのである。ただ、木之本廃寺とはいうものの、遺構は確認されていない。そして吉備池廃寺の発掘調査によって規模雄大な遺構が検出され、木之本廃寺との同笵品が出土したということから吉備池廃寺が百済大寺であるとの見解が多くなった。また百済大寺は建立後まもなく火災によって焼亡したことが『大安寺伽藍縁起并流記資財帳』に見えるが、吉備池廃寺にはその痕跡が認められない。しかし礎石や基壇外装の石材などがほとんど残っていないこと、瓦の出土量も少ないことから他に転用されたことを示すと考えられた。転用先は天武朝に百済大寺を高市郡に遷したとする史料に一致するという、多くの点から吉備池廃寺こそが百済大寺の跡であるとの見解に一斉に傾いたのである。勿論その可能性はきわめて大きい。しかし、そうした見解に対する批判的なものも見られる。

多くの資材が撤去され、高市郡に運ばれたというにも関わらず、高市郡内からはそうした資材が全く発見されていないという点からの疑問視なのである。本章は百済大寺を述べるものではないので、そのような二つの見解があるという紹介に留める。しかし、吉備池廃寺や木之本廃寺との同笵品が四天王寺にあるということには、充分注目しなければならない。

そしてその軒丸瓦との同笵品が和泉海会寺からも出土するのであり、朝廷造営寺院所用軒丸瓦との同笵品が一豪族の寺に用いられたことに注目すべきであるとの見解がある。(10) 海会寺所在の泉南市は当時は河内に含まれており、のちに成立した畿内の西南端というべき地に営まれた。この地は日根郡呼唹郷に属しているきわめて狭い地域であり、豪族名も明らかではない。しかし大阪湾に面していること、和泉山地を隔てて紀伊に接していることから見て、交通の要所といえる。むしろ、中央政権から見て重要な地と考えられたのであろう。雄山峠を経て直ちに紀伊に至り、紀ノ川沿いの寺院として重要な西国分廃寺も営まれている。西国分廃寺は紀伊の諸寺院の中でも中核となる寺院であり、有力な豪族が関わったものにちがいない。そうした紀伊を視野において海会寺は営まれたものであり、四天王寺や木之本廃寺との同笵品を使用しているところに、中央政権からの梃入れがあったものと考えられるのである。

泉南市の樽井のあたりは、かつて紀伊の一部であった可能性も認められ、紀氏の勢力にはあなどりがたいものがあったということであろう。いずれにしても、この地域の初期寺院造営の背景には、朝廷の意志が働いていたことが明らかである。所用瓦の年代観から言えば七世紀半ばを過ぎた頃であり、乙巳の変（六四五年）の直後、改新政治が緒に就いたばかりの八月、孝徳天皇による寺院造営奨励の詔が出される。その詔には「凡そ天皇より伴造に至るまで造る所の寺、営ること能わざるものは、朕皆助け作らん」とある。海会寺での木之本廃寺、四天王寺との同笵品の存在は、まさにこの時の状況を示しているのではなかろうか。

朝廷が初めて寺院の造営を始めたのは、舒明天皇十一年（六三九）のことであり、それからわずか六年のちにそのような技術援助が可能であるのか否かという疑問もあるが、皇極天皇二年（六四三）に上宮王家滅亡、同天皇四年に蘇我氏滅亡という事態になった。その結果、両家のすべてのものは朝廷に帰すか、その管理下に置かれたであろう。したがって、工人集団を含めて寺院造営に関わるあらゆるものを朝廷が掌握することになった。孝徳天皇の詔は、そのことによる自信のあらわれではなかったろうか。海会寺に見られる四天王寺との同笵軒丸瓦の存在は、寺院造営に関する多くの技術が中央政権から、海会寺造営工房にもたらされたことを示すのであろう。

註

(1) 奈良国立文化財研究所「飛鳥寺発掘調査報告」（『同研究所学報』五　一九五八年）
(2) 宇治市教育委員会『隼上り瓦窯跡発掘調査概報』一九八三年
(3) 山城町教育委員会『史跡高麗寺跡』一九八九年
(4) 法隆寺『法隆寺防災施設工事発掘調査報告書』一九八五年
(5) 森　郁夫「初期寺院の様相」（『日本古代寺院造営の研究』一九八八年）
(6) 文化財保護委員会「四天王寺」（『埋蔵文化財発掘調査報告』六　一九六七年）
(7) 森　郁夫「四天王寺造営の諸問題」（『帝塚山大学人文科学部紀要』創刊号　一九九九年）
(8) 前掲註7に同じ
(9) 奈良文化財研究所「吉備池廃寺発掘調査報告―百済大寺跡の調査―」（『奈良文化財研究所創立五〇周年記念学報』六八　二〇〇三年）
(10) 泉南市教育委員会『海会寺遺跡発掘調査報告書』一九八七年

第二章　海龍王寺前身寺院と姫寺廃寺

はじめに

欽明朝に百済から仏教が伝えられたが、わが国の仏教受容には当時の政治・経済面での権力抗争が絡み、一筋縄にはいかなかった。それから五十年ほど経った崇峻天皇元年（五八八）に百済から寺院造営技術者が八人遣わされたと『日本書紀』（以下『書紀』）は記している。ここに初めて公に寺院造営が始まり、飛鳥寺が建立された。

飛鳥寺の発掘調査によって当時の考古学者たちを驚かせたのは、一塔三金堂という伽藍配置をとることであった。一塔三金堂の伽藍配置をとる寺は百済には見られず、高句麗に存在するのである。百済から寺院造営の技術が伝えられたことは史料が語るところであるが、その技術が百済からばかりではなかったことを示す。同様なことは、飛鳥寺で使用された瓦でも確認することができる。

飛鳥寺所用軒丸瓦は大まかに二種類に分けることができ、百済と古新羅からの技術であることを示しているが、多くは百済系である。創建時に多用された十弁の軒丸瓦は蓮弁の先端に切り込みがあり、扶余時代の百済瓦当に酷似した蓮華文である。この飛鳥寺の瓦の同笵・同系瓦が使われているところを見てみると、坂田寺・橘寺・海龍王寺前身寺院、山背の高麗寺と北野廃寺、河内の船橋廃寺と西琳寺をあげることができる。ここでは海龍王寺前身寺院について取り上げたい。

第一節　姫寺廃寺

海龍王寺は隅寺の名で呼ばれており、それは藤原不比等邸の東北隅にあったからである（図45）。藤原氏は本来神祇を掌って朝廷に仕えてきた家柄である。神祇の系譜であるかぎり、自身の寺院を所持しなくとも不思議はないのである。しかし平城遷都当時藤原不比等邸予定地に海龍王寺前身寺院が存在しており、その寺が藤原不比等邸の東北隅に取り込まれたのである。その位置は藤原不比等邸の東北隅、東二坊への張り出し部の先端である。平城京は整然とした計画・造営が進められていたが、ただ一ヶ所、この平城宮東の張り出し部に接した藤原不比等邸の隅寺部分だけが不自然な区画であり、条坊設定時にそれを強いたことは確実である。

海龍王寺の境内から七世紀前半代の瓦が出土し、この地に平城遷都以前に寺院が存在していたことが確認されている。遺跡として正しくは海龍王寺前身寺院跡である。そしてその地から出土した軒瓦との同笵品が、平城京左京八条三坊十五坪に所在する姫寺廃寺から出土しているのである。昭和五十年（一九七五）にその地域の発掘調査が行われ、基壇建物遺構とその北に掘立柱建物遺構が検出され、東西小路南側溝に接して寺域の北を限る柵と、南北小路東側溝に沿って西面を限る柵が検出された(1)（図46）。そして同時に海龍王寺境内出土軒丸瓦との同笵品を含む大量の瓦が出土した。

この調査地に南接して天神社と呼ぶ神社があり、境内に土壇と礎石が見られる。この状況と、検出された掘立柱建物の位置関係から基壇遺構構が講堂、掘立柱建物が僧房と考えられた。

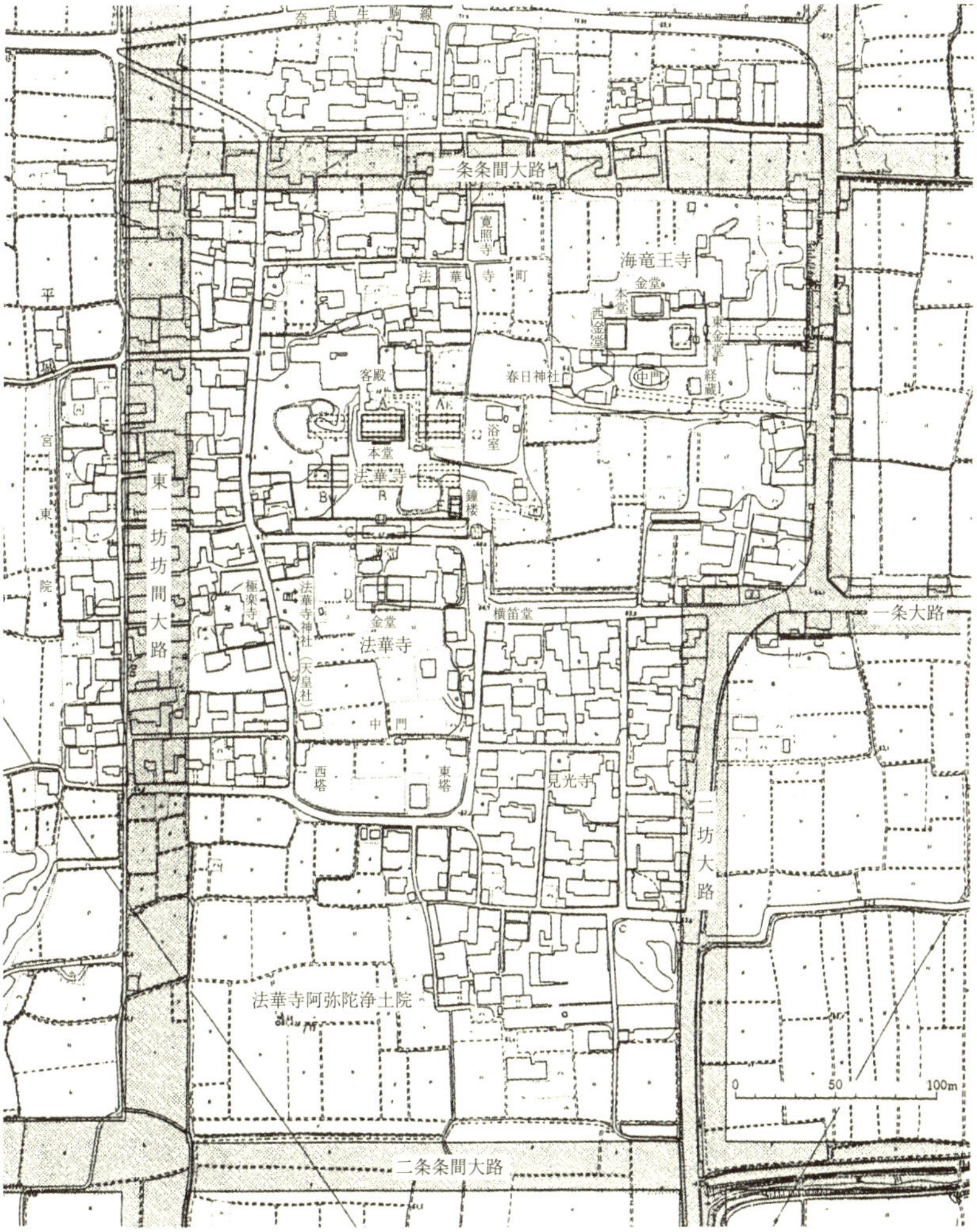

図 45　藤原不比等邸跡と海龍王寺

基壇遺構が左京八条三坊十五坪の中軸線上にあることから、条坊設定後、すなわち平城遷都後にこの寺が造営されたことが明らかなのである。そして七世紀前半代と後半代の瓦が出土することは、この寺が他から移されたものであることが確実である（図47）。天神社の近辺には「ヒメトウ」「ヒメトウ東」などの小字があることから、遺跡は姫寺廃寺と名づけられた。姫寺廃寺出土軒瓦との同笵品が海龍王寺境内から出土するということは、当然のことながら、姫寺廃寺は海龍王寺の地から移されたことを示すものであると考えられる。

本来の地から移され、その後その地に藤原氏が海龍王寺を造営したのであるから、前身寺院は藤原氏以外の氏族のものである。その造営氏族を示すものは、姫寺廃寺から出土した墨書土器「土寺」である。これは「はじでら」と読み、姫寺廃寺は土師氏の寺であり、「土師寺」と呼ばれていたのである（図48）。

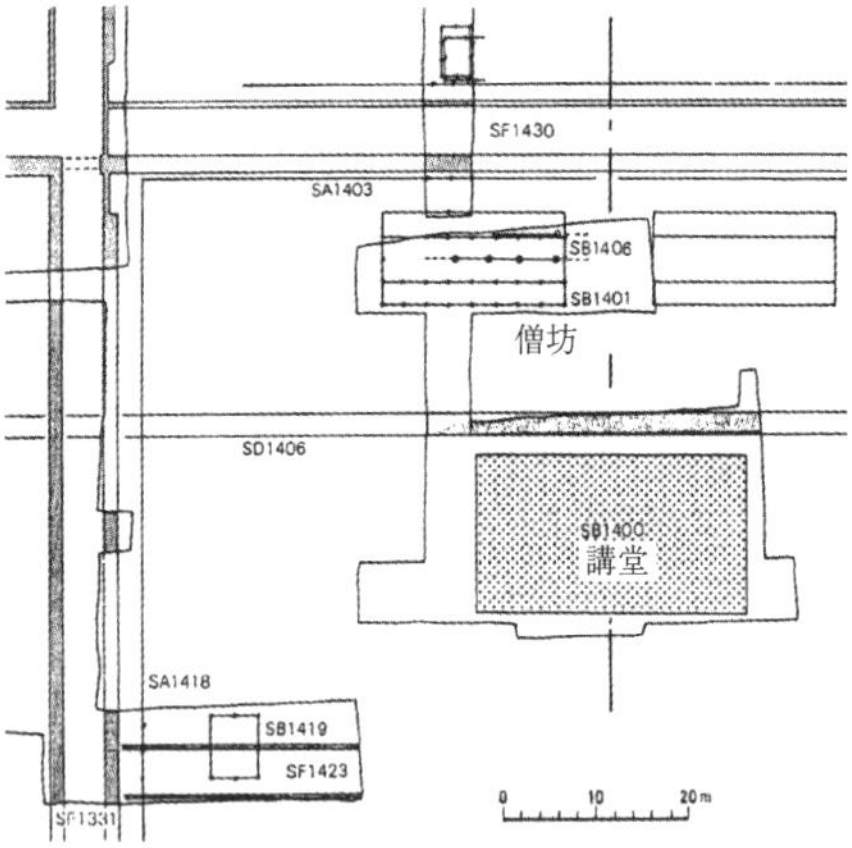

図46　姫寺廃寺　遺構図

図47　姫寺廃寺出土軒丸瓦

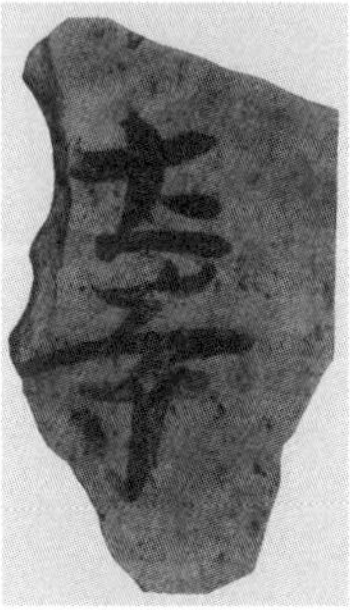

図48　姫寺廃寺墨書土器「土寺」

第二節　土師氏と藤原氏

海龍王寺および姫寺廃寺の発掘調査から、土師氏が藤原不比等によって寺院を移された当時の状況を見てみることにする。

平城遷都は和銅三年（七一〇）である。藤原不比等の邸宅は平城宮に接した東側にあり、平城宮造営工事が始まれば当然不比等の邸宅の工事も同時期に進められたと見ても良かろう。

『続日本紀』（以下『続紀』）によれば和銅元年十二月五日に平城宮の地鎮祭が行われたことが見える。平城宮の地鎮祭に藤原不比等は当然のこととして参列し、自らの地位の安泰と繁栄を願ったことであろう。まして不比等邸の東北部に所在していた寺を、平城京の東二坊大路の区画を動かしてまでも確保したのである。この寺院の受け渡し交渉や移動させる手配は、平城京造営の時期と同じだったと考えられる。不比等としては土師氏から速やかに譲渡されるためには、それ以前に何らかの折衝がなければならない。天武朝から和銅年間にかけて『書紀』や『続紀』に土師氏は幾人か見えるが、特に注目したい三人の土師氏がいる。土師連馬手、土師宿禰根麻呂、土師宿禰甥、である（表6）。

まず土師連馬手を見てみる。馬手は天武天皇の舎人である。六七二年の壬申の乱において、大海人皇子が宇陀の吾城に至った際、馬手は屯田司の舎人として、駕に従う人々の食事を供している。六月二四日のことである。二日後の二六日、皇子が伊勢朝明郡の郡家に至り、高市皇子を不破に遣わして軍事を見させられた際には、馬手は稚桜部臣五百瀬とともに東山道諸国の軍を発している。大海人皇子に従う人々が未だ二十人あまりしかいない時に、馬手は忠実に従う舎人の一人であった。

文武天皇二年（六九八）一月十九日の条に「直広参土師宿禰馬手を遣わして、新羅の貢物を大内山陵に献らしむ。」

土部連菟	土師連身	土師長兄	土師連馬手
新羅と任那の使人が朝廷を拝した時、秦河勝と新羅導者となった。			
	蘇我倉山田石川麻呂の自経を黒山で河内の官軍に報告する。		
		梅檀高首らと共に、河内国西琳寺の阿弥陀仏像と二菩薩を造立した。	
			壬申の乱に天皇が東国へ向かう途中、宇陀吾城に到った時、馬手は屯田司の舎人として駕に従う人々に食事を供した。天皇が伊勢朝明郡の郡家に到り、高市皇子に不破で軍事を見さしめた時、稚桜部臣五百瀬と共に東山郡を発した。
			八色の改姓に際し、土師連は宿禰になった。
			土師宿禰と見え、新羅貢物を大内山稜に献ずる使となる。時に直広参。
			山科山陵の営造使に任ぜられる。このときも直広参。
			持統太上天皇の葬送に、副官となった。時に正五位下。
			文武天皇の葬送に、山陵司となった。時に正五位上。
			従四位下に叙せられる。(和銅4年2月卒)

表６　土師宿禰の業績一覧―用明天皇から天平９年まで―

年	月	土師磐村	土師八嶋連業績	土師連猪手
用明２年(587)	６月	蘇我馬子が佐伯丹経手・磐村に命じて穴穂部皇子を暗殺。	物部守屋が群臣が己を図ると聞き阿都の別業に退き、衆を集めると蘇我馬子に告げた。馬子は八嶋連を大伴比羅夫連の許に遣わす。比羅夫武器を持って馬子を警護する。	
推古11年(603)	２月			征新羅将軍来目皇子が筑紫に薨じ、周防で殯を掌った。故に猪手連の孫を娑婆連と称するといった。
推古18年(610)	10月			
皇極２年(643)				天皇は猪手に詔して、天皇の母の喪を視させる。
	11月			蘇我入鹿の命により巨勢徳太臣と共に山背大兄王を殺す。猪手戦死。時に大仁。
大化５年(649)	３月			
宝元５年（斉明５ヵ）				
天武元年(672)	６月			
天武11年(682)				
天武13年(684)	12月			
持統３年(689)	２月			
	５月			
持統４年(690)	10月			
文武元年(697)	11月			
文武２年(698)	正月			
文武３年(699)	10月			
文武４年(700)	６月			
大宝３年(703)	10月			
慶雲４年(707)	10月			
和銅２年(709)	正月			
霊亀２年(716)	正月			
神亀元年(724)	２月			
天平７年(735)	４月			
天平９年(737)	９月			

土師連富杼	土師宿禰大麻呂	土師宿禰五百村	土師宿禰御目
かつて斉明7年に百済救援軍として渡り、唐軍の捕虜となる。筑紫武人大伴部博麻が身を売って富杼らを帰国させ、本朝に連絡できた。			
	迎新羅客使となり、筑紫に赴いた。時に務広肆。		
	正六位より従五位下に叙せられる。		
	従五位上に叙せられた。		
		正六位上より外従五位下に叙せられる。	
			名を三目にも作る。 正六位上より外従五位下に叙せられ、12月諸陵頭となった。

年	月	土師連眞敷	土師宿禰甥	土師宿禰根麻呂
用明 2 年 (587)	6 月			
推古 11 年 (603)	2 月			
推古 18 年 (610)	10 月			
皇極 2 年 (643)				
	11 月			
大化 5 年 (649)	3 月			
宝元 5 年 (斉明 5 ヵ)				
天武元年 (672)	6 月			
天武 11 年 (682)		壬申の年の功をもって、大錦上位を送られた。		
天武 13 年 (684)	12 月		大唐学問生として、白猪史宝然らと共に、新羅を経て、新羅使に送られて帰朝。	
持統 3 年 (689)	2 月			判事となる。時に直広肆。
	5 月			詔により新羅弔使金道那に、前例より低い扱いを責めた。
持統 4 年 (690)	10 月		大唐学問僧智宗らが京師に帰る。大宰府に勅して甥を送ってきた使いと同じくして、金高君に物を賜い饗応するように。	
文武元年 (697)	11 月			
文武 2 年 (698)	正月			
文武 3 年 (699)	10 月			越智山陵の営造使となる。時に直広参。
文武 4 年 (700)	6 月		刑部親王以下の律令撰定の功労者に禄を賜う。時に勤広参。	
大宝 3 年 (703)	10 月			
慶雲 4 年 (707)	10 月			
和銅 2 年 (709)	正月			
霊亀 2 年 (716)	正月			
神亀元年 (724)	2 月			
天平 7 年 (735)	4 月			
天平 9 年 (737)	9 月			

と記されている。壬申の乱においては大海人皇子の側で仕え、天武天皇崩後は陵に貢物を献ずる任に当たっていたことが知られる。

文武天皇三年十月二十日の条に、直広参土師宿禰馬手は判官四人の内の一人として、山科山陵を人を用いて造らせたことが見える。

馬手は壬申の乱の最初から天武天皇について活躍した。先に天武天皇が崩じ、持統天皇も大宝二年（七〇二）十二月二二日に崩じた。翌大宝三年十月九日太上天皇の葬送の準備の役官として副官を務める。この時の律令制によって官位は正五位下に位置づけられている。そして和銅二年（七〇九）正月には従四位下に叙せられ、和銅四年二月に卒している。馬手の人生は天武・持統両朝成立のときから両朝の最後まで見届けた生涯といえよう。造陵の任を掌ることから葬送関係を職掌とする氏族として認識されている。

土師宿禰根麻呂は文武天皇三年（六九九）十月に越智山陵の造営に携わっている。この土師宿禰根麻呂は、大津皇子事件に連座した巨勢朝臣多益須と中臣朝臣臣麻呂の二人とともに、大津皇子事件のたった三年後の持統天皇三年（六八九）二月に共に判事となった人物である。

また根麻呂は、持統朝に重要な任務を務めている。持統天皇三年、天武天皇が崩じたことに関わる新羅からの弔問使の渡来があった。それまでに天武天皇崩後すぐに大津皇子事件が起こり、この年の四月には皇太子である草壁皇子が薨ずるという大きな不幸が重なった。持統天皇は天武天皇と共に壬申の乱を勝ち抜き、天下を治め、律令制の確立を進めている最中の度重なる不幸である。持統天皇としては有能な臣下がどれほど居ても気を抜くことが出来ない時期であり、そうした立場であったことは間違いない。四月二十日に新羅が金道那を遣わして天武天皇の喪を弔い、同時に学問僧の明聡・観智らを送り届けてきた。そして金銅の阿弥陀仏像、金銅の観世音菩薩像、大勢至菩薩像各一躯・綵帛・綿・綾などを奉った。判事になった土師宿禰根麻呂に五月二十日、この新羅からの使人のところに遣わされる詔命が下った。新羅から遣わされた使人の位階、遣わされ方が持統天皇としては納得のいくものではなかったのである。新羅の意を糺すために遣わされたのが根麻呂である。わが国の姿勢を持統天皇は根麻呂に託したと言えよう。それは、第Ⅱ部第四章第二節でふれているように使人の位階が低く、調物が極端に少ないことによっている。

土師宿禰根麻呂に下った詔命はそのことを使人に申し渡し、調賦と、それとは別に献上してきたものすべてに封をして返還しろというものであった。しかし両国は古くから親しい関係にあったということを述べている『日本書紀』のこの記事は持統天皇が先帝たち、あるいはそれまで苦労を共にした人々のために、わが国の態度を明らかにしたことなのである。(2)

土師宿禰甥は藤原不比等とともに大宝律令の撰定に携わっている。土師宿禰甥は天武天皇十三年（六八四）十二月六日の条に大唐学問生として、白猪史宝然とともに新羅を経て、新羅使に送られて帰朝したことが見える。

持統天皇四年（六九〇）十月の条によれば、大唐の学問僧智宗等が京に来た。天皇は筑紫大宰河内王等に詔して、新羅の送使大奈末金訓等を饗応し、学生の土師宿禰甥等を送ってきたときに倣って労い、贈り物をするように命じている。史料の中でもこの一文は珍しいものであると考える。この意味するところは、さきに述べたように国の指針と威厳を明らかにしなければならなかった、前年の新羅から遣わされた使人への対処とは大きく異なり、これから学ぶ若者の行く末のために、そして土師宿禰甥たちが国を担って大きく羽ばたけるようにとする親心と、国の発展を考えた国家間交流の行く末を考えたものであろう。持統天皇が土師氏を保護し、土師宿禰甥を信用していた証しではなかろうか。

以上、当時の土師氏の三人を取り上げてみてみた。その内の一人土師宿禰馬手は壬申の乱の最初から天武・持統両朝に付き従い、山陵の判官をも勤めてきた側近というべき舎人である。また土師宿禰根麻呂は持統天皇三年に藤原不比等と、大津皇子事件に連座した巨勢朝臣多益須・中臣朝臣臣麻呂の二人とともに判事となっている。同じく大津皇子事件に連座し、持統天皇九年に遣新羅使となった壱岐連博徳と同じ時に遣新羅使となった人物に小野朝臣毛野がいる。彼は小野妹子の孫であり、近江国滋賀郡小野村の出自と言われるが、もともと和珥一族である。藤原不比等を介在して天皇家と所縁深い土師氏と、大津皇子事件に絡む人々の交流が見えてくるのである。そして土師宿禰根麻呂は新羅からの天武天皇弔問に対して、持統天皇からの絶対の信頼を得て詰問の任にあたっているのである。

最後の一人、土師宿禰甥は大唐学問生として新羅を経て帰朝した。持統天皇から特別の計らいを得た人物であり、律令撰定の一員でもある。文武天皇四年六月には功労者として、藤原不比等、同じく大唐学問生の白猪史骨とともに禄を賜っている。この時に禄を賜った中に田辺史百枝や田辺史首名がいる。この田辺史は藤原不比等一党と考えるべきであろう。

壬申の乱が起きる最初の六月二二日に村国連男依・和珥部臣君手・身毛君広等に危急に対処すべきよう詔されるが、彼等はいずれも美濃・尾張方面に勢力を持つ氏族であり、和珥部臣君手は大和に基盤を置き、各地に同族・同系をもつ和珥氏と考えられる。特に東山道に和珥氏の勢力は広く広がっており、その一族であろう。また詔の中の「(前略)安八磨郡の湯沐令多臣品治に告げて、(後略)」とあり、この多氏も大和に本貫地をもつ名族である。それぞれ一族の生涯や将来を掛けた壬申の乱において、土師氏・和珥氏・多氏がともに大海人皇子に従っている。

天武天皇十三年十二月二日の条には、五二名の官人が姓を賜って宿禰となっている。その中に土師連・和珥臣・多臣も入っている。

以上見てきたようにそれぞれの土師氏はただの天皇の臣下ではなく、天皇の地位自体が未だ定まらない壬申の乱で、ともに命をかけた仲間である。また土師宿禰根麻呂や土師宿禰甥は、のちに大津皇子事件に連座した人、言い換えれば政権維持のために尽力した人々と、藤原不比等を含め判事となるような中枢部に位置するのである。そしてまた大宝律令撰定という国の基礎となる成文法典編纂に、藤原不比等とともに尽くし、その功労者として禄を賜うという位置にいるのである。藤原不比等と土師氏一門は政権の中枢部をともに歩んでいるのである。

さて隅寺から姫寺に氏寺を移すことを余儀なくされたと考えられがちな土師氏であるが、上位の藤原不比等からの命で、苦渋の選択として氏寺を移したとは考えにくい。また不比等は隅寺を手中に収めたかったことは確かであろうが、権勢をもって土師氏に迫ったのではあるまい。速やかな土師氏からの譲渡であったろうと考える。

第三節　土部氏の寺

姫寺は、土師氏のどの人物が隅寺の位置から移動したかが問題となろう。土師氏の中で「土部」とも書くのは土師宿禰甥であり、姫寺から出土した墨書土器「土寺」を考える時に「土部」と書く、土師宿禰甥が最も有力ではないかと考える。また、彼は大唐学問生として渡唐し、帰朝したのちに藤原不比等とともに律令の選定に尽くし、その功労者として禄を賜っている。その功績は国家的なものであり、土師氏一族の中でも身内から尊敬され一目置かれる立場にあったろう。

海龍王寺境内からは平城宮所用軒瓦との同笵品も多く出土する。それらの軒瓦は、ほとんど八世紀半ば以降のものであり、隅寺における造営の一つの時期を推察することができる。藤原不比等邸は、養老四年（七二〇）に不比等が没したのちに光明皇后が伝領し、皇后宮、宮寺、法華寺という変遷を経ている。皇后宮が宮寺として改作されたのが天平十七年（七四五）であり、その頃に隅寺の整備が行われたものと考えられる。

土師氏に関しては、奈良時代末においても朝廷による配慮が認められる。それは土師氏が伴造氏族であり、野見宿禰が君主の陵墓に生人を埋めることを止めて、代わりに土部の造る人馬を立てることを建言したという埴輪の起源説をもつ氏族であることによる。すなわち天応元年（七八一）六月、外従五位下土師宿禰古人、散位外従五位下土師宿禰道長等十五人が申し出たことには、土師という名前があるがために、不本意ながら凶儀に従事することを専らとするとさ

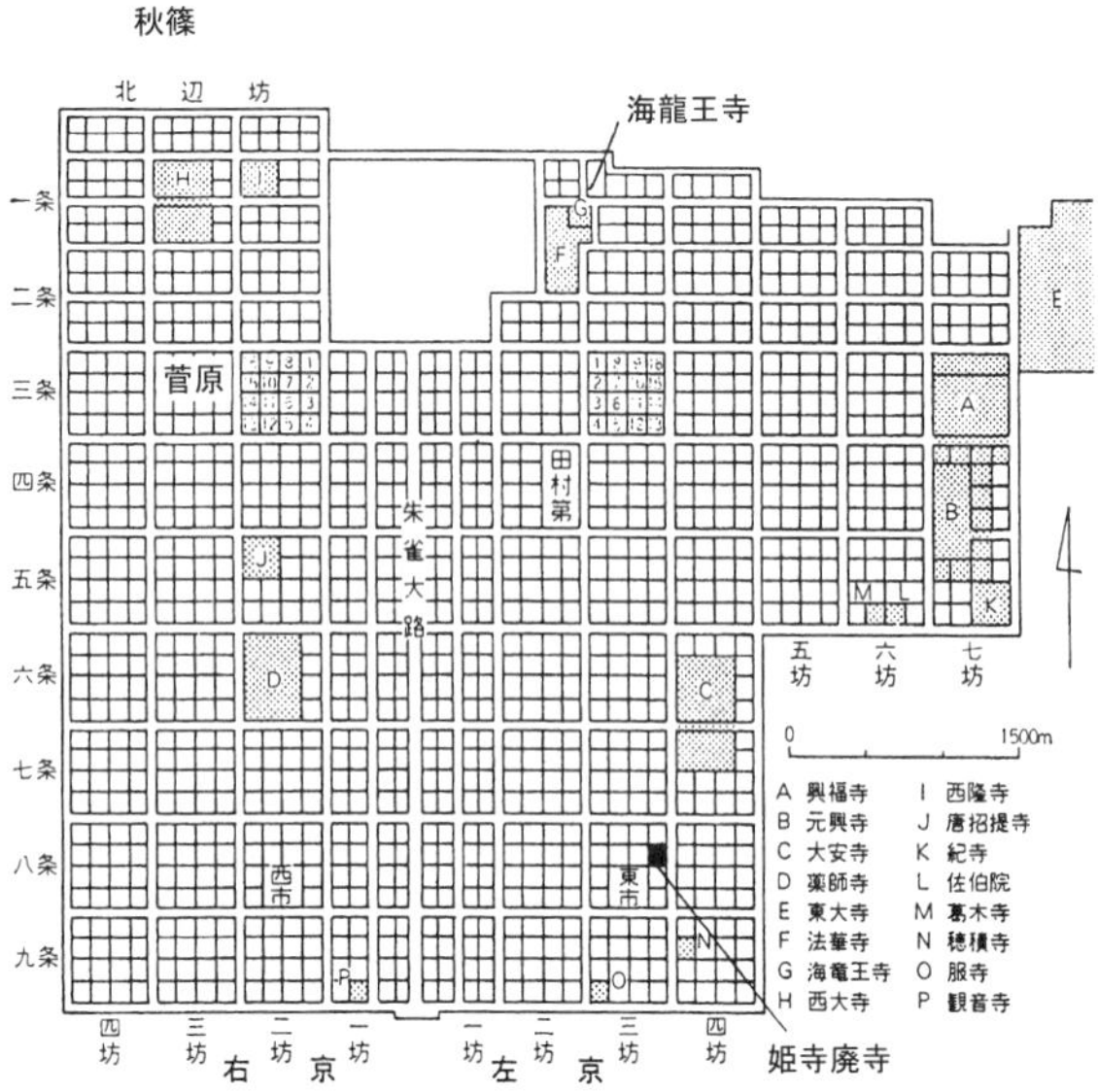

図49　平城京と関連の地

れている。望むことが出来るならば、居住地の名によって土師を改め、菅原の姓を許されたいと願い出ている。これが許されて菅原宿禰になった。また翌延暦元年五月には別の土師氏が秋篠宿禰に、さらに延暦九年十二月に桓武天皇の母である高野新笠の生家である土師宿禰が大枝朝臣となった（図49）。

また持統天皇は四年十月二二日に武人である筑後国上陽咩郡の人、大伴部博麻に詔をしている。彼は百済の援軍として異国に渡り唐の捕虜となり帰朝出来ずにいた。彼は唐の情勢を母国に報告したいと願いながら、知らせようにも知らせられず、衣食も十分でなかった。そのような中で執った策は、自分を売って資金を作り共にいた土師連富杼・氷連老・筑紫君薩夜麻・弓削連元宝の子等を帰朝させることであった。彼がただ一人異国に三十年残ってまでも国を想った心を喜び、その忠誠心を讃えて務大肆を授けている。そしてそれに合わせて、絁五匹・綿一十屯・布三十端・稲一千束・水田四町を賜っている。その水田は曾孫に至るまでつかわし、三世までの課役を免除するというものであった。これは土師宿禰甥のことではないが、持統天皇の、忠誠を尽くすものには格別の計らいを施すことと天皇自らの慈悲深さを示すものと言えるであろう。

註

（1）奈良県『平城京左京八条三坊発掘調査概報　東市周辺東北地域の調査』一九七六年

（2）甲斐弓子「大津皇子事件と美濃の古代寺院」（帝塚山大学考古学研究所『帝塚山大学考古学研究所研究報告Ⅶ』二〇〇五年）

第三章　孝徳天皇の皇子・有間

はじめに

古代における代々の皇位継承問題は、皇子を取り巻く豪族たちの思惑と重なり、いずれも大事件に発展することが多い。謀反の罪で亡くなった有間皇子の事件も皇位継承問題があったと云われることが多い。しかし、果たして有間皇子事件は皇位継承問題が事件の最大の発端であったろうか、とかねてから疑問に考えている。

有間皇子の父、孝徳天皇が即位に伴い皇太子は中大兄皇子と定められた。一般に皇位継承問題が起こる時は、未だ皇太子が決まらない時にその地位を狙って争奪戦が繰り広げられる例が多い。たとえば天武天皇の皇子、草壁皇子と大津皇子の時もその例となろう。当時はどちらが皇太子に就くか、その取り巻きたちの心を騒がしくさせたことは間違いない。それに反して天智天皇は皇太子としてのちの天武天皇、大海人皇子と定められていた。天智天皇の臨終の間際呼び出された大海人皇子は、遣わされてきた蘇我臣安麻侶から天皇の部屋に入る前に、気をつけるように促され、大海人皇子は天皇の思惑を知り自ら皇太子の位を降り僧籍に身を置き吉野に行く。しかし『日本書紀』（以下『書紀』）によると、それでもなお大海人皇子の身の安全は保たれず、壬申の乱へとつながってしまう。皇太子の地位にあった者が自ら身を引いてもそののちに壬申の乱のような大きな乱になるのである。ましてや中大兄皇子が皇太子として政治の実権を握っている時に、有間皇子がその地位を狙ったとは考えられず、皇位継承問題絡みで有間皇子が死を賜わらなければならなかったとは考えにくい。ではなぜ有間皇子は死を賜らなければならなかったのであろうか。ここでは有間皇子事件の真相を検証してみることにする。

第一節　有間皇子の宮殿

有間皇子の宮殿があったと考えられる有力な候補地が二ヶ所ある。一ヶ所は生駒の壱分（図50）であり、もう一ヶ所は高取の市尾（図51）である。この二ヶ所のどちらに皇子の宮殿があったとしても不思議はない。皇子の父、孝徳天皇は難波に宮を営み、武庫に行宮を営んでいた。有間皇子の宮殿が生駒の壱分に置かれていたと考えれば、孝徳天皇は生駒の政治的位置を重視していたと考えられる。

親子である孝徳天皇と有間皇子の間が不仲であるわけではなく、あえて難波から遠く離れた生駒に有間皇子の宮殿を営ませるということは、最も信を置く有間皇子に何らかのことを託すために生駒に行かせたという天皇の意図が感じられる。後述するが天皇は難波の宮、武庫の行宮のほかに新しく宮を有馬の地に造ろうとしたことを考慮すると、難波津を重視し、唐や朝鮮三国からの船のすべてが難波津に集まるという考えを持っていたように思われる（図52）。

近世にも大和川の付け替えが幾度か余儀なくされ、今日の大和川とは流路を違えるが、難波から大和川を溯れば現在の柏原に着く。地名「生駒」を考えるとき、現在の行政区分の感覚から「生駒郡」「生駒市」というかなり限られた狭い範囲を想定する。しかし、古代の生駒は、生駒山を取り囲む周りの地、つまり生駒山の裾野周辺全体を「生駒」という概念で考えるべきである。近代においても河内周辺では河内の一部に入る生駒山の西側をも「生駒」と称していた。いずれにしても生駒山付近の生駒の地に有間皇子の宮殿があったとすれば、ここを経由して難波の宮と旧都飛鳥はつながるのである。

図50　生駒・壱分

『書紀』には他にも「生駒」は登場する。皇極天皇二年（六四三）十一月一日、蘇我臣入鹿が小徳巨勢徳太臣・大仁土師娑婆連等を遣わして、山背大兄王を斑鳩宮に攻める。蘇我入鹿の軍勢に攻め立てられた山背大兄皇子が一旦は生駒に逃げるとある。これは何を意味するものであろうか。当時の蘇我入鹿の権勢は大きく、朝廷軍という立場で動いたであろうことが想像つく。山背大兄王がたとえ聖徳太子の皇子であるにせよ、朝廷軍に攻め立てられている皇子を匿いもしくは助けるということは、自らが朝廷に反旗を翻していることになろう。また、山背大兄王が生駒に逃げると言っても、山中に姿を隠すために逃げるわけではない。聖徳太子の皇子が従者を連れ、一族を伴って山中に分け入れば追手に直ぐに見つかるに違いない。必ず皇子たちを守ろうとする人々が生駒にいたということではなかろうか。

山背大兄王は蘇我系の皇子である。蘇我氏が育んできた渡来系の人々が集団を成して生駒にいたとは考え

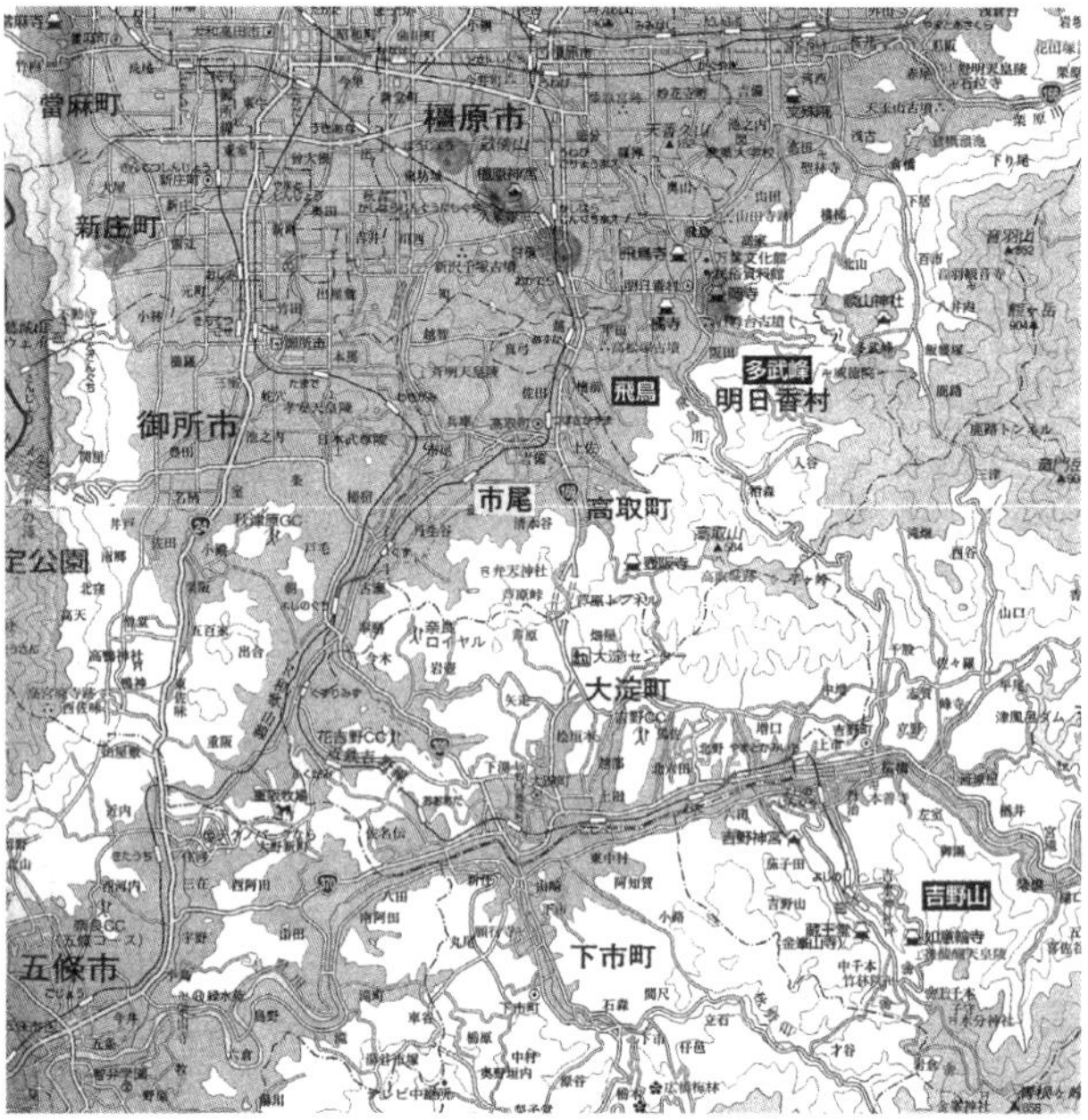

図 51　高取・市尾

られないだろうか。「生駒」という地名から、駒、馬の存在が想定できる。馬を使う、馬を飼う、いずれも馬が多くいた所であり、あるいは牧場があったところであったかも知れない。生駒の地からは飛鳥に行くにも、難波に行くにも馬は重要である。いずれにしても山背大兄王は一旦生駒に逃げた。これは山背大兄王が自分や家族の命を託すことが出来るだけの信を得た人物、もしくは集団が生駒にいたということであろう。そのような生駒に有間皇子が宮殿を設けたとしても不思議はない。

次に高取・市尾所在の宮殿説を考えてみる。市尾は紀路上に位置する。紀路は飛鳥と紀伊国を結ぶ重要な道で、飛鳥から現在の和歌山市紀ノ川河口までの約七〇キロの古道である。平成二一年（二〇〇九）二月に奈良県高市郡高取町薩摩地域で行われた発掘調査によって、道路遺構が検出された。路面の両側に幅六〇センチ、深さ四〇センチの側溝が検出され、路面幅が九メートルと確認された。今まで推定されていた紀路が発掘調査で確認され、その道幅が九メートルあったということである。紀路は官道であり、都に通じる重要な道路なのである。

もし、有間皇子の宮殿がこの市尾にあったとすれば、紀路に添った位置、すなわち交通の要衝に建てられていたと

図 52　有馬と難波津

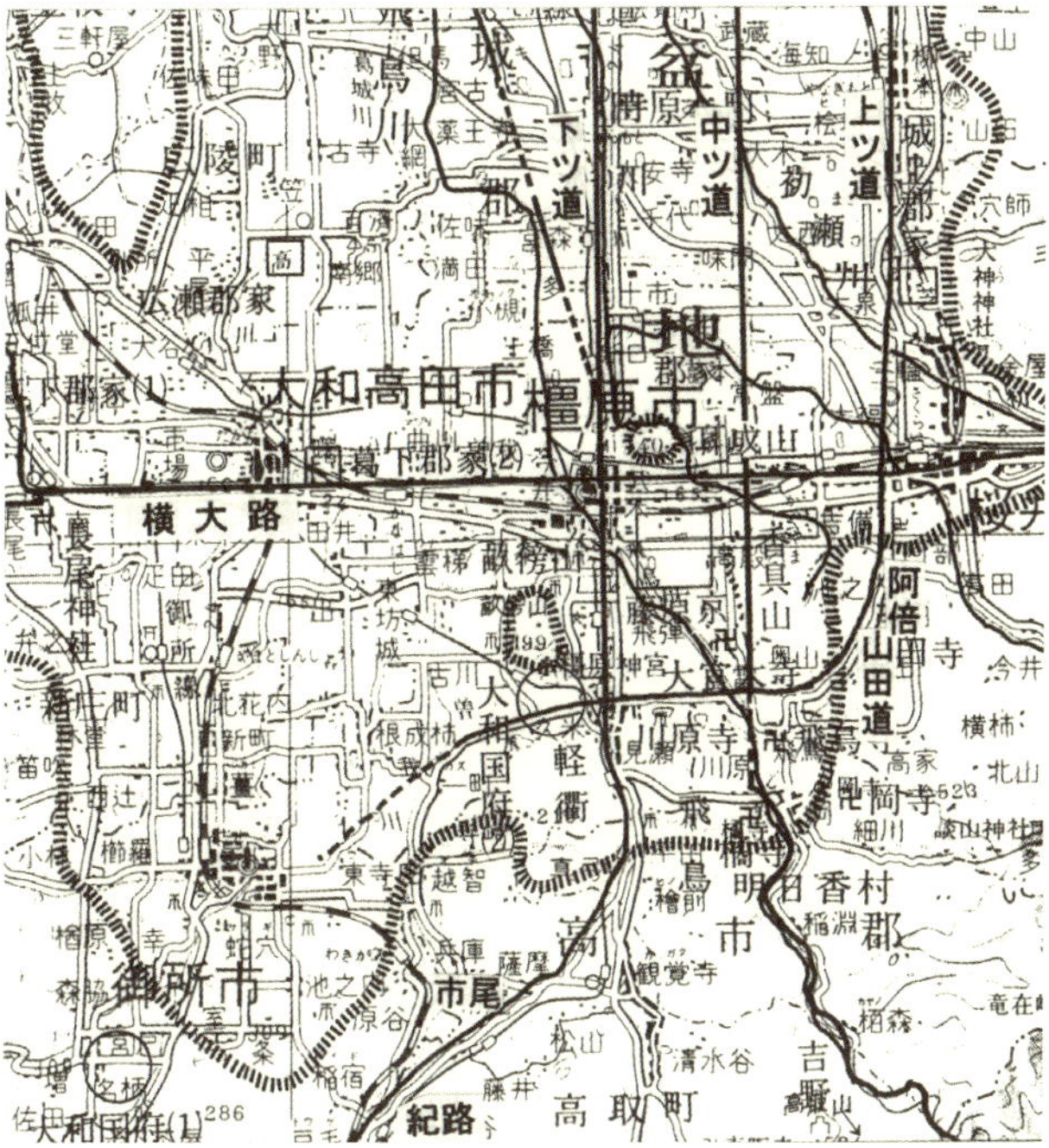

図 53　紀路と市尾

考えられる（図53）。紀路を北上すれば、最大の官道の一つである下つ道に続く。その道は同時に東西に走る横大路とも交差するのである。横大路を西に行けば竹ノ内街道から河内に抜ける。また横大路を東に行けば伊勢に繋がるのである。この市尾に有間皇子の宮殿があったとしても不思議ではない。有間皇子の宮殿が生駒・壱分であろうとも、高取・市尾であろうとも、その地の重要性からすれば、いずれであっても不思議はないのである。

第二節　事件のあらまし

斉明天皇四年（六五八）十月十五日、牟婁温湯が身体に良く、彼の地の景色も素晴らしく、病気も自然に消えていく心地がするところであると有間皇子に薦められ、天皇は牟婁温湯に出かけた。皇太子である中大兄皇子をはじめ群臣みな引き連れての行幸である。

十一月三日になって留守官である蘇我赤兄臣が行動を起こす。赤兄臣は、有間皇子に天皇が政治において三つの罪を犯していると告げ、あたかも有間皇子に決起する時であるかのように語りかける。その罪というのは、一つには大きな倉を建て人民の財物を集めていること、二つには延々と水路を掘って公の食料を費やしていること、三つには船に石を乗せて運び丘のように積み上げることなどである。

二日後の十一月五日、有間皇子は自分が赤兄臣に大人として認められるようになったことを喜び、赤兄臣の屋敷を訪ねた。話の続きをしようとすると脇息がひとりでに折れた。これを不吉と感じた皇子は赤兄臣と盟約を結んで帰宅した。その夜更け、赤兄臣は物部村井連鮪を遣わし、宮殿造営の役夫を率いて市経の皇子の宮殿を囲ませた。同時に急使を遣わして天皇のもとに有間皇子謀反と報告させた。皇子とともに捕えられた人物は、守君大石、坂合部連薬、塩屋連鯯魚、そして皇子の舎人である新田部米麻呂の四人である。

中大兄皇子が捕えられた有間皇子に「何の故か、謀反けむとする」という問いに、有間皇子は「天と赤兄と知らむ。吾全ら解らず」と答えた。

十一月十一日に有間皇子は藤白坂、現在の和歌山県海南市で絞られた。そして同時に同じ藤白坂で、塩屋連鯯魚と新田部米麻呂は斬られたと『書紀』に記されている。有間皇子とともに捕えられた四人について見てみる。四人の内の一人、守君大石はのちに上毛野国に流されているが、中大兄皇子の即位前紀の斉明天皇七年（六六一）に後将軍として、前軍の阿倍比羅夫らと百済救援に出兵しているのである。そして中大兄皇子即位後、天智天皇四年（六六五）には、遣唐大使となった人物である。二人目は坂合部（境部）連薬である。彼はのちに尾張国に流される。しかし、壬申の乱では近江方の将となり、大海人皇子方の村国連男依の軍と息長横河で戦いに敗れて斬られている。このように、守君大石と坂合部連薬の二人は中大兄皇子、のちの天智天皇に引き立てられていることがわかる。

しかし、四人の内のあとの二人の運命は先の二人とは異なる。塩屋連鯯魚は大化二年（六四六）三月に、神社福草、朝倉君、椀子連、三河大伴直、蘆尾直等と共に孝徳天皇の御意に良く従ったとして賞せられている。斉明天皇四年に藤白坂で処刑にあう時、「願令右手、作国宝器」と右手は国の宝物を作りたいので斬らないで欲しいと言ったとあるから、塩屋連鯯魚は何らかの技術を有した人物であろうと思われる。最後の新田部連米麻呂は有間皇子の舎人である。彼は終始、有間皇子に付き従ったと考えられる。

先学の研究には、有間皇子は謀反という罠に嵌められたとする見解がある。私見も同じ考えであり、罠に嵌められて殺されたと考えるが、従来の多くの見方である皇位継承問題絡みとは考えていない。有間皇子が死を賜らなければならなかった理由については後述するが、その前に側近たちの動向を整理したい。

有間皇子と共に捕えられた四人の内の二人は天智天皇の下で出世し、二人は殺されている。有間皇子側からすれば、身内に皇子を罠に嵌めるために協力した人物が二人居たことになる。皇子と共に殺された二人の内塩屋連鯯魚は、父王である孝徳天皇の世に、天皇の命に良く従ったことで賞せられた人物である。殺される時までも国の宝物を作り続けんがために右手を切らないで欲しいと願った人で、父孝徳天皇に真髄し、その皇子である有間皇子にも二心無く仕えたろうと考えられる。新田部連米麻呂は有間皇子の舎人であり、彼等二人を生かしておけば実際に謀反が起こる可能性があったと考えられたのであろう。事件の主要人物である中大兄皇子がすべて事件の顛末を考え、筋書きを作った訳ではなかろう。常に天皇、皇子、皇族たちには側近たちが侍り、その中の幾人かに主人の政策・所業を助けるブレーンがいるのである。中大兄皇子のブレーンは、地位も頭脳も最高のものを持ち合わせていたと考えられる中臣鎌足であったことは間違いない。有間皇子事件の側近を巻き込んだあり方と、その後の彼等に約束された出世の道の高さは、後年になるが大津皇子事件に似ているように思えてならない。大津皇子事件時のブレーンは中臣鎌足の子、藤原不比等である。(1)

第三節　父・孝徳天皇の人物像

有間皇子の父である孝徳天皇の皇后は間人皇女で、舒明天皇と皇極（斉明）天皇の皇女である。そして中大兄皇子と大海人皇子の兄妹でもある。有間皇子の母は左大臣・阿倍倉梯麻呂（内麻呂）の姫、小足媛である。当時の右大臣は蘇我倉山田石川麻呂、のちの持統天皇の祖父に当たる人物である。

孝徳天皇は仏教を厚く信奉し、内政の充実を図った人と言えよう。孝徳天皇の治世を確認するために、天皇が仏教を重んじた具体的な例と、内政の充実を図った事柄などを見てみることにする。孝徳天皇が即位した年の八月に東国国司を任命し、その際百姓が土地や用水などで困らないように配慮している。天皇としてはかなり細かい指示を出しているのである。そしてそれに従わなかった者に対しての厳罰と、派遣された官人で、介（次官）以上の者の中で、天皇の命に忠実なものには褒賞することとし、それを実際施行している。塩屋連鯯魚は天皇の命に良く準じた人物として賞せられている。また仏法の道を一層大きくするために、沙門狛大法師、福亮、恵雲、常安、霊雲、恵至、寺主僧旻、道登、恵隣、恵妙など十師を任命している。十師とは別に恵妙法師を百済寺の寺主に任命し、法頭には来目臣、三輪色夫君、額田部連甥などを任命している。天皇は立場の弱い者に対して、目立って大きな庇護を与えている。そのことが『書紀』に記されていることからもよくわかる。ただ、「改新の詔」については、後世に作られたと考えられる文言等があり、これについては史料批判が必要とされている。

大化二年（六四六）三月に出された「薄葬令」なども、完璧に施行されたかどうかは別にしても人民の負担を軽くするために出された法令と考えられる。また宮廷内における行儀作法についても細かく指示している。

大化三年十月には、右京大臣、群卿大夫なども伴い天皇は有馬温泉に行幸し、三ヶ月滞在して武庫行宮に帰っている。この年には七色十三階の制を定めた。

大化五年二月には十九階の冠の制を定め、博士高向玄理と僧旻とに詔して、八省・百官を置かせた。この年の三月十七日に阿倍大臣が薨じ、同じ月の二四日に蘇我臣日向によって、蘇我倉山田石川麻呂が謀反の罪に陥れられるという事件が起こる。孝徳天皇の治世は阿倍大臣の薨去、石川麻呂の事件を境に大きく変化する。事件後、人を石川麻呂の屋敷に遣わして大臣の財産を没収すると、貴重な財産や書物の上には「皇太子の書」と書かれてあったと『書紀』は記す。皇太子は日向臣を筑紫大宰帥に任じた。この事件によりのちの持統天皇の母、遠智媛は父である石川麻呂や兄妹の死に心を痛め亡くなってしまう。

白雉元年（六五〇）は、穴戸国（現在の山口県）の草壁連醜経が白い雉を献上した。道登法師は高句麗の白鹿薗寺の例を引き、大変な慶事であると言った。また、僧旻法師も吉祥であると言い、王者の徳が四方に遍く施される時に白い雉が現われると讃えた。これらのことにより年号を「白雉」と改め、白い雉を献じた宍戸国に三年間の調役を免じた。白い雉などの祥瑞と考えられる動物や植物の献上の記事には特別の意味があるように考えられる。ただ祥瑞であるだけではなく、すでに近い将来の事が決まっており、これからのことを正当化するために、あえて祥瑞の真実を作り出すということである。また、偶然そういう象徴すべきものが献上され『書紀』に記されているのではなく、何か政治・政策のけじめを望む時、また世の不安な状況を吉に変えたい時などは敢えて祥瑞となる事象を以って、その運気を良いように変えたいと願う時の方便ではないかと考える。勿論、偶然に祥瑞とされる事象が献じられることは否定しないが、故意に希望と願望を祥瑞の事象に託したい時などに使われた一つの方便かとも考えられる。

この年の十月には、宮を建てるために墳丘を壊された人々や住居を移させられた人々に物を賜っている。同時にこの月に。丈六・挾侍（脇侍）・八部衆など三十六尊の繡像を作り始めた。この年、漢山口直大口が詔を賜って千仏像を彫った。

白雉二年（六五一）十二月三一日には、味経宮（難波）に二千百余りの僧尼を招き一切経を読ませている。また二千七百余りの灯を朝廷の庭に燃し、「安宅経」「土側経」などを読ませた。天皇は大都（難波大郡）から新しい宮殿（難波長柄豊埼宮）に移る。

白雉三年四月十五日、沙門恵穏を内裏に招き「無量寿経」を講じさせた。また、沙門恵資を論議者とし、沙門千人を作聴衆とした。難波長柄豊埼宮が完成した。十二月三一日には、全国の僧尼を内裏に招き斎会を設け、大捨と燃灯供養を行った。

白雉四年五月十二日、遣唐使を派遣している。六月には亡くなった僧旻のために、天皇は菩薩像を造らせ川原寺に安置した。この年に皇太子である中大兄皇子が倭の京に移りたいと天皇に願い出たが許されなかった。皇太子は皇極上皇・間人皇后とを奉じ、皇弟たちを従えて難波を離れ、倭の飛鳥河辺行宮に移った。公卿大夫や百官みな皇太子に従い倭に移った。天皇は失意のうちに皇位を去ろうと考え、山崎（現在の京都府乙訓郡）に宮殿を造らせる。

白雉五年正月には紫冠が中臣鎌足に授けられ、封を増やし与えられた。二月に遣唐使を出し、唐で高向玄理は卒した。十月一日に天皇が病床に就いたというので、皇太子は上皇・皇后を奉じ、皇弟・公卿たちを従えて難波宮に赴いている。そして十月十日に天皇は崩じ、十二月八日に磯長陵（現在の南河内郡太子町）に葬った。その日に皇太子は上皇を奉じて、倭飛鳥河辺行宮に移る。翌年、正月に皇極上皇は飛鳥板蓋宮で重祚して斉明天皇として即位する。

以上が孝徳天皇在位時の大まかな経緯であるが、先述したように孝徳天皇の治世が大化五年三月の阿倍大臣の死に続く石川麻呂の事件という、左大臣・右大臣の薨去を境にして大きく変わる。孝徳天皇と皇太子である中大兄皇子との確執となる要因がこの時期に表面化してきたのではないかと考えるが、それは当時の東アジア情勢と関わりがあったのであろう。

第四節　孝徳天皇と中大兄皇子との東アジア観の相違

唐は世界最高の文明国として君臨していた。都を長安に置き、均田制・租庸調の税制・府兵制に基礎を置く律令制度が整い、政治・文化の発展を遂げていた。他国から見ると多くのことを学べる国であり、同時に唐からの侵略を恐れる国でもあった。

左大臣・阿倍倉梯麻呂、右大臣・蘇我倉山田石川麻呂が薨じた年、大化五年（六四九）は唐が建国後約三十年程を経た、最も躍進力を持っていた頃である。当時の朝鮮半島は高句麗・百済・新羅の三国が互いに牽制して領土の拡大を計っていた頃で、正しく動乱期であった。

当時の新羅を見てみると六四七年に第二八代の真徳王が即位している。翌年六四八年正月に、新羅は唐に使臣を遣わしている。その翌六四九年は、つまりわが国では大化五年である。『三国史記』によると、この年にも新羅は唐に使臣を遣わしているが、この時に初めて唐の服装を着用するようになったと記している。同時に新羅はわが国に金多遂を遣わし、従者三六人を連れて人質になりに来ている。誇り高い民族と自負する新羅が、唐に唐服を着用して調貢するという従順さを示し、わが国には多くの従者を連れて人質になりに来ているのである。三つ巴の戦いを繰り広げている朝鮮半島状況はかなり緊迫した状況であり、唐やわが国に対して、高句麗や百済に決して助力することがないようにという懇願以外にないのである。新羅が唐やわが国に、自分たちの忠誠を唐服や人質で表わすということまでしなければならないほど朝鮮半島は切羽詰まった状況であるということであり、新羅にとって国を維持するための苦肉の決断であったろう。東アジア情勢がこのような状況であるということを、孝徳天皇と中大兄皇子はどのように見ていたのであろうか。わが国の取るべき方針の考え方の違いが、彼等二人の心の溝を作る結果となったと考えられる。

孝徳天皇の宮殿は難波にあり、武庫に行宮があった。『摂津国風土記』(2)の記事「昔、難波の長樂の豊崎の宮に御宇しめしし天皇のみ世、湯泉に車駕幸さむと為して、行宮を温泉に作りたまひき。」からすると、孝徳天皇は有馬にも行宮を営むことを考えていたと思われる。難波・武庫・有馬、それぞれに宮殿や行宮を持つということは、難波津をかなり意識していたと考えられるのである。

難波津には当時の東アジア世界からの船が来航する。特に唐からの船は瀬戸内海、または四国の南を通る南海路から紀州沖を経て難波に入る。孝徳天皇は、新羅も唐服を着用してまで朝貢する唐に対し、わが国からも遣唐使を送り友好政策を視野に入れて難波津に重きを置いていたと考えられるのである。難波津を主体とするならば、自ずと宮殿も難波・武庫・有馬に置いて固めるであろう。この三ヶ所の中の「武庫」は地名からして武器庫があったと考えられ、不測の事態が起きた時には武庫から武器や兵糧が準備されるという防御の地と考えられるのである。その所在地は定かではないが、地理的に考えて難波からも有馬からもちょうど中間地点に当たる地であろう。後述するが、有馬には何らかの資源があったのではないかと考えられ、不測の事態を想定しての孝徳天皇の意向がこの三つの宮殿の造営につながるのではなかろうか。

一方、中大兄皇子は唐の脅威、戦乱状態にある朝鮮半島の情報が頻繁に入り、その実態を把握していたと考えられる。中大兄皇子は蘇我系の皇子であり、蘇我氏は代々渡来系の人々と縁が深く、東アジア情報通であることはよく知られている。唐に行くにも朝鮮半島を経由して行っていた当時、唐が朝鮮半島を飲み込んでしまえば、わが国に攻め入られるのは目前という状況となるのである。現在でも朝鮮半島から漂着した船は日本海に到達する。朝鮮半島から意図的にわが国を目指して船出しても、日本海が難波津より近い。

孝徳天皇も中大兄皇子も自国の繁栄を共に願うが、天皇と皇子の危機意識の差があったということではなかろうか。またはその判断基準が異なっていたと考えられる。孝徳天皇は仏法に厚く、内政面の充実を図るという平和体制時に適した人物とは言えないだろうか。他方、中大兄皇子は刻一刻変化する朝鮮半島の戦火が、いつわが国に飛び火するかわからない。また唐が朝鮮半島を併呑してわが国に攻め入ってくるかもしれないと危惧していたのであろう。中大兄皇子の政治力・判断力からして、情報網を密にして得た結果、東アジア情勢はすでに猶予ならない状態と捉えていたのではなかったかと考えられる。

後年ながら六〇三年、白村江の戦いでわが国が唐と新羅の連合軍に敗れた時、中大兄皇子は逸早く百済の技術者を使って各地に城を造る。このことからも中大兄皇子の用心深さが察せられる。孝徳天皇は弱い立場の人を助け守るという徳のある人物である反面、政治的判断や外交に於ける危機感は、中大兄皇子より甘かったとは考えられないだろうか。これが両者の間にできた溝であると考えるのである。

孝徳天皇、中大兄皇子といっても彼等は決して一人ではない。たとえば天皇を取り巻く側近たちがいるが、その中のブレーンの考え方が孝徳天皇の意向として代表される。天皇の崩御後、側近たちは当然の如く孝徳天皇の意思としてそれまでの方針を有間皇子に伝えるであろう。孝徳天皇の意思として有間皇子に託された事柄が、中大兄皇子の方針と相反するものであった時は、朝廷内が一本化できない可能性が出てくる。孝徳天皇崩御後は、未だ若い有間皇子は自ら政治的判断を行うのは難しく、朝廷内に不安定な空気を漂わせるという状況ではなかったろうか。朝廷内の不安定さは、天皇生存中にすでに始まっていたと考えられる。しかし、朝廷内の平衡を保っていたと考えられる重鎮の左大臣・阿倍倉梯麻呂の死により、このような朝廷内の問題が一気に表面化することとなったのである。

左大臣の死は、大化五年（六四九）三月十七日のことである。同年、同月の二四日、右大臣蘇我倉山田石川麻呂は、蘇我臣日向の讒言によって謀反の罪で一族が死に追いやられる。右大臣の死は、左大臣の死からたった一週間後のことである。朝廷内の意見は一気に中大兄皇子の考えに傾いていったに違いない。左大臣・阿倍倉梯麻呂の死が、中大兄皇子に一気に自分流に軌道修正を図ろうとさせ、それが右大臣・蘇我倉山田石川麻呂への讒言事件につながったと考えられる。先述したが、この中大兄皇子の考えというのは中大兄皇子一人の考えではなく、その取り巻きたちの意見と考えても間違いなかろう。

阿倍大臣、石川大臣がいなくなった翌年に宍戸国から白い雉が献上され、年号が「白雉」と改められた。このような国難というべき出来事のちに、何らかの祥瑞を起こして幸運を呼ぶということが行われていたのである。古代においてはこのような事が時として行われる。この時もその例に並ぶものではなかろうか。左大臣の死を期に、朝廷内の平衡を保とうとする右大臣を排除して朝廷内の意見を中大兄皇子の考えへと一本化を図り、年号を改めて朝廷内の空気をまとめたという形ではなかろうか。中大兄皇子は性急に事を決したい性格かもしれないが、東アジア情勢が緊迫しているとの判断が、事を急がせたのかもしれない。いずれにしても東アジア情勢は、わが国独自で善処していけるような状況ではなかったことだけは確かである。

第五節　有間皇子の死の真相

有間皇子がなぜ死を賜らなければならなかったのか。一般的によく言われる皇位継承問題がある。しかし、本章「はじめに」に記したように、父である孝徳天皇が皇太子と定めた中大兄皇子がおり、その皇太子である中大兄皇子はすでに政治的手腕を発揮している。それを覆すということを考えるだけでも不可能であろう。私見としては、中大兄皇子に有間皇子と皇位継承を争う必要が無かったものと考える。ではなぜ、殺されなければならなかったかという問題であるが、その可能性のある理由を三つあげてみる。

①宮殿の位置と外交政策

中大兄皇子、有間皇子との意志といっても、皇子たちの考えは皇子だけのものではなく、それぞれの皇子の側近たちの意見の代表と考えられる。中大兄皇子と中臣鎌足連合部隊対有間皇子とその側近部隊の構図が考えられる。有間皇子事件が起きた時はすでに孝徳天皇は崩じている。外交政策が何らかの要因になっていると考えれば、孝徳天皇在世中の政策に遡って考える必要がある。『摂津国風土記』の逸文にあるように、古代の有馬は杣山としても名高く、実際に孝徳天皇は有馬に行宮を造るために久牟知山の材木を伐ったところ、その材木が美麗であったと記されている。孝徳天皇は外交政策として難波津を重要視し、難波の宮、武庫行宮、そして有馬に行宮を造ろうとしたと考えられる。この三つの宮は難波津を取り囲み、難波の宮と有馬の行宮の間に武器庫と考えられる武庫行宮が所在することになる。孝徳天皇は難波津を視野に入れた外交政策を考えているが、もし不測の事態が起これればいつでも武器を準備できるように想定していたことも考えられる。

孝徳天皇が難波津にこだわった理由は、唐の船が難波津に着くことから、難波津が世界への窓口と考えたろう。当時の唐は最も文化も進んだ国で、大化五年の正月のように新羅が唐服を着て調貢する姿に、天皇は一層の憧れを抱いていたかもしれない。唐から多くのことを学べるような友好的な外交政策を取るつもりだったとも考えられる。そういう天皇とは正反対の立場で考えていたのが、中大兄皇子ではなかっただろうか。

朝鮮半島内、そして唐と朝鮮半島との切羽詰まった状況は的確に中大兄皇子の耳に入り、その状態を正しく把握していたと考えられる。中大兄皇子とその側近は大化五年の新羅の唐への調貢を知り、外交政策というより東アジア全体が目前とする暗雲に危機感を強めたのではなかろうか。そして中大兄皇子は朝鮮半島を経由して来る船はすべてが難波津に着くのではなく、日本海をも視野に入れていたと考えられる。現在でも朝鮮半島から漂着する船は日本海に着くのである。ましてや現在のような技術を持たない古代においては、海が荒れればほとんどが漂着状態となったであったろう。

いずれにしても中大兄皇子は危機感をもって日本海に注目していることが、のちに近江に宮を造ることからも理解できる。もし、不測の事態が起こり、日本海沿岸に敵が上がれば陸路を行く塩津街道や西近江海道から琵琶湖に入る。琵琶湖を船で行けば自由に動きがとれる便利さがあり、陸路を行くよりも安全で輸送の時間短縮が可能となる。敦賀・福井からは七里半超が便利であり、小浜からは九里半街道と呼ばれる若狭海道から追分を通り近江に着く。時代が少し降るが、追分から南に進路をとれば鯖街道で、のちの京の台所を潤した道である。日本海と京を結ぶ街道は大変便利であり交通の要衝であるとともに、攻め入られやすく危険な要所であるとも言える。琵琶湖の南、大津まで来れば木津川を下って大和に入り、飛鳥に到達する。中大兄皇子は、大和に入られてしまえば国の中枢は麻痺し国は滅ぼされてしまうと危惧したであろう。当時の朝鮮半島の状況からあらゆる事態を想定し、のちの天智天皇は日本海と飛鳥の間にあって、防御し易い近江に宮を築いたと考えられよう。

このような孝徳天皇と中大兄皇子の外交政策の違いと危機意識の違いが、二人、ないし二グループの意見の差を招き、中大兄皇子が飛鳥河辺行宮に一族と公卿たちを連れて難波宮を離れることになったものと考えられる。そして孝徳天皇は失意のうちに崩御するという結果となった。天皇が崩御しても側近たちは残り、仕えた天皇の想いとして皇子である有間皇子に天皇の意思を伝えようとするのもごく自然のことと言える。そこに生まれるのは中大兄皇子側と有間皇子側の意見の不一致であり、朝廷内が一本化出来なくなる可能性である。

②側近同士の職掌と権力争い

『摂津国風土記』逸文により、孝徳天皇は有馬に宮殿を造るつもりであったことがわかる。古代の専門職は職掌として氏族によってわかれていたことが多い。宮殿の造営に関わっている氏族に忌部氏がいる。忌部氏は宮殿の造営だけではなく、朝廷祭祀に必要な物資をも貢納する役を担っていた。全国に忌部が設置されており、その内の幾つかを見てみる。出雲国の忌部は玉を貢納し、紀伊国名草郡御木・麁香《あらか》の二郷の忌部は、材木を貢納している。また阿波国朝殖郡の忌部は、木綿・麻布などを貢納し、讃岐国の忌部は祭祀に用いる楯を貢納していた。以上のように忌部氏は朝廷祭祀に用いる物資や宮殿造営のための木材をも供給していた。

朝廷祭祀そのものを行う家として中臣氏と忌部氏がその代表とされている。古代において朝廷で行われる祭祀は大変重要なもので、国全体の鎮めや方向性が祭祀によって占われ、行われていたと言っても過言ではない。朝廷祭祀の二大氏族が協力し合って、事を成し続けていたとは判断しがたい。朝廷祭祀は重要視される分、天皇の覚えがよければ、朝廷内での力も強くなると考えられる。後世のことであるが、慶雲元年（七〇四）忌部子人が伊勢奉幣使となって、伊勢大神宮に遣わされている。その後、中臣氏も忌部氏と同じく伊勢奉幣使となって伊勢大神宮に遣わされている。そのうち次第に藤原氏の権力が強まれば強まるほど、同族の中臣氏の力が忌部氏を追い落としていくことになる。忌部から斎部と字を変えた斎部広成がいた平安初期、大同二年（八〇七）に彼は斎部氏の勢力が衰えたことを嘆き『古語拾遺』を著し、その由来を明らかにした。このように忌部氏と中臣氏は共に朝廷祭祀の家柄ではあるが、ライバルであったことは間違いない。

孝徳天皇が有馬に宮を建てることが決まり、有馬の杣から木材を伐り出す。これは職掌からしても忌部氏の指示の下、杣で伐る樹、その場所、よい日を選んで伐る時期等が定められて行われたであろう。また『和名類聚抄』によると有馬郡には五郷あり、その一つに羽束郷がある。有馬郡の羽束郷に羽束工《はつかしのたくみ》という工人集団がいたであろうと考えられている。羽束司とは『令義解』職員令の「土工司」によると「掌営土作瓦埿并焼石灰等事」とあり、宮殿等の造営に関わる司であり、彼等は造営技術の専門集団である。彼等をも忌部氏が指揮していたろう。そうなれば忌部氏の力、権力、発言力は増し、朝廷内に圧倒的な力を有することになる。そのように朝廷内の忌部氏の力が強くなれば面白くない人物がいる。中臣氏である。

中臣鎌足は斉明天皇の時から中大兄皇子と力を合せ、絶対的権力をもって政治を操っていた蘇我宗家を朝廷内で誅殺するという大事件を成し、中大兄皇子の即位を待たせて孝徳天皇を即位させた陰の実力者である。新しい政治体制、政治政策も整った頃になって同じ朝廷祭祀の家柄である、政治改革に功のない忌部氏に朝廷内で権力を握られるのは、全くもって論外のことであろう。孝徳天皇崩御後にも孝徳天皇の皇子である有間皇子を中心に側近が集まり、一大勢力を集中させる可能性がある。①に同じく朝廷内の二分化は避けないと乱の基を作る可能性が出来てしまうのである。朝廷のため、中臣氏のためにもこのような事態は避けたかったと考えられる。

③有間皇子の所有財産

古来、皇族や大豪族一族が滅亡すると、彼等の財産は朝廷のものとなる。かつて聖徳太子の皇子である山背大兄王が薨ずると、法隆寺・斑鳩宮等は朝廷のものとなった。また、蘇我倉山田石川麻呂が謀反の罪で一族が滅したあと、山田寺や財産は朝廷のものとなった。有間皇子が薨ずれば、皇子の財産も朝廷のものとなろう。有間皇子の財産剥奪の目的で中大兄皇子側が、有間皇子に謀反の罪をかけたとは考えないが、有間皇子が所有する財産が朝廷にとって危険なものであったならばどうだろうか。上記①②で述べた、有間皇子が死に追いやられたと考えられる理由と合わせて、有間皇子の財産を考える必要がある。資料の少ない中ではあるが、有間皇子と「有馬」の関係から検証してみる。

地名の「有馬」は「馬」という字を使うが、「有間皇子」は「間」を使う。これは地名から皇子の名を取るので、動物名の馬を書かず「間」を当てたと考えられよう。『有馬郡誌』によると、「有馬」はもともと「有間」と書いたという。「有馬」と「有間皇子」は、実際縁が深かったと考えられる。有間皇子の父である孝徳天皇は有馬に長く滞在し、有馬に宮殿を建てようとしていた。また前々代の舒明天皇は、天皇の三年（六三七）九月十九日から有馬に行き十二月十三日帰着するという長い滞在があり、さらに十年十月から翌年正月八日に帰着という長い滞在もしている。代々天皇に縁の深い所に皇子である有間皇子の扶持があっても不思議はない。その有馬には、有間皇子を育んだ人々も多くいたろう。

有馬には杣があり、羽束工という技術集団がいることからも、古代においての最新技術を有した渡来の人々も、その集団の中、あるいは集団の近くにいたと考えられる。「有馬」という地名からも牧や馬が多く確保されていた可能性もあろう。発掘調査で製塩土器などによるその痕跡が欲しいところである。また、有馬温泉の水は赤味を帯びた茶褐色をしていることはよく知られている。同じような水の色を持つ所がある。滋賀県の伊吹山の麓に金糞山があり、そこを流れる金糞川の水は赤味を帯びた茶褐色である。この付近にはかつて国友の鉄砲鍛冶がいた。同じような水の色を持つ有馬の湯は鉱物性を含んだもので、その一帯には鉱物が産出されたとは考えられる。

有馬の北側に位置する猪名川には現在でも多くの間歩が残る銀山がある。奈良時代の大仏造営にも、また豊臣秀吉が大坂城築城の際に猪名川の金を使ったといわれる。鉱物探知機など存在しない古代において、とりわけ特殊技能や経験を持った渡来系の人々が温泉や鉱物発見に寄与していたことがわかる。たとえば、持統天皇七年（六九三）十一月十四日に天皇が沙門法員、善往真義らを遣わして、近江国益須郡の醴泉をためしに飲ませている。そして翌年の持統天皇八年三月の詔で、去る七年に醴泉が近江国益須郡の都賀山に湧き出したことについて詔している。病気の人が益須寺に泊まり、病気が治った人が多くいることから寺に水田や布等の施入を行い、益須郡のその年の調役・雑徭を免除している。また、初めて醴泉であることを発見した葛野羽衝・百済士羅々女にそれぞれ賜り物をした。彼等は渡来系の特殊技能を持った人々であると考えられる。彼等は自らの持つ特殊技能で地形を見、土の色を見、水の色・味等から鉱物を見出すことが出来るのであろう。

そういう観点から有間皇子の周りにそのような技術者がいたことが知られる。有間皇子が斉明天皇に勧めた牟婁温湯である白浜温泉に、なぜ有間皇子が行ったのかが問題になろう。有間皇子が牟婁温湯をどのように見つけたかを考えるとき、皇子の側近たちの技術者によるものであろうと推察できる。白浜海岸は現在も風光明媚なところである。しかし、それだけではなく、「しらら浜」と呼ばれるこの海岸辺りは昔は「タタラ」と呼ばれており、周りの山は水晶山などという鉱物の名前が付いた地名が残っている。このことから牟婁温湯の地も鉱物の産地であった可能性がある。有間皇子を取り巻く人々を含め、皇子の所領である地域や産出物が掛け替えのない軍需品ではなかったろうか。

まとめ

悲劇の皇子と称される有間皇子、その悲劇性とは一体どのようなものであろうか。一つはその若さであろう。大津皇子も悲劇の皇子と称され、有間皇子ほどではないが若くして薨じている。大津皇子は詩歌に優れていたと言い、『懐風藻』によるとのちの詩歌の基礎を作ったとまで言われている。また、皇子は臣下にも慕われていたと、すべてが真実であるかどうかは別にしてもその人間像が史料に記されている。天武天皇十二年（六八三）二月一日の条に「大津皇子始聴朝政」とあり、人格的にも認められていたことがわかる。大津皇子の場合、多くいる皇子たちの中で草壁皇子に継

ぐ地位であったことが悲劇となった。私見では大津皇子事件の陰の首謀者は藤原不比等と考える。(3)

有間皇子は大津皇子ほど自身の性格や行動が書き残されているわけではない。大津皇子より未だ若く、陰謀に振り回された死であったことは同様である。しかし、大津皇子と違い、有間皇子の場合はすでに政治の最前線に立つ皇太子、中大兄皇子がいた。この意味するところは大津皇子と有間皇子が死を賜らなければならない理由が大きく違うということである。

大津皇子の死の場合は、草壁皇子が皇太子に定まっていたとしても、二人の年が近く、大津皇子に人望もあり、健康であったということからも皇位継承問題がぬぐいきれない。もう一つは、壬申の乱において地方豪族、とりわけ下級豪族が自尽し、乱の終了後にその功績を讃えられ高い褒賞や地位を得ているものが多い。壬申の乱以前にすでに貴族や高位の者からすれば、自分たちの立場同等のような者まで出現し、中には立場を逆転するような者までいるとなると、自らの地位の回復を願うものが出てきても不思議ない。彼等が捉えるその機会とは、天武天皇崩御などによる政変の変わり目の時であり、大津皇子を担ぎ出して再び乱が起こらないとも限らない状況であった。

しかし、有間皇子の場合はよく言われる皇位継承問題は直接関わりがないのではないかと考える。では、何が原因で有間皇子は死を賜らなければならなかったのか。「有間皇子の死の真相」で述べた三点が原因ではないかと考えるのである。

一点目は、孝徳天皇と中大兄皇子の外交政策の違いが発端になった、朝廷内の分裂が考えられる。孝徳天皇は外交政策として、難波津を中心の港と考えた。宮殿を有馬に新たに設け、難波宮、武庫行宮、そして有馬行宮を難波津の付近に配し、友好的外交を基本として、不測の事態にも備えを置くつもりではなかったかと考える。これに反し、中大兄皇子は朝鮮半島と唐との関係や、東アジア全体の状況に危機感を感じ、日本海を視野に入れた。不測の事態を中心に考え、日本海から飛鳥に至る地域に伏線を置いた外交を考えたのではないだろうか。孝徳天皇存命中にすでに彼等の意見の相違があり、中大兄皇子は飛鳥に一族・公卿を連れて帰っている。孝徳天皇が崩御し、常に中大兄皇子の周りには中臣鎌足を中心とする臣下がおり、有間皇子には父孝徳天皇の側近たちが周りを固めている。これは朝廷内の分裂を意味し、東アジア情勢からして最も朝廷内の一致団結が不可欠な時である。孝徳天皇の遺臣たちに有間皇子を担いで朝廷内の一本化を邪魔させることはできないと考えたことが、有間皇子の死に繋がったのではないかと考える。

二点目は、中大兄皇子の側近と有間皇子の側近との職掌と権力の争奪も考えられよう。古代において朝廷祭祀は国の方針を決めるほど重要な事であることが多い。神祇の家として、中臣氏、忌部氏がその代表とされている。中臣鎌足は朝廷内に朝廷に比するような権力を誇示した蘇我宗家を滅ぼすという大事件を企て、中大兄皇子の即位を待たせて孝徳天皇に即位させた。中大兄皇子の将来、そして中臣氏を盤石なものにするための危険な、長期計画を施行している最中である。そのような中で、孝徳天皇が有馬に行宮を建てようとして、造営に関わる職掌の忌部氏を重く用いるということは、朝廷内に忌部氏の力が強くなることである。中臣氏としては、苦労を重ねた長期計画の途中に、何ら功を残していない神祇のライバルである忌部氏が力を強めてくるというのは許せることではなかったろう。孝徳天皇の崩御後に、忌部氏が有間皇子について重用されることへの煩いのあったことも自然かと考える。

三点目は、有間皇子の所有財産に問題があったとも考えられる。有間皇子の財産を朝廷が欲しいために殺したとは考えないが、万が一、中大兄皇子側と有間皇子側との間に乱がおきたとき、軍需品を圧倒的に有間皇子側が有していたら、大変危険な状況となるのである。先述したとおり有間皇子の所有する地域は、軍事面で有利な物資が豊富であった。仮に軍需的産業が必要となった場合、朝廷側としては有間皇子に絶大なる協力を求めなければならないのである。東アジア状況を見渡した場合、軍需品は必要であり、内乱が起きた場合にも朝廷としては相手側に軍需品を豊富に持たれては困るのである。

上記の一点目、二点目を考えるとき、有間皇子その人物その人に危険がなくても側近の動向が危険であると見なしたのではなかろうか。同時に三点目である有間皇子の財産を取り上げなければなお危険である。そして朝廷としては、軍需品もそれを生み出す人々も必要だったであろう。いずれにしても、中臣鎌足は中大兄皇子をよく助け、同時に藤原氏の基礎を築くことに成功したと言えるのではなかろうか。

ではなぜ、捕えられた有間皇子は白浜まで連れて行かれなければならなかったのかを考えてみる。有間皇子の周りには鉱物や温泉を探し出すという、特殊技術を持った渡来系の人々がいたと考えられることは先述した。彼等は有馬と同じく、牟婁温湯の地にも温泉と鉱物を見出し、それがもとで有間皇子は牟婁温湯に出かけることになったのであろう。現在の「しらら浜」一帯は、昔は「タタラ」と呼ばれていた。有間皇子が斉明天皇に牟婁温湯を勧めるのであるが、その時はすでに技術者が牟婁温湯で調査なり、開発なりの仕事をしていたと考えられる。技術者の責任者たちもそれに関わり、牟婁温湯の地の豪族たちも関わっていたろう。彼等は当然、有間皇子を当時はそのような言葉はなかろうが、のちの領主という感覚を抱いていたと考えられる。

もし、遠い飛鳥の地で「有間皇子謀反」と聞いて殺されても、彼等は納得するかどうかはわからない。あえて、開発の最高責任者や新しい地の豪族のいる場所に有間皇子を引き連れてくる必要があったのではないかと考えるのである。

最後に『万葉集』に歌われている有間皇子の二首、一四一番、一四二番がよく知られ、特に一四二番の歌は有間皇子の性格と感覚がにじみ出ていると考える。

「家にあれば笥に盛る飯を草枕旅にしあれば椎の葉に盛る」この歌は、決して自分が食するための器を歌ったものではなく、神に捧げるための物である。家にいる時であれば、器に盛って神に捧げることが出来ようものを、自分の身もどうなるかわからない旅先では、椎の葉に盛って捧げることしかできないと、神に詫びて捧げたものであろう。父王、孝徳天皇は弱い立場の人のことを考える内政に尽力した天皇だったと言えよう。権力主義的なところは彼には見えない。有間皇子は、そういう父・孝徳天皇の優しさに加え、純真な心を持った皇子だったと言えるのではなかろうか。

註

（1）甲斐弓子「大津皇子事件と美濃の古代寺院」（『帝塚山大学考古学研究所研究報告Ⅶ』二〇〇五年）

（2）『摂津国風土記』日本古典文学大系　岩波書店　一九八五年

（3）前掲註1に同じ

あとがき

故藤澤一夫先生にご紹介を頂き、帝塚山大学大学院の森郁夫先生の下で研究を始めたのが、二〇〇二年の春である。大学を卒業してからすでに二七年が経過していた。学生時代から父方、母方の先祖が残した文書等を手がかりにその足跡を求めようとする中で、鹿児島大学の原口泉先生や、吉永正春先生など多くの先生方にお世話になった。仕事でベルギー王国と日本を行き来しながら研究を進める過程において、幕末におけるベルギー王国と薩摩、薩摩と河内・大和の密な関係に触れ、生きた歴史を体感した。一九九六年四月、ベルギー王国国王陛下から王冠勲章を賜り、一九九九年に近江・大津祭の見送り幕（四五〇年程前にベルギーで作成されたタペストリー）を、母国ベルギーで復元レプリカを完成させた。この時には中世におけるベルギー国と日本の関係に触れ、これに関わるであろう地や事跡を調査し、中世が身近になった。

常に研究にも仕事にも応援、且最大の理解者であった両親が、二〇〇〇年に三日違いで相次いで旅立った。幼い頃から我々姉弟は頻繁に旅をさせてもらった。行く先々の地の歴史や賢人、ものの考え方や自然の育みなど、心身両面で育んでくれた慈愛にあふれた両親だった。そして大学卒業後も御教示下さった藤澤一夫先生に、研究を進めるにあたり、七世紀から始めるようにと勧められ、森郁夫先生を御紹介頂いた。約三〇年ぶりの受験であった。

学生時代も考古学専攻であったが、近世史ばかりに興味を持って藤澤先生を困らせた自分が、考古学で大学院を受験した。思えば迷惑な話である。森郁夫先生も大変迷惑に思われたであろうが、私も「瓦?」と、最初は想像も出来ない世界だった。しかし、大学院で研究をすることになった私に、藤澤先生はご自身の論文や『国造本紀』などをコピーし、ファイルを作り、大学院に行く私に持たせて下さった。時には電話を掛けてきて下さり、そこで始まる瓦の講義が懐かしい。

不思議なのは藤澤一夫先生も、森郁夫先生も私に研究の初めとして選ばれたのが、甲斐国天狗沢瓦窯跡出土の瓦であった。私は自分の研究の原点となるその瓦を「天狗沢系軒丸瓦」と名付け、同系瓦の出土地を甲斐国付近から順に陸路、海路を考えて調べたがなかなか見つからなかった。森郁夫先生は根気よく指導して下さった。気がつくと東北地方より北と、四国・九州を除く各県の地図が手元に収集されていた。そして、いつか自分も瓦の虜になっていた。

古代において瓦は自由経済の中で流通するわけではなく、瓦を含む寺院造営技術は朝廷または、朝廷に近い大豪族の掌握するところであった。そういう立場にいる氏族の掌握する地に寺院が造営されるため、決まった地域から同系瓦がまとまって出土したり、また伝播した順に同系瓦が出土するのが一般的である。しかし、天狗沢系軒丸瓦は全く無関係と思われる、距離的にも離れた四ヶ所から出土していることがわかった。

序章「古代寺院における特異性」では、仏教公伝から百三十年ほど後の世に出現した天狗沢系軒丸瓦の分布から、その分布の指し示す意義や政治に関わる特異性そして疑問を投げかけた。

第Ⅰ部「鎮護国家思想の広がり」を第一章から第七章までにまとめた。わが国に百済から仏教は公伝された。第一章「鎮護国家思想」では朝鮮半島における三国、高句麗、百済、新羅の仏教観に触れ、わが国の仏教観を考えてみた。第二章「鎮護国家思想への傾斜」では、鎮護国家思想がわが国に育った足跡をさぐった。第三章「初期寺院造営の背景」では、初期寺院といわれる寺院と瓦の伝播の在り方を、豪族の系譜の関係に合わせて述べた。第四章「天武・持統朝における鎮護国家思想の高まり」では、鎮護国家思想が飛躍的に高まったのは天武・持統朝であり、そのことを背景にした政策に触れた。第五章「鎮護国家を標榜した寺」では、鎮護国家思想に基づいて造営された寺々をその観点から述べた。第六章「鎮護国家を表わす舎利容器の色」では、国を護るという思想の下で行われるのは寺院造営だけではない。寺院とは心の強い拠りどころであり、それが形となるのが寺院造営であり、伽藍配置である。まして塔の奥深く、中心に据えられる心礎は精神・祈りが込められて築かれるものであり、その中に納置される舎利容器は思想・心・善根すべてを凝縮して託す存在である。鎮護国家思想に基づき造営された頃の舎利容器の色に秘められた祈りについて述べた。そして、第七章「天武・持統朝と越前の抑え」は、仏教・道教・遁甲などに熱心であった天武天皇が、如何に越前を掌握したかを、出土する大官大寺と考えられる小山廃寺系の雷文縁軒丸瓦の分布から述べた。

第Ⅱ部「軍事的要素を備えた古代寺院」は、第一章から第八章にまとめた。第一章「掘立柱柵を備えた寺々」では、発掘調査により検出された掘立柱柵と立地、壇越との関係から軍事的要素を備えた寺として、それぞれの寺院名をあげた。第二章「古代寺院における軍事施設の要素」では、古代において防御施設とはどのようなものであったかを述べ、寺院の立地と地理的環境について述べた。第三章「薬師寺と新羅感恩寺」については、両寺院のもつ極似性から当時の新羅とわが国の親密性を述べ、鎮護国家思想の共通性にふれた。第四章「大津皇子事件と美濃の古代寺院」では、大津皇子事件に連座した人々は、国家の大罪を犯したにも関わらず、その後の厚遇に違和感を覚えた。その意味するところと、天武天皇崩御直後における朝廷内の不安定感との関わりについて述べた。第五章「天狗沢系軒丸瓦の諸問題」は、私の研究の原点となった課題である。天狗沢瓦窯跡と出土瓦、瓦出土の一般的観念から離れた分布を示す、天狗沢系軒丸瓦の特異性について述べた。第六章「天武・持統朝における飛鳥から遠隔地の掌握」は、天武・持統朝が鎮護国家思想の下、律令国家を目指し、遠い北地域や南地域の人々や地を、どのように掌握したかの一部を述べた。第七章「飛鳥寺の西の槻の下」では、「樹」、特に「槻（ケヤキ）」に注目した。樹の下で誓うというような、人の力の及ばない大きな自然の力に誓うような考え方が世界中にあったようである。わが国では、特に槻（ケヤキ）に霊力を感じていたように思われる。槻（ケヤキ）は特別な存在であったのである。その中でも飛鳥寺の西の槻（ケヤキ）の下という特別指定を受けたような地が存在する。自然にその樹の枝が一本折れても『日本書紀』に記される存在である。その飛鳥寺の西の槻の下で、北の蝦夷や南の隼人たちを饗することの意味を、弥生遺跡の建物跡から出土する槻（ケヤキ）などから、古代の人々の自然観を考えてみた。第八章「塼仏にみる葛城地域の様相―忍海を中心として―」では、葛城地域から塼仏が出土する寺院が何ヶ所かある。葛城地域は元々南北に長い、広大な地域である。古くから権力をもった豪族の居た地であり、天皇の宮が築かれていた地域でもある。後年においても朝廷と関わり深い地である。鎮護国家思想を大切に全国の掌握に力を注いでいた天武・持統朝にとって、何としても葛城地域は反乱等を起こさないように抑えておきたい地域であったに違いない。出土する塼仏の顔の表情から、各塼仏の共通点、非共通点があり、それがまた地域別に特徴をもつという地域性が感じられる。このことから、葛城地域の寺院造営は葛城地域分割後のことであり、葛上・忍海・葛下の各々郡の分割は、天武・持統朝であると考えた。それは、葛城地域を掌握するための方法として用いられたと考えられる。

第Ⅲ部「補論」は第一章から第三章に分けて書いた。第一章「瓦生産と寺院造営」は、古代における瓦作りの意義や意味を四天王寺創建、和泉海会寺・百済大寺の諸問題にも触れ、瓦の伝播状況は氏族の、または氏族が朝廷のためにそして国を護るために事を為した足跡とも考えられることを述べた。第二章「海龍王寺前身寺院と姫寺廃寺」では、律令国家制定の最重要位置を占めていた藤原不比等の思惑が、海龍王寺前身寺院の出土瓦に現われ、この寺の元々の壇越である土師氏との関わりが表に出ることとなった。土師氏という氏族のあり方と、その土師氏を抱き込んだ藤原不比等の力量も、この寺院に残されているということではなかろうか。最後は第三章「孝徳天皇の皇子・有間」である。時代は孝徳朝から斉明朝である。わが国を東アジアの脅威から護り、発展させようと努力してきたことは歴代天皇皆同じであるといえよう。試行錯誤を繰り返し一歩一歩、律令国家に近づいていった。当時の孝徳天皇も、皇太子である中大兄皇子もその想いは変わらなかったにちがいない。しかし、孝徳天皇と中大兄皇子の不和、天皇崩御後に何故有間皇子は殺されなければならなかったのかを、当時の政治状況と国を護るという視点から述べた。

瓦の研究は、ただ瓦そのものの研究に留まらない。当時の人々の生活、政治、経済、流通、力学、建築学、経営、地理、地誌、歴史、氏族のみならず、人の心の奥深くまで教えてくれる存在であると実感した。森郁夫先生がいつも「瓦は、瓦礫の『瓦《が》』であるが、自分にとってはダイアモンドである。」とおっしゃるが、正に当を得たことばである。大学院で研究を始めた私に、ある日、故藤澤一夫先生がお電話を下さり、「瓦の研究も最近は細かい細かいことをするのが流行っているようやけど、重箱の隅を突くようなことをしてはいかんよ。それは僕の研究方法と違う。もっと広く大局でものを考えるんやで。」と、ただそのことをおっしゃる為だけにお電話下さった。修士論文では、森郁夫先生は勿論のこと、岩本次郎先生、天狗沢系軒丸瓦分布地の先生方、そのほか多くの先生方にお世話になった。私の修士論文を見る事無く、藤澤一夫先生は旅立ってしまわれた。森先生が幾度も「藤澤先生が御存命であれば喜ばれたろうに残念だ」とおっしゃったことが胸に染みた。それから三年、学内の先生方は勿論のこと、多くの先生方に本当にお世話になった。学位取得時には、主査の森郁夫先生、副査の赤田光男先生、前園実知雄先生、鷺森浩幸先生に大変お世話になった。先生方の御厚情に深く感謝申し上げたい。また、それまでの長い間、そして現在も変わらず励まし支えて下さる多くの先生方に心からお礼申し上げたい。

本書出版のきっかけは、以前より雄山閣出版社に御縁のある森郁夫先生の著書の出版が、私の学位取得の年の、年の瀬に決まった。その折、宮島了誠前編集長様に私の学位論文を紹介して下さった。十二月も押し迫った頃である。早速、論文の目次を東京に送った。翌一月に、宮島前編集長様から、編集会議で私の本の出版が決まった由お電話を頂いた。本書の刊行に当たっては上記の方々、その後任を引き継いで下さった久保敏明編集次長様そして新たに編集を担当して下さった桑門智亜紀様など多くの皆様にお世話になった。ただただ感謝あるのみである。

素晴らしい方々との出会いを与えて下さった神・仏に感謝し、今は亡き両親や慈しんでくれた亡き叔母に感謝し、私をどこまでも支えてくれる兄弟・姉妹に心から感謝してあとがきを納めたい。

初出一覧

序章　古代寺院における特異性―新稿

第Ⅰ部　鎮護国家思想の広がり

第一章　鎮護国家思想―新稿

第二章　鎮護国家思想への傾斜―新稿

第三章　初期寺院造営の背景―（奈良学学会『奈良学研究』十　二〇〇八年）

第四章　天武・持統朝における鎮護国家思想の高まり―新稿

第五章　鎮護国家を標榜した寺―新稿

第六章　鎮護国家を表わす舎利容器の色―新稿

第七章　天武・持統朝と越前の抑え―新稿

第Ⅱ部　軍事的要素を備えた古代寺院

第一章　掘立柱柵を備えた寺々―新稿

第二章　古代寺院における軍事施設の要素―（奈良学総合文化研究所『日本文化史研究』三七　二〇〇六年）を補訂

第三章　薬師寺と新羅感恩寺―（日本宗教文化史学会『日本宗教文化史研究』第十巻第一号　二〇〇六年）

第四章　大津皇子事件と美濃の古代寺院―（帝塚山大学考古学研究所『帝塚山大学考古学研究所研究報告Ⅶ』二〇〇五年）

第五章　天狗沢系軒丸瓦の諸問題―（帝塚山大学大学院『帝塚山大学大学院　人文科学研究科紀要』七　二〇〇六年）を補訂
第六章　天武・持統朝における飛鳥から遠隔地の掌握―（奈良学学会『奈良学研究』八　二〇〇六年）
第七章　飛鳥寺の西の槻の下―新稿
第八章　塼仏に見る葛城地域の様相
―忍海を中心として―（奈良学総合文化研究所『日本文化史研究』四十　二〇〇九年）

第Ⅲ部　補　論
第一章　瓦生産と寺院造営―新稿
第二章　海竜王寺前身寺院と姫寺廃寺―（帝塚山大学考古学研究所『帝塚山大学考古学研究所研究報告Ｘ』二〇〇八年）を補訂
第三章　孝徳天皇の皇子・有間―新稿

〔著者紹介〕
甲斐 弓子（かい ゆみこ）
1952年大阪に生まれる。
帝塚山大学教養学部卒業
帝塚山大学大学院博士後期課程修了
博士（学術）
帝塚山大学考古学研究所特別研究員
帝塚山大学非常勤講師

ベルギー王国より王冠勲章受賞（1996年）
日本考古学協会会員・日本宗教文化史学会会員・日本ベルギー協会会員

主要論文
「大津皇子事件と美濃の古代寺院」（『帝塚山大学考古学研究所研究報告Ⅶ』2005年）
「古代寺院における軍事施設の要素」（『日本文化史研究第37号』2006年）
「天武・持統朝における飛鳥から遠隔地の掌握」（『奈良学研究第8号』2006年）
「本薬師寺と新羅感恩寺」（『日本宗教文化史学会通巻第19号』2006年）

平成22年3月31日　初版発行　《検印省略》

わが国古代寺院《くにこだいじいん》にみられる軍事的要素《ぐんじてきようそ》の研究《けんきゅう》

著　者　甲斐弓子
発行者　宮田哲男
発行所　㈱雄山閣
〒102-0071　東京都千代田区富士見2－6－9
電話 03-3262-3231㈹　FAX　03-3262-6938
振替：00130-5-1685
http://www.yuzankaku.co.jp
印　刷　サンカラー
製　本　協栄製本株式会社

Printed in Japan 2010
ISBN 978-4-639-02129-2 C3021